Reichserbhofgesetz

vom 29. September 1933

Textausgabe mit Anmerkungen

mit einer Einleitung, einem Anhang mit dem Wortlaut der Erbhofrechtsverordnung und der Erbhofverfahrensordnung und weiteren einschlägigen Gesetzesbestimmungen und Verordnungen und einem Gesetzesstellen- und Sachverzeichnis

Herausgegeben von
Ministerialrat
Dr. Leonhard Meukel
Senatspräsident bei dem Oberlandesgerichte München

In 2. Auflage
neubearbeitet von
Raimund Aubele
Oberlandesgerichtsrat in München

1937
München, Berlin und Leipzig
J. Schweitzer Verlag (Arthur Sellier)

Druck von Dr. F. P. Datterer & Cie., Freising-München.

Aus dem Vorwort zur Erstbearbeitung

Das Inkrafttreten des Reichserbhofgesetzes, das für einen großen Teil des Reiches eine geradezu umstürzende Änderung der bäuerlichen Rechtsordnung zur Folge hatte, hat bereits eine Reihe von Veröffentlichungen über dieses rechtlich wie wirtschaftlich und politisch gleich bedeutsame Gesetzeswerk gezeitigt. Wenn ich — dem Wunsche des Verlags nachkommend — ihnen auch noch die vorliegende „Textausgabe mit Anmerkungen" in der bekannten, bestens eingeführten Sammlung von Schweitzers blauen Gesetzesbänden folgen lasse, so geschieht es, weil vielleicht gerade nach einer solchen Kurzbearbeitung eine gewisse Nachfrage herrscht und weil andererseits zur Verbreitung und zur Weckung des Verständnisses dieser so wichtigen gesetzlichen Materie meiner Auffassung nach nicht genug geschehen kann, wenn das Einleben des Gesetzes und sein reibungsloser Vollzug gewährleistet sein soll. Die Ausgabe erhebt keinen Anspruch darauf, ein Erläuterungsbuch zu sein; in der kurzen Zeit der Geltung des Gesetzes sind bereits von Vogels und Wagemann-Hopp — also von sachkundigster Seite — Kommentare erschienen, die bis auf weiteres dem Bedürfnis genügen dürften. Die vorliegende Ausgabe will nur ein Wegweiser sein, der durch angestrebte Kürze, Übersichtlichkeit und Beschränkung auf das Wesentliche ermöglichen soll, sich auf dem neuen Rechtsgebiet rasch zurechtzufinden. Er wird deshalb vielleicht nicht nur den Gerichten, Verwaltungsbehörden, landwirtschaftlichen Organen und sonstigen mit der Durchführung des

Gesetzes befaßten Stellen, sondern insbesondere auch dem Bauern selbst, der an dieser in sein Rechtsleben so tief eingreifenden Satzung nicht einfach vorübergehen kann, gute Dienste leisten.

München, im Januar 1934. Dr. Meukel.

Vorwort zur Neu-Bearbeitung

Seit dem Erscheinen der ersten Bearbeitung dieses Buches ist das Reichserbhofgesetz längst in das Gebiet der praktischen Handhabung gerückt. Eine Fülle von Zweifelsfragen, die sich ergaben, sind inzwischen durch Rechtslehre und Praxis gelöst. Die neuen Verordnungen vom 21. Dezember 1936 haben Lücken und Unebenheiten ausgefüllt. Gerade diese neuen Verordnungen und die Inanspruchnahme des bisherigen Verfassers durch andere Arbeiten haben ihn und den Verlag dazu bestimmt, die Bearbeitung der zweiten Auflage mir zu übertragen. Ich habe versucht, die Fortschritte in der Gesetzgebung und Rechtsprechung in Kürze zusammenzufassen und, lediglich unter Zitierung einiger der wichtigsten höchstrichterlichen Entscheidungen, möglichst die zur Zeit herrschende Meinung zur Darstellung zu bringen. Wenn auch bei dem Umfang des vorhandenen Stoffes eine zum Teil erhebliche Ausdehnung des Werkes nicht zu umgehen war, so soll doch das Buch keineswegs irgendwie in Konkurrenz mit den seit Geltung des Gesetzes erschienenen bekannten Kommentaren treten, sondern nach wie vor als Textausgabe mit Anmerkungen dem Richter, dem Verwaltungsbeamten, dem Bauernführer und dem Bauern und dem für diesen tätigen Notar und dem Rechtsanwalt und nicht zuletzt auch dem jungen Rechtsbeflissenen, auch zur Vorbereitung auf die Staatsprüfungen, dienen. Es würde mich befriedigen, wenn die Arbeit diesen Zweck erfüllen würde.

Die im Anhang abgedruckten Ausführungs- und sonstigen einschlägigen Bestimmungen und das Gesetzesregister und das Sachverzeichnis sollen das Buch vervollständigen. Dem Text der neuen Verordnungen vom 21. Dezember 1936 wurde jeweils am Rande die Verweisung auf die entsprechende Stelle der nunmehr aufgehobenen I., II. und III. Durchführungsverordnung vom 19. 10. 1933, 19. 12. 1933 und 27. 4. 1934 angefügt. Von einem Abdruck dieser Durchführungsverordnungen wurde abgesehen, da sie wohl nur mehr für wenige Übergangsfälle Bedeutung haben.

München, im März 1937.

Raimund Aubele.

Inhaltsverzeichnis

Abkürzungen

Abs.	= Absatz.
AEG.	= Anerbengericht.
Anm.	= Anmerkung.
Anw.	= Anweisung.
AVdRJM.	= Ausführungsvorschriften des Reichsjustizministers.
BayOLG.	= Bayerisches Oberstes Landesgericht.
BeschwR.	= Beschwerderegister.
BGB.	= Bürgerliches Gesetzbuch.
Celle	= Landeserbhofgericht Celle.
DJ.	= „Deutsche Justiz, Rechtspflege und Rechtspolitik", Amtliches Blatt der deutschen Rechtspflege, Herausgeber Dr. Franz Gürtner, Reichsminister der Justiz, R. v. Deckers Verlag, G. Schenk, Berlin W. 9.
DNotZ.	= Deutsche Notar-Zeitschrift, Organ der Reichsgruppe Notare des NSRB., Berlin W. 62.
DVO. I	= Erste Durchführungsverordnung zum Reichserbhofgesetz, insbesondere über Einrichtung und Verfahren der Anerbenbehörden vom 19. 10. 1933, RGBl. I, 749.
DVO. II	= Zweite Durchführungsverordnung zum Reichserbhofgesetz vom 19. 12. 1933, RGBl. I, 1096.
DVO. III	= Dritte Durchführungsverordnung zum Reichserbhofgesetz vom 27. 4. 1934, RGBl. I, 349.
EGBGB.	= Einführungsgesetz zum Bürgerlichen Gesetzbuch.
EHG.	= Erbhofgericht.
EHRspr.	= Rechtsprechung in Erbhofsachen von Vogels-Hopp, Industrieverlag Spaeth u. Linde, Berlin W. 35.
EHRV.	= Erbhofrechtsverordnung vom 21. 12. 1936, RGBl. I, 1069.
EHVfO.	= Erbhofverfahrensordnung vom 21. 12. 1936, RGBl. I, 1082.
FGG.	= Gesetz über die Angelegenheiten der freiwilligen Gerichtsbarkeit.

FinMinBl.	=	Finanzministerialblatt.
gem.	=	gemäß.
Ges.	=	Gesetz.
GVG.	=	Gerichtsverfassungsgesetz.
GBO.	=	Grundbuchordnung.
Halbs.	=	Halbsatz.
HRR.	=	„Höchstrichterliche Rechtsprechung", Verlag Walter de Gruyter u. Co., Berlin W. 35.
JW.	=	„Juristische Wochenschrift", Organ der Reichsgruppe Rechtsanwälte des NS.-Rechtswahrer-Bundes, Verlag W. Moeser, Leipzig.
KG.	=	Kammergericht Berlin.
KostO.	=	Verordnung über die Kosten in Angelegenheiten der freiwilligen Gerichtsbarkeit und der Zwangsvollstreckung in das unbewegliche Vermögen (Kostenordnung) vom 25. 11. 1935, RGBl. I, 1371.
RAGO.	=	Rechtsanwaltsgebührenordnung.
RdRN.	=	Recht des Reichsnährstandes.
Rdschr.	=	Rundschreiben.
RdV.	=	Rundverfügung.
REG.	=	Reichserbhofgesetz.
REHG.	=	Reichserbhofgericht.
REHG. 1, 115	=	Amtliche Sammlung der Entscheidungen des Reichserbhofgerichts Bd. 1 S. 115.
RG.	=	Reichsgericht.
RGBl.	=	Reichsgesetzblatt.
RJM.	=	Reichsjustizminister.
RStGB.	=	Reichsstrafgesetzbuch.
RV.	=	Reichsverfassung.
S.	=	Satz.
StPO.	=	Strafprozeßordnung.
vgl.	=	vergleiche.
VO.	=	Verordnung.
VVG.	=	Versicherungsvertragsgesetz.
Z.	=	Ziffer.
ZPO.	=	Zivilprozeßordnung.
ZVG.	=	Zwangsversteigerungsgesetz.

Einleitung

Man nimmt an, daß Anerbenrecht und Anerbensitte auf germanische Rechtsauffassungen zurückgehen. Ein altes Rechtssprichwort sagt: „Der Bauer hat nur ein Kind." Das will heißen, daß nur ein Erbe den Hof übernehmen kann und daß jede Teilung als dem Wesen und der Bedeutung echten Bauerntums widersprechend verpönt ist. Man teilt die Scholle nicht wie eine Summe Geldes. Nur wo auf ihr in ununterbrochener Geschlechterfolge die gleiche Familie seßhaft ist und wirtschaftet, kann ein starkes und freies Volk gedeihen. Der Heimatboden ist die Kraft- und Blutquelle jedes Volkes. „Die Möglichkeit der Erhaltung eines gesunden Bauernstandes als Fundament der gesamten Nation kann niemals hoch genug eingeschätzt werden", sagt der Führer in seinem Buche „Mein Kampf". Der Bauernhof kann daher nicht nur als Besitz des einzelnen angesehen werden, über den er nach seinem Gutdünken verfügen darf. Er gehört der Familie, ihren künftigen Geschlechtern so gut wie er ihren vergangenen gehörte. Der jeweilige Eigentümer verwaltet ihn nur als Treuhänder für die, die nach ihm kommen, und für das Volksganze.

Dieses alte und ehrwürdige deutsche Rechtsgut ging mit dem Einbruch des fremden, namentlich des römischen Rechtes, im Laufe der Zeit mehr und mehr verloren. Der Boden wurde Handelsware, Gegenstand der geldlichen Ausbeutung; die kapitalistische Wirtschaftsauffassung verschüttete gutes Recht und altes Brauchtum. Und doch ließ es sich nicht völlig zerstören. In Westfalen, Hannover,

Mecklenburg, Braunschweig und anderen Gebieten, später auch in Württemberg, erwachte es in der Form landesgesetzlicher Sonderregelung zu neuem Leben. In großen anderen bäuerlichen Teilen des Reiches, namentlich auch in Bayern, wußte es sich als treu geübte und wohl bewahrte Sitte zu behaupten. Es darf angenommen werden, daß nahezu in vier Fünfteln des Reiches der Erbhofgedanke als Gesetz oder Sitte auch bis in die jüngste Zeit herein lebendig war.

Wenn daher im Verfolg des Sieges der nationalen Revolution Preußen durch die mit Gesetz vom 15. Mai 1933 (GesS. S. 165) erfolgte großzügige Schöpfung seines Bäuerlichen Erbhofrechts einerseits mit dieser Zersplitterung aufräumte, andererseits die bloße Sitte in die bindende Gesetzesform goß und damit für den größten Teil unseres deutschen Vaterlandes Rechtseinheit schuf, so brauchte es hiernach nur an das Überkommene und in breiten Schichten des Volkes Verwurzelte anzuknüpfen. Beim Großgrundbesitz hatte sich der Anerbengedanke ohnehin im Fideikommißrecht aus eigener Kraft durch alle Wandlungen hindurch erhalten.

Das preußische Gesetz sollte die Brücke schlagen zu der nun mehr denn je notwendig gewordenen reichsrechtlichen Regelung. Und diese ließ in der Tat nicht lange auf sich warten. Mit der ihm auf allen Lebens- und Rechtsgebieten eigenen elementaren Schwungkraft schuf der nationalsozialistische Staat auch das neue Werk. Am 1. Oktober 1933 beim Erntedankfest auf dem Bückeberg bei Hameln wurde das Reichserbhofgesetz der versammelten Bauernschaft als unvergängliche Festgabe dargebracht. In feierlicher Weise verkünden — abweichend von der bisher üblichen trockenen und blutleeren Gesetzgebungsform —

schon die *Einleitungsworte* den Sinn und Zweck des Gesetzes.

Seine Grundgedanken sind:

Alte deutsche Erbsitte soll gesichert werden. War es bisher vielfach nur Brauch, den Hof durch Übergabevertrag, durch Testament oder Einigung der Erben auf einen von ihnen zu übertragen, so wird dies nunmehr kraft Gesetzes für das ganze Reich Rechtens.

Es gilt, das Bauerntum als Blutquelle des deutschen Volkes zu erhalten. Ein gesunder, tüchtiger Bauernstand bildet bevölkerungspolitisch die Lebensgrundlage jedes Volkes. Aus ihm fließen seine besten Kraftquellen. Nicht die Stadt mit ihrer Anhäufung entwurzelter Menschen, mit ihrer meist unter unzureichenden sozialen Bedingungen lebenden Industriebevölkerung, sondern das Land bestimmt Wachstum und Stärke einer Nation.

Der Hof soll vor Überschuldung und Zersplitterung im Erbgang geschützt werden. Der Hof soll lastenfrei werden und bleiben, also nicht mehr Gefahr laufen, immer tiefer in Schulden zu geraten und schließlich unter den Hammer zu kommen. Der Gerichtsvollzieher soll künftig vor dem Hofe Halt machen müssen. Was früher schwer auf diesem lastete und seine gedeihliche Bewirtschaftung häufig geradezu unmöglich machte, die zu hohen Abfindungen der Miterben, schlechte Preis- und Absatzverhältnisse, soll in Zukunft den Bauern nicht mehr von Haus und Hof zu treiben vermögen. Der Gesetzgeber hat dagegen wirksame Sicherungen eingebaut. Auch mit der volks- und wirtschaftsfeindlichen Aufteilung des Hofes im Erbgang unter den überlebenden Gatten und die oft zahlreichen Kinder mit der Folge, daß an die Stelle eines wirtschafts- und leistungsfähigen Hofes ein unzureichender, lebensschwacher Kleinbesitz tritt, macht das Gesetz Schluß.

Der Hof soll dauernd als Erbe der Sippe in der Hand freier Bauern bleiben. Der Hof wird also unantastbares Gemeingut des Geschlechts, das untrennbar mit ihm verbunden bleibt. Der Bauer soll ihn über alle Wirtschafts- und sonstigen Erschütterungen hinweg seinen Kindern und Kindeskindern erhalten und vererben können.

Es soll auf eine gesunde Verteilung der landwirtschaftlichen Besitzgrößen hingewirkt werden. Eine große Anzahl lebensfähiger kleiner und mittlerer Bauernhöfe, möglichst gleichmäßig über das ganze Land verteilt, bildet die beste Gewähr für die Gesunderhaltung von Volk und Staat. Also nicht eine große Zahl lebensunfähiger Zwerggüter aber auch nicht der Großgrundbesitz mit seiner extensiven Bodennutzung sondern nur ein mittelgroßes und ein intensiv wirtschaftendes Bauerntum, das künftig auch die dünn besiedelten Teile des Reichsgebiets zu erfassen vermag, verbürgt eine gesunde und unerschütterbare Lebensgrundlage der deutschen Nation.

Der Eigentümer des Erbhofs soll den Ehrennamen „Bauer" führen. Der Bauernstand wird aus der Volksgemeinschaft herausgehoben. Hohes Verantwortungsgefühl und ein besonderes Berufsethos soll in ihm geweckt und erhalten werden. Ein Bauernadel soll entstehen, auf den der Städter nicht mehr, wie es früher nicht selten der Fall war, mit unbegründeter Geringschätzung herabblicken kann.

Aber deshalb kann auch Bauer nur sein, wer ehrbar, Deutscher und deutschen Blutes ist.

Wer dieser Auffassung vom Bauerntum nicht gerecht zu werden vermag, für den ist kein Platz unter den deutschen Bauern. Wer sich aber gar schwer gegen seine Standespflichten verfehlt, kann sogar des Hofes verlustig gehen, „abgemeiert" werden.

Der Erbhof geht ungeteilt auf den Anerben über. Mit der auf französische Rechtseinflüsse zurückgehenden Teilungsunsitte in manchen Gebieten des Reiches wird endgültig aufgeräumt. Der Hof bleibt ungeschmälert erhalten und vererbt sich geschlossen und voll leistungsfähig auf einen Erben.

Die Rechte der Miterben beschränken sich auf das übrige Vermögen des Bauern. Ein Hofanteil steht ihnen künftig nicht mehr zu. Sie haben hinsichtlich des Hofes dem Anerben zu „weichen".

Die nicht als Anerben berufenen Abkömmlinge erhalten dafür aber eine den Kräften des Hofes entsprechende Berufsausbildung und Ausstattung. Dabei hat als oberster Grundsatz zu gelten, daß der Hof „bei Kräften bleiben muß", d. h. daß seine Erhaltung und seine Wirtschaftsmöglichkeiten darunter nicht leiden dürfen.

Abkömmlinge und Eltern haben ferner die Heimatzuflucht auf den Hof, wenn sie unverschuldet in Not geraten. Auch das Recht der Heimatzuflucht ist alten germanischen Ursprungs. In ihm kommt gleichfalls der Gedanke zum Ausdruck, daß der Hof Gemeingut der auf ihm seßhaften Familie ist und daher die Verpflichtung hat, ihren Gliedern in der Not den erforderlichen wirtschaftlichen Rückhalt und eine „Heimat" zu bieten.

Das Anerbenrecht kann durch Verfügung von Todes wegen nicht ausgeschlossen oder beschränkt werden. Der Bauer kann nicht mehr beliebig über den Hof wie über irgendeinen anderen Gegenstand verfügen. Er ist gewissermaßen der Sachwalter seines Geschlechts und darf die Absicht des Gesetzgebers, den Hof der angesessenen Familie ungeschmälert und leistungsfähig zu erhalten, nicht vereiteln.

Der Erbhof ist grundsätzlich unveräußerlich und unbelastbar. Die Scholle des Bauern ist damit dem kapitalistischen Wirtschaftsverkehr entzogen. Wirtschafts-, Markt- und Preisschwankungen sollen den bäuerlichen Besitz nicht mehr zu erschüttern oder gar zugrunde zu richten vermögen.

Die neue Erbhofrechtsverordnung und die Erbhofverfahrensverordnung, beide vom 21. Dezember 1936, haben unter Aufhebung der bis dahin erlassenen drei Durchführungsverordnungen eine Zusammenfassung der sachenrechtlichen Vollzugsvorschriften und der verfahrensrechtlichen Vorschriften gebracht. Das Reichserbhofgesetz lassen sie textlich unberührt. Inhaltlich bedeuten sie aber in mancher Hinsicht einen Ausbau und Umbau und eine Ergänzung des Gesetzes entsprechend den Erfahrungen mit der Auswirkung des Gesetzes.

Die Erbhofgesetzgebung stellt die Scholle des Bauern unter ein eigenes Recht, das auf dem Gedanken des Gemeinwohls und der Erhaltung des Volksganzen aufgebaut ist. Sie hält ihre starke Hand schützend über den Bauern und seinen Hof. Gewiß wird es auch jetzt noch einige Zeit dauern, bis die weitausschauenden Gedankengänge des Gesetzes völlig in die bäuerliche Bevölkerung eingedrungen und ihr in Fleisch und Blut übergegangen sein werden. Auch jetzt noch werden zuweilen Härten und Schwierigkeiten nicht ausbleiben. Gleichwohl bürgt für einen gedeihlichen Gesetzesvollzug schon der Umstand, daß er in der Hauptsache ja in die Hand des Bauern selbst gelegt ist. Dieser wird bei seinem gesunden Sinn für das Wirkliche zur rechten Zeit die richtige Entscheidung zu treffen wissen. Er wirkt als Anerben-, Erbhof- und Reichserbhofrichter in verantwortungsvollster Stellung an der Anwendung des Gesetzes mit. Seine Standesvertretung — der Reichsnährstand — wird, vom Kreisbauernführer bis zum Reichsbauernführer hinauf, darüber wachen, daß sich die hohen und zielbewußten Absichten des Gesetzes in der Wirklichkeit nicht in ihr Gegenteil verkehren. Jetzt schon steht fest, daß die Erbhofgesetzgebung dazu beiträgt und weiterhin dazu beitragen wird, einen lebenskräftigen und blühenden Bauernstand auf freier Scholle zu erhalten und ihm den Platz in der großen neuen Volksgemeinschaft zu sichern, der ihm als der „Blutquelle des deutschen Volkes" zukommt, zu Nutz und Frommen nicht nur seiner selbst, sondern des ganzen deutschen Vaterlandes.

Reichserbhofgesetz

vom 29. September 1933 (RGBl. I S. 685).

Die Reichsregierung will unter Sicherung alter deutscher Erbsitte das Bauerntum als Blutquelle des deutschen Volkes erhalten.

Die Bauernhöfe sollen vor Überschuldung und Zersplitterung geschützt werden, damit sie dauernd als Erbe der Sippe in der Hand freier Bauern verbleiben.

Es soll auf eine gesunde Verteilung der landwirtschaftlichen Besitzgrößen hingewirkt werden, da eine große Anzahl lebensfähiger kleiner und mittlerer Bauernhöfe, möglichst gleichmäßig über das ganze Land verteilt, die beste Gewähr für die Gesunderhaltung von Volk und Staat bildet.

Die Reichsregierung hat daher das folgende Gesetz beschlossen. Die Grundgedanken des Gesetzes sind:

Land- und forstwirtschaftlicher Besitz in der Größe von mindestens einer Ackernahrung und von höchstens 125 Hektar ist Erbhof, wenn er einer bauernfähigen Person gehört.

Der Eigentümer des Erbhofs heißt Bauer.

Bauer kann nur sein, wer deutscher Staatsbürger, deutschen oder stammesgleichen Blutes und ehrbar ist.

Der Erbhof geht ungeteilt auf den Anerben über.

Die Rechte der Miterben beschränken sich auf das übrige Vermögen des Bauern. Nicht als Anerben berufene Abkömmlinge erhalten eine den Kräften des Hofes entsprechende Berufsausbildung und Ausstattung; geraten sie unverschuldet in Not, so wird ihnen die Heimatzuflucht gewährt.

Das Anerbenrecht kann durch Verfügung von Todes wegen nicht ausgeschlossen oder beschränkt werden.

Der Erbhof ist grundsätzlich unveräußerlich und unbelastbar.

Das Gesetz wird hiermit verkündet:

1. Abschnitt

Der Erbhof

§ 1

Begriff

(1) Land- oder forstwirtschaftlich genutztes Grundeigentum ist Erbhof, wenn es

1. hinsichtlich seiner Größe den Erfordernissen der §§ 2, 3 entspricht und
2. sich im Alleineigentum einer bauernfähigen Person befindet.

(2) Höfe, die ständig durch Verpachtung genutzt werden, sind nicht Erbhöfe.

(3) Die Erbhöfe werden von Amts wegen in die Erbhöferolle eingetragen. Diese Eintragung hat rechtserklärende, keine rechtsbegründende Bedeutung.

Die einleitenden Worte vor dem § 1 sind nicht Gesetzesbefehl, sie sollen vielmehr unter Darlegung der Grundgedanken und des Zwecks des Gesetzes (vgl. § 56 REG.) Richtschnur bei Anwendung des Gesetzes sein.

Die Grundgedanken sind:

a) Zum Erbhof gehört

α) land- und forstwirtschaftlicher Besitz von bestimmter Größe (§§ 1—3 REG.),
β) ein Bauer (§ 11 REG.)
1. von deutscher Staatsangehörigkeit (§ 12 REG.),
2. reinrassig (§ 13 REG.),
3. ehrbar (§ 15 REG.);
b) nur ungeteilter Übergang auf den Anerben (§ 19 REG.);
c) Beschränkung der Rechte der Miterben (§§ 30—35 REG.);
d) Verbot der Beseitigung und Beschränkung des Anerbenrechts durch Verfügung von Todes wegen (§ 24 REG.);
e) Unveräußerlichkeit und Unbelastbarkeit des Erbhofs (§ 37 REG.).

1. I. **Begriff des Erbhofs:** Der Erbhof, gedacht als einheitliches, von einer Hofstelle aus selbst bewirtschaftetes Besitztum besteht aus dem Grundbesitz und aus den zu seinem Betrieb notwendigen Gegenständen und ist zweckverbundenes, aus dem Gesamtvermögen des Bauern hervorgehobenes Sondervermögen; er steht im Gegensatz zum erbhoffreien Vermögen (vgl. § 33 REG. Anm. **1**).

II. **Voraussetzungen:**

1. Grundeigentum, land- und forstwirtschaftliche Nutzung.

a) Zum Erbhof gehören nur in Deutschland gelegene Grundstücke, nicht auch ausländische.

Es genügt nicht die Eignung oder Bestimmung des Grundeigentums zur land- und forstwirtschaftlichen Nutzung, REHG. 1, 156. Verlangt ist tatsächliche land- oder forstwirtschaftliche Nutzung, also Ackerbau, Viehzucht, Weidebetrieb für Pferde, Rindvieh, Schafe usw., Schweinemästereien, auch Fischereibetrieb bäuerlicher Art, Wein-, Gemüse-, Obstbau, soweit der Betrieb nicht kaufmännischen Charakter hat (§ 6 REG.), Pflege des Waldes zwecks Holzerzeugung; im Gegensatz zum kapitalistisch ausgerichteten Gewerbebetrieb mit land- und forstwirtschaftlichen Produkten, beispielsweise Hühnerfarmen, Pelztierfarmen, Zuchtfarmen, Schweinemästereien, Fischzüchtereien, wenn die Futtermittel für die Tiere wenigstens im wesentlichen anderwärts gekauft werden, Blumenzuchtbetriebe, Holzverarbeitungsbetriebe usw.

b) Zum Erbhof gehört auch der land- und forstwirtschaftliche

Nebenbetrieb. Er ist Nebenzweck des Gesamtbetriebes und organisch mit ihm verbunden; er teilt das Schicksal des Hauptbetriebs. Er muß aber in der Hand des gleichen Betriebsinhabers sein wie der Hauptbetrieb. Er dient der Hauptsache, fördert sie und erhöht ihre Erträgnisse.

Man unterscheidet als Nebenbetriebe:

α) Verarbeitungsbetriebe, in welchen, wenn auch nicht ausschließlich, so doch überwiegend Erzeugnisse des Hauptbetriebes zum Zwecke des Verkaufs verarbeitet werden, z. B. Molkereien, Sämereien, Brennereien, Zuckerfabriken usw. Die Rückstände, die bei der Verarbeitung übrig bleiben, dienen dem Hauptbetrieb, z. B. zur Fütterung von Vieh;

β) Betriebe, in welchen Gegenstände für den Hauptbetrieb hergestellt werden, gleichgültig, woher die Rohstoffe für den Nebenbetrieb kommen, z. B. eine Schmiede, eine Schlosserei, eine Korbflechterei;

γ) Substanzbetriebe: Die Rohstoffe für diese Betriebe werden aus Grund und Boden des landwirtschaftlichen Betriebs genommen, z. B. Ziegeleien, Steinbrüche, Torfstiche, Kiesgruben, Sandgruben, Lehmgruben.

c) Zum Grundeigentum gehören:

α) die Bestandteile der Grundstücke wie Gebäude, Pflanzungen (§§ 93—96 BGB.), subjektiv-dingliche Rechte, wie Reallasten (§ 1105 Abs. 2 BGB.), Grunddienstbarkeiten (§ 1018 BGB.), subjektiv-dingliche Vorkaufsrechte (§ 1094 Abs. 2 BGB.);

β) die Nutzungsrechte und Anteile (§ 4 EHRV., REHG. 3, 29), auch Fischereirechte in fremden Gewässern, vgl. REHG. EHRspr. § 4 EHRV. Nr. 2;

γ) das Zubehör der Hofgrundstücke (§§ 7 Abs. 1, 8 REG. in Verbindung mit §§ 97, 98 BGB.);

δ) Versicherungsforderungen und Tilgungsguthaben (§ 9 REG.).

2. Bestimmte Größe der Grundfläche.

a) Die Mindestgröße des Erbhofs ist die einer Ackernahrung (§§ 2 Abs. 1, 6 Abs. 2 und 3 REG.).

Begriff der Ackernahrung (§ 2 Abs. 2 REG.); entscheidend sind die Bodengüte und die klimatischen Verhältnisse; die Vorschriften der §§ 34 Abs. 1, 41 Abs. 1 und 3 EHVfO. sind nur

Richtlinien für die unterste Grenze; es kann daher unter Umständen auch ein Besitz von weniger als 7½ ha eine Ackernahrung darstellen.

b) Dagegen ist die Höchstgrenze des Erbhofs mit 125 ha (§ 3 REG., §§ 34 Abs. 1, 41 Abs. 1 EHVfO.) bindend.

Bei Vergrößerung darüber hinaus wird die zugenommene Fläche Erbhofbestandteil nur durch Zulassung durch den Reichsminister für Ernährung und Landwirtschaft, § 2 EHRV.

Ursprünglich größerer Besitz kann durch Teilung Erbhof werden (§ 4 REG.).

Besondere Zulassung: § 5 REG., §§ 43, 44, 45 EHVfO.

3. Alleineigentum.

Deshalb kann der Erbhof grundsätzlich nicht zum Gesamtgut einer ehelichen Gütergemeinschaft gehören oder sonst im Eigentum mehrerer Personen stehen (§ 17 Abs. 1 REG.). Erforderlich ist aber das sachenrechtliche Alleineigentum, das bloße Treuhändereigentum oder sogenanntes wirtschaftliches Eigentum anderer steht dem Entstehen des Erbhofs nicht entgegen, REHG. 3. 97. Zum Alleineigentum im Sinne des REG. gehört die innere Verbundenheit des Eigentümers mit Grund und Boden. Sie fehlt, wenn der Eigentümer den Grund in der Absicht der Weiterveräußerung oder der Kapitalsanlage erwirbt, HRR. 1936 Nr. 1572, 1574, 1575; REHG. DNotZ. 1937 S. 93; REHG. EHRspr. § 4 REG. Nr. 4. Andererseits ist nicht jeder Hof, der erworben ist, um Geld anzulegen, dadurch von der Erbhofeigenschaft ausgeschlossen. Die innere Verbundenheit des Eigentümers mit dem Besitz kann auch nach dem Erwerb hergestellt werden, REHG. 3, 296; EHRspr. § 1 Abs. 1 REG. Nr. 81.

Ausnahmen sind getroffen:

a) für den Ehegattenerbhof (§§ 17, 18, 19, 25 EHRV.), und zwar sowohl bei Miteigentum der Ehegatten (§ 17 EHRV.) als auch bei geteiltem oder gemischtem Eigentum (§ 18 EHRV.).

Die neuen Bestimmungen der EHRV. zeigen ein Erlahmen des ursprünglichen Widerstandes des Gesetzgebers gegen die Zulassung der Ehegattenerbhöfe.

Danach ist Erbhof bei Zutreffen der sonstigen Voraussetzungen:

α) eine Besitzung, die am 1. 10. 1933 oder am 23. 12. 1936 sich im gemeinschaftlichen Eigentum von bauernfähigen Ehegatten befindet (§ 17 Abs. 1 und 2 EHRV.);

β) eine Besitzung, die nach dem 23. 12. 1936 sich in gemeinschaftlichem Eigentum von bauernfähigen Ehegatten befindet und vorher noch nicht Erbhof geworden ist (§ 17 Abs. 3 EHRV.);

γ) eine Siedlungsstelle, die nach dem 30. 9. 1933 erworben wird von Eheleuten im Verfahren zur Neubildung deutschen Bauerntums auf Grund eines vor dem 1. 10. 1933 abgeschlossenen Vertrags und zwar als Teil des Gesamtgutes der ehelichen Gütergemeinschaft oder sonst als gemeinsames Eigentum (§ 25 EHRV.);

δ) eine Besitzung, die sich am 21. 12. 1933 oder am 23. 12. 1936 zum Teil im Alleineigentum des Ehemannes und zum Teil im Alleineigentum der Ehefrau oder zum Teil im gemeinschaftlichen Eigentum beider Ehegatten und zum Teil im Alleineigentum eines oder jedes der beiden Ehegatten befindet und von einer Hofstelle aus bewirtschaftet wird, § 18 Abs. 1 und 2 EHRV.;

ε) eine Besitzung, die sich nach dem 23. 12. 1936 zum Teil im Alleineigentum des Ehemannes und zum Teil im Alleineigentum der Ehefrau oder zum Teil im gemeinschaftlichen Eigentum beider Ehegatten und zum Teil im Alleineigentum eines oder jedes der beiden Ehegatten befindet, von einer Hofstelle aus bewirtschaftet wird und bis zum 23. 12. 1936 noch nicht Erbhof geworden ist. § 18 Abs. 3 EHRV.

In den Fällen δ und ε werden die Eigentumsverhältnisse an den Grundstücken durch die Zurechnung zum Ehegattenerbhof nicht betroffen.

Durch diese Vorschriften der §§ 17 Abs. 2 und 18 Abs. 2 EHRV. sollen mit dem Inkrafttreten der EHRV. alle durch die früheren Vorschriften noch nicht erfaßten Besitzungen Erbhöfe werden, die die allgemeinen Voraussetzungen der Erbhofeigenschaft erfüllen und bei denen folgende Eigentumsverhältnisse vorliegen:

α) Entweder Gesamthandeigentum oder sonstiges gemeinschaftliches Eigentum von Ehegatten oder

β) teils Alleineigentum des Mannes und teils Alleineigentum der Frau oder γ) teils gemeinschaftliches Eigentum von Ehegatten und teils Alleineigentum eines oder jedes der Ehegatten.

Für die Ehegattenerbhöfe gelten grundsätzlich dieselben Bestimmungen, die allgemein für Erbhöfe maßgebend sind, soweit nicht in den §§ 20—23 EHRG. anderes bestimmt ist. Diese Paragraphen enthalten im wesentlichen eine besondere Regelung über die Bestimmung des Anerben, über die gesetzliche Anerbenfolge, über die Einwirkung der Ehescheidung und die Auseinandersetzung nach der Ehescheidung. Vgl. hiezu auch §§ 67—72 EHVfO. Hervorzuheben ist hier, daß beim Ehegattenerbhof entgegen der sonstigen Regel auch die Ehefrau zum Anerben bestimmt werden kann und zwar auch durch einseitiges Testament des Mannes, § 20 Abs. 1 EHRG. Unter besonderen Voraussetzungen kann die Ehefrau, wenn der überwiegende Teil des gemeinsamen Erbhofs von ihrer Seite herstammt, auch ohne Mitwirkung des Mannes den Anerben bestimmen, § 21 EHRG. Stirbt die Ehefrau zuerst, dann geht der Erbhof auf den Ehemann als gesetzlichen Anerben über. Stirbt der Ehemann zuerst und ist die Ehefrau nicht zum Anerben bestimmt worden, dann wird der nach dem Gesetz zum Anerben des Mannes Berufene Anerbe, §§ 22 Abs. 1 und 2, 25 Abs. 2 EHRG. Uneheliche Kinder des Bauern oder der Bäuerin können deshalb beim Ehegattenerbhof niemals Anerben kraft Gesetzes werden. Vgl. § 20 REG. Anm. 1c und f. Die Entstehung eines Erbhofes in der Hand von Ehegatten setzt voraus, daß die Ehegatten nicht geschieden sind (REHG. EHRspr. DVO. I § 62 Abs. 1 Nr. 3). Andererseits verliert der Ehegattenerbhof die Erbhofeigenschaft noch nicht dadurch, daß die Ehe späterhin, nach der Entstehung des Erbhofes, geschieden wird, REHG. EHRspr. DVO. II § 5 Nr. 9, REHG. 2. 126. 185. Es greifen dann die Bestimmungen der §§ 67 ff. EHVfO. ein. Die Zusammenrechnung des Alleineigentums von Mann und Frau gemäß § 18 EHRG. ist nicht möglich, wenn dadurch die Größe von 125 ha überschritten wird. Dagegen wird bis zu dieser Grenze jeder Zuerwerb weiterer Grundstücke zum Alleineigentum oder Miteigentum der Ehegatten bei Bewirtschaftung von der Hofstelle aus ohne weiteres von der Erbhofeigenschaft miterfaßt. Eine Zusammenrechnung ist aber dann nicht zulässig, wenn der Grundbesitz des einzelnen Ehegatten für sich schon Erbhof war und eine wirtschaftliche Zusammenfassung der beiden Höfe zu einer Wirtschaftseinheit nicht stattfindet, REHG. EHRspr. DVO. II § 5 Nr. 10 REHG. 2. 263.

Bei Besitzungen, die schon am 23. 12. 1936 (Zeitpunkt des Inkrafttretens der EHRV.) die Voraussetzungen eines Ehegattenerbhofs sonst erfüllen, kommt es auf die Schuldengrenze des § 1 Abs. 1 Z. 2 EHRV. nicht an, dagegen wohl bei den später entstehenden Besitzungen. Vgl. unten Anm. 1 II 6.

Über die Ausnahme vom Erfordernis der Bauernfähigkeit für einen der beiden Ehegatten bei Ehegattenerbhöfen in besonderen Fällen vgl. §§ 17 Abs. 4 und 18 Abs. 4 EHRV., §§ 3 und 13 REG.

Über die Behandlung der Ehegattenerbhöfe in der Erbhöferolle vgl. § 41 EHVfO.

Siehe auch § 11 REG. Anm. 1; § 12 REG. Anm. 1e; § 13 REG. Anm. 1b; § 20 Anm. 1b, d, e, i; § 21 Anm. 5c, 7; § 22 Anm. 1a; § 23 Anm. 1; § 24 Anm. 1d; § 46 Anm. 1m; § 58 Anm. 1.

b) Für den Erbhof der fortgesetzten Gütergemeinschaft, § 24 EHRV.

Danach ist Erbhof eine Besitzung, die bei Zutreffen der sonstigen Voraussetzungen am 1. 10. 1933 zum Gesamtgut einer im bezeichneten Zeitpunkt noch bestehenden (REHG. EHRspr. DVO. I § 62 Abs. 4 Nr. 8) fortgesetzten Gütergemeinschaft gehört (die nach der Aufhebung der fortgesetzten Gütergemeinschaft entstehende Auseinandersetzungsgemeinschaft kann nicht Erbhofträger sein, REHG. EHRspr. DVO. I § 62 Abs. 4 Nr. 12; REHG. 2, 209). Dabei muß aber mindestens der überlebende Ehegatte und einer der anteilsberechtigten Abkömmlinge bauernfähig sein (vgl. § 12 REG. Anm. 1e und § 13 REG. Anm. 1b). Das Gesetz sieht dann die möglichste Beachtung der gemeinschaftlichen Bestimmung eines Anerben durch die Ehegatten vor Eintritt der fortgesetzten Gütergemeinschaft und beim Fehlen einer solchen gemeinschaftlichen Bestimmung die Bestimmung des Anerben unter den anteilsberechtigten Abkömmlingen durch den überlebenden Ehegatten allein vor. Die erschwerenden Voraussetzungen des REG. für die Zustimmung des AEG. zur Anerbenbestimmung (Erfordernis eines wichtigen Grundes, z. B. im Falle des § 25 Abs. 3 REG.) bleiben im Falle des § 24 Abs. 3 EHRV. bestehen, vgl. REHG.

2, 373. Fehlt eine solche Bestimmung des Anerben durch den überlebenden Ehegatten bzw. durch die Ehegatten, dann greifen die Bestimmungen über die regelmäßige Berufung des Anerben des Mannes unter Bevorzugung der anteilsberechtigten Abkömmlinge ein. Für den Fall der Vereinigung aller Anteile der fortgesetzten Gütergemeinschaft in der Hand des überlebenden Ehegatten ist eine besondere Bestimmung vorgesehen auch bezüglich der Verwaltung und Nutznießung für die Zeit nach Beendigung der fortgesetzten Gütergemeinschaft, vgl. § 24 REG. Anm. 1i.

Über die sinngemäße Anwendung des § 37 Abs. 3 REG. auf Auseinandersetzungsverträge zwischen den an einer fortgesetzten Gütergemeinschaft Beteiligten siehe § 37 REG. Anm. 3e. Trotz des Anklangs der „gemeinsamen Were" nach braunschweigischem Anerbenrecht an die fortgesetzte Gütergemeinschaft sind die Bestimmungen des § 24 EHRV. auf sie nicht anwendbar, REHG. 2, 282;

c) für die Erbpachtgüter, wie sie insbesondere in Mecklenburg vorkommen und die Lehnbauerngüter. Hier besteht kein Alleineigentum, sondern ein Obereigentum des Grundherrn und ein Nutzungseigentum des Erbpächters bzw. des Lehnbauern, vgl. § 60 Abs. 2 REG., § 45 Abs. 1 EHRV.

d) Weil grundsätzlich Alleineigentum erfordert ist, gehört auch ein Miteigentumsanteil an einem Grundstück nicht zum Erbhof, es sei denn, daß das Grundstück in einem dienenden Verhältnis zum Erbhof steht und im Verhältnis zum Erbhof selbst nur von untergeordneter Bedeutung ist. Nur in diesem Falle greift § 4 Abs. 1 EHRV. ein, vgl. REHG. EHRspr. DVO. II § 2 Nr. 14; HRR. 1936 Nr. 1573.

e) Das zur Entstehung eines Erbhofes erforderliche Alleineigentum ist auch nicht gegeben, wenn der Hof in einer letztwilligen Verfügung einem Miterben durch Teilungsanordnung oder Vermächtnis zugewendet ist, sich aber noch im Eigentum der Erbengemeinschaft befindet, REHG. DNotZ. 1937 S. 93.

f) Dagegen schließt die Beschlagnahme einer Grundbesitzung keine Voraussetzung der Erbhofeigenschaft, auch nicht die des Alleineigentums schlechthin aus. Für die Entstehung des Erbhofs verlangt das Gesetz nur das sachenrechtliche Eigentum, das durch die Liegenschaftsbeschlagnahme oder durch andere rechtliche oder tatsächliche Beschränkungen nicht in

Frage gestellt wird. Auch das Nacherbenrecht und der Nießbrauch schaden der Entstehung des Erbhofs nicht, REHG 1,287; 2,324; HRR. 1936 Nr. 1575; REHG. EHRspr. § 4 REG. Nr. 4. Über die Vorerbschaft vgl. § 17 REG. Anm. 1 d.

4. Bewirtschaftungseinheit.

Hiezu gehört die regelmäßige tatsächliche Bewirtschaftung von einer im Alleineigentum des Bauern oder im Miteigentum von Ehegatten oder einer fortgesetzten Gütergemeinschaft stehenden Hofstelle mit Wohn- und Wirtschaftsgebäuden aus durch den Eigentümer, § 7 Abs. 1 REG.; vgl. auch REHG. EHRspr. § 40 EHVfO. Nr. 1.

Vorübergehendes Fehlen der Hofstelle (z. B. bei Brand) ist unschädlich. Als endgültig ist das Fehlen der Hofstelle aber dann anzusehen, wenn in absehbarer Zeit keine Mittel für den Wiederaufbau eines Wohnhauses und ausreichender Wirtschaftsgebäude zur Verfügung stehen, Celle EHRspr. § 1 Abs. 1 Nr. 77. Räumliches Zusammenliegen der bewirtschafteten Ländereien untereinander und mit der Hofstelle, auch Vorhandensein von Inventar ist nicht erforderlich. Schlechter baulicher Zustand der Gebäude der Hofstelle schadet nicht, solange nicht die bestimmungsgemäße Benützung nach Sachlage dauernd ausgeschlossen ist, REHG. EHRspr. § 1 Abs. 2 Nr. 9. Bei dauerndem Brachliegen der Ländereien keine Erbhofeigenschaft. Eine nur gemietete oder gepachtete Hofstelle genügt nicht. Welche Anforderungen im Einzelfalle an die Hofstelle zu stellen sind, richtet sich nach der Bewirtschaftungsart. Soweit bestimmte Gebäude für die Bewirtschaftungsart nicht erforderlich sind, kann aus ihrem Fehlen nicht auf das Fehlen der Hofstelle geschlossen werden, REHG. EHRspr. § 1 Abs. 1, REG. Nr. 74. Für die Hofstelle genügt ein bäuerliches Wohnhaus; auf die Ansprüche des derzeitigen Eigentümers kommt es nicht an, REHG. 3, 296.

Die Betriebseinheit besteht:

a) Für den land- und forstwirtschaftlich genutzten Betrieb samt dem Nebenbetrieb (vgl. oben Anm. II 1b).

b) Für den gemischten Betrieb. Er umfaßt außer dem land- und forstwirtschaftlich genutzten Betrieb (einschließlich der Fischereirechte in fremden Gewässern vgl. REHG. EHRspr. § 4 EHRV. Nr. 2) noch einen oder mehrere Betriebe anderer

Art (z. B. Gewerbebetriebe), die organisch mit dem landwirtschaftlichen und forstwirtschaftlichen Betriebe verbunden sind.

Der gemischte Betrieb ist eine Betriebseinheit. Überwiegt der landwirtschaftliche Betrieb, d. h. bestreitet der Betriebsinhaber seinen Lebensunterhalt in der Hauptsache aus dem landwirtschaftlichen Teil des Betriebes, dann ist das Ganze Erbhof. Überwiegt der gewerbliche Betrieb, dann liegt kein Erbhof vor, REHG. 1, 153. Entscheidend ist dabei nicht die Höhe des Umsatzes und die Veranlagung zu den Steuern, insbesondere zu den Einkommensteuern. Dem Umsatz kann regelmäßig nur dann eine maßgebliche Bedeutung zukommen, wenn aus dem daraus erzielten Einkommen geschlossen werden kann, daß der gewerbliche Erwerbszweig die überwiegende Einkommensquelle ist, REHG. EHRspr. § 1 Abs. 1 Nr. 76. Maßgebend sind vielmehr die tatsächlichen Verhältnisse des Einzelfalles. Beim Vergleich sind unter anderem auch der Einheitswert und die geschichtliche Entwicklung des Anwesens zu prüfen, REHG. EHRspr. § 1 Abs. 1 Nr. 65 und 66. Die Vorgeschichte des Anwesens ist insbes. dann von Bedeutung, wenn ein klares Überwiegen des einen Betriebs über den anderen nicht feststellbar ist. Denn die Vorgeschichte kann Anhaltspunkte dafür gewähren, ob der Eigentümer nach seiner Herkunft und Betätigung als Bauer, der nur einem Nebenerwerb nachgeht, oder als Gewerbetreibender, der die Landwirtschaft nebenher betreibt, zu gelten hat, REHG. EHRspr. § 1 Abs. 1 Nr. 76. Es wird sich fragen, ob der land- und forstwirtschaftliche Betrieb dem gewerblichen Betrieb derart angegliedert ist, daß er von diesem beherrscht wird und in der Hauptsache den gewerblichen Interessen dient und hinsichtlich seines Ertrags und Betriebskapitals dem gewerblichen Betrieb zuzurechnen ist. Besteht zwischen den beiden Betrieben eine Zweckverbundenheit in dem Sinne, daß der eine Betrieb dem anderen dienstbar zu sein, d. h. ihn mit den im Betriebsvermögen wurzelnden wertschaffenden Kräften zu stützen und zu fördern hat, dann hängt es von der Art und Weise und vom Ausmaß dieser Zweckverbundenheit ab, ob und inwieweit der einzelne Betrieb noch als selbständiger landwirtschaftlicher oder gewerblicher Betrieb angesprochen werden kann oder ob er mit seinem Betriebsvermögen und seinem Ertrag im herrschenden Betrieb aufgeht, vgl. Entscheidung der Oberberufskommission vom 9. 2. 1934, FinMinBl. S. 7.

c) Die Betriebs- und Wirtschaftseinheit besteht aber nicht mehr für den Doppelbetrieb. Er liegt vor, wenn mehrere organisch selbständige, räumlich getrennte oder wenigstens trennbare Betriebe mit selbständiger Betriebsstelle, beispielsweise ein landwirtschaftlicher und ein gewerblicher Betrieb, ein landwirtschaftlicher Betrieb und ein städtisches Hausgrundstück, in der Hand desselben Inhabers sich befinden und sich nach Umfang und Größe ungefähr die Wagschale halten. Die Erbhofeigenschaft des landwirtschaftlich und forstwirtschaftlich genutzten Betriebs wird in diesem Falle durch den Gewerbebetrieb nicht berührt und dieser nimmt an ihr nicht teil. Für den Doppelbetrieb ist zu fordern die Trennbarkeit der landwirtschaftlichen und gewerblichen Bestandteile des Betriebs, so daß eine Teilung dem Eigentum nach möglich ist, REHG. EHRspr. § 1 Abs. 1 Nr. 69, REHG. DNotZ. 1937 S. 164. Die Lösung der Verkoppelung des landwirtschaftlichen mit dem gewerblichen Bestandteil eines Gesamtunternehmens muß ohne wesentliche Nachteile für einen der beiden Betriebe möglich sein, REHG. 3. 325. Die Trennbarkeit des landwirtschaftlichen von einem industriellen Teil des Gesamtbetriebs ist nur dann zu bejahen, wenn die Absonderung zwanglos erfolgen kann. Die Trennbarkeit ist aus wirtschaftlichen Gründen zu verneinen, wenn das Industriewerk und die landwirtschaftlich genutzten Grundstücke aufeinander angewiesen sind und beide Teile erst in ihrer Gesamtheit ein lebensfähiges Gebilde darstellen, REHG. EHRspr. § 1 Abs. 1 Nr. 75.

5. Bauernfähige Person, §§ 11 ff. REG.

In Frage kommen nur natürliche Personen, nicht juristische, § 17 Abs. 2 REG.

Bauernfähig ist eine Person dann, wenn sie gleichzeitig

a) die deutsche Staatsangehörigkeit besitzt, § 12 REG.; Ausnahmen siehe § 5 Abs. 1 EHRV.; über Nachweis der Staatsangehörigkeit vgl. § 6 EHRV.;

b) deutschen oder stammesgleichen Blutes ist § 13 REG.; über den Nachweis der Abstammung vgl. § 6 EHRV.;

c) nicht entmündigt ist § 14 REG.;

d) ehrbar, § 15 REG. und

e) fähig ist zur Bewirtschaftung des Hofes, § 15 REG.

Über das Verfahren gegen einen schlecht wirtschaftenden oder bauernunfähigen Erbhofeigentümer vgl. §§ 73 ff. EHVfO. (Wirtschaftsüberwachung durch den Vertrauensmann, §§ 73 Abs. 1 Z. 1, 74—76 EHVfO.; Wirtschaftsführung durch Treuhänder, §§ 73 Abs. 1 Z. 2, 77—84 EHVfO.; Entziehung der Verwaltung und Nutznießung und des Eigentums, §§ 73 Abs. 2 Z. 2, 85—98 EHVfO.); vgl. hiezu auch § 15 REG. Anm. 1e.

Der nachträgliche Verlust der Bauernfähigkeit berührt weder die Erbhofeigenschaft noch das Eigentum am Hof, letzteres vorbehaltlich § 15 REG. (vgl. § 16 REG.).

6. Begrenzung der Schulden.

Der Gesamtbetrag der Schulden des Eigentümers der Besitzung darf den Betrag von 70% des zuletzt festgestellten steuerlichen Einheitswertes der Besitzung nicht übersteigen, § 1 Abs. 1 Z. 2 EHRV.

Über das Verfahren zur Klärung der Erbhofeigenschaft und der Schuldenfrage vgl. § 1 Abs. 1, 2 und 3 EHRV.

Die Voraussetzung der Schuldenbegrenzung gilt nicht:

a) allgemein für die Besitzungen, die schon vor dem 23. 12. 1936 Erbhof geworden sind, § 1 Abs. 1 EHRV., auch nicht für Ehegattenerbhöfe, die sonst die Voraussetzungen hiefür schon am 23. 12. 1936 erfüllt haben, vgl. oben Anm. 1 II 3 a;

b) für neue Höfe, gebildet auf Grund des Neusiedlungs- = Anliegersiedelungsverfahrens, § 1 Abs. 5 Z. 1 EHRV.;

c) für besonders zugelassene große Erbhöfe, § 1 Abs. 5 Z. 2 EHRV., §§ 5 und 3 REG.;

d) für im Entschuldungsverfahren entschuldete Höfe, § 1 Abs. 5 Z. 3 EHRV.

Nachträgliche Überschuldung stört die einmal erlangte Erbhofeigenschaft nicht, soweit nicht die Bestimmungen des § 15 REG., §§ 73—98 EHVfO. eingreifen.

2. Der Pachthof. § 7 Abs. 2 REG.

Gefordert ist Dauerpacht, die sich nicht nur aus der Zeitdauer, sondern auch aus der Einstellung, Gesinnung und der Absicht des Pächters ergibt, REHG. EHRspr. § 1 Abs. 2 Nr. 11; REHG. 1, 48. War eine Besitzung stets verpachtet und soll sie auch nicht wieder eigenbewirtschaftet werden, dann genügt die

Zeitpacht zum Ausschluß der Erbhofeigenschaft. Bei Verpachtung nur einzelner Teile bei Verbleib der Hofstelle in Eigenwirtschaft behalten die verpachteten Teile die Erbhofeigenschaft während der Zeit der weiteren Verbundenheit des Eigentümers mit der verpachteten Scholle. Maßgebend soll sein, ob die Besitzung durch die Verpachtung lediglich kapitalistisch ausgenützt werden soll oder ob andere vorübergehende, namentlich in der Person des Eigentümers liegende Gründe wie Jugend, Alter, Krankheit, vorübergehender Wegzug vom Hof zur Verpachtung geführt haben. Gefordert wird für den Pachthof die Loslösung des Eigentümers vom Hof, für den Erbhof die bauernmäßige Verbundenheit des Eigentümers mit dem Hof, REHG. EHRspr. § 1 Abs. 2 Nr. 7. Die Erbhofeigenschaft eines Anwesens setzt voraus, daß der Eigentümer eine bäuerliche Einstellung zum Hof und innere Verbundenheit mit dem Besitz hat, REHG. 3, 173.

Über die Verpachtung des Erbhofs siehe auch § 37 REG. Anm. **1** Cc.

Verpachtung des Erbhofs oder von Teilen desselben auf unbestimmte Zeit oder für einen Zeitraum von mehr als 1 Jahr bedarf der Genehmigung des AEG. § 30 EHRV.

Über die Verpachtung eines von zwei Erbhöfen desselben Eigentümers REHG. EHRspr. § 1 Abs. 2 Nr. 17.

Über Erbpachtgüter siehe § 45 EHRV. und § 60 REG Anm. **2** und oben § 1 REG. Anm. **1** II 3c. Über den Pachthof vgl. im übrigen auch § 37 REG. Anm. **1** Cc und § 7 REG. Anm. **2**.

3. Erbhof kraft Gesetzes: Erbhöferolle.

Die Besitzung wurde bei Erfüllung der Voraussetzungen am 1. 10. 1933 bzw. 21. 12. 1933 bzw. 23. 12. 1936 Erbhof kraft Gesetzes und wird es ebenso kraft Gesetzes in der Zeit ab 23. 12. 1936 im Zeitpunkt des Vorhandenseins der Voraussetzungen. Vgl. § 57 REG. Anm. **2**. Über die Erlangung der Erbhofeigenschaft bei Veräußerung an einen Bauernfähigen während der Beschlagnahme im Zwangsversteigerungsverfahren vgl. REHG. EHRspr. § 1 Abs. 1 Nr. 53; REHG. 1, 287 (danach kann ein beschlagnahmter Hof durch Veräußerung während des Zwangsversteigerungsverfahrens an eine bauernfähige Person Erbhof werden. Wenn aber umgekehrt Grundstücke, auch wenn sie zu einem Erbhof gehört haben sollten, durch rechtskräftigen Zuschlag in die Hand einer juristischen Person gelangen, verlieren sie die Erbhofeigenschaft).

Die Eintragung des Erbhofs in die Erbhöferolle begründet nur die Vermutung, daß die Besitzung Erbhofeigenschaft hat. Bei Nichteintragung wird vermutet, daß die Erbhofeigenschaft fehlt. § 32 Abs. 1, 2 und 4 EHVfO.

Die Eintragung in die Erbhöferolle begründet auch die Annahme der Erfüllung der Voraussetzung der Beschränkung der Schuldenhöhe auch bei tatsächlichem Nichtzutreffen dieser Voraussetzung, § 1 Abs. 4 EHRV.

Über das Erbhofbuch siehe § 49 EHVfO. und AV. d. RJM. vom 17. 6. 1935, DJ. 885.

§ 2

Mindestgröße

(1) Der Erbhof muß mindestens die Größe einer Ackernahrung haben.

(2) Als Ackernahrung ist diejenige Menge Landes anzusehen, welche notwendig ist, um eine Familie unabhängig vom Markt und der allgemeinen Wirtschaftslage zu ernähren und zu bekleiden sowie den Wirtschaftsablauf des Erbhofs zu erhalten.

1. Ackernahrung als Mindestgröße.

Die Grundfläche des Erbhofs soll für die Regel mindestens 7½ ha betragen, § 34 Abs. 1 EHVfO.

1 ha = 3,91 preußische Morgen, = 2,77 badische Morgen, = 3,99 braunschweigische Morgen, = 3,81 hannoversche Morgen, = 4,00 hessische Morgen, = 4,00 oldenburgische Morgen, = 4,19 hessen-nassauische Morgen, = 4,61 mecklenburgische Morgen, = 3,50 sachsen-weimarsche Morgen, = 3,17 württembergische Morgen, = 2,93 bayerische Tagwerk, = 1,80 sächsische Acker.

Die Ackernahrung kann aber auch bei kleineren Flächen gegeben sein, wenn die Boden- und die klimatischen Verhältnisse günstig sind. Außer diesen Gesichtspunkten kann die (zusammenhängende oder zerstreute) Lage des Grundbesitzes, die Größe seiner Entfernung von Verkehrsverbindungen, von Stadtgebieten usw. von Bedeutung sein. Behelf für die Feststellung der Ackernahrung sind die steuerlichen Einheitswerte, die Bonitätsklassenziffern der Grundsteuerkataster, der Viehbestand, der Erlös aus verkauften Früchten, die Belastung mit Hypotheken und Grundschulden.

Über das Anerbenrecht nach Landesrecht trotz Fehlens einer Ackernahrung und Nichtvorhandenseins eines Erbhofs bei Rentengütern und preußischen Ansiedlungsgütern vgl. § 46 EHRV., § 60 REG.

2. Begriff der Ackernahrung.

a) Die Ackernahrung erfordert eine so große Landmenge in eigener Bewirtschaftung, daß sie nicht nur unter besonders günstigen Umständen, etwa bei besonders günstigen Witterungsverhältnissen, vorübergehend einmal zum Unterhalt einer Familie ausreicht. Die Landmenge muß vielmehr so groß sein, daß die Familie auch in schlechten Zeiten auf dem Hof zu leben hat und den Betrieb durchhalten kann. Auch die erforderlichen Geldbeträge zur Erhaltung und Sicherung von Hof und Zubehör und der Ertragsfähigkeit des Bodens in planvoller Wirtschaft, ferner für einen Altenteil, für die Aussteuerung von Töchtern und Söhnen müssen herausgebracht werden können. Der Bauer muß auch in der Lage sein, aus dem Betrieb Notpfennige zum Überstehen von Unglücksfällen im Stall und für Fälle von Krankheiten und Tod in der Familie herauszuwirtschaften. Auf die Leistungsfähigkeit des Hofes als Ganzes, gemessen an seinen sachlichen Eigenschaften (REG. JW. 1935, 601 Nr. 1) und zwar für die Dauer ist abzustellen. Maßgebend sind die gegenwärtigen Verhältnisse, nicht die in Zukunft vielleicht mögliche Entwicklung REHG. EHRspr. § 2 Nr. 42. Dabei ist von einer ordnungsmäßigen Bewirtschaftung durch einen Bauern von durchschnittlicher Tüchtigkeit auszugehen. Eine bestehende Verschuldung vermag in der Regel die Erbhofeigenschaft einer Besitzung nur dann in Frage zu stellen, wenn sie auf unzureichende Ackernahrung oder auf die mangelnde Bauernfähigkeit des Eigentümers zurückzuführen ist, REHG. 2, 269; vergl. auch REHG. EHRspr. § 2 Nr. 18, 24.

Nicht erforderlich ist, daß die Familie ausschließlich von den Erzeugnissen des Hofes lebt.

Als Familie kommt ebensowenig eine ausnehmend große

als eine besonders kleine als Maßstab in Betracht, sondern eine Familie mit durchschnittlicher Größe.

Bei der Frage nach der Ackernahrung darf wohl der Ertrag aus land- und forstwirtschaftlichen Nebenbetrieben, nicht aber der Nebenverdienst des Eigentümers oder seiner Familienangehörigen aus Handel und Gewerbe, Handwerk, auch auf eigener Scholle, oder aus Leistung in abhängiger Arbeit oder der Ertrag aus zugepachtetem oder wegverpachtetem Land mitberücksichtigt werden. Vgl. § 6 REG. Anm. 3. Steuern und öffentliche Beitragslasten (z. B. Straßenbaukosten, Kanalisationskosten) können als Betriebskosten bei der Prüfung der Ackernahrung eine bedeutsame Rolle spielen; vgl. REHG. EHRspr. § 2 REG. Nr. 48.

Das Fehlen des Inventars beseitigt nicht die Eigenschaft der Ackernahrung und die Erbhofeigenschaft, vgl. HRR. 1936 Nr. 1646.

b) Über die Ackernahrung bei Wein-, Gemüse- und Obstbau vgl. § 6 Abs. 2 und 3 REG.

§ 3

Höchstgrenze

(1) Der Erbhof darf nicht größer sein als einhundertfünfundzwanzig Hektar.

(2) Er muß von einer Hofstelle aus ohne Vorwerke bewirtschaftet werden können.

1. **Grundsatz.**

a) Mitzurechnen ist nicht nur das unter dem Pflug befindliche Land, sondern auch die Hoffläche, die Wege, Wasserläufe, Gräben, Ödland, Sand-, Kies- und Lehmgruben, Steinbrüche, auch die eigenen Flächen der land- und forstwirtschaftlichen Nebenbetriebe.

Nicht mitzurechnen ist fremdes, zugepachtetes, auch nicht eigenes, verpachtetes Land. Vgl. Celle EHRspr. § 3 Nr. 2.

Die Fläche zu 125 ha = 488,75 preußische Morgen = 366,25 bayerische Tagwerk.

Ein grundbuchmäßig selbständig gebuchtes Teilgebiet einer Gesamtbesitzung von mehr als 125 ha kann bei Vorliegen aller Voraussetzungen für sich Erbhof sein.

b) Über die Ausnahme vom Grundsatz bei Besitzungen größeren Umfangs durch besondere Zulassung seitens des Reichsministers für Ernährung und Landwirtschaft auf Antrag oder von Amts wegen, sogar gegen den Willen des Eigentümers (vgl. Celle RdRN. 1935 S. 346 Nr. 236) siehe § 5 REG.

Verfahren hiezu: §§ 44, 45 EHVfO.

c) Über die Vergrößerung eines Erbhofs über die Höchstgrenze hinaus, sei es durch Zuerwerb fremder Grundstücke durch Rechtsgeschäft, im Erbwege oder durch Zwangsversteigerung oder durch Hinzunahme eigener bisher nicht selbst bewirtschafteter (z. B. bisher verpachteter großer Grundstücke) siehe § 2 EHRV. Dort ist die Zulassung durch den Reichsminister für Ernährung und Landwirtschaft vorgeschrieben. Sie erfolgt auf Antrag oder von Amts wegen. Über die entsprechende Anwendung der §§ 44, 45 EHVfO. siehe § 2 Abs. 3 EHRV.

2. Hofstelle und Vorwerk.

a) Vorwerk ist ein Betriebsteil mit eigenem Wirtschaftsgebäude unter eigener Leitung in Abhängigkeit von der Leitung der übergeordneten Hofstelle. Gegensatz: die unselbständigen Gutsteile und die land- und forstwirtschaftlichen Nebenbetriebe.

Ein Vorwerk, das dauernd verpachtet oder anderweitig von einem Dritten genutzt wird, schadet nicht (§§ 1 Abs. 2, 7 Abs. 2 REG.).

b) Die Hofstelle ist die mit Wohn- und Wirtschaftsgebäuden versehene Grundfläche, von der aus die Besitzung bewirtschaftet wird. Im übrigen vgl. § 1 REG. Anm. 1 II 4. Zur Hofstelle gehört nicht notwendig Inventar. Das Fehlen desselben beseitigt nicht die Erbhofeigenschaft, vgl. HRR. 1936 Nr. 1646.

§ 4

Entstehung von Erbhöfen durch Teilung

Die Bildung mehrerer Erbhöfe durch Teilung größeren Grundbesitzes ist zulässig, wenn

1. jeder Hof für sich den Erfordernissen der §§ 1 bis 3 entspricht und
2. der Gesamtbetrag der Schulden des Eigentümers einschließlich der auf dem zu teilenden

Grundbesitz ruhenden dinglichen Lasten dreißig vom Hundert des vor der Teilung zuletzt festgesetzten steuerlichen Einheitswerts nicht übersteigt.

1. Teilung.

Man unterscheidet

a) die innerbetriebliche Zerteilung ohne Veränderung der Eigentumsverhältnisse einer Besitzung mit mehr als 125 ha oder mit weniger als 125 ha Grundbesitz, der aber ohne Vorwerk nicht bewirtschaftet werden kann.

Nur in diesem Falle findet § 4 REG. mit seinen Voraussetzungen Anwendung. Das Gesetz will verhüten, daß ein überschuldeter Großgrundbesitzer sich den Schutz des REG. durch Zerlegung seines Besitzes in Erbhöfe verschafft, ohne zu veräußern. Beim Tode des Eigentümers der zerteilten Besitzung greift § 23 REG. und für die Übergangszeit § 58 REG. ein.

b) die Aufteilung mit gleichzeitiger Eigentumsveränderung einer Besitzung mit mehr als 125 ha Grundbesitz oder mit weniger als 125 ha Grundbesitz, der aber ohne Vorwerk nicht bewirtschaftet werden kann.

Hier findet § 4 REG. keine Anwendung (vgl. REHG. JW. 1936 S. 3550 Nr. 18), dagegen § 1 Abs. 1 Z. 2 EHRV. für die neu zu bildenden Erbhöfe. Der Gesamtbetrag der Schulden des einzelnen neuen Eigentümers der wegveräußerten Teilhöfe darf 70% des zuletzt festgestellten steuerlichen Einheitswertes des neuen Hofes nicht übersteigen, wenn diese Teilhöfe Erbhofeigenschaft haben sollen.

c) die Entstehung eines Erbhofes durch Verminderung des Umfangs einer Besitzung von mehr als 125 ha Grundbesitz durch Wegveräußerung von Teilen auf einen Umfang von unter 125 ha.

Auch in diesem Falle findet § 4 REG. keine Anwendung, REHG. 3, 173, REHG. EHRspr. § 4 REG. Nr. 4, dagegen gilt § 1 Abs. 1 Z. 2 EHRV. (vgl. oben unter b).

d) die Teilung eines bereits vorhandenen Erbhofs, sei es mit oder ohne Veränderung der Eigentumsverhältnisse.

§ 4 REG. findet keine Anwendung, dagegen § 1 Abs. 1 Z. 2 EHRV. (vgl. oben unter b); REHG. EHRspr. DVO. II § 65 Abs. 3 Nr. 20.

Diese Teilung bedarf der Genehmigung des AEG. und zwar

a) wenn die Teilung innerbetrieblich ohne Veränderung der Eigentumsverhältnisse erfolgt, gemäß § 27 Abs. 1 EHRV. vgl. auch § 62 Abs. 1 und 2 Z. 4 EHVfO.; und

β) wenn die Teilung unter gleichzeitiger Veräußerung erfolgt, gemäß § 37 REG. (REHG. EHRspr. DVL. II § 64 Abs. 3 Nr. 20).

Die Teilung setzt voraus, daß mehrere selbständige Hofstellen eingerichtet werden. Die Teile können beim Erbfall nicht an einen einzigen Anerben, sondern nur an mehrere Anerben fallen, § 23 REG. Ausnahme für die Übergangszeit siehe § 58 REG.

e) Die Entziehung der Erbhofeigenschaft für einzelne Teile des Erbhofs bedarf der Genehmigung des AEG. (§ 27 Abs. 2 EHRV.).

§ 5

Entstehung eines Erbhofs durch besondere Zulassung

(1) Der Reichsminister für Ernährung und Landwirtschaft kann nach Anhörung des Kreisbauernführers und des Landesbauernführers von den Erfordernissen des § 3 Ausnahmen zulassen.

(2) Eine Größe von mehr als einhundertfünfundzwanzig Hektar soll jedoch in der Regel nur zugelassen werden,

1. wenn es mit Rücksicht auf die Bodenart oder das Klima geboten erscheint;
2. wenn es sich um einen wirtschaftlich in sich geschlossenen und in seinen Ländereien abgerundeten Hof handelt, der sich nachweislich seit mehr als einhundertundfünfzig Jahren im Eigentum des Bauerngeschlechts befindet;
3. wenn ein um das Gesamtwohl des Deutschen

Volkes besonders verdienter Deutscher in eigener Person oder in seinen Nachkommen geehrt werden soll;

4. wenn das auf dem Hof ansässige Geschlecht dort Werte (z. B. Bauwerke von künstlerischer oder kulturgeschichtlicher Bedeutung) geschaffen hat, die bei einer Größe des Hofs von nicht mehr als einhundertfünfundzwanzig Hektar keine genügende wirtschaftliche Grundlage für ihre Erhaltung finden.

(3) Von der Voraussetzung, daß der Erbhof von einer Hofstelle aus ohne Vorwerke bewirtschaftet werden kann, soll nur abgesehen werden, wenn besondere betriebswirtschaftliche Verhältnisse das Vorwerk notwendig machen.

1. Freies Ermessen des Ministers.

a) Die Zulassung soll aber nur unter den in Abs. 3 bezeichneten Voraussetzungen geschehen. Sie kann nur für den Einzelfall, nicht generell, beispielsweise für einen Bezirk, Kreis, ein Land geschehen.

Die Zulassung ist nur möglich, wenn es sich um Fälle des § 3 REG. handelt, wenn die Besitzung also größer ist als 125 ha oder wenn sie ohne Vorwerk nicht bewirtschaftet werden kann, oder um den Fall des § 2 Abs. 1 EHRV., wenn ein Erbhof durch Hinzunahme von Grundstücken über eine Gesamtfläche von 125 ha hinaus vergrößert werden soll.

Dagegen kann der Minister keine Ausnahme zulassen von den Voraussetzungen der §§ 1, 2, 11 ff. REG. oder den Bestimmungen des § 4 REG. Eine solche Zulassung wäre nichtig.

Bei der Vergrößerung des nach § 5 REG. zugelassenen Erbhofs werden die zugenommenen Flächen nur Bestandteile des Erbhofs, wenn der Minister neuerdings gemäß § 5 REG. genehmigt. Siehe § 2 Abs. 2 EHRV.

b) Regelmäßig erfolgt die Zulassung nur auf Antrag, sie kann aber auch von Amts wegen, ja sogar gegen den Willen des Eigentümers erfolgen. Das Verfahren richtet sich nach §§ 44, 45 EHVfO.

Die Zulassung, die rechtsbegründende Kraft hat, wird wirksam mit der Zustellung der Genehmigung an den Eigentümer oder der Zufertigung an das AEG., falls sie diesem eher zugeht, § 45 I EHVfO. Vgl. Celle EHRspr. § 5 REG. Nr. 2.

Über die Eintragung in die Erbhöferolle siehe § 45 Abs. 2 EHVfO. Eine Nachprüfung des Ermessens des Ministers durch die Gerichte ist unzulässig.

Die Entscheidung des Ministers über die Zulassung betrifft nur die Befreiung von der Höchstgrenze nach § 3 REG. Darüber, ob die übrigen Voraussetzungen der Erbhofeigenschaft gegeben sind, entscheiden die Anerbenbehörden.

2. Regelfälle der Bedingungen für die Zulassung. Es genügt, wenn einer der Fälle zutrifft. Vgl. auch die AVdRJM. betreffend Bearbeitung der Anträge auf Zulassung einer Besitzung von mehr als 125 ha als Erbhof gemäß § 5 REG. vom 8. 5. 1934 DJ. 628 (vgl. Anhang Nr. 7).

3. Vorwerke.

Siehe § 3 Abs. 2 Anm. 2 REG.

In Frage kommen alle Besitzungen bis und über 125 ha. Bei Besitzungen unter 125 ha ist nur die Voraussetzung nach Abs. 3 des § 5 REG. nachzuprüfen. Bei Besitzungen über 125 ha kommen außerdem auch die Voraussetzungen nach Abs. 2 des § 5 REG. in Betracht.

§ 6

Wein-, Gemüse- oder Obstbau

(1) Die Vorschriften der §§ 1 bis 5 gelten auch für Grundstücke, die durch Wein-, Gemüse- oder Obstbau genutzt werden.

(2) Beim Weinbau ist als Ackernahrung ein Betrieb anzusehen, dessen Eigenerzeugung an Weintrauben zum Unterhalt einer Familie ausreicht.

(3) Beim Gemüse- oder Obstbau ist ein Betrieb als Ackernahrung anzusehen, wenn der genutzte Grundbesitz auch bei Umstellung auf eine andere

Art landwirtschaftlicher Nutzung als Ackernahrung im Sinne des § 2 Abs. 2 anzusehen wäre.

1. Sonderregelung für den Begriff der Ackernahrung.

Die übrigen Vorschriften der §§ 1 bis 5 REG. gelten auch für den Wein-, Gemüse- und Obstbau. Voraussetzung ist aber, daß nicht das Handelsmäßige überwiegt. Das würde die Erbhofeigenschaft ausschließen. Wenn der Betrieb nur teilweise aus Weinbau oder aus Obst- und Gemüsebau besteht, im übrigen aus reiner Landwirtschaft, dann ist der Betrieb als Ganzes für die Frage des Vorliegens der Ackernahrung zu betrachten.

Feldmäßiger Gemüsebau ist Landwirtschaft im engeren Sinne und fällt nicht unter § 6 REG. Das gleiche gilt für die Feldgärtnereien für Blumen. Sie beurteilen sich nach den allgemeinen Bestimmungen der §§ 1 bis 5 REG.

Überhaupt nicht erbhoffähig sind gewerbsmäßig betriebene Blumengärtnereien, Samenbaubetriebe, Baumschulen usw.

2. Weinbau insbesondere.

Weinbaubetriebe sind solche Betriebe, die sich dauernd mit dem Anbau von Weinreben, der Kelterung der Trauben und der Bereitung des Weines, schließlich auch mit dem Absatz des eigenen Erzeugnisses abgeben.

Auch hier kann ein Betrieb mit weniger als 7½ ha eine Ackernahrung darstellen. In Frage kommt, ob der Weingutsbesitzer in einem größeren Zeitraum eine normale Familie nachhaltig, also auch in weniger guten Jahren bei ordnungsmäßiger Bewirtschaftung angemessen hat unterhalten können. Auch die landwirtschaftlich genutzten, zum Weingut gehörenden Flächen sind bei der Prüfung der Ackernahrung mitzurechnen. Zu beachten sind auch die erheblichen Konjunkturschwankungen und das große Risiko im Weinbau, REHG. 2, 189. Dabei braucht der Besitzer nicht selbst Winzer zu sein. Ausschlaggebend ist, daß er in der Lage ist, seinen Weinberg ordnungsgemäß zu bewirtschaften.

3. Gemüse- und Obstbau insbesondere.

Die Regelung ist getroffen mit Rücksicht auf die besondere Abhängigkeit von der Marktlage. Nicht angängig wäre die Umstellung auf eine andere ebensosehr von der Marktlage abhängige Bewirtschaftung. Verlangt ist vielmehr die Umstellung auf eine Wirtschaftsweise, die der allgemeinen Form landwirtschaftlicher Nutzung des Bodens entspricht und daher wirtschaftlichen Schwankungen nicht so unterworfen ist.

Auch hier gehören Nebenbetriebe, z. B. Sauerkraut- oder Marmeladefabriken, bei Zutreffen der sonstigen Voraussetzungen zum Erbhof. Einnahmen aus ihnen sind bei der Prüfung der Ackernahrung mit in Ansatz zu bringen. Vgl. § 2 Anm. 2 REG.

§ 7

Der Erbhof

(1) Zum Erbhof gehören alle im Eigentum des Bauern stehenden Grundstücke, die regelmäßig von der Hofstelle aus bewirtschaftet werden, und das im Eigentum des Bauern stehende Zubehör.

(2) Eine zeitweilige Verpachtung oder ähnliche vorübergehende Benutzung von Hofgrundstücken, z. B. als Altenteilsland, schließt die Hofzugehörigkeit nicht aus.

1. Grundstücke, Hofstelle, Zubehör.

a) Grundsätzlich müssen die Grundstücke, die zum Erbhof gehören, im Eigentum des Bauern stehen und regelmäßig von der Hofstelle aus bewirtschaftet werden.

Grundstücke, die im Flur- und Feldbereinigungsverfahren nur vorläufig einem anderen Beteiligten zum Besitz angewiesen sind, werden für die Frage, was zum Erbhof gehört, noch dem Grundbesitz zugerechnet, von dem aus sie bisher bewirtschaftet wurden, § 3 EHRV.

Miteigentumsanteile an einem Grundstücke, die dem Erbhof dienen, gehören zum Erbhof, falls diese Anteile im Verhältnis zu dem sonstigen den Erbhof bildenden Grundbesitz von untergeordneter Bedeutung sind. § 4 Abs. 1 S. 2 EHRV.

Dagegen gehören Grundstücke, die regelmäßig nicht von der Hofstelle des Eigentümers des Hofes, sondern von einer anderen Hofstelle, z. B. des Dauerpächters aus, bewirtschaftet werden, nicht zu den Bestandteilen des Erbhofs, obwohl sie dem Eigentümer des Erbhofs gehören. Vgl. auch REHG. EHRspr. § 40 EHVfO. Nr. 1.

Zwei Höfe können als Einheit nur angesehen werden, wenn die Maßnahmen des Eigentümers es außer Zweifel stellen, daß er endgültig für alle Zukunft einen einheitlichen Hof hat schaffen wollen und geschaffen hat. REHG. EHRspr. § 7 REG. Nr. 42.

b) Über die Behandlung der Grundstücke in der Erbhöferolle siehe §§ 27ff. EHVfO. Über die Vermutung bei Eintragung oder Nichteintragung in die Erbhöferolle §§ 32 Abs. 1, 2 und 4 EHVfO., § 1 Abs. 4 EHRV. Vgl. im übrigen § 1 REG. Anm. 3 und § 52 REG. und die dortigen Anmerkungen.

c) Die zum Erbhof gehörenden Grundstücke sind im Grundbuch auf ein besonderes Grundbuchblatt einzutragen und möglichst zu einem Grundstück zu vereinigen. Bei den Grundstücken ist im Grundbuch der Erbhofvermerk einzutragen (vgl. hierzu im einzelnen § 53 REG. §§ 50—53 EHVfO.).

Für die Durchführung der Vereinigung von Grundstücken können die Bestimmungen des § 890 Abs. 1 und 2 BGB. in Verbindung mit § 1131 BGB. dienen. Mit Rücksicht auf diese letztere Bestimmung ist aber für die Bestandszuschreibung die anerbengerichtliche Genehmigung erforderlich, wenn nicht die Belastung des Hypothekgrundstückes sich schon vorher auch auf das zuzuschreibende Grundstück mit erstreckt hat, § 29 Abs. 1 EHRV.

Wegen Berichtigung des Grundbuchs von Amts wegen in besonderen Fällen siehe § 29 Abs. 2 EHRV.

Wegen nachträglicher gebührenfreier anerbengerichtlicher Genehmigung und Eintragung in das Grundbuch auf Ansuchen des Bauern vgl. § 29 Abs. 3 EHRV.

Vgl. auch § 53 REG. Anm. 1 und 2.

Die Erbhofeigenschaft des Hofes sowie die Erbhofbestandteilseigenschaft eines Grundstückes hängt nicht von der Eintragung ab. Wenn auch § 891 BGB. über die Vermutung der Richtigkeit der Eintragung eines Rechts im Grundbuch allgemein gilt und die Anerbenbehörden deshalb, falls kein Grund zu Zweifeln besteht, für die Eigentumsfrage von der Richtigkeit des Grundbuchs ausgehen dürfen, so kann das gegenüber § 12 Abs. 1 EHVfO. nicht dazu führen, einem Beteiligten eine Art Beweislast aufzuerlegen und von ihm den Nachweis der Unrichtigkeit des Grundbuchs zu verlangen. Eine solche Anwendung der Vermutung des § 891 BGB. wird durch das im

§ 12 EHVfO. vorgeschriebene Amtsverfahren ausgeschlossen. Die Anerbenbehörde hat, wenn Zweifel über den Bestand eines eingetragenen Rechts bestehen, die nach Sachlage gebotenen Ermittlungen anzustellen, REHG. 3, 309.

d) Zu den Grundstücken gehören auch ihre Bestandteile im Sinne der §§ 93 bis 96 BGB., insbesondere Gebäude, Pflanzungen, subjektiv dingliche Rechte, z. B. Reallasten und Grunddienstbarkeiten, §§ 1018, 1105, 1094 BGB. Nicht zu den subjektiv dinglichen Rechten gemäß § 96 BGB. gehört die Eigentümergrundschuld. Man wird sie aber als Stück des Hofeigentums an dem Schicksal des Erbhofs teilnehmen lassen müssen. Vgl. § 38 REG. Anm. **1** b und § 38 EHRV.

Wegen weiterer zum Erbhof gehörender Rechte vgl. § 9 REG. und die dortigen Anmerkungen und § 4 EHRV.

Die Erzeugnisse des Grundstücks gehören nur solange zu den Bestandteilen desselben, als sie mit dem Boden zusammenhängen. Samen wird mit dem Aussäen, die Pflanzung mit dem Einpflanzen wesentlicher Bestandteil des Grundstücks, § 94 BGB.

e) Zu den Erbhofgrundstücken gehört auch das im Eigentum des Bauern stehende Zubehör. Vgl. hiezu die Anm. zu § 8 REG.

f) Vermögen, das der Bauer außer dem Erbhof besitzt oder erwirbt, seien es nun Grundstücke, bewegliche Sachen oder Forderungen, ist erbhoffreies Vermögen und untersteht dem allgemeinen Vermögensrecht. Die §§ 24 Abs. 3, 34, 35 REG., § 14 EHRV. sind aber zu beachten. Vgl. Anm. **1** zu § 33 REG.

2. Verpachtung von Grundstücken.

Vgl. Anm. **2** zu § 1 REG.

Über Genehmigung von Pachtverträgen für mehr als 1 Jahr vgl. § 30 EHRV. und § 37 REG. Anm. **1** Cc.

Über Erbpachtgüter vgl. § 60 REG. Anm. **1** und **2** und § 45 EHRV., auch § 1 REG. Anm. 1 II 3 c

§ 8

Das Hofzubehör im einzelnen

(1) Das Hofzubehör umfaßt insbesondere das auf dem Hofe für die Bewirtschaftung vorhandene Vieh,

Wirtschafts- und Hausgerät einschließlich des Leinenzeugs und der Betten, den vorhandenen Dünger und die für die Bewirtschaftung dienenden Vorräte an landwirtschaftlichen Erzeugnissen.

(2) Zum Hofzubehör gehören außerdem die auf den Hof bezüglichen Urkunden, aus früheren Generationen stammende Familienbriefe, ferner Bilder mit Erinnerungswert, Geweihe und ähnliche auf den Hof und die darauf seßhafte Bauernfamilie bezügliche Erinnerungsstücke.

1. Ausdehnung des allgemeinen Zubehörbegriffs für den Erbhof (Wirtschaftszubehör).

a) § 7 Abs. 1 REG. hebt hervor, daß nur das im Eigentum des Bauern stehende Zubehör zum Erbhof gehört. Auch die §§ 97, 98² BGB. und § 811⁴ ZPO. sind für den Erbhof von Bedeutung.

Diese gesetzlichen Bestimmungen gehen aber in ihrem Inhalt auseinander:

§ 811⁴ ZPO. spricht von dem „zum Wirtschaftsbetrieb erforderlichen Gerät und Vieh nebst dem nötigen Dünger" sowie von den „landwirtschaftlichen Erzeugnissen, soweit sie zur Fortführung der Wirtschaft bis zu der Zeit erforderlich sind, zu welcher gleiche oder ähnliche Erzeugnisse voraussichtlich gewonnen werden".

§ 98² BGB. spricht von dem „zum Wirtschaftsbetrieb bestimmten Gerät und Vieh" und von den „landwirtschaftlichen Erzeugnissen, soweit sie zur Fortführung der Wirtschaft bis zu der Zeit erforderlich sind, zu welcher gleiche oder ähnliche Erzeugnisse voraussichtlich gewonnen werden, sowie der vorhandene, auf dem Gut gewonnene Dünger".

§ 98 Abs. 1 Satz 2 BGB. macht noch zur Voraussetzung für die Annahme der Zubehöreigenschaft, daß die Sache im Verkehr als Zubehör angesehen wird.

Noch weiter umschreibt § 8 REG. den Begriff der Hofzubehör. Danach kommt es nicht darauf an, ob das Gerät und das Vieh zum Wirtschaftsbetrieb erforderlich oder bestimmt ist, auch nicht darauf, ob der Dünger auf dem Gut gewonnen wird, ferner nicht darauf, ob eine Sache im Verkehr als Zubehör angesehen wird, sondern nur darauf, ob das Vieh, das Wirtschafts- und Hausgeräte usw. auf dem Hof für die Bewirtschaftung vorhanden ist, ob der Dünger vorhanden ist und ob die Vorräte an wirtschaftlichen Erzeugnissen für die Bewirtschaftung dienen.

Auch bezüglich ihres Anwendungsgebietes gehen die genannten gesetzlichen Bestimmungen auseinander, insofern für ausschließlich bürgerlich-rechtliche Fragen, beispielsweise für die Frage der Hypothekenhaftung, nur der Zubehörbegriff des BGB. Platz greift, dagegen für das Gebiet der Zwangsvollstreckung und des Erbhofrechts die sämtlichen angezogenen Stellen zu beachten sind.

b) Hieraus ergibt sich zusammengefaßt für das Vieh folgendes:

Vieh ist nur dann nicht Zubehör des Erbhofs, wenn es

α) weder zum Wirtschaftsbetrieb des Erbhofs bestimmt ist,

β) noch zum Wirtschaftsbetrieb des Erbhofs erforderlich ist,

γ) noch auf dem Erbhof für die Bewirtschaftung vorhanden ist.

Beispielsweise ist Vieh, das verkauft werden soll und von dem Hof bereits weggeführt ist, nicht mehr Zubehör. Nicht mehr Zubehör ist auch das Vieh, das zwar auf dem Erbhof vorhanden ist, aber nicht zur Bewirtschaftung vorhanden ist, sondern z. B. zum Zwecke des Viehhandels oder zu Sportzwecken usw.

c) Dünger gehört nur dann nicht zum Zubehör des Erbhofs, wenn er

α) nicht zur Wirtschaftsführung nötig ist,

β) auch nicht auf dem Erbhof gewonnen ist, und

γ) auch nicht auf dem Erbhof vorhanden ist.

Dünger, der zum Verkauf bestimmt und bereits vom Hof weggeführt ist, ist immer noch Zubehör des Erbhofs, wenn er auf ihm gewonnen ist.

d) Zu beachten ist auch der Unterschied, den § 8 Abs. 1 REG. macht:

α) Die Zubehöreigenschaft für Vieh, Wirtschafts- und Hausgerät erfordert, daß das Vieh, das Wirtschafts- und Hausgerät für die Bewirtschaftung vorhanden ist;

β) für die Zubehöreigenschaft von Dünger ist nur das Vorhandensein im Hof verlangt, nicht auch, daß er für die Bewirtschaftung vorhanden ist;

γ) für die Vorräte an landwirtschaftlichen Erzeugnissen ist verlangt, daß sie für die Bewirtschaftung dienen.

e) Aus obigen Ausführungen ist zu folgern, daß nicht zum Erbhofzubehör gehören: Luxusvieh wie Reitpferde, ferner nur vorübergehend beispielsweise aus Gefälligkeit eingestelltes Vieh; Personenkraftwagen, wenn sie nicht zum Betrieb des Hofes nötig sind; Wirtschaftsgeräte und Maschinen im gewerblichen Betrieb eines gemischten Betriebes oder eines Doppelbetriebes. Nicht zum Erbhofzubehör zählen die zum persönlichen Gebrauch bestimmten Gegenstände wie Leibwäsche, Kleider, Schuhwerk. Dagegen ist Erbhofzubehör die häusliche Einrichtung, REHG. EHRspr. § 8 REG. Nr. 4, REHG. 2, 332, REHG. DNotZ. 1937 S. 164.

f) Wegen der Verfügung über Zubehör vgl. §§ 24 Abs. 1 und 37 Abs. 1 REG., über Vererbung von Zubehör § 19 REG., über Vollstreckungsschutz § 38 Abs. 2 REG. Vgl. auch das Gesetz zur Sicherung der Düngemittel- und Saatgutversorgung vom 19. 11. 1936 RGBl. I 939 und das Gesetz zur Versorgung mit Schädlingsbekämpfungsmitteln und Hopfenbindematerial vom 25. 4. 1933 RGBl. I S. 227. Siehe auch § 38 Anm. 1 d.

2. Im besonderen Urkunden und Erinnerungswerte und -stücke (Traditionszubehör).

Gleichgültig ist, wo sich diese Urkunden usw. befinden, sie müssen nicht gerade auf dem Hof vorhanden sein. Sie müssen aber im Eigentum des Hofeigentümers stehen.

§ 9

Versicherungsforderung. Tilgungsguthaben

Zum Erbhof gehören auch die Forderungen aus den für den Hof und dessen Zubehör eingegangenen Versicherungen nebst den hierauf ausgezahlten Entschädigungssummen, sowie ein zur Abtragung einer Hofschuld angesammeltes Tilgungsguthaben.

1. Zum Erbhof gehörende Rechte.

a) Allgemein ist aus § 96 BGB. und § 7 REG. zu folgern, daß Rechte, die mit dem Eigentum am Erbhof verbunden sind, als Bestandteile des Erbhofs zu gelten haben.

Darüber hinaus sind nach § 9 REG. die hier bezeichneten weder zu den Bestandteilen noch zum Zubehör gehörenden Rechte als „zum Erbhof gehörend" bezeichnet. Damit unterliegen sie den Bestimmungen des Erbhofrechts (z. B. §§ 37, 24, 38 REG.). § 1120 BGB. greift nicht ein, dagegen §§ 1127, 1130 BGB. und §§ 97, 98, 100 VVG.

b) Versicherungsforderungen gehören nur zum Erbhof, soweit sie aus für den Erbhof und dessen Zubehör eingegangenen Versicherungen nebst den hierauf ausbezahlten Entschädigungssummen herrühren. Nicht in Frage kommen Versicherungen für die Person des Bauern und seine Angehörigen (Lebens-, Unfall-, Haftpflicht- und Feuerversicherungen).

c) Tilgungsguthaben: Es handelt sich darum, daß ein Kreditinstitut dem Bauern ein Darlehen gewährt; der Bauer zahlt in Teilbeträgen ab. Die Teilbeträge werden zunächst bis zu einer gewissen Höhe angesammelt und dann erst, wenn sie diese Höhe erreicht haben, zur Tilgung des Darlehens verwertet.

d) Hieher gehören auch Nutzungsrechte und Anteile (z. B. an einer Waldgenossenschaft, Molkerei, Zuckerfabrik, an einer gemeinschaftlichen Dreschmaschine), vgl. § 4 EHRV.

Sie brauchen nicht mit dem Eigentum am Erbhof verbunden sein, sie können auch dem Bauern persönlich zustehen.

§ 10

Entscheidung des Anerbengerichts über die Erbhofeigenschaft

Bestehen Zweifel darüber, ob ein Hof als Erbhof anzusehen ist, so entscheidet auf Antrag des Eigentümers oder des Kreisbauernführers das Anerbengericht.

1. Feststellungsverfahren über die Erbhofeigenschaft.

a) Über die ausschließliche sachliche Zuständigkeit der Anerbenbehörden und das Verfahren siehe § 40

REG. und die Anmerkungen dazu, ferner den § 1 Abs. 2 EHRV. und die §§ 54—56, 58 EHVfO. Die Zuständigkeit anderer Gerichte kann nicht von den Parteien vereinbart werden.

Die örtliche Zuständigkeit richtet sich nach § 42 REG.

b) Einleitung und Durchführung des Verfahrens erfolgt nur auf Antrag.

Antragsberechtigt ist:

α) der Eigentümer des Erbhofs,

β) der Kreisbauernführer,

γ) derjenige, der ein rechtliches Interesse an der Feststellung nachweist, wobei ein rechtliches Interesse dann gegeben ist, wenn die rechtlichen Beziehungen zum Erbhof von der Feststellung beeinflußt werden. Das Feststellungsinteresse betrifft eine vermögensrechtliche Angelegenheit im Sinne der familienrechtlichen Vorschriften des BGB. über die elterliche Gewalt, REHG. EHRspr. § 10 Nr. 20.

Jeder Antragsberechtigte kann sich aber auch einem bereits nach § 10 REG. oder im Erbhöferolleanlegungs- oder Ergänzungsverfahren anhängigen Verfahren durch Abgabe einer entsprechenden Erklärung oder durch Beschwerdeeinlegung anschließen. § 55 EHVfO.

Nach Rechtskraft der Entscheidung im Feststellungsverfahren oder im Anlegungs- oder Ergänzungsverfahren kann ein neuer Antrag auf Entscheidung über die Erbhofeigenschaft nur gestellt werden entweder

α) auf Grund von Tatsachen, die von dem Antragsberechtigten in dem früheren Verfahren nicht geltend gemacht werden konnten, oder

β) bei Vorliegen eines berechtigten Grundes für eine nochmalige Nachprüfung. Der neue Antrag ist an die Instanz zu richten, die sich zuletzt, sei es in erster Instanz oder im Beschwerderechtszug mit der Sache befaßt hat. Das hienach zuständige Gericht kann in der Sache selbst entscheiden oder nach Entscheidung über die Voraussetzungen des neuen Antrags zur Entscheidung über den Feststellungsantrag an ein Vordergericht zurückverweisen. § 56 EHVfO.

Ein Antrag auf Entscheidung über die Erbhofeigenschaft kann nach Ergehen einer sachlichen Entscheidung über ihn nicht mehr zurückgenommen werden. § 58 EHVfO.

c) Zweifel über die Erbhofeigenschaft, die zum Antrag auf Feststellung der Erbhofeigenschaft führen, können sachlicher oder persönlicher Natur sein. Es kann sich um Rechts- oder Tatfragen handeln. So kann in Streit sein, ob eine Hofstelle da ist, ob die Voraussetzungen der land- und forstwirtschaftlichen Nutzung gegeben sind, aber auch ob Erbhofeigenschaft wegen Fehlens der Bauernfähigkeit des Eigentümers nicht angenommen werden kann.

d) Die ordentlichen Gerichte und die Arbeitsgerichtsbehörden können die in einem Rechtsstreit auftauchenden Vor- und Zwischenfragen über die Erbhofeigenschaft einer Besitzung an sich selbständig entscheiden, weil § 148 ZPO. dem Gericht nur die Befugnis zur Aussetzung gibt, nicht aber die Aussetzungspflicht vorschreibt. Immerhin wird das Gericht mit Rücksicht auf die große Gefahr der Herbeiführung widersprechender Entscheidungen von der Aussetzungsbefugnis Gebrauch machen. Setzt es aus und entscheidet dann die Anerbenbehörde über die Zwischenfrage, dann ist das Streitgericht an diese Entscheidung gebunden. Vgl. § 40 REG. Anm. 2 b.

e) Für das Grundbuchamt ist es Ermessenssache im Einzelfalle, ob die Voraussetzungen des § 10 REG. gegeben sind und es deshalb angezeigt ist, eine Entscheidung der Anerbenbehörde herbeizuführen.

f) Das Vollstreckungsgericht kann zwar im Zwangsversteigerungsverfahren über die Erbhofeigenschaft selbständig entscheiden, unter Umständen wird es aber besser einstweilen einstellen und den Beteiligten aufgeben, eine Entscheidung des Anerbengerichts herbeizuführen. Die Anerbenbehörde kann das Zwangsversteigerungsverfahren nicht einstellen. REHG. EH.-Rspr. § 10 Nr. 8.

g) Das Verfahren vor den Anerbenbehörden in ausschließlicher Zuständigkeit, wie oben unter b dargestellt, ist auch gegeben, wenn Streit darüber besteht, ob ein einzelnes Grundstück oder ein Zubehörstück Erbhofeigenschaft besitzt, §§ 7, 10 REG.

h) Über den Geschäftswert vgl. § 100 Abs. 1, über die Gebühren § 103 Abs. 1 Z. 3 EHVfO.

2. Abschnitt

Der Bauer

§ 11

Begriff

(1) Nur der Eigentümer eines Erbhofs heißt Bauer.

(2) Der Eigentümer oder Besitzer anderen land- oder forstwirtschaftlich genutzten Grundeigentums heißt Landwirt.

(3) Andere Bezeichnungen für Eigentümer oder Besitzer land- oder forstwirtschaftlich genutzten Grundeigentums sind unzulässig.

(4) Die Berufsbezeichnung der Eigentümer im Grundbuch ist allmählich entsprechend zu ändern.

1. Der Ehrenname Bauer.

Er kann nur vom Eigentümer eines Erbhofs im Besitz der Bauernfähigkeit geführt werden. § 1 Abs. 1 Ziff. 2 REG. Gleichgültig ist, ob die Grundstücke land- oder forstwirtschaftlich oder durch Wein-, Gemüse- oder Obstbau (vgl. § 6 REG.) genutzt werden. Auch eine Frau kann Bauer sein. Ist sie verheiratet und fehlen bei dem Ehemann die Voraussetzungen für den Bauern, dann ist er Landwirt, nicht Bauer, auch dann, wenn ihm auf Grund gesetzlichen Güterrechts die Verwaltung und Nutznießung am Erbhof zusteht. Über den Ehegattenerbhof siehe § 1 REG. Anm. 1 II 3. Der Austrägler oder Altenteiler ist, weil nicht mehr Eigentümer des Erbhofs, auch nicht mehr Bauer. Gegen seine Benennung als Altbauer ist nichts einzuwenden.

Eine juristische Person kann nicht Eigentümer eines Erbhofs sein (vgl. § 17 Abs. 2 REG. und die Anmerkungen dazu) und daher auch nicht Bauer.

Unberechtigte Führung des Namens Bauer, um sich als Erbhofbauer auszugeben, ist gemäß § 360[8] RStGB. strafbar.

Vgl. auch §§ 2 Abs. 2, 4 Abs. 2, 6 Abs. 8, 34 Abs. 3 EHVfO. über die Ehrenstellung der Bauern als Richter der Anerbenbehörden und den Vermerk der Bezeichnung als Bauer im Gemeindeverzeichnis der Erbhöfe.

2. Der Landwirt.

Zum Unterschied vom Eigentümer eines Erbhofs ist der Landwirt derjenige, der, ohne die Voraussetzungen des Erbhofbauern zu erfüllen, in der Pflege des heimischen Bodens durch Ackerbau, Forstwirtschaft, Gartenbau oder Viehzucht, Jagd oder Fischerei seinen Beruf sieht (vgl. I. Durchführungsverordnung zum Reichsnährstandsgesetz vom 8. 12. 1933 RGBl. I 1060 § 5; vgl. Anhang 10).

Der Titel Diplomlandwirt ist eine Berufsbezeichnung ohne Beziehung auf ein Eigentums- oder Besitzverhältnis.

3. Unzulässigkeit anderer Bezeichnungen.

Hieher gehören insbesondere die Bezeichnungen Gutsbesitzer, Ökonom, Gütler, Hofbesitzer, Kossät, Kötter, Zelter, Vollbauer, Halbbauer, Winzer, Gärtner usw. Dagegen sind erlaubt die Bezeichnungen Weinbauer, Obstbauer, Gemüsebauer.

4. Vorschrift für das Grundbuch.

Die Eintragung kann von Amts wegen bei Anlaß oder auf Antrag erfolgen.

§ 12

Erfordernis der deutschen Staatsangehörigkeit

Bauer kann nur sein, wer die deutsche Staatsangehörigkeit besitzt.

1. Deutsche Staatsangehörigkeit.

a) Gemäß Reichs- und Staatsangehörigkeitsgesetzes vom 22. 7. 1913 RGBl. 583 in Verbindung mit Art. 110 RV. und VO. über die deutsche Staatsangehörigkeit vom 5. 2. 1934 RGBl. I 85 gibt es nur noch eine deutsche Staatsangehörigkeit (Reichsangehörigkeit), nicht mehr die Staatsangehörigkeit in einem deutschen Lande. Gegensatz zum deutschen Staatsangehörigen: der Ausländer und der Staatenlose.

Erwerb der deutschen Staatsangehörigkeit:

α) durch Abstammung von dem ehelichen Vater oder der unehelichen Mutter,

β) durch Legitimation oder Ehelichkeitserklärung,

γ) durch Einbürgerung.

Verlust der deutschen Staatsangehörigkeit:

α) durch Antrag auf Entlassung,

β) durch Eheschließung einer Frau mit einem Ausländer oder Staatenlosen,

γ) durch Widerruf bei der Einbürgerung,

δ) durch Aberkennung gemäß Gesetzes vom 14. 7. 1933 RGBl. I 480.

b) Von der deutschen Staatsangehörigkeit ist zu unterscheiden die Deutschstämmigkeit, d. i. die Zugehörigkeit zu einem deutschen Stamm. Sie ersetzt nicht die deutsche Staatsangehörigkeit. Ein Deutscher aus Danzig, aus dem Sudetengebiet, aus Memelland, aus Österreich und der Deutschamerikaner kann daher nicht Bauer werden, ohne die deutsche Staatsangehörigkeit zu erwerben.

Dagegen genügt es, wenn neben der fremden Staatsangehörigkeit die deutsche Staatsangehörigkeit erworben wird. (Vgl. Art. 105 des Versailler Vertrags.)

c) Der nur Deutschstämmige ohne deutsche Staatsangehörigkeit, der Ausländer und der Staatenlose kann Eigentümer eines Erbhofes sein und bleiben. Aber in seiner Hand konnte und kann der Hof nicht Erbhof werden. Hat aber der Hof schon sonstwie einmal die Erbhofeigenschaft erlangt, dann behält er sie, auch wenn der Eigentümer die deutsche Staatsangehörigkeit verliert. Auf Antrag kann der Reichsminister für Ernährung und Landwirtschaft von dem Erfordernis der deutschen Staatsangehörigkeit Befreiung gewähren. § 5 Abs. 1 EHRV.

d) Fällt der Erbhof jemandem an, der nicht deutscher Staatsangehöriger ist, dann wird der Anfall nur dann endgültig, wenn der Betreffende die Befreiung gemäß § 5 Abs. 1 EHRV. erwirkt oder nachträglich die deutsche Staatsangehörigkeit erwirbt. Andernfalls wird Ausschlagung des Anfalls des Erbhofs angenommen. Über die Voraussetzungen und das Verfahren vgl. § 29 Abs. 3 REG., § 5 Abs. 3, 4 und 5 EHRV.

e) Über die Bedeutung der deutschen Staatsangehörigkeit beim Ehegattenerbhof vgl. §§ 17 Abs. 4, 18 Abs. 4 EHRV. Danach muß grundsätzlich jeder der beiden Ehegatten bauernfähig und darum auch deutscher Staatsangehöriger sein. Für einen der beiden Ehegatten kann aber das Fehlen der Bauernfähigkeit nach Bestimmung des AEG. für die Entstehung der Erbhofeigenschaft unschädlich sein, wenn der nicht bauernfähige Eheteil dann wenigstens deutscher Staatsangehöriger oder deutschen oder stammesgleichen Blutes ist. Der andere bauernfähige Eheteil muß aber dabei nach seiner Persönlichkeit die Gewähr dafür bieten, daß der Hof ordnungsmäßig bewirtschaftet wird. Das Anerbengericht trifft die Bestimmung nur auf Antrag eines der Ehegatten oder des Kreisbauernführers. Die Rechtskraft des dem Antrag entsprechenden Beschlusses bewirkt, daß die Befreiung vom Beginn des Tages des Einlaufs des Antrags bei dem AEG. an als erteilt gilt. Das hat zur Folge, daß vom Beginn dieses Tages an auch die Erbhofeigenschaft der Besitzung gegeben ist. Da diese Regelung erst seit Inkrafttreten der EHRV. Geltung hat, müssen auch die Voraussetzungen des § 1 Abs. 1 Z. 2 EHRV. erfüllt sein. Der nicht rechtskräftige Beschluß kann gem. §§ 48 Abs. 2, 49 Abs. 2 REG. angefochten werden. Für das Verfahren gelten im übrigen die Bestimmungen der §§ 11ff. EHVfO.

Vgl. auch § 1 REG. Anm. **1** II 3 und § 13 REG. Anm. **1** b.

Für den Erbhof der fortgesetzten Gütergemeinschaft ist die deutsche Staatsangehörigkeit wenigstens des überlebenden Ehegatten und mindestens eines der anteilsberechtigten Abkömmlinge Voraussetzung, § 24 EHRV. Vgl. § 13 REG. Anm. **1** b, § 1 REG. Anm. **1** II 3.

f) Über den Vermerk der deutschen Staatsangehörigkeit im Gemeindeverzeichnis der Höfe vgl. § 34 Abs. 3 EHVfO.

Stellt sich nachträglich heraus, daß der Eigentümer bei der Eintragung des Hofes in die Erbhöferolle nicht deutscher Staatsangehöriger war und daß der Hof infolgedessen nicht Erbhof geworden ist, so ist dem Eigentümer eine angemessene Frist zu setzen, innerhalb deren er den Erwerb der deutschen Staatsangehörigkeit oder die Befreiung gem. § 5 EHRV. nachzuweisen hat. Bei fruchtlosem Ablauf der Frist ist die Eintragung zu löschen. § 28 Abs. 3 EHVfO.

g) Bei Zweifel über die Staatsangehörigkeit und damit über die Bauernfähigkeit Entscheidung des AEG. gem. § 18 REG., siehe dort.

h) Über die gebührenfreie Ausstellung von Bescheinigungen der Verwaltungs- und Kirchenbehörden siehe § 6 EHRV.

§ 13

Erfordernis deutschen oder stammesgleichen Bluts

(1) Bauer kann nur sein, wer deutschen oder stammesgleichen Blutes ist.

(2) Deutschen oder stammesgleichen Blutes ist nicht, wer unter seinen Vorfahren väterlicher- oder mütterlicherseits jüdisches oder farbiges Blut hat.

(3) Stichtag für das Vorhandensein der Voraussetzungen des Abs. 1 ist der 1. Januar 1800. Ist zweifelhaft, ob die Voraussetzungen des Abs. 1 gegeben sind, so entscheidet hierüber auf Antrag des Eigentümers oder des Kreisbauernführers das Anerbengericht.

1. Rassereinheit.

a) Eine Begriffsbestimmung für das Erfordernis „stammesgleichen Blutes" fehlt. Nach herrschender Auffassung sind stammesgleich diejenigen Völker, die in geschlossener Volkstumssiedlung seit geschichtlicher Zeit in Europa beheimatet sind. Dazu gehören die europäischen Arier und einige nicht arische Völker, im einzelnen die skandinavischen Völker (Dänen, Schweden, Norweger), die Angelsachsen, Holländer, Flamen, Schweizer, die Romanen, die Ungarn, die Esten, die Finnen und die übrigen Slawen (Russen, Tschechen, Slovaken, Polen, Wenden, Kaschuben, Slovenen, Serben, Kroaten, Bulgaren).

Das Erfordernis der Rassereinheit bezieht sich auf die eheliche und uneheliche Abstammung. Bei einem unehelichen Kind einer Deutschstämmigen, dessen Vater unbekannt ist, spricht die Vermutung dafür, daß auch der Vater deutschstämmig war. Die Rassereinheit der Adoptiveltern spielt keine Rolle.

b) Rasserein muß bei Alleineigentum nur der Eigentümer des Hofes sein, nicht auch der andere Eheteil. Aber die Kinder von solchen Ehegatten, die nicht beide rasserein sind, sind nicht bauernfähig und können daher nicht Anerben sein.

Beim Ehegattenerbhof müssen beide Eheteile rasserein sein, Ausnahme vgl. §§ 17 Abs. 4, 18 Abs. 4 EHRV. Vgl. § 1 REG. Anm. 1 II 3 und § 12 Anm. 1 c.

Eine Besitzung im Gesamtgut einer fortgesetzten Gütergemeinschaft kann nicht Erbhof sein oder werden, wenn nicht wenigstens der überlebende Ehegatte rassierein ist und mindestens einer der anteilsberechtigten Abkömmlinge von rassereinen Eltern abstammt. Es folgt das aus § 24 Abs. 1 EHRV., der nicht wie § 17 Abs. 4 EHRV. wenigstens die Erfüllung der Erfordernisse der §§ 12, 13 REG. verlangt. Vgl. auch § 1 REG. Anm. 1 II 3.

c) Die Verheiratung des Bauern mit einem nicht Rassereinen seit dem 1. 10. 1933 berührt die Ehrbarkeit im Sinne des § 15 ERG. Vgl. § 15 Anm. 1 a.

2. Wer ist nicht deutschen oder deutschstämmigen Blutes?

Abs. 2 des § 13 REG. bringt nur einige Beispiele. Es entscheidet das Volkstum, nicht die Religion. Zu den Farbigen werden die Angehörigen der gelben und der schwarzen Rasse gezählt ohne Rücksicht auf den Kulturzustand.

3. Stichtag.

a) Der 1. 1. 1800 wurde gewählt, weil von da ab erst die Judenemanzipation einsetzte und bis dahin Ehen mit Juden oder Farbigen verboten oder tatsächlich nicht möglich waren. Einzubeziehen sind bei der Nachprüfung die am Stichtag lebenden ehelichen und unehelichen Voreltern, auch wenn sie vorher schon geboren sind.

b) Bis zur Entscheidung des AEG. wird das Erfordernis des deutschen oder stammesgleichen Blutes als gegeben vermutet.

Gegen die Entscheidung sofortige Beschwerde und weitere sofortige Beschwerde des Kreisbauernführers, des Landesbauernführers und aller Beteiligten gemäß §§ 48, 49, 18 REG., § 24 EHVfO., da § 18 auch den § 13 mitumfaßt. Über die Beschränkung des neuen Antrags auf Entscheidung über die Rassereinheit nach rechtskräftiger Entscheidung hierüber siehe § 57 EHVfO. Über die Befugnis des Antragsberechtigten, sich einem anderen Verfahren anzuschließen, vgl. § 55 EHVfO. Über den Vermerk im Verzeichnis der Erbhöfe des Gemeindevorstehers § 34 Abs. 3 EHVfO.

Über den Geschäftswert und die Gebühren §§ 100 Abs. 1, 103 Abs. 1 Z. 3 EHVfO.

§ 14

Ausschluß durch Entmündigung

Bauer kann nicht sein, wer entmündigt ist, sofern die Anfechtungsklage rechtskräftig abgewiesen oder nicht innerhalb der gesetzlichen Frist erhoben ist.

1. Der Entmündigte ist nicht Bauer.

a) Entmündigungsgründe: Geisteskrankheit, Geistesschwäche, Verschwendung, Trunksucht § 6 BGB. Entmündigungsverfahren §§ 645ff. ZPO. Anfechtungsklage §§ 664, 684 ZPO.

b) Die Besitzung eines am 1. 10. 1933 rechtskräftig Entmündigten ist nicht Erbhof geworden. Auf den Grund der Entmündigung kommt es nicht an. Die Besitzung wird erst Erbhof, wenn die Entmündigung nach Wegfall ihres Grundes gemäß § 6 Abs. 2 BGB. wieder aufgehoben ist oder die Besitzung in das Eigentum einer bauernfähigen Person gelangt. Hat die Besitzung am 1. 10. 1933 die Erbhofeigenschaft erlangt und wird der Eigentümer erst nachher entmündigt, dann darf dieser sich zwar nicht mehr Bauer nennen, die Erbhofeigenschaft geht aber nicht verloren. § 16 REG.

Der Entmündigte kann nicht Anerbe sein, § 21 Abs. 1 Satz 1 REG.

c) Der Entmündigung ist die Bestellung eines Gebrechlichkeitspflegers gemäß § 1910 BGB. nicht gleichzusetzen. Fraglich ist aber, ob nicht in einem solchen Falle die Bewirtschaftungsfähigkeit und damit die Bauernfähigkeit fehlt, § 15 REG.

d) Bei Zweifeln über die Entmündigung entscheidet gemäß § 18 REG. das AEG. Über das Feststellungsverfahren vgl. §§ 54, 57, 58 EHVfO. Über das Beschwerderecht vgl. §§ 48, 49 REG., § 24 EHVfO., über den Geschäftswert und die Gebühren §§ 100 Abs. 1, 103 Abs. 1 Z. 3 EHVfO.

§ 15

Ehrbarkeit und Befähigung des Bauern

(1) Der Bauer muß ehrbar sein. Er muß fähig sein, den Hof ordnungsmäßig zu bewirtschaften. Man-

gelnde Altersreife allein bildet keinen Hinderungsgrund.

(2) Fallen die Voraussetzungen des Abs. 1 fort oder kommt der Bauer seinen Schuldverpflichtungen nicht nach, obwohl ihm dies bei ordnungsmäßiger Wirtschaftsführung möglich wäre, so kann das Anerbengericht auf Antrag des Landesbauernführers die Verwaltung und Nutznießung des Erbhofs dauernd oder auf Zeit auf den Ehegatten des Bauern oder auf denjenigen übertragen, der im Falle des Todes des Bauern der Anerbe wäre.

(3) Ist ein Ehegatte oder Anerbe nicht vorhanden oder sind diese nicht bauernfähig, so kann das Anerbengericht das Eigentum am Erbhof auf Antrag des Reichsbauernführers auf eine von diesem vorzuschlagende bauernfähige Person übertragen. Der Reichsbauernführer soll, falls geeignete Verwandte des Bauern vorhanden sind, einen von diesen vorschlagen.

(4) Das Eigentum am Erbhof geht mit der Rechtskraft des Übertragungsbeschlusses über. Das Anerbengericht hat das Grundbuchamt von Amts wegen um die Eintragung des neuen Eigentümers zu ersuchen. Die Vorschriften des § 419 des Bürgerlichen Gesetzbuchs finden entsprechende Anwendung.

1. Ehrbarkeit, Bewirtschaftungsfähigkeit, mangelnde Altersreife.

a) Bei Prüfung der Ehrbarkeit ist die Gesamtpersönlichkeit, das Gesamtverhalten, die Gesinnung, der Charakter und die Auffassung der Standesgenossen zu berücksichtigen. Dabei können Vorgänge vor und nach dem 1. 10. 1933 Beachtung finden, wenn sie über den am 1. 10. 1933 vorhandenen Charakter des Hofeigentümers und seine damalige Gesinnung Aufschluß geben. REHG. 3, 286. Bei strafrechtlicher Verurteilung kommt es auf die Art der Tat, auf die Beweggründe und die Gesinnung, auf die Länge der inzwischen verflossenen Zeit und die zwischenzeitliche Führung des Täters, nicht dagegen ausschließlich auf die ausgesprochene Strafe und ihre Verbüßung an (REHG. EHRspr. § 15 Nr. 28 und Nr. 64, REHG. 1, 137). Gnadenweiser Erlaß oder Milderung einer Strafe und die Wiedereinsetzung in die bürgerlichen Ehrenrechte haben nicht ohne weiteres auch die Wiederherstellung der Ehrbarkeit zur Folge. Bei der Feststellung und Beurteilung eines strafbaren Sachverhalts sind die Anerbenbehörden an die Feststellungen im Urteil eines Strafgerichts nicht gebunden. REHG. EHRspr. § 37 c Nr. 92, HRR. 1937 Nr. 388.

Verheiratung mit nicht deutschen oder stammesgleichen Personen in der Zeit nach dem 1. 10. 1933 hat den Verlust der Ehrbarkeit zur Folge, vgl. § 13 REG. Anm. 1 c.

b) Der Begriff der Bewirtschaftungsfähigkeit ist für die Frage, ob eine Besitzung am 1. 10. 1933 Erbhof geworden ist, weit auszulegen, REHG. 2, 189. Die Bewirtschaftungsfähigkeit erfordert, daß der Bauer, ohne daß er gerade selbst körperliche Arbeit zu leisten oder jede landwirtschaftliche Arbeit zu verstehen braucht, fähig ist, „den Hof", also seinen bestimmten Hof, selbständig und verantwortlich zu leiten und mit geeigneten Hilfskräften ordnungsgemäß und zwar sowohl in technischer als in finanzieller Hinsicht zu bewirtschaften und zu verwalten (REHG. JW. 1935 S. 129 Nr. 2; REHG. 1, 142; 2, 189; REHG. EHRspr. § 15 Nr. 42 und Nr. 63). Diese Fähigkeit kann auch eine Frau haben. Auch derjenige, der wegen Alters oder Krankheit nicht mehr schwere Landarbeiten verrichten kann, kann wirtschaftsfähig sein. REHG. EHRspr. § 1 Abs. 2 Nr. 10, § 15 Nr. 63; REHG. DNotZ. 1937 S. 93. Bei der Frage nach der Wirtschaftsfähigkeit des Bauern sind auch die Fähigkeiten, die Tüchtigkeit und die Mithilfe der Familienangehörigen, desgl. Entartungserscheinungen in der ganzen Familie nicht ohne Bedeutung (REHG. EHRspr. § 15 Nr. 45 und 51 und Nr. 63). Für das Objekt der Wirtschaftsfähigkeit ist ein durchschnittlicher Maßstab anzulegen und nicht von einem Mustergut auszugehen (REHG. EHRspr. § 15 Nr. 55). Nicht entscheidend ist das tatsächliche Gelingen einer erfolgreichen Bewirtschaftung, wenn andere, außerhalb der Person des Bauern liegende Umstände hiefür ursächlich sind.

c) Die Bedeutungslosigkeit der mangelnden Altersreife ermöglicht, daß auch ein Kind und selbst das neugeborene Kind Bauer sein kann, wenn nicht körperliche oder geistige Gebrechen von vornherein die Tauglichkeit für einen Bauern ausschließen.

d) Die Besitzung einer Person, die am 1. 10. 1933 nicht ehrbar und nicht bewirtschaftungsfähig war, ist nicht Erbhof geworden. Ist die Besitzung aber schon einmal Erbhof geworden, dann hat der Verlust der Ehrbarkeit und der Bewirtschaftungsfähigkeit zwar nicht den Verlust der Erbhofeigenschaft der Besitzung, dagegen den Verlust der Bauernfähigkeit und des Rechtes der Führung des Namens Bauer zur Folge, § 16 REG. Weitere mögliche Folgen sind die kleine und die große Abmeierung (vgl. die folgenden Anm. **2** und **3**). Gegen den schlecht wirtschaftenden Erbhofeigentümer sind nunmehr aber auch unabhängig von der Abmeierung sonstige Maßnahmen möglich. Vgl. hiezu die folgende Anm. e.

e) Diese sonstigen gegen den schlecht wirtschaftenden Erbhofeigentümer möglichen Maßnahmen sind:
die Anordnung
α) der Wirtschaftsüberwachung durch einen Vertrauensmann (§§ 73, 74—76 EHVfO.) und
β) der Wirtschaftsführung durch einen Treuhänder (§§ 73, 77—84 EHVfO.)
durch das AEG.

Diese Anordnungen können erfolgen, ohne daß der Verlust der Bauernfähigkeit vorliegt, schon dann, wenn lediglich eine nicht ordnungsgemäße Bewirtschaftung des Hofes oder eine bei ordnungsgemäßer Bewirtschaftung vermeidbare Verschuldung vorliegt, §§ 74 Abs. 1, 77 Abs. 1 EHVfO. Sie können aber auch erfolgen, wenn der Verlust der Bauernfähigkeit in Betracht kommt, § 73 Abs. 2 Z. 1 EHVfO.

Die mildeste dieser Maßnahmen ist die Anordnung der Wirtschaftsüberwachung. Der Bauer behält in diesem Falle noch die Betriebs- und Wirtschaftsführung auf seinem Hofe selbst. Er wird nur überwacht von dem Vertrauensmann, der dem AEG. und dem Landesbauernführer untersteht. Der Bauer hat insbesondere auch dem Vertrauensmann Auskunft zu geben und für die Eingehung von Verbindlichkeiten gewisser Art dessen Zustimmung einzuholen, § 75 EHVfO.

Eine weit schärfere Maßnahme ist die Anordnung der Wirtschaftsführung durch den Treuhänder für den gesamten Betrieb oder für einen Teil desselben. Der Bauer kann in diesem Falle nicht mehr selbst seinen Hof verwalten, auch nicht mehr über die zum Erbhof gehörenden Gegenstände und Nutzungen usw. verfügen, er kann auch in den Räumen für seinen Hausstand beschränkt werden und bekommt seinen Unterhalt vom Treuhänder zugeteilt, §§ 77, 79, 80, 81 EHVfO.

Noch einschneidender wirkt der Entzug der Verwaltung und Nutznießung bei der kleinen Abmeierung und endlich die Entziehung des Eigentums am Erbhof bei der großen Abmeierung. Siehe hierüber unten die Anm. 2 u. 3.

f) Streitigkeiten über die Ehrbarkeit und die Bewirtschaftungsfähigkeit entscheidet gemäß § 18 REG. das AEG. Die für das Fehlen der Bauernfähigkeit bedeutungsvollen Tatsachen sind nicht von den Beteiligten zu beweisen, sondern von Amts wegen zu klären (REHG. EHRspr. § 15 Nr. 55). Über das Verfahren: §§ 54, 57 Abs. 1 EHVfO. Danach kann, wenn über die Ehrbarkeit und die Bewirtschaftungsfähigkeit rechtskräftig entschieden ist, der Antragsteller, der Kreisbauernführer, die Person, deren Ehrbarkeit oder Bewirtschaftungsfähigkeit den Gegenstand des Verfahrens bildet, oder derjenige, der sich gem. § 55 EHVfO. dem Verfahren auf Entscheidung über die Erbhofeigenschaft durch eine entsprechende Erklärung oder durch Beschwerdeeinlegung angeschlossen hat, einen neuen Antrag auf Entscheidung über die Ehrbarkeit und Bewirtschaftungsfähigkeit derselben Person nicht auf Tatsachen gründen, die in dem früheren Verfahren geltend gemacht sind oder von ihm dort geltend gemacht werden konnten. Entsprechendes gilt, wenn über einen auf § 10 REG. gestützten Antrag oder im Verfahren zur Anlegung oder Ergänzung der Erbhöferolle über den Einspruch gegen die Eintragung oder Nichteintragung eines Grundstücks sachlich entschieden und hiebei auch die Frage der Ehrbarkeit bzw. der Bewirtschaftungsfähigkeit des Eigentümers geprüft worden ist. Über die Beschwerdemöglichkeit §§ 48, 49 REG. (der Kreisbauernführer hat kein Beschwerderecht!), § 24 EHVfO.; über den Geschäftswert: § 100 Abs. 1 EHVfO.; über die Gebühren: § 103 Abs. 1 Z. 3 EHVfO.

Über die Aufstellung, die Pflichten und Rechte des Vertrauensmannes und des Treuhänders und über die Beendigung der Wirtschaftsüberwachung und der Wirtschaftsführung vgl. im Einzelnen §§ 74 ff., 77 ff. EHVfO.

2. Die kleine Abmeierung.

a) Sie richtet sich nur gegen den Eigentümer des Hofes, nicht gegen den Pächter. Das Eigentum verbleibt ihm zwar, aber die Verwaltung und Nutznießung wird ihm entzogen, er ist nicht mehr Bauer, § 16 REG. Voraussetzung ist der Wegfall der Ehrbarkeit oder der Bewirtschaftungsfähigkeit oder die Nichterfüllung der Schuldverpflichtungen trotz Möglichkeit bei ordnungsmäßiger Bewirtschaftung. Maßgebend sind dabei nur Vorkommnisse aus der Zeit, nachdem die Besitzung Erbhof geworden ist. Auf den Wegfall anderer Voraussetzungen der Bauernfähigkeit (z. B. der Staatsangehörigkeit) kann die Abmeierung nicht begründet werden. Der Begriff „Bauernfähigkeit" im § 85 Abs. 1 EHVfO. ist offenbar nur im engeren Sinne des § 15 REG. gemeint.

Wenn sich ein Hofeigentümer vor dem 1. 10. 1933 bei der Übergabe des Hofes an seinen Sohn den lebenslänglichen unbeschränkten Nießbrauch vorbehalten hat, so ist gegen ihn, obwohl er nicht mehr Bauer und Eigentümer des Hofes ist, beim Vorliegen der übrigen Voraussetzungen des § 15 Abs. 2 REG. die Abmeierung zulässig. Das ergibt sich aus dem Wortlaut des § 56 REG. und der Einleitung zum Gesetz und aus dem Zweck und der Zielsetzung des § 15 Abs. 2 REG.; REHG. 3, 23; REHG. EHRspr. § 15, REG. Nr. 62; HRR. 1936 Nr. 1580; DNotZ. 1937 S. 93.

b) Antragsberechtigt ist nur der Landesbauernführer. Das AEG. entscheidet nach pflichtgemäßem Ermessen. Es kann insbesondere statt der kleinen Abmeierung entweder die Wirtschaftsüberwachung durch einen Vertrauensmann (§§ 74—76 EHVfO.) oder die Wirtschaftsführung durch einen Treuhänder (§§ 77—84 EHVfO.) anordnen.

c) Die kleine Abmeierung hat zum Inhalt:

α) auf Dauer oder auf Zeit den Entzug der Verwaltung und Nutznießung (nicht nur der Verwaltung oder nur der Nutznießung) gegenüber dem Bauern und ihre Übertragung auf einen anderen, den Nutzverwalter, der seinerseits bauernfähig sein muß, mit weitgehenden Rechten, insbesondere auch mit dem Rechte der Verfügung über den Erbhof im ganzen und in seinen Teilen sowie über die zu ihm gehörenden Gegenstände und seine Nutzungen unter Einhaltung der auch sonst geltenden gesetzlichen Erschwerungen und Beschränkungen ausgestattet und zur ordnungsgemäßen Bewirtschaftung verpflichtet ist (§§ 91, 92 EHVfO.) und unter den Voraussetzungen des § 87 EHVfO. vom AEG. auch zum Anerben für den Fall des Todes des Eigentümers bestimmt werden kann (über die Möglichkeit der Wiederaufhebung dieser Anordnung vgl. § 87 Abs. 4 EHVfO.). Zum Nutzverwalter kann bestimmt werden: a) der Ehegatte des Eigentümers, § 86 Abs. 2 EHVfO.; b) der gesetzliche Anerbe, § 86 Abs. 2 EHVfO.; c) der vom Eigentümer zulässigerweise bestimmte Anerbe, § 86 Abs. 3 EHVfO.; d) bei dauernder oder langdauernder Ungeeignetheit der Personen zu a, b und c eine andere Person, die dem Eigentümer gegenüber anerbenberechtigt ist oder von ihm auf Grund einer anderen Vorschrift als § 25 Abs. 5 REG. zum Anerben bestimmt werden könnte, § 86 Abs. 4 EHVfO.

Bei vorübergehender Ungeeignetheit der hiernach als Nutzverwalter in Betracht kommenden Person oder bei Hoffnung auf die Geburt eines geeigneten Verwalters können auf Zeit Wirtschaftsüberwachung durch einen Vertrauensmann oder Wirtschaftsführung durch einen Treuhänder neben anderen Maßnahmen angeordnet werden, § 86 Abs. 5 EHVfO.;

β) während des Entzugs der Verwaltung und Nutznießung den Verlust des Rechtes auf Bestimmung des Anerben, auf Widerruf einer solchen Bestimmung und auf Rücktritt von ihr ohne die Zustimmung des AEG., § 88 EHVfO.;

γ) den Verlust des Besitzes am Erbhof (§ 91 Abs. 1 EHVfO.) und den Verlust des Rechtes zur Verwaltung des Erbhofs und zu seiner Nutzung sowie zur Verfügung über die zum Erbhof gehörenden Gegenstände, über die Nutzungen des Erbhofs und die im Zeitpunkt der Rechtskraft des Einsetzungsbeschlusses vorhandenen Erbhoferzeugnisse und über die in diesem Zeitpunkt aus der Veräußerung von solchen ausstehenden Forderungen, §§ 90, 91 Abs. 2 EHVfO.;

δ) die Außerkraftsetzung des Rechtes auf Verwaltung und Nutznießung des Eigentümers des Erbhofs am Vermögen des Nutzverwalters kraft ehelichen Güterrechts, kraft elterlicher

Gewalt oder aus einem sonstigen Rechtsgrunde gegenüber den Rechten des eingesetzten Nutzverwalters nach dem Einsetzungsbeschluß, § 90 Abs. 5 EHVfO.;

ε) die Beschränkung des Eigentümers auf die für den Hausstand unentbehrlichen Räume und auf den angemessenen und der wirtschaftlichen Lage des Hofes entsprechenden Unterhalt für sich und seine Angehörigen; unter Umständen die zwangsweise Räumung der Wohnung des Eigentümers und Anhaltung zu anderen geeigneten Maßnahmen, § 92 EHVfO.;

ζ) den Verlust der Aktiv- und Passivlegitimation zur Führung von Rechtsstreitigkeiten, die sich auf den Erbhof beziehen und den Übergang dieser Legitimation auf den Nutzverwalter, § 91 Abs. 3 EHVfO.;

η) Grundsätzlich hat der Abgemeierte auch keinen Anspruch auf Unterhalt für sich und seine Angehörigen aus dem Erbhof. Das AEG. kann in beschränktem Umfang anderes bestimmen, § 92 Abs. 2 EHVfO.;

von Bedeutung ist ferner:

die Schaffung eines unbedingten Vorrangs des Pfändungspfandrechts an den Nutzungen des Erbhofs für im Zeitpunkt der Einsetzung der Nutzverwaltung bestehende Forderungen der Gläubiger des Hofeigentümers vor dem Pfändungspfandrecht der Gläubiger des Nutzverwalters ohne Rücksicht auf die zeitliche Reihenfolge der Pfändungen, § 90 Abs. 6 EHVfO.;

die Unwirksamkeit der Vermietung und Verpachtung von Grundstücken durch den Eigentümer nach dem Zeitpunkt des Eingangs des Antrags auf Abmeierung bei dem AEG. gegenüber dem Nutzverwalter ohne dessen Genehmigung, § 91 Abs. 4 EHVfO.;

die Beschränkung der Wirksamkeit der Verfügungen des Eigentümers über Ansprüche auf wiederkehrende Leistungen vor Rechtskraft des Einsetzungsbeschlusses entsprechend der Regelung im Falle der Zwangsverwaltung eines Grundstücks, § 91 Abs. 5 EHVfO.

d) Gegen den Pächter und den Nießbraucher des Erbhofs stehen dem abgemeierten Eigentümer bei der kleinen Abmeierung Eigentümerrechte aus §§ 553, 581, 1052 BGB. zur Verfügung.

Die kleine Abmeierung endet mit dem Tode des Eigentümers, nicht aber mit dem Tode oder der Amtsenthebung des Nutzverwalters. Das AEG. hat einen neuen Nutzverwalter aufzustellen, § 93 EHVfO.

Das erbhoffreie Vermögen des Eigentümers wird von der kleinen Abmeierung nicht berührt.

e) Über das Verfahren bei Durchführung und Beendigung der kleinen Abmeierung, bei Wechsel des Nutzverwalters, insbesondere auch über die Bekanntgabe der Einsetzung des Nutzverwalters vgl. §§ 85—94, 74—84 EHVfO. Keine Vorentscheidung des Vorsitzenden, § 19 EHVfO. Zustellung des Beschlusses des AEG. von Amts wegen an die Beteiligten, auch an den Nutzverwalter, § 21 Abs. 5 EHVfO. Rechtsmittel: Sofortige Beschwerde und sofortige weitere Beschwerde des Eigentümers, des Landesbauernführers, des Nutzverwalters, des übergangenen Anwärters, §§ 48, 49 REG. Siehe auch §§ 24, 92 Abs. 6, 4 und 5 EHVfO. Der rechtskräftige Beschluß ist Vollstreckungstitel, § 50 REG. Eine Eintragung der kleinen Abmeierung in das Grundbuch erfolgt nicht. Geschäftswert nicht mehr als 3000 RM., § 100 EHVfO. Gebühren und Kosten, §§ 103 ff., insbesondere § 108 EHVfO.

3. Die große Abmeierung.

a) Voraussetzungen: 1. Fehlen der Ehrbarkeit des Eigentümers des Erbhofs oder 2. Fehlen der Wirtschaftsfähigkeit desselben oder 3. Verstoß des Bauern gegen seine Schuldverpflichtungen und dazu entweder 4. das Nichtvorhandensein eines Ehegatten oder Anerben oder 5. mangelnde Bauernfähigkeit des vorhandenen Ehegatten oder Anerben.

Als nicht vorhanden ist anzusehen, wer im Zeitpunkt der großen Abmeierung noch nicht oder nicht mehr lebt. Nicht in Frage kommt auch derjenige, der auf das Erbe Verzicht leistet oder sich weigert, das Amt des Nutzverwalters zu übernehmen.

b) Antragsberechtigt ist nur der Reichsbauernführer. Das AEG. kann α) entweder dem Antrag entsprechend die große Abmeierung aussprechen — dann ist es an die vom Reichsbauernführer als neuer Bauer vorgeschlagene Person gebunden — oder

β) in geeigneten Fällen, ohne daß es eines weiteren Antrags des Reichsbauernführers bedarf, anstatt der großen Abmeierung die Wirtschaftsüberwachung durch einen Vertrauensmann gemäß §§ 74—76 EHVfO. oder die Wirtschaftsführung durch einen Treuhänder gemäß §§ 77—84 EHVfO. anordnen.

c) Inhalt der großen Abmeierung:

α) die Übertragung des Eigentums am Erbhof von dem bisherigen Eigentümer auf den neuen Bauern. Mit der Rechtskraft des Übertragungsbeschlusses wird der Eigentumsübergang bewirkt; es bedarf hiezu keines weiteren Übertragungsaktes, auch nicht der Annahme seitens des neuen Bauern, § 15 Abs. 4 S. 1 REG. Die Eintragung im Grundbuch, um die das AEG. das Grundbuchamt zu ersuchen hat (§ 15 Abs. 4 REG., § 96 Abs. 2 EHVfO.), wirkt nur rechtserklärend. Die Rechtskraft des Übertragungsbeschlusses wirkt aber nicht gegenüber dem wahren Eigentümer der Besitzung. Über die Veröffentlichung der Eigentumsübertragung siehe § 96 Abs. 1 EHVfO.;

β) der Übergang des Eigentums an den im Zeitpunkt der Rechtkraft des Übertragungsbeschlusses vorhandenen Erbhoferzeugnissen und Außenständen aus dem Verkauf solcher Erzeugnisse auf den neuen Bauern, § 97 Abs. 1 EHVfO.;

γ) die Unwirksamkeit von Miet- und Pachtverträgen des bisherigen Eigentümers aus der Zeit nach Eingang des Abmeierungsantrags beim AEG. gegenüber dem neuen Bauern, falls dieser nicht den Vertrag genehmigt, § 97 Abs. 2 EHVfO.;

δ) die Unwirksamkeit von Verfügungen des früheren Eigentümers über Ansprüche auf wiederkehrende Leistungen gemäß § 97 Abs. 3 EHVfO.;

ε) dagegen hat die große Abmeierung nur unter besonderen Umständen auch die Entfernung des bisherigen Eigentümers aus dem Hof zur Folge, vgl. § 98 Abs. 1 u. 4 EHVfO.;

ζ) grundsätzlich hat auch hier der Abgemeierte keinen Anspruch auf Unterhalt für sich und seine Angehörigen aus dem Erbhof. Das AEG. kann in beschränktem Umfang anderes bestimmen, § 98 Abs. 2 und 3 EHVfO.;

η) wegen der Vermietung und Verpachtung von Grundstücken und die Verfügung über Ansprüche aus wiederkehrenden Leistungen und ihre Wirksamkeit gegenüber dem neuen Bauern gilt das oben zu Anm. 2c Gesagte, § 97 Abs. 2 und 3 EHVfO.;

ϑ) aus der ganzen Rechtslage bei der großen Abmeierung ergibt sich auch hier der Verlust der Aktiv- und Passivlegitimation zur Führung von Rechtsstreitigkeiten für den bisherigen Eigentümer und der Übergang dieser Legitimation auf den neuen Bauern.

Das erbhoffreie Vermögen des bisherigen Eigentümers wird von der großen Abmeierung, abgesehen von der Bestimmung des § 98 Abs. 5 EHVfO., nicht berührt.

4. Eigentumsübergang bei der großen Abmeierung; Grundbuchamt; § 419 BGB.

a) Wegen des Eigentumsübergangs und der grundbuchamtlichen Behandlung siehe oben Anm. 3c. § 419 BGB. betrifft die Haftung des neuen Bauern mit dem Erbhof und unter der Vollstreckungsbegrenzung der §§ 38, 39, 59 REG. für die Schulden des bisherigen Hofeigentümers neben diesem.

b) Über das Verfahren vgl. §§ 95 ff. EHVfO., insbesondere: keine Vorentscheidung des Vorsitzenden, § 19 EHVfO. Zustellung des Beschlusses an die Beteiligten, auch den neuen Eigentümer, § 21 Abs. 5 EHVfO. Rechtsmittel: Sofortige Beschwerde und sofortige weitere Beschwerde des bisherigen Eigentümers, des neuen Eigentümers, des Reichsbauernführers, des übergangenen Ehegatten, des übergangenen Anerben, §§ 48, 49 REG., §§ 24, 98 Abs. 6 EHVfO. Geschäftswert nicht mehr als 3000 RM.: § 100 EHVfO.; Gebühren und Kosten, §§ 103 ff., insbes. § 108 Abs. 1 Z. 4 EHVfO.

§ 16

Wirkung des Verlusts der Bauernfähigkeit

Verliert der Bauer die Bauernfähigkeit, so darf er sich nicht mehr Bauer nennen. Hierdurch wird sein Eigentum am Hof vorbehaltlich des § 15 sowie die Erbhofeigenschaft des Hofs nicht berührt.

1. Nachträglicher Verlust der Bauernfähigkeit und seine Wirkung.

a) Der nachträgliche Verlust hat nicht die Beseitigung der Erbhofeigenschaft zur Folge, der Hof bleibt auch nach wie vor im Eigentum des bisherigen Eigentümers, es sei denn, daß die große Abmeierung erfolgt, bleibt auch unveräußerlich und unbelastbar, § 37 REG., hat Vollstreckungsschutz, §§ 38, 39 REG., und vererbt sich nach Anerbenrecht, §§ 19 f. REG., dagegen verliert der Eigentümer des Erbhofs das Recht, sich Bauer zu nennen und bäuerlicher Beisitzer zu sein, auch kann er nicht Anerbe sein, §§ 41, 43, 47, 21 Abs. 1 REG.

Mit dem Wegfall der Ursachen für den Wegfall der Bauernfähigkeit erwirbt der Hofeigentümer von selbst wieder die Bauernfähigkeit.

Vgl. auch § 21 REG. Anm. 1.

b) Bei Zweifel über die Bauernfähigkeit Entscheidung durch das AEG., § 18 REG. Über das Verfahren auf Feststellung der Bauernfähigkeit siehe §§ 54, 55, 57 EHVfO. Nach rechtskräftigem Abschluß eines Verfahrens über die Feststellung der Bauernfähigkeit ist den an diesem Verfahren Beteiligten nur bei Vorliegen neuer Tatsachen das Recht auf Herbeiführung einer neuen Entscheidung gegeben, § 56 Abs. 1 EHVfO. Das Wiederaufnahmeverfahren, wie § 56 Abs. 3 EHVfO. es für die Feststellung der Erbhofeigenschaft vorsieht, ist bei dem Beschluß über die Bauernfähigkeit versagt.

§ 17

Miteigentum. Juristische Person

(1) Ein Erbhof kann nicht zum Gesamtgut einer ehelichen Gütergemeinschaft gehören oder sonst im Eigentum mehrerer Personen stehen.

(2) Ein Erbhof kann nicht einer juristischen Person gehören.

1. Miteigentum.

a) Die Vorschrift ist zwingend. Es fallen darunter:

1. das Miteigentum nach Bruchteilen (römisch-rechtliches Miteigentum mit Verfügungsrecht nach ideellen Teilen), §§ 741 f., 1008 f. BGB.;

2. das Gesamthandseigentum (nach deutsch-rechtlicher Art: Gemeinschaft zur gesamten Hand), das hieher für die allgemeine Gütergemeinschaft, § 1438 BGB., die Fahrnisgemeinschaft, §§ 1549 ff. BGB., die Errungenschaftsgemeinschaft, §§ 1519 ff. BGB., die fortgesetzte Gütergemeinschaft,

§§ 1483 ff. BGB. und die Erbengemeinschaft, §§ 2032 f. BGB., von besonderer Bedeutung ist.

b) Die Erbhofeigenschaft fehlt auch dem Zubehör des im Miteigentum stehenden Grundbesitzes. Die Forderung des Alleineigentums für den Erbhof schließt eine Veräußerung eines Erbhofs im ganzen oder in Teilen an eine Gemeinschaft an sich nicht aus. Nur bedarf es hiezu der Genehmigung des AEG. gemäß § 37 REG. und der Erbhof verliert seine Eigenschaft als Erbhof. Ohne die Genehmigung des AEG. ist die Veräußerung überhaupt nichtig. Bei der Umwandlung einer im Miteigentum stehenden Besitzung in Alleineigentum erlangt die Besitzung bei Zutreffen der sonstigen Voraussetzungen die Erbhofeigenschaft, ohne daß eine Genehmigung des AEG. hiezu erforderlich ist. Im Falle der Erbfolge untersteht das im Miteigentum stehende Besitztum eines Erbhofbauern den Bestimmungen der §§ 34, 35, 24 Abs. 3 REG.; im übrigen ist es erbhoffreies Vermögen gemäß § 33 REG.

c) Über die Ausnahmen von den Bestimmungen über Miteigentum für den Ehegattenerbhof und für den Erbhof der fortgesetzten Gütergemeinschaft siehe die §§ 17, 18, 19, 20—23, 25 EHRV. und die §§ 67—72 EHVfO. Vgl. § 1 Anm. 1 II 3. Keine Ausnahme besteht für die Erbengemeinschaft. Besitzungen in Händen einer Erbengemeinschaft sind nicht Erbhof; sie werden aber, ohne daß es einer Genehmigung des AEG. bedarf, Erbhof, sobald sie in das Alleineigentum einer bauernfähigen Person übergehen und die sonstigen Voraussetzungen erfüllt sind. Eine Erbengemeinschaft kann jedoch auch selbst Erbhofträger sein, wenn zu ihr nur 2 Ehegatten gehören.

d) Wenn ein Grundbesitz in der Hand des Hofbesitzers teils Alleineigentum, teils Vorerbschaftseigentum und deshalb der Eigentümer der Besitzung, die an sich erbhoffähig ist, hinsichtlich eines Teils durch Nacherbenrechte beschränkt ist, dann hindert das die Entstehung der Erbhofeigenschaft nicht. Die Anerbenfolge richtet sich bei solchen Höfen, wenn der Wert des Volleigentums mindestens die Hälfte der ganzen Besitzung ausmacht, grundsätzlich nach der Person des Eigentümers; wenn das Volleigentum weniger wert ist als das Vorerbe, sind grundsätzlich dieselben Bestimmungen maßgebend, wie wenn es sich nur um eine Vorerbschaft handeln würde. Vgl. § 51 Abs. 1 und § 52 EHRV. Siehe auch § 24 REG. Anm. 1f und g und REHG. 2, 197. Vgl. auch § 1 REG. Anm. 1 II 3 f.

2. Juristische Person.

a) Wenn eine an sich erbhoffähige Besitzung am 1. 10. 1933 im Eigentum einer juristischen Person des öffentlichen oder des privaten Rechtes stand, ist sie nicht Erbhof geworden. Bei Veräußerung von der juristischen Person an eine bauernfähige Person erlangt das Besitztum bei Vorliegen der sonstigen Voraussetzungen ohne Genehmigung Erbhofeigenschaft. Umgekehrt ist die Veräußerung eines Erbhofs oder von Teilen eines solchen an eine juristische Person an sich zwar möglich, bedarf aber der Genehmigung des AEG.; mit dem Übergang an die juristische Person verliert der Hof die Erbhofeigenschaft.

b) Juristische Personen sind alle Rechtssubjekte, die nicht Menschen sind. Es gehören dazu die von der Rechtsordnung als rechtsfähig anerkannten Vereinigungen von Personen und Vermögensmassen.

Juristische Personen des öffentlichen Rechtes sind beispielsweise das Reich, der Staat, das Land, die Provinz, der Kreis, die Stadtgemeinde, die Landgemeinde, die Berufsgenossenschaft, die NSDAP. (§ 1 Abs. 2 des Gesetzes zur Sicherung der Einheit von Partei und Staat vom 1. 12. 1933, RGBl. I 1016), die Reichsanstalt für Arbeitsvermittlung und Arbeitslosenversicherung (§ 1 Abs. 3 des Gesetzes über Arbeitsvermittlung und Arbeitslosenversicherung), das Unternehmen „Reichsautobahnen" (§ 1 S. 2 des Ges. über die Errichtung eines Unternehmens „Reichsautobahnen" vom 27. 6. 1933, RGBl. II S. 509), die Reichsmusikkammer, Reichskammer der bildenden Künste, Reichstheaterkammer, Reichsschrifttumskammer, Reichspressekammer, Reichsrundfunkkammer (§ 1 der 1. DVO. zum Reichskulturkammergesetz vom 22. 9. 1933, RGBl. I 661, vom 1. 11. 1933, RGBl. I 797), der Reichsnährstand (§ 1 Abs. 2 der 1. VO. über den vorläufigen Aufbau des Reichsnährstandes vom 8. 12. 1933, RGBl. I 1060, s. Anhang Nr. 10), die Handwerkerinnungen (§ 23 der 1. VO. über den vorläufigen Aufbau des deutschen Handwerks vom 15. 6. 1934, RGBl. I 493), die Akademie für Deutsches Recht (Ges. vom

11. 7. 1934, RGBl. I 605). Nicht hierher gehören die Gliederungen des Reichsnährstandes, also die Landes-, Kreis- und Ortsbauernschaften.

Juristische Personen des privaten Rechtes sind die rechtsfähigen Vereine, die Stiftungen, Aktiengesellschaften, Kommanditgesellschaften auf Aktien, Gesellschaften mit beschränkter Haftung, eingetragenen Genossenschaften usw.

§ 18

Entscheidung des Anerbengerichts über die Bauernfähigkeit

Bestehen Zweifel darüber, ob eine Person bauernfähig ist, so entscheidet auf ihren Antrag oder auf Antrag des Kreisbauernführers das Anerbengericht.

1. Das Feststellungsverfahren über die Bauernfähigkeit.

a) Voraussetzung ist das Bestehen von Zweifeln über die Erfordernisse nach §§ 12, 13, 15 REG. Das Erfordernis des § 14 REG. steht durch einen rechtskräftigen Entmündigungsbeschluß bindend fest, es kann daher nicht Gegenstand eines Verfahrens nach § 18 REG. sein. Für das Vorhandensein der Bauernfähigkeit spricht die Vermutung.

Zur Entscheidung kann die Frage stehen, ob Bauernfähigkeit im Zeitpunkt der Entscheidung vorhanden ist und ob sie zu einem anderen Zeitpunkt in der Vergangenheit vorhanden war.

b) Die Zuständigkeit des AEG. ist sachlich eine ausschließliche. Örtlich entscheidet das AEG. der Hofstelle des Erbhofs, bei mehreren Erbhöfen in verschiedenen Gerichtsbezirken das AEG., das sich zuerst mit der Sache befaßt. Die Entscheidung setzt einen Antrag der Person, deren Bauernfähigkeit bezweifelt wird, oder des Kreisbauernführers oder jedes anderen, der ein rechtliches Interesse an der Feststellung nachweist, voraus, § 54 EHVfO. Vgl. die Anmerkungen zu § 40 REG.

c) Das Verfahren nach § 18 REG. ist an sich ein anderes als das Verfahren nach § 10 REG. und auch ein anderes als das Verfahren über den Einspruch gegen die Eintragung oder Nichteintragung bei Anlegung oder Ergänzung der Erbhöferolle gemäß §§ 40 ff. EHVfO. Das Feststellungsverfahren nach

§ 10 REG. und das Einspruchsverfahren ersetzen daher auch das Verfahren nach § 18 REG. nur dann, wenn sachlich entschieden und hiebei auch die Frage der Bauernfähigkeit des Eigentümers geprüft worden ist, § 57 Abs. 2 EHVfO. Die §§ 55 und 56 EHVfO. geben im übrigen die Befugnis, sich einem Verfahren nach §§ 10, 13 Abs. 3, 18 REG. anzuschließen. Gegen die Entscheidung des AEG. sofortige Beschwerde und sofortige weitere Beschwerde der Beteiligten, auch des Kreisbauernführers, §§ 48, 49 REG. Wenn über die Bauernfähigkeit rechtskräftig entschieden ist — gleichgültig ob im Anlegungs- oder im Feststellungsverfahren —, kann eine neuerliche Entscheidung hierüber nur bei Vorliegen neuer Tatsachen erreicht werden gem. § 57 Abs. 1 EHVfO. Das im § 56 Abs. 3 EHVfO. für die Feststellung der Erbhofeigenschaft vorgesehene Wiederaufnahmeverfahren ist für den Beschluß über die Bauernfähigkeit nicht anwendbar.

3. Abschnitt

Erbfolge kraft Anerbenrechts

§ 19

Erbfolge in den Erbhof

(1) Beim Tode des Bauern bildet der Erbhof hinsichtlich der gesetzlichen Erbfolge und der Erbteilung einen besonderen Teil der Erbschaft.

(2) Der Erbhof geht kraft Gesetzes ungeteilt auf den Anerben über.

1. Der Erbhof als besondere Vermögensmasse der Erbschaft.

a) Das gesamte Vermögen des bäuerlichen Erblassers bildet eine Einheit insofern, als nur eine Erbschaft vorhanden ist. Gleichzeitig liegen aber 2 Vermögensmassen vor, die nach besonderen Vorschriften beerbt werden. Die eine Vermögensmasse ist der Erbhof samt Zubehör, die andere das erbhoffreie Vermögen.

b) Der Anerbe des Erbhofs ist ebenso Erbe wie die übrigen Erben, er steht zu ihnen im Miterbenverhältnis und haftet mit ihnen als Gesamtschuldner für die Nachlaßverbindlichkeiten gemäß § 2058 BGB., § 34 REG. und § 14 EHRV. Die §§ 1923, 2346 f., 2018, 2339—2344 BGB. sind ebenfalls auf den Anerben anwendbar. Vgl. im übrigen über Nachlaßverbindlichkeiten § 34 REG. Trotzdem handelt es sich nicht um eine echte Miterbenschaft nach bürgerlichem Recht, da die Erben in ihrer Gesamtheit nicht Miterben zur gesamten Hand am gesamten Nachlaß sind, sondern nur um eine entsprechende Anwendbarkeit der Bestimmungen. Für den Anerben gilt die ungeteilte Sondererbfolge in den Erbhof samt Zubehör nach Maßgabe der erbhofrechtlichen Bestimmungen. Er ist unabhängig von den bürgerlichrechtlichen Bestimmungen insoweit Alleinerbe und zwar kraft REG. Die Erbfolgeordnung nach REG. ist eine andere als die nach bürgerlichem Recht.

Das erbhoffreie Vermögen vererbt sich unabhängig vom Erbhof und der Anerbenordnung nach den Vorschriften des allgemeinen bürgerlichen Rechtes, vgl. § 33 REG., § 1922 BGB. Nur dieses erbhoffreie Vermögen, nicht auch der Erbhof, unterliegt der Erbteilung.

Der Anerbe kann zugleich Erbe oder Miterbe hinsichtlich des erbhoffreien Vermögens sein. Insoweit steht er ebenfalls unter den allgemeinen bürgerlich-rechtlichen Bestimmungen.

Die Beteiligung der weichenden Erben am Erbhofvermögen beschränkt sich auf die Rechte aus §§ 30, 31 REG. Insbesondere besteht kein Pflichtteilsanspruch gegenüber dem Erbhof. Über den Pflichtteilsanspruch des Anerben am erbhoffreien Vermögen vgl. § 35 REG. Die Auseinandersetzung des Anerben mit den übrigen Erben regelt sich nach §§ 34, 35 REG., siehe dort. Die erbhofgesetzlichen Bestimmungen greifen nur ein, wenn der Hof beim Tode des Erblassers schon Erbhof ist. Gleichgültig ist dabei, ob der Erblasser in diesem Zeitpunkt Bauer ist. Wenn der Hof erst durch den Übergang auf den Erben Erbhof wird, greifen für den Erbgang die bürgerlichrechtlichen Bestimmungen ein.

Ein Erbschaftskauf, §§ 2371 ff. BGB., hinsichtlich des Erbhofs ist ausgeschlossen.

c) Da sich der Übergang des Erbhofs vom Erblasser auf den gesetzlichen Anerben kraft Gesetzes vollzieht, kann es sich bei der

Eintragung im Grundbuch nur um eine Berichtigung handeln; der Einwilligung der Miterben bedarf es nicht. Der Nachweis der Erbfolge geschieht durch ein öffentliches Testament oder einen Erbvertrag (§§ 28, 25 REG.) oder durch einen Erbschein.

d) Zur Erteilung des Erbscheins ist nur das Nachlaßgericht, nicht das AEG., zuständig, § 2353 BGB., § 15 Abs. 2 EHRV. Man unterscheidet:

α) den allgemeinen Erbschein, § 2353 BGB. (entweder gemeinschaftlicher Erbschein, § 2357 BGB. oder Teilerbschein). In ihm sind die Erben und der Anerbe, dieser als solcher, und der Hof aufzuführen, § 15 Abs. 1 EHRV. Auch wenn der Anerbe Alleinerbe ist, ist er als Anerbe im Erbschein besonders aufzuführen;

β) den Hoffolgeerbschein § 15 Abs. 2 EHRV. Er ist ein echter Erbschein des allgemeinen bürgerlichen Rechtes;

γ) den besonderen Hoffolgeerbschein gemäß § 15 Abs. 3 EHRV. für den Übergang des Erbhofs gemäß § 22 Abs. 3 REG. (Erbhoftausch) und gemäß §§ 20, 21, 22 und 24 EHRV. (Bestimmung des Anerben durch die Ehegatten; durch die Ehefrau in besonderen Fällen; gesetzliche Anerbenfolge des Mannes bzw. seines Anerben; fortgesetzte Gütergemeinschaft);

δ) bei Erteilung des Erbscheins ist das Nachlaßgericht selbständig befugt, den Anerben festzustellen. Über die Vorfrage der Voraussetzungen des § 25 Abs. 1 Z. 1 und 2 REG. entscheidet jedoch ausschließlich das AEG. Über das Verfahren des Nachlaßgerichts bei begründeter Annahme, daß kein Nacherbe vorhanden ist, siehe § 16 EHRV.

e) Über die Ausschlagung des Erbhofs vgl. § 29 Abs. 1 REG., §§ 1942 ff. BGB., über Erbverzicht § 2346 BGB. Er erstreckt sich, soweit nichts anderes bestimmt ist, auch auf die Abkömmlinge (EHG. München EHRspr. § 19 REG. Nr. 3).

f) Ausgeschlossen ist der Erwerb des Erbhofs durch den gesetzlich berufenen Anerben

α) wenn ihm die Bauernfähigkeit fehlt, § 21 Abs. 1 REG.;

β) wenn er schon einen Erbhof hat, § 22 REG. (Tausch möglich, § 22 Abs. 2 REG.);

γ) wenn er bei mangelnder deutscher Staatsangehörigkeit nicht rechtzeitig die Einbürgerung oder die Befreiung vom

Erfordernis der deutschen Staatsangehörigkeit erlangt, § 5 EHRV.

g) Trotz der Worte „hinsichtlich der gesetzlichen Erbfolge ..." hat die Bestimmung des § 19 REG. auch Geltung für die Anerbenfolge kraft letztwilliger Verfügung oder durch Bestimmung des Reichsbauernführers, § 25 REG.

2. Ungeteilter Erbhof.

Der Anerbe erwirbt den Erbhof und alle hiezu gehörigen Gegenstände, §§ 7, 8 REG., § 4 EHRV.

§ 20

Anerbenordnung

Zum Anerben sind in folgender Ordnung berufen:

1. die Söhne des Erblassers; an die Stelle eines verstorbenen Sohnes treten dessen Söhne und Sohnessöhne;
2. der Vater des Erblassers;
3. die Brüder des Erblassers; an die Stelle eines verstorbenen Bruders treten dessen Söhne und Sohnessöhne;
4. die Töchter des Erblassers; an die Stelle einer verstorbenen Tochter treten deren Söhne und Sohnessöhne;
5. die Schwestern des Erblassers; an die Stelle einer verstorbenen Schwester treten deren Söhne und Sohnessöhne;
6. die weiblichen Abkömmlinge des Erblassers und die Nachkommen von solchen, soweit sie nicht bereits zu Nr. 4 gehören. Der dem Mannesstamm des Erblassers Näherstehende schließt den Fernerstehenden aus. Im übrigen entscheidet der Vorzug des männlichen Geschlechts.

1. Erbfolge kraft Anerbenrechts.

a) Allgemeines. Die Geltung der Anerbenordnung ist von

den Vorschriften des BGB. nicht abhängig. Für die Anerbenordnung gelten folgende Grundsätze:

α) successio ordinum: Die Zugehörigkeit zu einer früheren Ordnung gewährt gegenüber der Zugehörigkeit zu einer späteren Ordnung das bessere Recht und schließt deren Anerbenfolge aus, § 21 Abs. 2 REG.;

β) innerhalb der 1., 3., 4. und 5. Ordnung gilt Erbfolge nach Stämmen, d. h. an die Stelle des wegfallenden zunächst Berufenen treten dessen Abkömmlinge und die weiteren Abkömmlinge. Die Abkömmlinge repräsentieren den zunächst Berufenen (Repräsentationsrecht). Vgl. § 21 REG. Anm. 3b;

γ) innerhalb der gleichen Ordnung entscheidet je nach Brauch Ältesten- oder Jüngstenrecht, bei Fehlen eines bestimmten Brauchs Jüngstenrecht, notfalls das AEG, § 21 Abs. 3 REG.;

δ) aufgebaut ist die Anerbenfolge auf den Gedanken der Blutsverwandtschaft, des Mannesvorzugs und der Begrenzung der Verwandtenerbfolge, §§ 20, 21, 25 Abs. 2 REG. Der Grundsatz des Mannesvorzugs kommt im besonderen zum Ausdruck durch die Bestimmung einer Hofsatzung durch den Bauern nach Maßgabe des § 10 REHV. Vgl. § 25 REG. Anm. 5c. Die 1. bis 3. Ordnung sind vom Mannesstamm besetzt, die 4. und 5. Ordnung vom Frauenstamm, aber mit Mannesvorzug bei Abkömmlingen, in der 6. Ordnung sind alle Abkömmlinge des Erblassers eingereiht, die nicht schon in der 1. oder 4. Ordnung untergebracht sind.

b) Der Ehegatte (Mann oder Frau) ist regelmäßig nicht gesetzlicher Anerbe. Machen aber beim Ehegattenerbhof die Ehegatten von dem Recht, den Anerben gemäß §§ 20, 21 EHRV. zu bestimmen, keinen Gebrauch, dann fällt der Erbhof beim Tode der Frau dem Mann als Anerben zu, §§ 22 Abs. 1 EHRV. (siehe unten Anm. 1i).

Über das Recht des Ehegatten auf den Altenteil: § 31 REG. Im übrigen vgl. über den Ehegattenerbhof § 1 REG. Anm. 1 II 3, § 26 REG. Anm. 1a und b und unten Anm. 1c, d, e, i.

c) Die erste Ordnung.

Wenn der Erblasser mehrfach verheiratet war, dann gehen die Söhne aus der ersten Ehe den anderen Söhnen vor, § 21 Abs. 4 Satz 1 REG., § 7 Abs. 1 EHRV. Über die Bestimmung eines anderen Sohnes siehe § 7 Abs. 4 EHRV.

Ist Erblasser eine Bäuerin, die mehrfach verheiratet war, dann gehen die Söhne des 1. Mannes denen der anderen Männer vor (sinngemäße Anwendung des § 21 Abs. 4 Satz 1 REG.; eventuell auch hier Bestimmung gemäß § 7 Abs. 4 EHRV.). Vgl. auch § 21 Anm. 3c, 4a.

Uneheliche Söhne des männlichen Erblassers kommen als gesetzliche Anerben nicht in Betracht (über Bestimmung des Anerben vgl. § 25 Abs. 2 REG.). Wegen der unehelichen Kinder beim Ehegattenerbhof siehe § 1 REG. Anm. 1 II 3 und § 20 REG. Anm. 1f.

Durch nachfolgende Ehe legitimierte Söhne (§§ 1719 ff. BGB.) stehen den vollehelichen gleich, § 21 Abs. 5 REG. Vgl. Anm. 5a hiezu.

Durch Verfügung der Staatsgewalt für ehelich erklärte Söhne (§§ 1723 ff. BGB.) gehen den ehelichen Söhnen nach, § 21 Abs. 5 Satz 2 REG., den ehelichen Töchtern aber vor, da diese einer späteren Anerbenordnung angehören, § 20 Z. 4, § 21 Abs. 5 S. 2 REG.

Ist Erblasser eine Bäuerin, dann gehen ihre unehelichen Söhne den ehelichen Söhnen nach, § 21 Abs. 5 REG.

An Kindes Statt angenommene Kinder sind nicht zur gesetzlichen Anerbenfolge berufen, § 21 Abs. 6 REG. Ausnahmen sind getroffen:

α) für Kinder, die vor dem 1. 10. 1933 angenommen worden sind, § 47 Abs. 1 EHRV. Wenn daher keine Söhne oder Sohnessöhne vorhanden sind, sind adoptierte Töchter gemäß § 21 Abs. 7 REG. vor den Anerben der 2. und 3. Ordnung als Anerben gesetzlich berufen, vgl. § 20 REG. Anm. 1f;

β) für Kinder, die nach dem 30. 9. 1933 angenommen worden sind, aber bereits vorher wie ein Kind im Hause des Erblassers gelebt haben, § 47 Abs. 2 EHRV. Dabei kommt es nicht so sehr auf das räumliche Zusammenleben als vielmehr darauf an, daß eine enge Gemeinschaft nach Art eines Eltern- und Kindesverhältnisses bestanden hat, REHG. EHRspr. DVO. II § 7 Nr. 5, REHG. 1, 31;

γ) beim Ehegattenerbhof ist auch der Tod des überlebenden Ehegatten noch als nächster Erbfall für die Annahme des Kindes anzusehen, § 47 Abs. 3 EHRV.;

δ) beim Tode des angenommenen Kindes, auf das der Hof durch Erbgang oder Übergabevertrag übergegangen ist, findet die Erbfolge in den Hof so statt, als ob der Angenommene ein eheliches Kind des Annehmenden wäre.

Vgl. auch § 21 REG. Anm. 6. Über das Erfordernis der gerichtlichen Bestätigung der Adoption vgl. §§ 1754, 1741 BGB.

d) Die zweite Ordnung.

Die Berufung des Vaters des Erblassers vor den Töchtern entspricht dem Grundsatz des Mannesvorzugs. Der Vater des Erblassers ist auch dann zur gesetzlichen Anerbenfolge berufen, wenn er selbst früher dem jetzigen Erblasser übergeben hatte.

Nur für die Übergangszeit ist der Grundsatz des Mannesvorzugs gemildert. Wenn nämlich beim ersten Erbfall nach dem Zeitpunkt, in dem die Besitzung Erbhof geworden ist, keine Söhne oder Sohnessöhne vorhanden sind oder solche nicht bauernfähig waren oder erst später weggefallen sind, dann sind die Töchter des Erblassers und deren Söhne und Sohnessöhne vor dem Vater des Erblassers berufen, § 21 Abs. 7 REG., § 48 Abs. 1 EHRV. Für spätere Erbfälle ist für eine Bevorzugung der Töchter und ihrer Söhne und Sohnessöhne letztwillige Anordnung erforderlich, § 25 Abs. 3 REG.

Beim Ehegattenerbhof wird, wenn zunächst der überlebende Ehegatte Anerbe geworden ist, der Tod des überlebenden Ehegatten noch als erster Erbfall angesehen, § 48 Abs. 2 EHRV.

Die Mutter des Erblassers zählt nicht zu den gesetzlichen Anerben, selbst dann nicht, wenn der Hof von ihrer Familie herrührt. Desgleichen sind nicht gesetzliche Anerben die Großeltern und die durch sie begründete Seitenverwandtschaft.

e) Die dritte Ordnung.

Beim Vorhandensein mehrerer Brüder entscheidet Ältesten- oder Jüngstenrecht, mangels eines Brauchs Jüngstenrecht, § 21 Abs. 3 REG.

Durch nachfolgende Ehe der Eltern des Erblassers legitimierte Brüder des Erblassers stehen den nach Eheeingehung geborenen Brüdern gleich. Für ehelich erklärte Brüder gehen aber den ehelichen nach, § 21 Abs. 5 REG.

Vollbürtige Brüder gehen halbbürtigen vor, § 21 Abs. 4 REG. Ein halbbürtiger Bruder des Erblassers ist auch der uneheliche Sohn der Mutter des Erblassers, da er die gleiche Mutter hat wie der Erblasser. Vgl. auch § 21 REG. Anm. 3c. Ein halbbürtiger Bruder geht aber, soweit er nicht unehelich ist, der vollbürtigen Schwester vor, vgl. § 21 REG., Anm. 3c, 4b.

Adoptierte Brüder des Erblassers haben kein Anerbenrecht, § 21 Abs. 6 REG.; § 47 Abs. 1 EHRV. greift nicht ein.

Auch für die dritte Ordnung gilt für die Übergangszeit eine Milderung des Grundsatzes der Manneserbfolge, insofern dann, wenn beim ersten Erbfall nach dem Zeitpunkt, in dem die Besitzung Erbhof geworden ist, keine Söhne oder Sohnessöhne vorhanden sind oder solche nicht bauernfähig waren oder erst später weggefallen sind, die Töchter des Erblassers bzw. deren Söhne und Sohnessöhne vor den Brüdern des Erblassers berufen sind, § 21 Abs. 1 REG., § 48 Abs. 1 EHRV.

Beim Ehegattenerbhof wird dabei, wenn zunächst der überlebende Ehegatte Anerbe geworden ist, der Tod des überlebenden Ehegatten noch als erster Erbfall angesehen, § 48 Abs. 2 EHRV.

Für spätere Erbfälle ist für eine Bevorzugung der Töchter oder ihrer Söhne und Sohnessöhne eine letztwillige Anordnung gemäß § 25 Abs. 3 REG. erforderlich.

Töchter von Brüdern des Erblassers oder von Nachkommen der Brüder des Erblassers sowie die Nachkommen solcher Töchter sind in die gesetzliche Anerbenfolge nicht aufgenommen.

f) Die vierte Ordnung.

Hier gilt das unter c über die Söhne des Erblassers und deren Söhne und Sohnessöhne Ausgeführte.

Die unehelichen Kinder (also auch die Söhne) der Bäuerin als Erblasserin stehen als gesetzliche Anerben hinter den ehelichen Töchtern der Erblasserin. Bei dem Ehegattenerbhof kommen uneheliche Kinder als Anerben kraft Gesetzes überhaupt nicht in Frage. Vgl. § 1 REG. Anm. 1 II 3.

Sind beim ersten Erbfall nach dem Zeitpunkt, in dem die Besitzung Erbhof geworden ist, wohl uneheliche Söhne der Bäuerin, aber keine ehelichen Söhne oder Sohnessöhne vorhanden oder waren die vorhandenen Söhne oder Sohnessöhne nicht bauernfähig oder sind sie erst später weggefallen, dann sind die ehelichen Töchter der Erblasserin bzw. deren Söhne und Sohnessöhne vor den unehelichen Söhnen berufen. Es ist anzunehmen, daß unter den Worten „Söhne und Sohnessöhne" des § 21 Abs. 7 REG. nur eheliche Söhne und Sohnessöhne zu verstehen sind.

Eine vor dem 1. 10. 1933 an Kindes Statt angenommene Tochter des Erblassers steht einem ehelichen Kinde gleich und ist beim Fehlen von Söhnen und Sohnessöhnen im Zeitpunkt der Erlangung der Erbhofeigenschaft vor den Anerben der zweiten und dritten Ordnung als Anerbin berufen, § 47 Abs. 1 EHRV., § 21 Abs. 7 REG.; vgl. auch oben Anm. 1c.

Den ehelichen Töchtern geht der für ehelich erklärte Sohn vor.

g) Die fünfte Ordnung.

Hier gilt entsprechend das oben unter e im 1.—4. Abs. Ausgeführte.

h) Die sechste Ordnung.

Sie ist die Sammelgruppe für den Rest der Abkömmlinge des Erblassers.

i) Eine Ergänzung der gesetzlichen Anerbenfolge für den Ehegattenerbhof enthält § 22 Abs. 1 und 2 EHRV. Danach fällt

α) der Erbhof beim Tode der Frau, wenn die Ehegatten von dem Rechte der Anerbenbestimmung gemäß §§ 20, 21 EHRV. keinen Gebrauch machen, kraft Gesetzes dem Mann als Anerben an (siehe auch oben Anm. 1a), während er

β) beim Tode des Mannes vor oder nach der Frau derjenigen Person als Anerben anfällt, die nach REG. als Anerbe des Mannes berufen ist.

k) Vor dem Erbfall haben die Anerben nur die Anwartschaft auf den Erbhof. Dieses Recht ist entziehbar, aber nicht übertragbar. Es gewährt dem Berechtigten im anerbengerichtlichen Verfahren die Rolle des Beteiligten, die das Recht des Gehörs und der Rechtsmitteleinlegung umfaßt. Siehe auch § 46 REG. Anm. 1 e;

l) Beim Fehlen eines gesetzlichen Anerben und Mangel einer Erbeinsetzung durch den Erblasser bestimmt der Reichsbauernführer den Anerben, § 25 Abs. 5 REG. und § 16 EHRV. Vgl. hiezu § 25 REG. Anm. 5.

m) Besondere Bestimmungen wegen der Anerbenfolge gelten:

α) für den Familienfideikommiß-Erbhof, solange das

Fideikommiß noch nicht aufgelöst oder der Eigentümer noch nach Art eines Vorerben beschränkt ist;

β) für den Erbhof, der früher fideikommissarisch gebunden war und dessen Eigentümer noch nach Art eines Vorerben beschränkt ist;

γ) für Lehen, Stammgüter oder sonst gebundene Vermögen im Sinne des Art. 59 EGBGB., solange die Bindung noch nicht aufgelöst oder die Beschränkung des Eigentümers nach Art eines Vorerben noch vorhanden ist;

δ) für Hausgüter und Hausvermögen, solange die Güter bzw. Vermögen noch nicht aufgelöst oder die Beschränkung des Eigentümers nach Art eines Vorerben noch gegeben ist.

In allen diesen Fällen regelt sich unter der Voraussetzung, daß der zum Anerben Berufene bauernfähig ist und daß nach den fideikommißrechtlichen bzw. den sonstigen besonderen Bestimmungen nicht mehrere in Rechtsgemeinschaft nebeneinander zur Nachfolge berufen sind, die Anerbenfolge nicht nach dem REG., sondern nach den besonderen fideikommißrechtlichen bzw. nach den für die Lehen, Stammgüter, sonst gebundenen Vermögen und für die Hausgüter und Hausvermögen geltenden Bestimmungen.

Ist der zum Anerben Berufene nicht bauernfähig oder sind nach den fideikommißrechtlichen oder sonstigen besonderen Bestimmungen mehrere in Rechtsgemeinschaft nebeneinander zur Nachfolge berufen, dann bestimmt sich die Anerbenfolge ausschließlich nach dem REG.

Gehört der nach den fideikommissarischen oder sonstigen Sonderbestimmungen zum Anerben Berufene nicht zu einer der im § 20 REG. aufgeführten Ordnungen, dann kann der Fideikommißbesitzer bzw. der nach Art der Vorerben beschränkte Eigentümer an Stelle dieses zunächst Berufenen einen Anerbenberechtigten der 4.—6. Ordnung der § 20 REG. zum Anerben bestimmen, wenn dies nach den Umständen des Falles der Billigkeit entspricht. Er braucht aber dazu die Zustimmung der AEG. Dieses kann dem so bestimmten Anerben die Verpflichtung auferlegen, dem zunächst Berufenen eine angemessene Versorgungsleistung zu gewähren, § 44 EHRV.

Abgesehen von dieser Regelung der Anerbenfolge gelten im übrigen für ein Fideikommiß, wenn es eine Ackernahrung darstellt und nicht größer ist als 125 ha und sonst alle Voraussetzungen auch für die Person des Eigentümers erfüllt, die erbhofrechtlichen Vorschriften mit dem Abmaße, daß die fideikommißrechtlichen Bestimmungen in Kraft bleiben, insoweit sie mit den erbhofrechtlichen nicht in Widerspruch stehen.

n) Dagegen wird ein Erbpachtgut und ein Lehnbauerngut, das nur im Nutzeigentum des Erbpächters bzw. des Lehnbauern steht, wenn es sonst den Voraussetzungen für die Entstehung eines Erbhofs entspricht, als Erbhof angesehen, auch für die Anerbenfolge. Hier können durch Landesgesetz besondere Regelungen getroffen werden. Die Gesetzgebung zeigt hier das Streben, den Erbpachthof nach und nach in einen freien Erbhof umzuwandeln. Vgl. § 45 EHRV., auch § 1 REG. Anm. 1 II 3c, § 37 REG. Anm. 1 C b r.

o) Bezüglich der Rentengüter und preußischen Ansiedelungsgüter greift die Anerbenfolge des REG. nur ein, soweit diese Güter Erbhof werden. Im übrigen bleibt es bei den landesgesetzlichen Vorschriften über das Anerbenrecht. Wenn das Anwesen schon in die Erbhöferolle eingetragen und der Anerbengutsvermerk im Grundbuch gelöscht worden war und sich nachträglich herausstellt, daß die Eintragung in die Erbhöferolle zu Unrecht erfolgt ist, dann wird das so behandelt, als wenn die Aufhebung der Anerbengutseigenschaft nicht eingetreten wäre. Das Grundbuch wird gebührenfrei berichtigt. Die Vorschriften zugunsten derjenigen, die Rechte von einem Nichtberechtigten ableiten, bleiben unberührt, § 46 EHRV.

§ 21

Einzelvorschriften zur Anerbenordnung

(1) Wer nicht bauernfähig ist, scheidet als Anerbe aus. Der Erbhof fällt demjenigen an, welcher berufen sein würde, wenn der Ausscheidende zur Zeit des Erbfalls nicht gelebt hätte.

(2) Ein Verwandter ist nicht zur Anerbenfolge berufen, solange ein Verwandter einer vorhergehenden Ordnung vorhanden ist.

(3) Innerhalb der gleichen Ordnung entscheidet je nach dem in der Gegend geltenden Brauch Ältesten-

oder Jüngstenrecht. Besteht kein bestimmter Brauch, so gilt Jüngstenrecht. Ist zweifelhaft, ob oder welcher Brauch besteht, so entscheidet auf Antrag eines Beteiligten das Anerbengericht.

(4) Unter den Söhnen gehen die Söhne der ersten Frau den anderen Söhnen vor. Bei Brüdern oder Schwestern gehen Vollbürtige vor Halbbürtigen.

(5) Durch nachfolgende Ehe anerkannte Kinder stehen den nach Eingehung der Ehe geborenen ehelichen Kindern gleich. Für ehelich erklärte Kinder des Vaters gehen in derselben Ordnung den ehelichen Kindern nach; uneheliche Kinder der Mutter gehen schlechthin den ehelichen Kindern nach.

(6) An Kindes Statt angenommene Personen sind nicht zur Anerbenfolge berufen.

(7) Wenn zu der Zeit, zu der der Hof auf Grund dieses Gesetzes Erbhof wird, keine Söhne oder Sohnessöhne vorhanden sind, so sind die Anerben der vierten Ordnung vor denen der zweiten und dritten Ordnung berufen.

1. **Bauernfähigkeit des Anerben.**

Über die Bauernfähigkeit vgl. §§ 12—15 REG. Maßgebend ist der Zeitpunkt des Erbfalls, vgl. § 16 REG. Anm. 1 a.

Über die Ausnahmen vom Grundsatz des § 21 Abs. 1 S 1 REG. siehe § 29 Abs. 3 REG. und § 5 EHRV. Vgl. § 12 REG. Anm. 1 d und § 29 REG. Anm. 3.

Der als Anerbe wegen Mangels der Bauernfähigkeit Ausscheidende verbleibt im übrigen Erbe oder Vermächtnisnehmer nach bürgerlichem Recht.

Wegen der Entscheidung über die Bauernfähigkeit bei Zweifel siehe § 18 REG. und die Anmerkungen dort.

Der Mangel der Bauernfähigkeit betrifft nur die Person des betreffenden Anerben, nicht seinen Stamm. Seine Abkömmlinge bleiben mithin anerbenberechtigt.

2. Der Vorrang der näheren Ordnung

successio ordinum. Vgl. § 20 REG. Anm. **1** a. Das Recht des Vorrangs kann durch Bestimmung des Anerben durch den Erblasser in den zulässigen Fällen innerhalb der gesetzlichen Grenzen beseitigt werden, vgl. § 25 REG. und die Anmerkungen dort.

3. Ältesten- und Jüngstenrecht.

a) Maßgebend ist zunächst der in der betreffenden Gegend geltende Brauch. Dieser kann sich aus dem Landesrecht ergeben. Ein nur tatsächlicher auf Grund freier Willensbestimmung, unbeeinflußt von einer zwingenden Pflicht herrschender Brauch allein genügt nicht. Der Brauch muß sich vielmehr auf ein in der bäuerlichen Bevölkerung der Gegend als verpflichtend empfundenes Herkommen stützen. Die gewohnheitsmäßige Übertragung des Hofes nach dem Brauch muß nicht nur tatsächlich, sondern aus dem Gefühl des Bestehens einer bindenden Verpflichtung heraus erfolgt sein. Der Brauch muß insoweit zwingend sein, daß von ihm abzuweichen ein besonderer Grund, die Pflicht zur Wahrung der Sitte verbot (EHG. München 23. 5. 1936 BeschwReg. 104/36 und 29. 9. 1936 BeschwReg. 410/36 I; REHG. 1, 239; 2, 11 und REHG. EHRspr. § 21 Abs. 3 Nr. 4). Vgl. § 25 REG. Anm. **1** a.

Der Brauch muß beim Inkrafttreten des Gesetzes bestanden haben.

In erster Linie ist zu prüfen, ob in einer Gegend Anerbensitte Brauch war, d. h., ob eine überwiegende und als bindend empfundene Gewohnheit der bäuerlichen Bevölkerung vorlag, die Höfe ungeteilt auf einen von mehreren Erben zu übertragen, REHG. 2, 48, HRR. 1936 Nr. 1002. Bestätigt die Prüfung Anerbensitte, dann ist die Frage, ob Ältestenrecht Brauch war, ob also der Älteste tatsächlich in der überwiegenden Mehrzahl der Fälle den Hof bekommen hat und ob die Bauern den Hof dem Ältesten gegeben haben, weil sie auf Grund alten Herkommens der Überzeugung waren, daß der Älteste, abgesehen von besonderen Ausnahmefällen, ein sittliches Anrecht auf den Hof habe. Ergibt die Untersuchung, daß Ältestenrecht nicht in Frage kommt, dann ist zu prüfen, ob Jüngstenrecht Brauch war. Besteht kein bestimmter Brauch, dann gilt Jüngstenrecht. Im Zweifel entscheidet das AEG.

b) Der Begriff „Ältestenrecht" bedeutet, daß unter gleich

nahen Verwandten der Älteste unter Einhaltung des Grundsatzes der Anerbenfolge nach Stämmen vorgeht. Fällt also der Älteste weg, dann nehmen seine Abkömmlinge seinen Rang innerhalb der Ordnung ein. Vgl. § 20 REG. Anm. 1 a β).

Der Begriff „Jüngstenrecht" bedeutet, daß unter gleich nahen Verwandten der Jüngste vorgeht. Auch hier entscheidet das Alter dem Stamm nach. Fällt der hienach Jüngste weg, dann nehmen seine Abkömmlinge seinen Rang innerhalb der Ordnung ein. Vgl. § 20 REG. Anm. 1 a β).

Bei Zwillingen, Drillingen usw. geht bei Anwendung des Ältestenrechtes der zuerst Geborene, bei Anwendung des Jüngstenrechtes der zuletzt Geborene, vor. Vgl. hiezu § 22 Abs. 2 des Gesetzes über die Beurkundung des Personenstandes vom 6. 2. 1875, RGBl. 23. Notfalls ist gemäß § 25 Abs. 1 S. 3 REG. der Anerbe durch den Erblasser zu bestimmen. Schließlich steht auch die Vorschrift des § 25 Abs. 5 S. 2 REG. (Bestimmung durch den Reichsbauernführer) zur Verfügung.

c) Ein bestimmter Brauch fehlt auch, wenn Anerbenrecht überhaupt nicht Brauch war und in Gegenden, in welchen freie Bestimmung des Anerben durch den Bauern üblich war. Vgl. § 25 Abs. 1 Ziff. 1 und 2 ERG. und die Anmerkung 1 a hiezu. Vgl. auch REHG. 2, 218.

Ausnahmen vom Jüngstenrecht:

α) § 21 Abs. 4 S. 1 REG. Danach gehen die Söhne der ersten Frau anderen Söhnen vor. Bei sinngemäßer Anwendung dieser Vorschrift gehen auch die Töchter der ersten Frau den übrigen Töchtern vor, desgl. die Söhne und Töchter des ersten Mannes der Bäuerin als Erbhofeigentümerin vor den übrigen Söhnen und Töchtern anderer Männer. Vgl. hiezu § 20 REG. Anm. 1 c u. f.

β) Unter den Brüdern des Erblassers für sich allein genommen haben die Vollbürtigen den Vorrang vor den Halbbürtigen, § 21 Abs. 4 Satz 2 REG. Vgl. auch § 20 REG. Anm. 1 e. Dagegen gehen im Verhältnis von Brüdern und Schwestern zusammengenommen halbbürtige Brüder, soweit sie nicht unehelich sind, den vollbürtigen Schwestern vor, § 20 Abs. 1 Z. 3 und 5 REG. Vgl. § 20 REG. Anm. 1 e.

d) Die Entscheidung des Anerbengerichts in Zweifelsfällen ist auf die Feststellung beschränkt, daß in der Gegend Ältesten- oder Jüngstenrecht Brauch oder nicht Brauch war. Nicht ist die

Feststellung zu treffen, daß in der Gegend beim Inkrafttreten des Gesetzes freie Bestimmung des Anerben durch den Bauern üblich ist, REHG. 3, 142; DNotZ. 1937, 94.

Das Verfahren richtet sich nach §§ 11 ff. EHVfO. Über den Geschäftswert (nicht mehr als 3000 RM.!) und über die Gebührensätze vgl. §§ 100 Abs. 1, 103 Abs. 1 Ziff. 4 EHVfO.

Antragsberechtigt ist jeder, der ein berechtigtes Interesse an der Klärung der Frage nachweist, insbesondere der Eigentümer des Erbhofs, der als Erbe in Frage stehende Älteste oder Jüngste, die Nachlaßgläubiger und die persönlichen Gläubiger des Erblassers, die Miterben, die Versorgungsberechtigten, auch der Kreisbauernführer, weil die Entscheidung das Gesamtinteresse der Bauernschaft berührt. Über das Beschwerderecht siehe §§ 48, 49 REG.

e) Ältestenrecht wurde festgestellt im Gebiet des Landes Braunschweig (EHRspr. § 21 Abs. 3 Nr. 8), im Dorf Bellingen (Altmark), in Ludwigshorst, Bezirk Landsberg a. W. (EHRspr. § 21 Abs. 3 Satz 3 Nr. 5 und 6); in der Gegend der hamburgischen Gemeinden Finkenwärder und Moorburg im Marschgebiete an der unteren Elbe (EHRspr. § 21 Abs. 3 Nr. 13); kein Ältestenrecht besteht in Unterradrach, Kreis Tettwang, in Schussenried, Kreis Waldsee (beides in Württemberg), EHRspr. § 21 Abs. 3 Nr. 11 u. 12). Jüngstenrecht gilt im nördlichen Teil der Haseldorfer Marsch und in Alexandersdorf (Warthebruch) (EHRspr. § 21 Abs. 3 Nr. 9 und 7), freie Bestimmung des Anerben in Dannefeld Kreis Gardelegen (Altmark) (EHRspr. § 25 Abs. 1 Nr. 13) ferner in Jeverland (Oldenburg) — EHRspr. § 25 Abs. 1 REG. Nr. 16 —, in Ditmarschen und fast überall in den Schleswig-Holsteinischen Marschgebieten — EHRspr. § 21 Abs. 3 REG. Nr. 15 — und im Bayerischen Wald mit Ausnahme des unteren (südöstlichen) Teils (EHRspr. § 21 Abs. 3 Nr. 3 und 10). In Lippe ist Anerbe der erstgeborene Sohn, fällt er weg, dann kann der Bauer unter seinen Söhnen frei bestimmen (EHRspr. § 25 Abs. 1 Nr. 12). Für das Gebiet des vormaligen bayerischen Landrechts gilt nach der ständigen Rechtsprechung des EHG. München freie Bestimmung des Anerben durch den Bauern, soweit nicht für einzelne Gegenden eine gegenteilige Übung bestimmt nachgewiesen werden kann (vgl. Entscheidung des EHG. München Beschw.Reg. 104/36 I, EHRspr. § 21 Abs. 3 Nr. 14). In der Gegend von Gosefeld-

Marienthal (Eckernförde) hat bei Inkrafttreten des REG. ein bestimmter Brauch nicht bestanden, EHRspr. § 25 Abs. 5 Nr. 15. In Hindenburg, Kreis Templin, gilt weder Ältesten- noch Jüngstenrecht, EHRspr. § 37 c Nr. 98.

4. Mehrere Ehen; Vollbürtige und Halbbürtige.

a) Die Söhne und zwar alle Söhne der ersten Frau des Bauern gehen den Söhnen einer späteren Frau vor. Vgl. § 7 Abs. 1 EHRV. Aber die Söhne der späteren Frau gehen den Töchtern der ersten Frau vor. Die Töchter aus erster Ehe des Bauern und ihre Söhne gehen den anderen Töchtern des Bauern vor (sinngemäße Anwendung des § 21 Abs. 4 Satz 1 REG., § 7 Abs. 2 EHRV.). Abweichende Bestimmungen sind gemäß § 25 Abs. 1 Z. 1—3 und Abs. 3 REG. möglich. Vgl. § 20 REG. Anm. 1 c, § 21 REG. Anm. 3 c, § 25 REG. Anm. 1 a, REHG. 2, 381.

Wenn die Bäuerin mehrmals verheiratet war, findet für die Söhne und Töchter aus den verschiedenen Ehen § 21 Abs. 4 Satz 1 REG. sinngemäß Anwendung. Auch hier sind abweichende Bestimmungen nach § 25 Abs. 3 REG. möglich. Vgl. § 20 REG. Anm. 1 c.

Auch in den übrigen Anerbenordnungen gelten die gleichen Grundsätze, wenn Söhne und Töchter aus mehreren Ehen vorhanden sind, also auch für Söhne und Töchter von Seitenverwandten, § 7 Abs. 3 EHRV.

Die obengenannte Regelung gilt nur, wenn der Erblasser von der Möglichkeit, selbst einen Anerben zu bestimmen, keinen Gebrauch macht. Will der Erblasser aber unter Umgehung eines Sohnes aus seiner ersten Ehe einen Sohn aus einer späteren Ehe zum Anerben bestimmen, dann bedarf er der Zustimmung des AEG., das sie nur erteilen soll, wenn ein wichtiger Grund vorliegt, § 7 Abs. 4 EHRV.

b) Vollbürtige Geschwister sind solche, die beide Elternteile gemeinsam haben. Halbbürtige Geschwister sind solche, die nur einen Elternteil gemeinsam haben. Dabei ist es dem Begriffe nach gleichgültig, ob es sich um eheliche oder uneheliche Kinder dieses gemeinsamen Elternteils handelt. Vgl. § 20 REG. Anm. 1 e. Stiefgeschwister, die keinen Elternteil gemeinsam haben, sind nicht blutsverwandt miteinander und kommen als Anerben nicht in Betracht.

Der vollbürtige Bruder geht dem halbbürtigen Bruder vor, ebenso die vollbürtige Schwester der halbbürtigen Schwester. Der halbbürtige Bruder geht aber der vollbürtigen Schwester vor, es sei denn, daß der halbbürtige Bruder unehelich ist. In diesem Falle geht er der vollbürtigen ehelichen Schwester, aber auch der halbbürtigen ehelichen Schwester nach, §§ 20 Z. 1 und 3, 21 Abs. 5 S. 2 REG. Vgl. § 20 REG. Anm. **1** e; § 21 REG. Anm. **4** a.

5. Durch nachfolgende Ehe legitimierte und für ehelich erklärte uneheliche Kinder.

a) Über Legitimation durch nachfolgende Ehe vgl. §§ 1719 bis 1722 BGB. Die legitimierten Kinder stehen den nach Eingehung der Ehe geborenen völlig gleich, auch bezüglich ihrer Abkömmlinge. Vgl. § 20 REG. Anm. **1** c, § 30 REG. Anm. **1** a. Über Pflichtteilsrecht vgl. § 30 REG. Anm. **1**a.

b) Über Ehelichkeitserklärung siehe §§ **1723** bis 1740 BGB.

Das für ehelich erklärte uneheliche Kind des Bauern und seine Abkömmlinge sind nur mit dem Vater verwandt, nicht mit der Frau und den Verwandten des Vaters. Sie sind auch mit der Frau des Vaters nicht verschwägert, §§ 1736, 1737 BGB. Das für ehelich erklärte Kind und seine Abkömmlinge gehen nur innerhalb derselben Ordnung den ehelichen Kindern nach. Daraus folgt, daß die für ehelich erklärten Söhne vor den ehelichen Töchtern und deren Söhnen als Anerben berufen sind.

Die Ehelichkeitserklärung bedarf der Einwilligung der Frau des Vaters, § 1726 Abs. 1 Satz 2 BGB.

Wird sie verweigert, dann bleibt das Kind unehelich gewöhnlicher Art. In diesem Falle kann bei Nichtvorhandensein ehelicher Söhne oder Sohnessöhne der Erblasser mit Zustimmung des Anerbengerichts nach Gehör des Landesbauernführers bestimmen, daß der uneheliche Sohn Anerbe wird, § 25 Abs. 2 REG.

Vgl. § 30 REG. Anm. **1** a. Über Pflichtteilsrecht vgl. § 30 REG. Anm. **1**a.

c) Gemäß § 1705 BGB. hat das uneheliche Kind nur im Verhältnis zu der Mutter und deren Verwandten die rechtliche Stellung des ehelichen Kindes. Daraus folgt, daß es nur diesen Personen gegenüber anerbenberechtigt ist, den ehelichen Kindern aber steht es gem. § 21 Abs. 5 S. 2 Halbs. 2 REG. schlechthin, also ohne Rücksicht auf die Anerbenordnung, nach. Das uneheliche Kind als einziges Kind der Bäuerin als Eigentümerin des Erbhofs hat aber den Vorrang vor dem ehelichen Bruder der Bäuerin und dessen Söhnen und Sohnessöhnen und vor der ehelichen Schwester der Bäuerin und deren Söhnen und Sohnessöhnen. Beim Ältestenrecht hat auch der uneheliche Sohn der ältesten ehelichen Tochter der Bäuerin den Vorrang vor dem ehelichen Sohn der jüngeren ehelichen Tochter der Bäuerin, da ersterer der älteren Linie angehört, § 20 Z. 4 REG.

Uneheliche Kinder des Bauern sind gesetzlich überhaupt nicht anerbenberechtigt. Sie können jedoch durch letztwillige Verfügung als Anerben eingesetzt werden, wenn ein Anerbe der 1. Ordnung fehlt, § 25 Abs. 2 REG. Vgl. § 20 REG. Anm. **1** c, § 25 REG. Anm. **2**; § 30 REG. Anm. **1** a.

Nach dem Sinne des Gesetzes sind aber in Z. 4 des § 20 REG. an Stelle der verstorbenen Töchter des Erblassers deren uneheliche Söhne ohne Rücksicht auf das Vorhandensein ehelicher Halbschwestern der verstorbenen Tochter als Anerben der 4. Ordnung berufen. Die Bestimmung des § 21 Abs. 5 REG. greift hier nicht ein. REHG. 3, 203, HRR. 1937 Nr. 183.

In entsprechender Anwendung des § 21 Abs. 5 REG. geht dann, wenn eine kinderlose Bäuerin von ihrer ehelichen Schwester und einem unehelichen Halbbruder (einem unehelichen Sohn ihrer Mutter) beerbt wird, der uneheliche Halbbruder der ehelichen Schwester nach. Diese ist also die Anerbin des Hofes. Vgl. RG. EHRspr. § 21 Abs. 5 REG. Nr. 1.

Über Pflichtteilsrecht vgl. § 30 REG. Anm. **1**a.

6. Das adoptierte Kind.

Es hat zwar nach § 1757 BGB. die Stellung eines ehelichen Kindes, ist aber nicht blutsverwandt. Die Folge dieses Mangels ist, daß es grundsätzlich nicht zur Anerbenfolge berufen ist. Über Ausnahmen vgl. § 20 REG. Anm. **1** c.

Über Pflichtteilsrecht vgl. § 30 REG. Anm. **1**a.

7. Vorrang der Tochter.

Vgl. hiezu § 48 Abs. 1 und 2 EHRV.

Diese Ausnahme gilt nur für den ersten Erbfall nach dem Zeitpunkt, in dem die Besitzung Erbhof geworden ist. Dabei macht es keinen Unterschied, ob das Nichtvorhandensein oder der Wegfall der Söhne oder Sohnessöhne oder der Mangel ihrer Bauernfähigkeit schon vor oder nach dem bezeichneten Zeitpunkt eingetreten ist.

Beim Ehegattenerbhof wird der Tod des überlebenden Ehegatten als Anerbe noch als erster Erbfall angesehen. Über Ehegattenerbhof vgl. insbesondere § 1 REG. Anm. 1 II 3. Siehe auch § 25 REG. Anm. 3 b.

Über den Vorrang der adoptierten Tochter im Falle des § 47 Abs. 1 EHRV. siehe § 20 REG. Anm. 1 c.

§ 22

Austausch eines Erbhofs

(1) Hat der Anerbe bereits einen Erbhof, so scheidet er als Anerbe aus. Der Erbhof fällt demjenigen an, welcher berufen sein würde, wenn der Ausscheidende zur Zeit des Erbfalls nicht gelebt hätte.

(2) Dies tritt jedoch nicht ein, wenn der Anerbe innerhalb sechs Wochen nach dem Zeitpunkt, in dem er von dem Anfall Kenntnis erlangt hat, dem Anerbengericht gegenüber in öffentlich beglaubigter Form oder zur Niederschrift der Geschäftsstelle erklärt, daß er den angefallenen Hof übernehme.

(3) Im Falle des Abs. 2 fällt das Eigentum an dem eigenen Hof des Anerben kraft Gesetzes dem nächstberufenen Anerben des Erblassers an. Dieser kann den Anfall ausschlagen. Die Vorschriften des Bürgerlichen Gesetzbuchs über die Annahme oder Ausschlagung einer Erbschaft finden entsprechende Anwendung.

(4) Das Anerbengericht bestimmt, in welcher Höhe dieser Nächstberufene verpflichtet ist, den Anerben von den Nachlaßverbindlichkeiten zu befreien.

(5) Die Vorschrift des Abs. 4 gilt auch für die mit

dem übertragenen Hof zusammenhängenden persönlichen Verbindlichkeiten des Anerben. Insoweit das Anerbengericht den Erwerber des Hofes zu ihrer Tragung verpflichtet, haftet er auch den Gläubigern gegenüber.

1. Der Anerbe hat schon einen Erbhof.

a) Verlangt ist Alleineigentum des Anerben persönlich an dem bereits vorhandenen Erbhof; nur dann scheidet der Anerbe als solcher für den neu anfallenden Erbhof aus.

Deshalb scheidet nicht aus:

α) der Anerbe, der selbst bereits Klein- oder Großbesitz hat, der nicht Erbhof ist,

β) der Anerbe, dessen Ehefrau bereits einen Erbhof hat, während er selbst keinen hat,

γ) der Anerbe, der nur Miteigentümer oder Teileigentümer an einem Erbhof, z. B. an einem Ehegattenerbhof oder an einem Erbhof der fortgesetzten Gütergemeinschaft ist. (Über den Ehegattenerbhof siehe insbesondere § 1 REG. Anm. 1 II 3.)

Der neu anfallende Erbhof muß bereits im Zeitpunkt des Anfalls Erbhof sein. Der Hof in Erbengemeinschaft ist nicht Erbhof. Beim Übergang an einen Alleineigentümer geht er also nicht schon als Erbhof über, er wird erst in der Hand des Alleineigentümers Erbhof.

b) Bis zur Klärung der Frage des Austausches erwirbt der nach dem erstberufenen Anerben nächstberufene Anerbe vorläufig den Erbhof kraft Gesetzes. Er wird endgültig Anerbe des Erbhofes, wenn der Tauschberechtigte auf sein Recht verzichtet oder die Tauscherklärung nicht innerhalb 6 Wochen abgibt (vgl. § 22 Abs. 2 REG.). Der erstberufene Anerbe gilt jedenfalls erst dann als ausgeschieden, wenn der Erbhof des Erblassers ihm angefallen ist und er die Möglichkeit hatte, von seinem Rechte der Übernahme des neu angefallenen Erbhofs Gebrauch zu machen, REHG. 3, 365.

c) Grundsätzlich fällt beim Ausscheiden des erstberufenen Anerben nach dem Gesetz der Erbhof demjenigen an, der berufen sein würde, wenn der Ausscheidende zur Zeit des Erbfalls nicht gelebt hätte, also dem nächsten gesetzlichen Anerben des Erblassers.

Ausnahme: Hat der Erblasser einen anderen Verwandten der gleichen Anerbenordnung, welcher der wegen des Besitzes eines Erbhofs ausscheidende Anerbe angehört und hat weder dieser andere Verwandte noch dessen Ehegatte noch einer der Abkömmlinge dieses Verwandten einen Erbhof, dann hat dieser Verwandte den Vorrang vor den Abkömmlingen des ausscheidenden Verwandten. Ist der andere Verwandte gestorben oder wird er aus einem anderen Grunde nicht Anerbe, so gilt der bezeichnete Vorrang auch zugunsten des Sohnes oder Sohnessohnes, § 8 EHRV.

Diese Regelung ist insofern nicht zwingend, als der Erblasser die Möglichkeit hat, im Rahmen des Gesetzes den Anerben zu bestimmen. Vgl. insbesondere § 25 REG.

2. Der Tausch.

Mit der Erklärung des Tausches erwirbt der **Tauschberechtigte** rückwirkend vom Erbfall an unmittelbar **kraft Gesetzes** den Erbhof. Die Eintragung im Grundbuch ist **nur Berichtigung**. Der bisherige vorläufige Anerbe verliert **den Erbhof** rückwirkend. Die Erklärung geht an das AEG., **in dessen** Bezirk der Erbhof des Erblassers liegt. Sie bedarf bei Abgabe für ein minderjähriges Kind der Genehmigung des Vormundschaftsgerichts, §§ 1643, 1686, 1821 Abs. 1 Z. 1 BGB.

Über Geschäftswert für die Annahmeerklärung und die Gebühren siehe §§ 102 Z. 1, 104 Z. 1 und 2 EHVfO.

3. Übergang des eigenen Erbhofs des erstberufenen Anerben auf den nächstberufenen Anerben des Erblassers.

Auch dieser Übergang erfolgt kraft Gesetzes, aber durch Rechtsgeschäft unter Lebenden, nicht im Erbwege. Die Eintragung im Grundbuch ist nur Berichtigung. Genehmigung des AEG. gemäß § 37 REG. ist nicht erforderlich.

Ausschlagung durch den Nächstberufenen ist möglich. Dann kommt der weitere nächstberechtigte Anerbe des Erblassers zum Zuge, vergl. § 1953 Abs. 3 BGB. Auf die Ausschlagung finden die §§ 1943 ff. BGB. entsprechende Anwendung. Die Ausschlagungserklärung erfolgt gegenüber dem AEG.

Hat der Austauschberechtigte bereits mehrere Erbhöfe, dann hat er das Wahlrecht, welchen Hof er abgeben will. Er braucht immer nur einen Hof auszutauschen.

Wenn die Anwendung der gesetzlichen Bestimmung des

Abs. 3 des § 22 REG. nach den besonderen Umständen des Falles zu einer als ungerecht und unbillig anzusehenden schweren Härte führen würde, dann kann bei Erbfällen, die nach dem 23. 12. 1936 und zwar bis zum Ablauf des 31. 12. 1938 eingetreten sind, der Reichsminister der Justiz im Einvernehmen mit dem Reichsminister für Ernährung und Landwirtschaft auf Antrag des Landesbauernführers und nach Anhörung des EHG. mit Wirkung vom Erbfall an einen anderen Anerbenberechtigten zum Anerben bestimmen. Der Antrag des Landesbauernführers ist binnen einer dreimonatlichen Frist ab dem Zeitpunkt, an dem die Übernahmeerklärung des Anerben beim AEG. eingeht, zu stellen. § 54 Abs. 2, 1, 3 u. 4 EHRV.

Bei Erbfällen, die zwischen dem 1. 10. 1934 und dem 23. 12. 1936 eingetreten sind, ist diese Maßnahme der Minister nur ausnahmsweise auf Antrag des Reichsbauernführers zulässig. Der Antrag ist für diesen Fall spätestens binnen 3 Monaten ab 23. 12. 1936 zu stellen, § 54 Abs. 3 S. 2 EHRV.

Über den Geschäftswert bei Ausschlagung des Erbhofanfalls und die Gebühren vgl. §§ 102 Z. 4, 104 Z. 2 EHVfO.

4. Das Innenverhältnis zwischen den Tauschenden wegen der Nachlaßverbindlichkeiten.

Der den Erbhof des Erblassers übernehmende erstberufene Anerbe hat hinsichtlich der Nachlaßverbindlichkeiten gegenüber dem Nächstberufenen, der den Tauschhof bekommt, einen Befreiungsanspruch. Über die Höhe der Verpflichtung entscheidet das AEG. unter Berücksichtigung der gesamten Umstände.

Verfahren vor dem AEG.: Güteversuch: § 15 EHVfO. Vorentscheidung des Vorsitzenden: § 19 EHVfO. Einspruch: § 20 EHVfO. Sofortige Beschwerde und sofortige weitere Beschwerde der Beteiligten: §§ 48, 49 REG., § 24 EHVfO. Kein eigenes Beschwerderecht des Kreisbauernführers: § 48 Abs. 2 REG. Geschäftswert: § 101 Z. 3 b EHVfO., § 24 Abs. 2 KostO.; Gebühren: § 105 Abs. 1, Kostenverteilung: § 107 EHVfO.

5. Die persönlichen Hofschulden des tauschenden Anerben.

Persönliche Hofschulden sind die persönlichen aber mit dem Hof und seiner Erhaltung zusammenhängenden Verbindlichkeiten eines Bauern. Gegensatz hiezu sind die auf dem Hof ruhenden dinglichen Lasten.

Für die persönlichen Hofschulden hat der erstberufene tauschende Anerbe gegenüber dem Übernehmer des Tauscherbhofs einen Anspruch auf Befreiung. Über die Höhe der Verpflichtung entscheidet das AEG. Den Gläubigern gegenüber haften beide als Gesamtschuldner.

Die dinglichen Lasten des Tauschhofes gehen auf den Übernehmer des Tauschhofes über.

Wegen des Verfahrens vor dem AEG. vgl. §§ 11ff. EHVfO. Güteversuch: § 15, Vorentscheidung des Vorsitzenden: § 19, Einspruch: § 20, Geschäftswert: § 101 Ziff. 3 b, Gebühren: § 105 Abs. 1, Kostenverteilung: § 107 EHVfO. Rechtsmittel der Beteiligten: §§ 48, 49 REG. Keine sofortige Beschwerde des Kreisbauernführers: § 48 Abs. 2 REG.

§ 23

Mehrere Erbhöfe

(1) Hinterläßt der Bauer mehrere Erbhöfe, so können die als Anerben Berufenen in der Reihenfolge ihrer Berufung je einen Erbhof wählen, so daß niemand mehr als einen Erbhof bekommt.

(2) Die Wahl ist gegenüber dem Anerbengericht in öffentlich beglaubigter Form oder zur Niederschrift der Geschäftsstelle zu erklären. Der Vorsitzende des Anerbengerichts hat dem Wahlberechtigten auf Antrag eines nachstehenden Wahlberechtigten eine angemessene Frist zur Erklärung über die Wahl zu bestimmen. Erfolgt die Wahl nicht vor Ablauf der Frist, so tritt der Wahlberechtigte hinter die übrigen Wahlberechtigten zurück.

(3) Jeder Anerbenberechtigte erwirbt das Eigentum an dem von ihm gewählten Hof mit der Vollziehung der Wahl. Mit der Vollziehung der letzten

Wahl erwirbt zugleich der Nächstberufene das Eigentum an dem übrigbleibenden Hof.

1. Der Erblasser hinterläßt mehrere Erbhöfe.

Jeder Anerbe bekommt nur einen der Erbhöfe. Zwingende Vorschrift, kann auch nicht durch letztwillige Verfügung umgangen werden. Die Anerben können in der Reihenfolge ihrer Berufung wählen. Für jeden Erbhof müssen die Voraussetzungen im einzelnen erfüllt sein. Eine Wahl findet nicht statt, wenn die Besitzung erst infolge des Eigentumsübergangs auf den Erben die Erbhofeigenschaft erlangt.

Wahlberechtigt sind die kraft Gesetzes (§§ 20, 21, 22 REG.) oder durch letztwillige Verfügung oder durch Bestimmung des Reichsbauernführers als Anerben Berufenen. Die Reihenfolge der Berufung kann demgemäß von der gesetzlichen Anerbenordnung abweichen. Der Erblasser kann das Wahlrecht dadurch ausschalten, daß er im Rahmen des Gesetzes für jeden einzelnen Erbhof einen Anerben bestimmt, § 25 REG.

Wegen der Verbindlichkeiten bei mehreren Erbhöfen vgl. § 36 REG. Wegen der Übergangszeit vgl. § 58 REG. und § 49 EHRV. (Ehegattenerbhof). Siehe die Anm. zu § 58 REG.

2. Die Wahl.

Ihre Erklärung bedeutet gleichzeitig die Erbschaftsannahme. Die Erklärung für ein minderjähriges Kind bedarf nicht der Genehmigung des Vormundschaftsgerichts, § 1822 Z. 2 BGB. Die Wahl ist endgültig. Nach ihr kann der Wählende nicht mehr ausschlagen.

Die Verfügung des Vorsitzenden des AEG. über die Bestimmung der Frist zur Erklärungsabgabe ist mit Beschwerde nach § 48 REG. nicht anfechtbar, weil sie keine Entscheidung des AEG. ist.

Über den Geschäftswert der Wahlerklärung und des Verfahrens: § 102 Z. 2 und 3, über die Gebühren § 104 Z. 2 und 3 EHVfO.

3. Eigentumsübergang.

Mit der Vollziehung der Wahl. Keine Rückwirkung.

Zwischen dem Erbfall und dem Eigentumserwerb besteht weder gemeinschaftliches Eigentum der sämtlichen Miterben noch ein solches der sämtlichen Anerbenberechtigten, da

§ 17 Abs. 1 REG. hindernd im Wege steht. Zweckmäßig wird die vorläufige Bestellung des nächstberufenen Anerben als Verwalter des Erbhofs durch das Nachlaßgericht sein, § 1960 BGB.

§ 24

Verfügungen von Todes wegen

(1) Der Erblasser kann die Erbfolge kraft Anerbenrechts durch Verfügung von Todes wegen nicht ausschließen oder beschränken.

(2) Die Vorschrift des Abs. 1 schließt die Verfügung über einzelne für die Bewirtschaftung des Hofs unwesentliche Zubehörstücke nicht aus, sofern es sich nicht um Hofesurkunden oder um die im § 8 Abs. 2 bezeichneten besonderen Stücke handelt.

(3) Zu den Verfügungen, durch welche die Erbfolge kraft Anerbenrechts beschränkt wird, gehören auch Verfügungen von Todes wegen, durch die eine Belastung des Hofs angeordnet oder über den übrigen Nachlaß so verfügt wird, daß eine Berichtigung der Nachlaßverbindlichkeiten gemäß den Vorschriften des § 34 nicht mehr möglich ist.

1. Verbot des Ausschlusses und der Beschränkung der gesetzlichen Anerbenfolge.

a) Verfügungen von Todes wegen: Testament § 1937 BGB., Erbvertrag § 1941 BGB., Schenkung auf den Todesfall § 2301 BGB. Dazu kommt die durch § 13 EHRV. zugelassene Form der Bestimmung des Anerben oder der Anordnung der Verwaltung und Nutznießung durch Erklärung zur Niederschrift vor dem Vorsitzenden des zuständigen AEG. oder vor einem Notar entsprechend den für die gerichtliche oder notarielle Beurkundung eines Rechtsgeschäfts unter Lebenden geltenden Vorschriften. Es brauchen also bei Aufnahme dieser Urkunde weitere Urkundsbeamte oder Zeugen nicht zugezogen zu werden.

b) Verboten ist
α) der Ausschluß und
β) die Beschränkung
der Erbfolge kraft Anerbenrechts als der unmittelbaren Sondernachfolge des Anerben in den gesamten Erbhof. Ein Ausschluß würde in der Überlassung des Erbhofs an einen anderen als an den gesetzlichen oder den im Rahmen des Gesetzes bestimmbaren Anerben zu ersehen sein, vgl. hiezu §§ 20, 21, 25 REG.

Unzulässige Beschränkungen können in der Anordnung von Auflagen, Bedingungen, Vermächtnissen, Schenkungen auf den Todesfall, von Versorgungslasten über die Bestimmungen der §§ 30, 31 REG. hinaus, in der Einsetzung eines Testamentsvollstreckers für den Erbhof, in der Belastung des Erbhofs mit Grunddienstbarkeiten, mit beschränkt-persönlichen Dienstbarkeiten liegen. Eine unzulässige Beschränkung liegt auch in der Beeinträchtigung des erbhoffreien Vermögens so sehr, daß die Berichtigung der Nachlaßverbindlichkeiten gemäß § 34 REG. nicht mehr möglich ist (vgl. Anm. 3).

Hienach unzulässige Anordnungen sind gemäß § 134 BGB. nichtig. Inwieweit die letztwillige Verfügung im übrigen von der Unwirksamkeit betroffen wird, richtet sich nach § 2085 BGB.

Zulässig sind Bestimmungen in Verfügungen von Todes wegen über den Erbhof und das Hofsvermögen und über die Anerbenfolge nur insoweit, als sie nicht den §§ 25, 26, 37, 58 REG., §§ 17 Abs. 1, 18 Abs. 1, 2 und 4, 22 Abs. 1, 2 und 3, 44 Abs. 4, 47 Abs. 2 und 3, 50 Abs. 1 und 2, 51 Abs. 2 und 3, 52 Abs. 3, 53 EHRV. zuwiderlaufen.

c) Das Verbot erstreckt sich gleichmäßig auf die vor und auf die nach dem 1. 10. 1933 getroffenen Verfügungen von Todes wegen. Die Verfügungen aus der Zeit vor dem 1. 10. 1933 sind aber bei der Frage der Aufrechterhaltung durch Umdeutung § 2084 BGB. besonders sorgfältig zu behandeln.

d) Besondere Fälle von Verfügungen von Todes wegen behandeln die §§ 20, 21 EHRV. für den Ehegattenerbhof. Hiefür gilt:

α) abweichend von der sonstigen Regelung der Anerbenbestimmung ganz allgemein die besondere Vorschrift, daß jeder Ehegatte den anderen Ehegatten zum Anerben bestimmen kann, § 20 Abs. 1 EHRV. Haben in Gütergemeinschaft lebende Ehegatten sich in einem gemeinschaftlichen Testament gegenseitig zu Anerben eingesetzt, dann ist hierin im Zweifel auch die Einsetzung zum Anerben für den ihnen gehörenden Erbhof zu erblicken, und zwar auch dann, wenn die Ehegatten das Testament vor dem Inkrafttreten des REG. und ohne Kenntnis von dem Gesetz errichtet haben. KG. EHRspr. EHRV. § 20 Nr. 1.

β) Die Ehegatten können in einem gemeinschaftlichen Testament oder durch Erbvertrag bestimmen, daß der Erbhof nach dem Tode des Erstversterbenden oder des Überlebenden an eine Person als Anerbe fallen soll, die nach dem REG. als Anerbe des einen oder des anderen Ehegatten berufen wäre oder bestimmt werden könnte. § 20 Abs. 2 REHV. Diese Vorschrift enthält insofern eine Abweichung von der sonstigen Regelung, als im allgemeinen, abgesehen von besonderen Fällen, nur von der Person des Erblassers für die Bestimmung des Anerben ausgegangen wird, § 20 REG.

γ) Der überlebende Ehegatte, der Anerbe geworden ist, kann, falls er nicht durch eine gemeinschaftliche Verfügung von Todes wegen gebunden ist, einseitig bestimmen, daß der Hof nach seinem Tode an eine Person fallen soll, die nach dem REG. als Anerbe des einen oder des anderen Ehegatten berufen wäre oder bestimmt werden könnte, § 20 Abs. 3 EHRV.

δ) In den Fällen zu 2 und 3 bleiben regelmäßig die Bestimmungen, nach welchen in gewissen Fällen die Zustimmung des AEG. erforderlich ist, unberührt. Im Falle zu 2 gilt aber die allgemeine Regel, daß dann, wenn die als Anerbe eingesetzte Person von einem der beiden Ehegatten ohne Zustimmung des AEG. bestimmt werden könnte, eine Zustimmung des AEG. auch nicht erforderlich ist für die Bestimmung der Anerben durch die Ehegatten gemeinsam. Vgl. REHG. EHRspr. § 20 EHRV. Nr. 2. Keiner Zustimmung des AEG. bedarf ferner eine Verfügung von Todes wegen, die bei Ehegattenerbhöfen im Miteigentum der Ehegatten (§ 17 EHRV., vgl. § 1 REG. Anm. 1 II 3 a) vor dem 1. 10. 1933 und bei Ehegattenerbhöfen bei geteiltem oder gemischtem Eigentum der Ehegatten (§ 18 EHRV. — siehe § 1 REG. Anm. 1 II 3 a) vor dem 21. 12. 1933 errichtet worden ist, § 20 Abs. 4 EHRV.

ε) Wenn die Ehefrau den wirtschaftlich bedeutenderen Teil des den Erbhof bildenden Besitzes in die Ehe eingebracht hat und eine Bindung durch eine gemeinschaftliche Verfügung von Todes wegen nicht vorliegt, hat die Ehefrau besondere Rechte.

Sie kann, aber nur bei Lebzeiten des Mannes und nur in der Form des öffentlichen Testaments, mit Zustimmung des AEG. auch ohne Mitwirkung des Mannes, bestimmen, entweder

daß sie selbst Anerbin des Mannes sein soll oder

daß der Hof beim Tode des Mannes an eine Person als Anerbe fallen soll, die nach dem REG. als Anerbe des einen oder des anderen Ehegatten bestimmt werden könnte, oder

daß der Hof bei ihrem eigenen Vorversterben an eine solche Person wie vorher bezeichnet, als Anerben fallen soll oder

daß ihr selbst die Verwaltung und Nutznießung am Erbhof zustehen soll und zwar auch über das 25. Lebensjahr des Anerben hinaus oder

daß ihrem Mann diese Verwaltung und Nutznießung zustehen soll.

Über die besonderen Sicherungen des Mannes und das Verfahren in diesen Fällen vgl. Abs. 2—5 des § 21 EHRV.

e) Weitere besondere Fälle letztwilliger gemeinschaftlicher Verfügungen von Todes wegen von Ehegatten behandelt § 50 EHRV.

Bestimmt eine solche Verfügung aus der Zeit vor der Entstehung der Erbhofeigenschaft des Erbhofs Verwandte des erstverstorbenen Ehegatten als Erben des Nachlasses und ist der eine Ehegatte vor dem Zeitpunkt der Entstehung der Erbhofeigenschaft gestorben, dann fällt der Erbhof beim Tode des Überlebenden dem eingesetzten Verwandten als Anerben zu, der nach dem REG. als Anerbe des Erstverstorbenen berufen wäre.

Ist in der letztwilligen Verfügung nur ein solcher Verwandter als Anerbe bestimmt, dann muß er die Voraussetzungen des Gesetzes für die Anerben des Erstverstorbenen erfüllen.

Liegt keine solche letztwillige Verfügung und keine Bestimmung des Anerben durch die Ehegatten gemeinsam vor, dann kann der überlebende Ehegatte den Anerben unter den eingesetzten Verwandten bestimmen.

f) Die Vorerbschaft behandelt § 51 EHRV. Er will insbesondere für den Fall, daß der Erblasser vor Inkrafttreten des Erbhofrechts gestorben ist, das Eingreifen des § 57 Abs. 2 REG. hintanhalten und damit verhindern, daß der Hof nach allgemeinem bürgerlichem Recht sich vererbt, weil der Nacherbe nicht den Vorerben, sondern den Erblasser beerbt und dessen unmittelbarer Gesamtnachfolger ist. § 51 EHRV. nimmt nach Möglichkeit auf den Willen des Erblassers bei Bestimmung des Nacherben Rücksicht. Unter Umständen kann der Vorerbe mit Zustimmung des AEG. unter den eingesetzten Nacherben den Anerben auswählen. Jedenfalls darf der einmal entstandene Erbhof beim Tode des Erblassers nicht auseinanderfallen. Er geht vielmehr ungeteilt auf den Anerben über. Vgl. unten Anm. g und § 17 REG. Anm. 1 d. Siehe auch REHG. 2, 197.

g) § 52 EHRV. entscheidet die Frage, ob eine Besitzung auch dann Erbhof wird, wenn sie dem Eigentümer zum Teil als Volleigentümer, zum Teil als Vorerbe gehört, in bejahendem Sinne. Je nach dem Wert dieser Teile der Besitzung regelt sich die Anerbenfolge nach dem ursprünglichen Erblasser oder nach dem Vorerben.

h) § 53 EHRV. behandelt den Fall, daß die Besitzung von Seite des erstverstorbenen Ehegatten herstammt. Der Hof soll an die Sippe dieses erstverstorbenen Ehegatten wieder zurückfallen können. Aus dieser Sippe soll der überlebende Ehegatte den Anerben bestimmen können. Über die erforderliche Zustimmung des AEG. und den Fall der Errichtung der letztwilligen Verfügung vor dem 1. 10. 1933 siehe Abs. 2 des § 53 EHRV.

i) Über die Möglichkeiten besonderer Verfügungen von Todes wegen bei der fortgesetzten Gütergemeinschaft siehe § 24 EHRV. Vgl. § 1 Anm. 1 II 3 b.

k) Über die Bestimmung des Hofnamens durch Verfügung von Todes wegen vgl. § 27 REG. und § 12 EHRV.

l) Über die letztwillige Verfügung über Verwaltung und Nutznießung vgl. § 26 REG. und § 11 EHRV.

m) Über die Festlegung einer Hofsatzung und ihren Inhalt vgl. § 10 EHRV. und § 25 Anm. 5 c REG.

2. Zubehörstücke, Hofesurkunden, sonstige Urkunden und Erinnerungswerte.

Unzulässig wäre die Verfügung über das Inventar im ganzen. Erlaubt ist nur die Verfügung über „einzelne" Zubehörstücke.

3. Beeinträchtigung der Berichtigung der Nachlaßverbindlichkeiten.

Gleichgültig ist, ob die Beeinträchtigung durch dingliche Belastungen oder durch Hofschulden erfolgt.

Nach dieser Vorschrift sind auch Vermächtnisse zu behandeln, auch wenn sie nicht dinglich gesichert werden sollen. Wenn bei Feststellung der Unwirksamkeit von Bestimmungen in letztwilligen Verfügungen auf Grund des § 24 Abs. 3 REG. anzunehmen ist, daß der Erblasser ohne die unwirksamen Bestimmungen die letztwillige Verfügung überhaupt nicht getroffen hätte, kann unter Umständen in Anwendung des § 2085 BGB. auch auf die Unwirksamkeit der Anerbeneinsetzung an sich gefolgert werden. REHG. EHRspr. § 37 c Nr. 79.

Vgl. auch § 34 REG.

§ 25

Bestimmung des Anerben durch den Erblasser

(1) Innerhalb der ersten Ordnung kann der Erblasser den Anerben bestimmen,

1. wenn in der Gegend bei Inkrafttreten dieses Gesetzes Anerbenrecht nicht Brauch gewesen ist;
2. wenn in der Gegend bei Inkrafttreten dieses Gesetzes freie Bestimmung durch den Bauern üblich gewesen ist;
3. in anderen Fällen mit Zustimmung des Anerbengerichts, wenn ein wichtiger Grund vorliegt.

Darüber, ob die Voraussetzungen der Nr. 1, 2 gegeben sind, entscheidet in Zweifelsfällen das Anerbengericht.

(2) Sind eheliche Söhne oder Sohnessöhne nicht vorhanden, so kann der Erblasser mit Zustimmung des Anerbengerichts bestimmen, daß ein unehelicher Sohn, dessen Vater er ist, Anerbe wird. Vor der Entscheidung hat das Anerbengericht den Landesbauernführer zu hören.

(3) Mit Zustimmung des Anerbengerichts kann der Erblasser bestimmen, daß eine Person der vierten

Ordnung vor Personen der ersten, zweiten oder dritten Ordnung Anerbe wird. Das Anerbengericht soll die Zustimmung erteilen, wenn ein wichtiger Grund vorliegt.

(4) Innerhalb der zweiten und der folgenden Ordnungen kann der Erblasser den Anerben bestimmen. Er kann dabei auch mit Zustimmung des Anerbengerichts eine oder mehrere Ordnungen überspringen.

(5) Sind Personen der im § 20 bezeichneten Ordnungen nicht vorhanden, so kann der Erblasser den Anerben bestimmen. Ist der vom Erblasser bestimmte Anerbe nicht bauernfähig oder trifft der Bauer keine Bestimmung, so bestimmt der Reichsbauernführer den Anerben. Bauernfähige Verwandte oder Verschwägerte des Erblassers sollen hierbei bevorzugt berücksichtigt werden.

1. Bestimmungsbefugnis des Erblassers innerhalb der ersten Ordnung.

a) Jeder Angehörige der 1. Ordnung (§ 20 Z. 1 REG.), also auch der Sohn und Sohnessohn des zunächst berufenen Anerben, gleichviel aus welcher Ehe des Erblassers der Angehörige der ersten Ordnung stammt, kann zum Anerben bestimmt werden. Vgl. § 9 Abs. 1 EHRV. REHG. EHRspr. § 37 c Nr. 92, REHG. 2, 381. Erfolgt die Bestimmung unter Überspringen eines zunächst berufenen Sohnes des Erblassers, dann bedarf sie eines wichtigen Grundes und der Zustimmung des AEG.

Im übrigen ist die Bestimmung frei, soweit am 1. 10. 1933 Anerbensitte nicht bestand oder doch die freie Bestimmung durch den Bauern üblich war. Die freie Bestimmung des Anerben war üblich, wenn in einer Gegend, in der der bäuerliche Grundbesitz überwiegend ungeteilt vererbt wurde, sich eine von den Hofbesitzern als zwingend empfundene Gepflogenheit, den Hof an einen bestimmten Nachfolger zu vergeben, nicht gebildet hat, vielmehr die Überzeugung vorherrschte, daß der Bauer den Anerben nach seinem Belieben wählen konnte,

REHG. 2, 30. Anerbensitte oder Anerbenbrauch ist die tatsächlich und überwiegend im Bewußtsein einer Bindung an die Übung gebrauchte Gewohnheit der bäuerlichen Bevölkerung, den Besitz ungeteilt zu übertragen oder zu vererben. (Hierüber und über Ältesten- und Jüngstenrecht vgl. § 21 Anm. 3 a, b und c). Wenn aber Anerbensitte am 1. 10. 1933 galt, kann der Bauer einen anderen als den nach dem Gesetz zunächst Berufenen als Anerben nur benennen, wenn: α) ein wichtiger Grund vorliegt und β) das AEG. zustimmt, § 9 EHRV. (Überspringen eines Anerbenberechtigten innerhalb der Ordnung).

Über die Form der Bestimmung des Anerben siehe § 24 REG. Anm. 1 a.

Die als Anerbe eingesetzte Person muß genau bestimmt sein. Sie ist als Anerbe Gesamtnachfolger des Erblassers. Der übergangene Anerbe hat keinen Pflichtteilsanspruch gegen den eingesetzten Anerben (vgl. hierüber § 35 REG. Anm. 1 a).

b) Über das Verfahren bei der Zustimmung des AEG. im Falle des § 25 Abs. 1 Z. 3 REG. vgl. §§ 11 ff. EHVfO. Beschwerderecht §§ 48, 49 REG., § 24 EHRfO. Unter den Übergangenen hat nur der nächstberechtigte Anerbe und derjenige, der zulässigerweise durch Erbvertrag zum Anerben eingesetzt ist, und zwar auch wenn die etwa zur Einsetzung erforderliche Zustimmung des AEG. noch nicht erteilt ist, ein Beschwerderecht, § 61 EHVfO. (vgl. auch REHG. EHRspr. § 25 Abs. 2 Nr. 2). Über den Geschäftswert: § 100 Abs. 2 Z. 1, § 24 KostO; über die Gebühren: § 103 Abs. 1 Z. 2 EHVfO.

c) Die Entscheidung des AEG. in Zweifelsfällen über die Voraussetzungen des § 25 Abs. 1 Z. 1 und 2 REG. erfolgt nur für den betreffenden Erbfall, nicht von Amts wegen und nicht allgemein für eine Gegend. Der Kreisbauernführer ist nicht antragsberechtigt, der Landesbauernführer nur dann, wenn die Entscheidung in Verbindung mit einem von ihm beantragten Verfahren nach § 15 REG. zu treffen ist (REHG. EHRspr. § 25 Abs. 1 Nr. 11).

Über das Verfahren: §§ 11 ff., über den Geschäftswert: § 100 Abs. 1 EHVfO., § 24 KostO., über die Gebühren: § 103 Abs. 1 Z. 4 EHVfO.

2. Die Bestimmung des unehelichen Sohnes als Anerbe.

Das Gesetz spricht nur vom unehelichen Sohn des männlichen Erblassers. Voraussetzung für die Bestimmung des unehelichen Sohnes als Anerbe durch den Vater ist:

a) das Fehlen von ehelichen Anerben der ersten Ordnung,

b) daß der Erblasser der natürliche Vater des Unehelichen ist — nicht gehört hieher die uneheliche Tochter des Vaters oder der uneheliche Sohn eines Sohnes des Erblassers, auch nicht das uneheliche Kind der Ehefrau des Erblassers —,

c) daß das AEG. nach vorherigem Gehör des Landesbauernführers zustimmt (vgl. REHG. 1, 243; HRR. 1937 Nr. 183). Durch seine Bestimmung wird der uneheliche Sohn den Anerben der sämtlichen übrigen Ordnungen (2—6) vorgezogen.

Für das Verfahren vor dem AEG. gilt das oben zu Anm. 1b Gesagte.

Vgl. im übrigen Anm. 5c zu § 21 REG.

Das uneheliche Kind der Bäuerin hat grundsätzlich dieser gegenüber eine andere Rechtsstellung als das uneheliche Kind gegenüber dem natürlichen Vater. Der Mutter gegenüber hat das uneheliche Kind die Stellung eines ehelichen Kindes, § 1705 BGB. Es könnte daher von der Mutter als Erbhofbäuerin gleich dem ehelichen Kinde zum Anerben bestimmt werden, wenn § 21 Abs. 5 S. 2 Halbs. 2 REG. nicht wäre. Danach gehen uneheliche Kinder der Mutter den ehelichen Kindern „schlechthin" nach. Steht das uneheliche Kind also in Konkurrenz mit einem ehelichen Kinde, dann bedarf seine Bestimmung zum Anerben in sinngemäßer Anwendung des § 25 Abs. 2 REG. der Zustimmung des AEG. Vgl. KG. DNotZ. 1937 S. 147, EHRspr. § 25 Abs. 4 Nr. 7.

3. Die Bestimmung der Tochter und ihres Sohnes und Sohnessohnes als Anerbe.

a) Die Tochter des Erblassers und ihre Söhne oder Sohnessöhne erhalten hier die Möglichkeit, den Zugehörigen der ersten Ordnung vorgezogen zu werden. Vgl. auch REHG. 2, 381. Der Erblasser kann jede beliebige seiner Töchter oder jeden beliebigen der Söhne und Sohnessöhne der Töchter zum Anerben bestimmen. Für die Bestimmung des Sohnes oder Sohnessohnes der Tochter greift auch § 9 Abs. 2 EHRV. ein. Die Voraussetzung der Bestimmung ist *a*) das

Vorliegen eines wichtigen Grundes, β) die Zustimmung des AEG.

Für das Zustimmungsverfahren gilt das oben zu Anm. 1 b Gesagte.

b) Für die Übergangszeit bestimmt § 21 Abs. 7 REG. in Verbindung mit § 48 EHRV. eine Besserstellung der Tochter des Erblassers und ihres Sohnes und Sohnessohnes, vgl. Anm. 7 zu § 21 REG.

Eine weitere Besserstellung der Tochter auch für die Zeit nach der Übergangszeit bestimmt § 25 Abs. 5 REG., siehe unten Anm. 5.

c) Die Bestimmung des Satzes 2 des Abs. 3 ist dahin zu verstehen, daß das AEG. die Zustimmung nur erteilen soll, wenn ein wichtiger Grund vorliegt, REHG. 2, 287.

4. Bestimmung des Anerben innerhalb der 2. und der folgenden Ordnungen.

a) Die Bestimmung ist völlig frei und bedarf keiner Genehmigung des AEG., wenn sie ohne Überspringung von Ordnungen, also nur innerhalb der Ordnung und hier ohne Überspringung einer Generation erfolgt. Der Bauer kann mithin, wenn kein Sohn und keine Söhne und Sohnessöhne eines verstorbenen Sohnes da sind, innerhalb der 2.—6. Ordnung, solange er innerhalb der Ordnung bleibt und keine Generation überspringt, nach völlig freiem Gutdünken, wenn er eine oder mehrere Ordnungen oder eine Generation überspringt, mit Zustimmung des AEG., den Anerben bestimmen.

Wenn dabei ein zur 6. Ordnung des § 20 REG. gehörender Abkömmling des Erblassers zugunsten eines Nachkommen dieses Abkömmlings übersprungen werden soll, greift § 9 Abs. 3 EHRV. ein.

b) Für die Zustimmung des AEG. im Falle des § 9 Abs. 3 EHRV. ist das Vorliegen eines wichtigen Grundes Voraussetzung. Sonst kann nur im Falle des Abs. 4 des § 25 REG. die Zustimmung auch ohne Vorliegen eines wichtigen Grundes erteilt werden.

c) Für das Zustimmungsverfahren gilt das oben zu Anm. 1 b Gesagte.

5. Freie Bestimmung des Anerben beim Fehlen gesetzlicher Anerben. Bestimmung des Anerben durch den Reichsbauernführer.

a) Maßgebend ist der Zeitpunkt des Erbfalls. Voraussetzung ist das Fehlen einer zu dem Kreis der im § 20 REG. aufgeführten Verwandten des Erblassers gehörenden Person. Bestimmbar ist jeder beliebige Familienfremde, der die Voraussetzungen der Bauernfähigkeit erfüllt, auch der entfernte Verwandte des Ehegatten des Erblassers und die Mutter des Erblassers. Die Zustimmung des AEG. ist nicht vorgeschrieben. Notfalls bestimmt der Reichsbauernführer den Anerben. Über das Verfahren vgl. § 16 EHRV., über die Gebührenfreiheit dieses Verfahrens: § 16 Abs. 3 EHRV. Dieses Verfahren über die Feststellung, daß kein Anerbe vorhanden ist, gem. § 16 EHRV. soll dem Reichsbauernführer Unterlagen für seine Amtshandlung verschaffen. Es ist dem Nachlaßgericht zur Pflicht gemacht, von Amts wegen den Sachverhalt aufzuklären und bei gegebenen Voraussetzungen durch Beschluß festzustellen, daß kein Anerbe vorhanden ist. Die Feststellung begründet dann die Vermutung, daß ein Anerbe nicht vorhanden ist. Gegen den Beschluß, der von Amts wegen dem Reichsbauernführer und dem, der seine Anerbenschaft geltend macht, zuzustellen ist, hat dieser Interessent die Rechtsmittel im Nachlaßverfahren; bei Ablehnung des Feststellungsantrags des Kreisbauernführers hat dieser das Recht der sofortigen Beschwerde und der Landesbauernführer der sofortigen weiteren Beschwerde an das ordentliche Instanzgericht.

b) Wenn gesetzliche Anerben nicht vorhanden sind, ist auf Grund des § 25 Abs. 5 REG. auch die Bestimmung des Ehegatten zum Anerben möglich, ohne daß ein Ehegattenerbhof vorzuliegen braucht.

Beim Ehegattenerbhof kann jeder Ehegatte den anderen zum Anerben schon gemäß § 20 Abs. 1 EHRV. bestimmen.

c) Bei der Festlegung einer Hoffatzung können Anerbenberechtigte der 4. bis 6. Ordnung hinter männlichen Verwandten, die nicht zu den Anerbenberechtigten im Sinne des § 20 REH. gehören, zurückgesetzt oder ganz ausgeschlossen werden. Vgl. hierüber § 10 EHRV. Es kann durch die Hoffatzung mithin die rein agnatische Erbfolge festgelegt werden, so daß auch Brüder des Vaters des Erblassers und deren Söhne und Sohnessöhne den Töchtern vorgehen.

d) Über die Bestimmung eines Anerben ohne Zutun des Erblassers vgl. insbesondere § 15 Abs. 3 REG., §§ 16, 50 Abs. 3, 51 Abs. 4 EHRV., §§ 97, 95ff. EHVfO.

e) Auch die Bestimmung eines oder mehrerer Ersatzerben nach §§ 2096ff. BGB. ist im Bereich des REG. zulässig. Für die Ersatzberufung gelten die gleichen Vorschriften wie für die Bestimmung eines Anerben, vgl. HRR. 1937 Nr. 184, REHG. EHRspr. § 47 EHRV. Nr. 1.

§ 26

Verwaltung und Nutznießung für Vater oder Mutter des Anerben

Der Erblasser kann anordnen, daß dem Vater oder der Mutter des Anerben über die Volljährigkeit, jedoch nicht über das fünfundzwanzigste Lebensjahr des Anerben hinaus, die Verwaltung und Nutznießung des Hofs zustehen soll.

1. Schutz des Anerben.

a) Die Bestimmung des § 26 REG., die in erster Linie dem Schutz des Anerben dienen soll, ist durch §§ 11 und 13 EHRV. im Zusammenhang mit § 28 REG. erweitert worden. Es kann nicht nur dem Vater oder der Mutter des Anerben, sondern auch dem Ehegatten des Erblassers, der nicht gleichzeitig Vater oder Mutter des Anerben ist, die Verwaltung und Nutznießung übertragen werden. Die Bestimmung der Verwaltung und Nutznießung kann nicht nur durch Testament oder Erbvertrag, sondern auch in der besonderen Form des § 13 EHRV. erfolgen. Wird der Ehegatte des Erblassers als Verwalter und Nutznießer bestimmt, dann kann er für den Fall, daß der Anerbe nicht zur ersten oder vierten Ordnung gehört, die Verwaltung und Nutznießung auch über die Vollendung des 25. Lebensjahres des Anerben hinaus erhalten. In diesem Falle kann aber Aufhebung durch das AEG. auf Antrag des Landesbauernführers erfolgen, wenn der Anerbe das 30. Lebensjahr vollendet hat. Gehört der Anerbe zur ersten oder vierten Anerbenordnung oder ist der vom Erblasser bestimmte Verwalter und Nutznießer nicht der Ehegatte des Erblassers, dann kann die Verwaltung und Nutznießung nicht über das 25. Lebensjahr hinaus bestimmt werden.

Der Inhalt des Rechts auf Verwaltung und Nutznießung des Hofs, das nach dem Tode des Erblassers kraft Gesetzes ohne besondere Bestellung durch Dritte oder durch eine Behörde entsteht, bestimmt sich sinngemäß nach den Regeln des BGB. über den Nießbrauch vgl. §§ 1030ff. Eine Eintragung im Grundbuch ist jedoch nicht erforderlich. Soweit das AEG. tätig wird, richtet sich das Verfahren nach §§ 11ff. EHVfO. Geschäftswert: § 100 Abs. 2 Z. 2; Gebühren: § 103 Abs. 1 Z. 2 EHVfO.

Für Streitigkeiten zwischen dem Anerben und dem Nutzverwalter nach § 26 REG. § 11 EHRV. (der von dem Nutzverwalter der §§ 86ff. EHVfO. zu unterscheiden ist), sind die ordentlichen Gerichte zuständig.

b) Die Verwaltung und Nutznießung nach § 26 REG., § 11 EHRV. ist zu unterscheiden von der Verwaltung und Nutznießung

α) der Ehefrau des Erblassers im Falle des § 21 Abs. 1 und 4 EHRV., wenn beim Ehegattenerbhof die Frau den wirtschaftlich bedeutenderen Teil des den Erbhof bildenden Besitzes in die Ehe eingebracht hat,

β) der Ehefrau des Erblassers im Falle des § 22 Abs. 3 EHRV. bei der gesetzlichen Anerbenfolge beim Ehegattenerbhof,

γ) des überlebenden Ehegatten im Falle eines Erbhofs der fortgesetzten Gütergemeinschaft, § 24 Abs. 6 EHRV.,

δ) des Eigentümers im Falle der Nacherbfolge gemäß § 52 Abs. 4 EHRV.,

ε) des Ehegatten des Bauern im Falle der kleinen Abmeierung gem. § 15 Abs. 2 REG. in Verbindung mit §§ 73 Abs. 2 Z. 2, 85—98 EHVfO.,

ζ) des sonstigen bestellten Nutzverwalters im Falle der kleinen Abmeierung gem. § 15 Abs. 2 REG. in Verbindung mit § 73 Abs. 2 Z. 2 und §§ 85—98, insbes. 86 Abs. 2 EHVfO.

§ 27

Führung des Hofnamens

Der Erblasser kann bestimmen, daß der Anerbe als Zusatz zu seinem Namen den Hofnamen führt.

1. Der Hofname.

Vgl. hiezu im einzelnen § 12 EHRV.

Die Bestimmung geschieht durch Testament (auch ein selbstgeschriebenes genügt!) oder Erbvertrag, § 28 REG., nicht aber in der besonderen Form des § 13 EHRV.

Die Namensänderung tritt mit dem Anfall des Erbhofs ohne weiteres ein. Sie erstreckt sich nicht auf den Ehegatten und die Kinder des Anerben. Die Erstreckung ist aber auf dem üblichen sonst für Namensänderungen vorgeschriebenen Wege möglich.

Die Führung des Namenszusatzes kann der Anerbe durch Erklärung gegenüber dem AEG. ablehnen. Das AEG. entscheidet über das Vorliegen eines wichtigen Grundes für die Ablehnung. Im übrigen ist das Nachlaßgericht zuständig.

Über das Verfahren vor dem AEG. und dem Nachlaßgericht vgl. § 12 Abs. 2 S. 3 und 4, Abs. 3 und 4 EHRV.; über die Gebührenfreiheit: § 12 Abs. 5 EHRV.

§ 28

Form der Anordnung des Erblassers

Der Erblasser kann die in §§ 25 bis 27 vorgesehenen Anordnungen nur durch Testament oder Erbvertrag treffen.

1. Formvorschrift für die Verfügungen des Erblassers von Todes wegen.

Die Vorschrift des § 28 REG. wird ergänzt durch § 13 EHRV. Danach kann der Erblasser die Erklärung, durch die er für den Erbhof einen Anerben bestimmt oder die nach seinem Tode eintretende Verwaltung und Nutznießung am Erbhof anordnet, durch Testament oder Erbvertrag oder auch mündlich zur Niederschrift vor dem Anerbengerichtsvorsitzenden oder vor einem Notar abgeben. Im übrigen gilt für die in den §§ 25 bis 27 REG. vorgesehenen Anordnungen, daß sie nur durch Testament (und zwar öffentliches oder privates Testament) oder Erbvertrag, §§ 2064, 2229 ff., 2274 ff. BGB., getroffen werden können. Für die Verfügungen der Ehefrau in dem besonderen Falle des § 21 EHRV. ist nur die Form des öffentlichen Testaments unter Einhaltung der Nebenbestimmungen des Abs. 2 dieses Paragraphen zulässig.

Die Fähigkeit zur Errichtung eines Testaments oder Erbvertrags bestimmt sich nach dem BGB. Die Bauernfähigkeit ist hiezu nicht erforderlich. Auch die kleine Abmeierung beseitigt sie nicht. Dagegen nimmt die große Abmeierung das Recht zur letztwilligen Verfügung über den Erbhof, da dieser nicht mehr zum Nachlaß des Abgemeierten gehört.

§ 29

Ausschlagung

(1) Der Anerbe kann den Anfall des Erbhofs ausschlagen, ohne die Erbschaft in das übrige Vermögen auszuschlagen. Auf diese Ausschlagung finden die Vorschriften des Bürgerlichen Gesetzbuchs über die Ausschlagung der Erbschaft entsprechende Anwendung.

(2) Die Ausschlagung ist gegenüber dem Anerbengerichte zu erklären. Die Frist für die Ausschlagung beginnt mit dem Zeitpunkt, in welchem der Anerbe von seiner Berufung zum Anerben Kenntnis erlangt, wenn jedoch die Berufung auf einer Verfügung von Todes wegen beruht, nicht vor der Verkündung der Verfügung.

(3) Ist der zum Anerben Berufene nicht deutscher Staatsangehöriger, so tritt sein Ausscheiden als Anerbe (§ 21 Abs. 1, § 12) zunächst nicht ein; es gilt aber als Ausschlagung des Anfalls des Erbhofs, wenn er nicht die Verleihung der deutschen Staats-

angehörigkeit innerhalb der im Abs. 2 bezeichneten Frist nachgesucht hat, oder wenn sein Gesuch abgelehnt wird.

1. **Sonderausschlagung des Erbhofs.**

a) Die Ausschlagung kann nur nach dem Erbfall erfolgen. Sie kann bei Meidung der Unwirksamkeit nicht unter einer Bedingung oder einem Vorbehalt geschehen. Vgl. HRR. 1937 Nr. 116.

Ausschlagung ist möglich:

α) bezüglich des Erbhofs allein,

β) bezüglich des übrigen Nachlasses (erbhoffreier Nachlaß) allein,

γ) bezüglich des gesamten Nachlasses,

solange nicht die Annahme erfolgt ist, § 1943 BGB.

Die Ausschlagung bewirkt:

α) daß der Anfall an den Ausschlagenden als nicht erfolgt gilt,

β) daß die Erbschaft, soweit ausgeschlagen, dem Nächstberufenen mit Wirkung im Zeitpunkt des Erbfalls anfällt, § 1953 BGB.

b) Das Ausscheiden des Anerben vor Eintritt des Erbfalls bedarf der Form des gerichtlichen oder notariellen Vertrages mit dem Erblasser gemäß §§ 2346, 2348 BGB., durch den der Anerbenberechtigte auf sein Anerbenrecht verzichtet; eine einseitige Verzichtserklärung ist unwirksam (REHG. EHRspr. § 29 Nr. 2, REHG. 2, 232, HRR. 1937 Nr. 116). Ein formlos vor dem Erbfall erklärter Verzicht auf das Anerbenrecht kann aber einen wichtigen Grund für eine Abweichung von der gesetzlichen Anerbenfolge bilden. Gemäß § 2349 BGB. erstreckt sich die Wirkung des formellen Verzichts auch auf die Abkömmlinge des Verzichtenden, sofern nicht ein anderes bestimmt wird.

2. **Die Erklärung der Ausschlagung des gesamten Nachlasses oder des erbhoffreien Nachlasses allein** ist gegenüber dem Nachlaßgericht (Amtsgericht, in dessen Bezirk der Erblasser zur Zeit des Erbfalls seinen Wohnsitz hatte, § 73 FGG.) in öffentlich beglaubigter Form abzugeben, § 1945 BGB. Zuständig für die Beglaubigung sind die Amtsgerichte und die Notare (BGB. § 129, FGG. §§ 167, 183). Die Erklärung vor

dem Amtsgericht selbst (im Gegensatz zur Geschäftsstelle) und die Beurkundung durch das Amtsgericht (nicht durch die Geschäftsstelle) ersetzen die Form der öffentlichen Beglaubigung, § 129 Abs. 2 BGB., vgl. auch REHG. 2, 209. Die Erklärung gegenüber dem ersuchten Gericht reicht aus.

Die Erklärung der Ausschlagung des Erbhofs allein ist gegenüber dem AEG. des Bezirks der Hofstelle (§ 42 REG.) abzugeben. Ausschlagungsfrist 6 Wochen, ausnahmsweise 6 Monate (§ 1944 BGB.) von dem Zeitpunkt an, in dem der Anerbe Kenntnis von der Berufung erlangt hat, jedoch bei einer Verfügung von Todes wegen nicht vor der Verkündung der Verfügung. Die Ausschlagungserklärung wird in dem Augenblick wirksam, in dem sie dem AEG. zugeht, § 130 Abs. 1 u. 3 BGB.

3. Der Ausländer als Anerbe.

Vgl. § 5 EHRV., § 12 REG. und die Anmerkungen dazu und §§ 17, 18, 24 EHRV.

Bis zur Entscheidung über das Einbürgerungsgesuch oder den Befreiungsantrag (§ 5 EHRV.) bleibt der Anfall des Erbhofs ein vorläufiger, auflösend bedingter.

§ 30

Versorgung der Abkömmlinge des Erblassers. Heimatzuflucht.

(1) Die Abkömmlinge des Erblassers werden, soweit sie Miterben oder pflichtteilsberechtigt sind, bis zu ihrer Volljährigkeit auf dem Hofe angemessen unterhalten und erzogen.

(2) Sie sollen auch für einen dem Stande des Hofs entsprechenden Beruf ausgebildet und bei ihrer Verselbständigung, weibliche Abkömmlinge auch bei ihrer Verheiratung, ausgestattet werden, soweit die Mittel des Hofs dies gestatten; die Ausstattung kann insbesondere auch in der Gewährung von Mitteln für die Beschaffung einer Siedlerstelle bestehen.

(3) Geraten sie unverschuldet in Not, so können sie auch noch später gegen Leistung angemessener Arbeitshilfe auf dem Hofe Zuflucht suchen (Heimatzuflucht). Dieses Recht steht auch den Eltern des Erblassers zu, wenn sie Miterben oder pflichtteilsberechtigt sind.

1. Unterhalt und Erziehung der miterbenden und pflichtteilsberechtigten Abkömmlinge des Erblassers.

a) Nur die bezüglich des erbhoffreien Vermögens gesetzlichen (also nicht die nur letztwillig eingesetzten) und im Einzelfalle tatsächlichen Miterben unter den Abkömmlingen und die pflichtteilsberechtigten Abkömmlinge sind gemeint. Es fallen also beispielsweise nicht darunter die Erbberechtigten, die ausschlagen (§§ 1942 ff. BGB., § 29 REG.), verzichtet haben (§§ 2346 ff. BGB., § 29 REG.) oder wegen Erbunwürdigkeit (§§ 2339 ff. BGB.) wegfallen.

Pflichtteilsberechtigt sind die Abkömmlinge, die Eltern und der Ehegatte des Erblassers, § 2303 BGB. Die Eltern und der Ehegatte entfallen aber für § 30 REG. Uneheliche Kinder sind, wenn der Vater Erbhofeigentümer ist, nicht, wohl aber, wenn der Mutter der Erbhof gehört, erb- und pflichtteilsberechtigt. Die legitimierten, die für ehelich erklärten und die adoptierten Kinder sind erb- und pflichtteilsberechtigt, §§ 1719, 1736, 1757 BGB. Vgl. § 21 REG. Anm. 5 und 6; § 31 Anm. 1a.

b) Die Volljährigkeit tritt mit der Vollendung des 21. Lebensjahres ein, § 2 BGB. Über Volljährigkeitserklärung bei Vollendung des 18. Lebensjahres: § 3 BGB. Darüber hinaus hat der körperlich oder geistig Gebrechliche, der sich nicht selbst unterhalten kann, Anspruch auf Unterhalt auf dem Hofe (vgl. Abs. 3 des § 30 REG.).

c) Gemeint ist die allgemeine Erziehung in Schule und Haus. Über Berufserziehung siehe Abs. 2.

Unterhalt ist regelmäßig durch Naturalleistung zu gewähren. Die Berechtigten haben grundsätzlich das gleiche Versorgungsrecht. Bedürftigkeit wird nicht vorausgesetzt, wohl aber wird die eigene sonstige wirtschaftliche Lage des Miterben und des Pflichtteilsberechtigten bei der Frage der Angemessenheit des zu gewährenden Unterhalts Berücksichtigung finden müssen. Über die Verteilung der Verbindlichkeiten bei mehreren Höfen siehe § 36 REG. Die Verpflichtung des Berechtigten zur Leistung angemessener Arbeitshilfe ergibt sich aus dem Erziehungs- und Ausbildungszweck.

d) Das Recht auf Unterhalt und Erziehung kann nicht abgetreten und nicht verpfändet werden, § 399 BGB., §§ 851, 850 g² ZPO. Es hat keinen binglichen Charakter, es kann auch nicht als Dienstbarkeit oder Reallast in das Grundbuch eingetragen werden (REHG. 1, 93). Die Ansprüche des Berechtigten können auch vertraglich geregelt werden. Genehmigung des AEG. ist hiezu nicht erforderlich (REHG. 1, 176). Auch durch Verfügung von Todes wegen kann der Erblasser im Rahmen des § 24 REG. die Versorgungsansprüche des überlebenden Ehegatten und der Abkömmlinge innerhalb der in den §§ 30 und 31 REG. bestimmten Grenzen im einzelnen regeln, REHG. EHRspr. § 25 Abs. 4 Nr. 9. Bei der Veräußerung des Erbhofs an einen Sippenfremden mit Genehmigung des AEG. hat der Käufer keinerlei Verpflichtungen gegenüber dem Versorgungsberechtigten, es sei denn, daß er sie besonders übernommen hat.

e) Über Streitigkeiten entscheidet das AEG., § 32 REG., soweit nicht Sippenfremde am Streit beteiligt sind. Im letzteren Falle sind die ordentlichen Gerichte zuständig. Vgl. auch § 36 EHRV. wegen Streitigkeiten über vertragliche Versorgungsansprüche. Über das Verfahren vor den Anerbenbehörden vgl. §§ 11 ff., insbesondere 15 EHVfO., über den Geschäftswert § 101 Z. 3c, über Gebühren § 105 Abs. 1, über die Kostenverteilung § 107 EHVfO.

2. Berufsausbildung und Ausstattung.

a) Die Mittel des Erbhofs sind seine flüssigen Erträgnisse. Innerhalb der Grenzen derselben bemißt sich der Anspruch des Berechtigten; die Weiterbewirtschaftung des Hofes darf nicht gefährdet werden. An sich ist dem Abkömmling des Bauern kein Beruf verschlossen. Die Berufswahl während der Minderjährigkeit treffen die Eltern bzw. der Vormund. Der Anspruch des Berechtigten kann auch über das 21. Lebensjahr hinausgehen. Über Ausstattung siehe § 1624 BGB. Inhaltlich geht der Ausstattungsanspruch über den bürgerlich-rechtlichen Ausstattungsanspruch hinaus, bei seiner Bemessung ist das erbhoffreie Vermögen des Bauern außer Betracht zu lassen. Vgl. RFHG. EHRspr. § 37 c REG. Nr. 103. Das Recht auf die Ausstattung hängt nicht davon ab, ob der Berechtigte in gesicherter Lebensstellung ist oder nicht, REHG. 2, 245. Dazu kommt für die weiblichen Abkömmlinge der besondere Ausstattungsanspruch bei ihrer Verheiratung. Eine Verzinsung der Ausstattungsbeträge kann nicht vorgesehen werden (REHG. EHRspr. § 30 Nr. 11, REHG. 2, 245). Die Abgabe von Land zum Zwecke der Ausstattung ist zu vermeiden und darf nur in Ausnahmefällen erfolgen bei Vorliegen eines wichtigen Grundes (REHG. EHRspr. § 37a Nr. 83, REHG. 1, 203). Sie ist nur insoweit zulässig, als nicht dadurch der Erbhof auf die unterste Ackernahrungsgrenze verkleinert und so außerstande gesetzt würde, die sonst mögliche Ausstattung mit Geldmitteln zu bewirken (REHG. EHRspr. § 30 Nr. 5 und 7). Die Ausstattung soll grundsätzlich aus dem Ertrag des Hofes erfolgen. Sie bildet in der Regel auch keinen wichtigen Grund für die dingliche Belastung des Erbhofs (REHG. 1, 185, 200). Der Aussteueranspruch gemäß § 1620 BGB. richtet sich gegen den Vater.

b) Siedlerstelle: Vgl. Gesetz über Neubildung deutschen Bauerntums vom 14. 7. 1933, RGBl. I 517 und Gesetz zur Ergänzung des Reichssiedlungsgesetzes vom 4. 1. 1935, RGBl. I 1.

c) Über Rechtsnatur, Abtretung, Pfändung vgl. oben Anm. **1d**, über Streitigkeiten Anm. **1e**.

3. Heimatzuflucht.

a) Berechtigt sind die miterbenden und die pflichtteilsberechtigten Abkömmlinge, wie unter Anm. **1a** umschrieben, und dazu die Eltern des Erblassers, wenn sie Miterben oder pflichtteilsberechtigt sind. Nicht berechtigt sind die Geschwister des Erblassers und deren Nachkommen. Das Recht besteht nur für die Erbfälle, die sich nach dem Zeitpunkt der Erlangung der Erbhofeigenschaft ereignet haben. Das Alter der Berechtigten spielt keine Rolle. Das Recht ist unverzichtbar (REHG. EHRspr. § 30 Nr. 12), es endet mit dem Tode des Berechtigten.

b) Voraussetzung für das Recht ist Not des Berechtigten,

in die er unverschuldet geraten ist. Not ist nicht vorhanden, wenn der Berechtigte zum Unterhalt aus eigenen Kräften imstande ist oder wenn er Ansprüche gegen unterhaltspflichtige Verwandte oder gegen den Ehegatten (§§ 1601 ff., 1360, 1578 BGB.) geltend machen kann. Unverschuldet ist die Not, wenn sie nicht auf sittlich verwerfbares Verhalten des Berechtigten zurückzuführen ist.

c) Umfang des Rechts: Anspruch auf Unterkunft und Unterhalt auf dem Hof entsprechend den Kräften desselben, Sitte und Brauch, nicht auf eine Geldrente, je nach Lage des Falles auch für die Familienangehörigen (Ehegatten und Kinder) des Berechtigten. Eine Geldrente kommt nur in Frage, wenn der Verpflichtete dem Berechtigten den Aufenthalt auf dem Hof unmöglich macht. Die Gegenleistung der Arbeitshilfe ist angemessen, wenn sie der Leistungsfähigkeit des Berechtigten und den Hofverhältnissen entspricht.

d) Über Rechtsnatur, Abtretung, Verpfändung vgl. oben Anm. **1d**. Auf das Heimatzufluchtsrecht kann nicht im voraus verzichtet werden, REHG. 2, 19. Es ist auch nicht abdingbar, HRR. 1936 Nr. 750; über Streitigkeiten und Verfahren: Anm. **1e**.

§ 31

Altenteil der Ehegatten

Der überlebende Ehegatte des Erblassers kann, wenn er Miterbe oder pflichtteilsberechtigt ist und er auf alle ihm gegen den Nachlaß zustehenden Ansprüche verzichtet, von dem Anerben lebenslänglich den in solchen Verhältnissen üblichen Unterhalt auf dem Hofe verlangen, soweit er sich nicht aus eigenem Vermögen unterhalten kann.

1. Voraussetzungen und Inhalt.

a) Voraussetzungen:

α) eine gültige Ehe mit dem Erblasser im Zeitpunkt des Erbfalls (Gegensatz: die geschiedene, für nichtig erklärte, oder durch Eheschließung einer neuen Ehe nach Todeserklärung aufgelöste Ehe, §§ 1329, 1343, 1348 BGB.);

β) der Überlebende muß gesetzlicher Miterbe oder pflichtteilsberechtigt sein, vgl. § 30 REG. Anm. 1a (über Verlust des Erbrechts siehe auch § 1933 BGB.);

γ) Bedürftigkeit;

δ) Verzicht auf alle Ansprüche gegen den Nachlaß; gemeint ist nur der erbhoffreie Nachlaß des Erblassers. Dazu gehören nicht Forderungen aus Lebensversicherungsverträgen, die dem Ehegatten unmittelbar zustehen;

ε) Entstehung des Altenteilsrechtes nach dem 30. 9. 1933 (auf die vor dem 1. 10. 1933 entstandenen Altenteilsrechte findet BGB. und Landesrecht Anwendung).

b) Inhalt: Der Berechtigte hat Anspruch auf lebenslänglichen, in solchen Verhältnissen üblichen Unterhalt auf dem Hof und zwar durch Leistung in Naturalien (für Essen, Wohnung, Heizung, Beleuchtung), die sich in den Grenzen des Bedarfs des Berechtigten für die eigene Person zu halten haben (REHG. 2, 245), und durch Gewährung eines Geldzuschusses zur Befriedigung der notwendigen und gewöhnlichen täglichen Bedürfnisse (Taschengeld), auch durch Dienstleistungen. Desgleichen gehören Krankheits- und Beerdigungskosten hieher. Der Anspruch erlischt nicht ohne weiteres mit der Wiederverheiratung des Berechtigten. Es können vielmehr auch der zweite Ehegatte des Überlebenden und die von dem zweiten Ehegatten in die Ehe mitgebrachten sowie die in der neuen Ehe erzeugten Kinder auf dem Hofe wohnen. Eine Pflicht des Berechtigten zur Mitarbeit auf dem Hof besteht nicht. Ein Wegzugsrecht des Altenteilers vom Hof kommt in Frage, wenn Unzuträglichkeiten durch den Verpflichteten verursacht und verschuldet werden und ein weiteres Zusammenleben auf dem Hof dem Altenteiler nicht zuzumuten ist. In einem solchen Falle kann von dem zuständigen AEG. die Verpflichtung zur Unterhaltsleistung an einem anderen Ort als auf dem Hof ausgesprochen werden (vgl. insbesondere REHG. EHRspr. § 37c Nr. 82).

c) Das Altenteil gemäß § 31 REG. ist ein Recht besonderer Art, das zwar als dingliches Recht im Sinne des BGB. erst durch die Eintragung in das Grundbuch zur Entstehung gelangt, aber auch ohne Eintragung in das Grundbuch auf Grund Gesetzes den Bauern ebenso verpflichtet, wie wenn es im Grundbuch eingetragen wäre. Eine Eintragung ist deshalb nicht erforderlich und vom AEG. nicht zu genehmigen. Vgl. REHG. EHRspr. § 37c Nr. 64.

Wegen der Abtretung und Pfändung und des Bestands bei Veräußerung des Erbhofs an einen Sippenfremden mit Genehmigung des AEG. und über Streitigkeiten, Verfahren, Geschäftswert, Gebühren und Kostenverteilung siehe § 30 REG. Anmerkungen 1d und e.

§ 32

Regelung von Streitigkeiten

Bei Streitigkeiten aus den §§ 30 und 31 trifft das Anerbengericht die erforderliche Regelung unter billiger Berücksichtigung der Verhältnisse der Beteiligten so, daß der Hof bei Kräften bleibt. Es kann das Versorgungsrecht aufheben oder einschränken, wenn der Versorgungsberechtigte anderweit gesichert ist oder wenn dem Verpflichteten die Leistung nicht mehr zugemutet werden kann, insbesondere wenn sie die Kräfte des Hofes übersteigt. Die Entscheidung des Anerbengerichts ist endgültig.

1. Zuständigkeit, Verfahren, Entscheidungsinhalt, Rechtskraft der Entscheidung.

a) Hieher gehören Streitigkeiten über den Umfang von Unterhalt, Erziehung, Berufsausbildung, Ausstattung, Heimatzuflucht gemäß §§ 30 und 31 REG. und über die Art und Weise ihrer Gewährung, aber nur bei Erbfällen seit dem 1. 10. 1933. Es handelt sich um Versorgungsansprüche kraft Gesetzes bei einem von Todes wegen erfolgten Erbhofübergang. Gegenstand des Streites kann sein:

α) die Feststellung über die Rechtsfolgen auf Grund eines bestimmten Tatbestandes aus den genannten Streitgebieten;

β) die Gestaltung der Rechtsbeziehungen zwischen den Beteiligten;

γ) die Leistung.

Nicht hieher gehören die Streitigkeiten über Lohnansprüche weichender Erben, über Ansprüche aus dem erbhoffreien Nachlaß, über Aussteueransprüche gemäß § 1620 BGB. Für sie sind die ordentlichen Gerichte bzw. bei sonst gegebenen Voraussetzungen die Arbeitsgerichte zuständig.

b) Die sachliche Zuständigkeit des AEG. ist eine ausschließliche, § 40 Abs. 2 REG. Örtlich zuständig ist das AEG. des Bezirks der Hofstelle des Erbhofs, § 42 Abs. 1 REG.

Wegen des Verfahrens vgl. §§ 11 ff., insbesondere § 19 EHVfO. Die Entscheidung des AEG. ist endgültig, ein Rechtsmittel also nicht gegeben; eine neuerliche Entscheidung des AEG. ist bei Vorliegen neuer Tatsachen möglich. Wegen der Vollstreckbarkeit der Entscheidung des AEG., vgl. § 50 REG.

Geschäftswert: § 101 Z. 3c; Gebühren: § 105 Abs. 1; Kostenverteilung: § 107 EHVfO.

c) § 36 EHRV. hat die Zuständigkeit des AEG. auf Streitigkeiten über vertragliche Versorgungsansprüche aus Übergabeverträgen gegenüber dem Übernehmer oder aus damit zusammenhängenden Rechtsgeschäften oder aus Vereinbarungen des Bauern mit Familienangehörigen oder mit dem Anerben oder aus einer Verfügung von Todes wegen gegenüber einem Anerben erstreckt. Die Entscheidung des AEG. ist aber in diesem Falle nicht endgültig, sie unterliegt vielmehr der sofortigen und der sofortigen weiteren Beschwerde gemäß §§ 48, 49 REG.

Kein Streit im Sinne dieser Bestimmung liegt vor, wenn der Eigentümer des Erbhofs, der durch Todesfall Anerbe geworden ist, aus freien Stücken sich seinen Geschwistern und seiner Mutter gegenüber zu bestimmten Zahlungen verpflichtet, um damit ihre Erbansprüche abzufinden. Es handelt sich in diesem Falle auch nicht um die Anwendbarkeit des § 37 Abs. 3 REG. REHG. EHRspr. § 32 Nr. 3.

§ 33

Der übrige Nachlaß

Das außer dem Erbhof vorhandene Vermögen des Bauern vererbt sich nach den Vorschriften des allgemeinen Rechts.

1. **Das erbhoffreie Vermögen.**

Hierunter fällt alles nicht zum Erbhof gehörende Vermögen

des Bauern, insbesondere gehören hierher bewegliche Sachen, soweit sie nicht Erbhofzubehör sind, ferner Geld, Schmucksachen, Wertpapiere, Sparguthaben, Forderungen aus Versicherungen, soweit sie nicht für den Erbhof und dessen Zubehör eingegangen sind (Lebens-, Unfall-, Haftpflichtversicherungen), sonstige Forderungen und Einnahmen, so aus Vermietung, Verpachtung, Veräußerung, auch Grundstücke, soweit sie nicht zum Erbhof gehören. Vgl. die §§ 7—9 REG. nebst Anmerkungen.

Das erbhoffreie Vermögen untersteht grundsätzlich den allgemeinen vermögensrechtlichen Bestimmungen, insbesondere über Verfügung, Vererbung und Vollstreckung. Jedoch unterliegt es erbhofrechtlichen Bindungen gemäß §§ 34, 35 Abs. 3 REG. insofern, als die Durchführung dieser Bestimmungen nicht beeinträchtigt werden darf.

§ 34

Nachlaßverbindlichkeiten

(1) Die Nachlaßverbindlichkeiten einschließlich der auf dem Hofe ruhenden Hypotheken, Grund- und Rentenschulden, aber ohne die auf dem Hofe ruhenden sonstigen Lasten (Altenteil, Nießbrauch, Entschuldungsrente u. a.) sind, soweit das außer dem Hof vorhandene Vermögen dazu ausreicht, aus diesem zu berichtigen.

(2) Soweit die Nachlaßverbindlichkeiten nicht in dieser Weise berichtigt werden können, ist der Anerbe den Miterben gegenüber verpflichtet, sie allein zu tragen und die Miterben von ihnen zu befreien.

1. Berichtigung der Nachlaßverbindlichkeiten im Verhältnis zwischen dem Anerben und den bürgerlichen Erben.

a) Grundgedanken bei der Regelung der Nachlaßverbindlichkeiten:

α) Die Nachlaßgläubiger sollen in ihrer Stellung durch den Erbfall nicht beeinträchtigt, aber auch nicht verbessert werden;

β) Sicherung des Erbhofs, daher möglichste Deckung der Nachlaßverbindlichkeiten aus dem erbhoffreien Vermögen;

γ) § 34 REG. regelt nur das Innenverhältnis zwischen dem Anerben und den bürgerlichen Erben. Im Außenverhältnis, den Gläubigern gegenüber gelten die bürgerlich-rechtlichen Bestimmungen.

b) Arten der Schulden:

α) Hofschulden im engeren Sinne, nämlich

αα) die dingliche Belastung des Erbhofs (Hypotheken-, Grund-, Rentenschulden, Nießbrauch usw.);

ββ) die auf dem Hof ruhenden sonstigen Schulden (Altenteil, Versorgungspflichten, Entschuldungsrenten usw.);

β) Hofschulden im weiteren Sinne, das sind solche persönliche Verbindlichkeiten des Bauern, die er im Zusammenhang mit und für den Hof eingegangen hat;

γ) die rein persönlichen Schulden des Bauern, das sind die Verbindlichkeiten des Bauern, die ohne Beziehung auf den Hof und seine Erhaltung eingegangen wurden.

c) Nur die Lasten zu b α ββ fallen in erster Linie im Innenverhältnis zwischen dem Anerben und den bürgerlichen Erben den Erträgnissen aus dem Hof zur Last; insoweit ist der Anerbe verpflichtet, die Miterben zu befreien. Für die Berichtigung aller übrigen Schulden ist zunächst das erbhoffreie Vermögen heranzuziehen.

d) Im Außenverhältnis, den Gläubigern gegenüber, gelten die Bestimmungen des § 14 EHRV. und die allgemeinen bürgerlich-rechtlichen Bestimmungen vgl. § 19 REG. Anm. 1. Danach haftet der Anerbe als Miterbe gesamtschuldnerisch mit den anderen Erben für alle Nachlaßverbindlichkeiten, §§ 2058 ff. BGB., und zwar mit dem Erbe und seinem eigenen Vermögen. Der Erbhof ist kein besonderer, sondern ein unselbständiger Teil der Erbschaft, soweit es sich nicht um die Erbfolge und die Erbteilung handelt. Die Nachlaßverbindlichkeiten richten sich grundsätzlich in gleicher Weise gegen den Erbhof wie gegen den übrigen Nachlaß (REHG. JW. 1937 S. 120 Nr. 41). Vor der Teilung des Nachlasses ist die Haftung des Anerben auf den Anteil am Nachlaß beschränkt, § 2059 BGB. Nach der Teilung haftet er gemäß §§ 2060, 2061 BGB. Hinsichtlich des erbhoffreien Vermögens sind die bürgerlich-rechtlichen Haftungsbeschränkungen gegeben: Nachlaßkonkurs, § 1975 BGB., §§ 214 ff. KO.; Nachlaßverwaltung, §§ 1975 ff. BGB.; Erschöpfungseinrede, § 1990 BGB. Mit dem Erbhof selbst haftet der Anerbe beschränkt im Umfang der Bestimmungen des REG. Insbesondere können der Erbhof und die dem Vollstreckungsverbot der §§ 38, 39 REG. unterliegenden Gegenstände auch weder von einem Nachlaßkonkurs noch von einer Nachlaßverwaltung ergriffen werden. Jedoch haftet der Anerbe für die Erfüllung der Nachlaßverbindlichkeiten mindestens mit den pfändbaren Nutzungen des Erbhofs. Das an diesen Nutzungen begründete Pfändungspfandrecht des Nachlaßgläubigers hat in Abweichung von § 804 Abs. 3 ZPO. ohne Rücksicht auf die Zeit der Entstehung den Vorrang vor dem Pfändungspfandrecht anderer, also nicht Nachlaßgläubiger, § 14 Abs. 2 EHRV. Andererseits befreit jede Befriedigung der Gläubiger, von welcher Seite sie kommen mag, die Erben als Schuldner und auch den Anerben.

Auch der Anerbe, der nicht Erbe oder Miterbe nach BGB. ist, haftet für die Nachlaßverbindlichkeiten des verstorbenen Bauern (REHG. EHRspr. § 37a Nr. 79) als Gesamtschuldner mit den anderen Erben, und zwar auch hier mindestens mit den pfändbaren Nutzungen des Erbhofs. Auch hier gilt das oben über den Vorrang des Pfändungspfandrechts des Nachlaßgläubigers Gesagte, § 14 EHRV.

e) Eine gewöhnliche Nachlaßverbindlichkeit ist auch der Unterhaltsanspruch des unehelichen Kindes gegenüber dem verstorbenen Bauern als seinem natürlichen Vater. Diese Unterhaltsverbindlichkeit ist im § 1712 BGB. für vererblich erklärt. Die Erben und mit ihnen auch der Anerbe können das uneheliche Kind des verstorbenen Bauern gemäß § 1712 Abs. 2 BGB. abfinden mit dem Betrage, der dem Kinde als Pflichtteil gebühren würde, wenn es ehelich wäre.

Die Berechnung der Abfindungssumme erfolgt aus dem erbhoffreien Nachlaß sowie aus den Versorgungsansprüchen gem. § 30 REG. Das uneheliche Kind soll nicht besser und nicht schlechter gestellt werden als die pflichtteilsberechtigten ehelichen Kinder. Vgl. EHRspr. § 30 REG. Nr. 14.

2. Notfalls Alleinhaftung des Anerben.

Voraussetzung ist, daß die Nachlaßverbindlichkeiten nicht nach Abs. 1 berichtigt werden können.

§ 35

Teilung des übrigen Nachlasses

(1) Verbleibt nach Berichtigung der Nachlaßverbindlichkeiten ein Überschuß, so ist dieser auf die Miterben des Anerben nach den Vorschriften des allgemeinen Rechts zu verteilen.

(2) Der Anerbe kann, falls er nach den Vorschriften des allgemeinen Rechts überhaupt zu einem Erbteil an dem übrigen Nachlaß berufen ist, eine Beteiligung an dem Überschuß nur verlangen, insoweit der auf ihn entfallende Anteil größer ist als der lastenfreie Ertragswert des Erbhofs. Der Ertragswert bestimmt sich nach dem Reinertrag, den der Hof nach seiner bisherigen wirtschaftlichen Bestimmung nachhaltig gewähren kann.

1. Die Verteilung des Überschusses.

Zu unterscheiden ist:

a) Der Anerbe ist nur Anerbe (beispielsweise er ist durch letztwillige Verfügung von der Beteiligung am erbhoffreien Vermögen ausgeschlossen und auch nicht pflichtteilsberechtigt). Der verbleibende Überschuß des erbhoffreien Vermögens nach Berichtigung der Nachlaßverbindlichkeiten wird in diesem Falle nach §§ 2047 ff. BGB. unter die übrigen Erben des Bauern verteilt. Verbleibt kein Überschuß, dann haben die übrigen Erben nur die Versorgungsansprüche gemäß §§ 30, 31 REG., im übrigen gehen sie leer aus.

b) Der Anerbe erbt mit am erbhoffreien Nachlaß oder er ist pflichtteilsberechtigt (vgl. § 19 REG. Anm. 1; § 30 REG. Anm. 1a); dann greifen die §§ 2033 ff., 2303 ff. BGB. ein.

α) Bleibt in diesem Falle nichts übrig, dann gehen die übrigen Erben außer den Versorgungsansprüchen gemäß §§ 30, 31 REG. leer aus.

β) Verbleibt ein Überschuß, dann wird dieser und der lastenfreie Ertragswert des Erbhofs zusammengerechnet. Aus diesem

Gesamtnachlaß wird der den Anerben betreffende Anteil — sei er nun Erbteil oder Pflichtteil — berechnet. Von diesem Anteil wird der Ertragswert des Erbhofs wieder abgezogen.

2. Voraussetzung der Beteiligung des Anerben am Überschuß.

a) Der errechnete Anteil des Anerben (siehe oben Anm. 1 a β) muß größer sein als der lastenfreie Ertragswert des Erbhofs. Der Anerbe erhält dann vom Überschuß des erbhoffreien Vermögens so viel, bis sein Anteil erreicht ist. Ist der errechnete Anteil kleiner als der lastenfreie Ertragswert des Erbhofs, dann erhält der Anerbe außer dem Erbhof nichts, herausgeben muß er auch nichts. Der lastenfreie Ertragswert ist der Ertragswert (siehe § 2049 Abs. 2 BGB.) nach Abzug der Lasten.

Die Vorschriften über den Ausgleich von Vorempfängen §§ 2050 ff. BGB. haben Geltung.

b) Die Auseinandersetzung unter den Erben samt Anerben erfolgt gemäß §§ 2042 ff. BGB., und zwar durch Vermittlung des Nachlaßgerichts, ev. im Prozeßwege durch das Streitgericht, §§ 86 ff., 95 FGG.

§ 36

Verbindlichkeiten bei mehreren Erbhöfen

(1) Gehören zum Nachlaß mehrere Erbhöfe (§ 23), so können die gemäß §§ 30, 31 zur Versorgung Berechtigten wählen, auf welchem Hof sie den Unterhalt beziehen wollen. Die Pflicht zur Berufsausbildung und Ausstattung wird von allen Anerben gemeinschaftlich, und zwar im Verhältnis zueinander entsprechend dem Wert der Höfe, getragen.

(2) Die Anerben tragen die Nachlaßverbindlichkeiten im Verhältnis zueinander entsprechend dem Wert der Höfe.

(3) Entsteht Streit über die Anwendung von Abs. 1 Satz 2 oder Abs. 2, so entscheidet das Anerbengericht endgültig.

1. Verteilung der Versorgungslasten bei mehreren Erbhöfen.

Soweit die Versorgungsansprüche gemäß §§ 30, 31 REG. im wesentlichen auf Befriedigung in Natur gerichtet sind (Unterhaltsansprüche in den Fällen des § 30 Abs. 1 REG. — Erziehung und Unterhalt —, § 30 Abs. 3 REG. — Heimatzuflucht —, § 31 REG. — Altenteil —) steht dem Berechtigten das einmalige, unübertragbare, unpfändbare und unverzichtbare Wahlrecht zu, auf welchem von den mehreren Erbhöfen des Erblassers er den Unterhalt beziehen will. Durch die Wahlerklärung des Berechtigten, die gegenüber dem Anerben des betreffenden Erbhofs abzugeben ist, wird dem Berechtigten gegenüber für die bezeichneten Ansprüche der Bauer des betreffenden Erbhofs der allein Verpflichtete. Bis zur Wahlerklärung besteht ein Gesamtschuldverhältnis der sämtlichen Anerben der mehreren Erbhöfe.

Zulässig ist es, daß alle Berechtigten denselben Hof wählen. Der so in Anspruch genommene Bauer hat im Innenverhältnis zu den Anerben der übrigen Erbhöfe Anspruch auf Lastenverteilung entsprechend dem Ertragswert der Höfe.

Soweit die Leistung im wesentlichen in Geld zu gewähren ist (für die Berufsausbildung und Ausstattung), sind die Anerben der mehreren Erbhöfe in Beziehung zu dem Berechtigten Gesamtschuldner, im Innenverhältnis der mehreren Anerben zueinander findet Lastenausgleich entsprechend dem Ertragswert der Höfe statt.

Der Anspruch der Berechtigten gemäß § 36 Abs. 1 REG. kann durch letztwillige Verfügung des Erblassers weder ausgeschlossen noch beschränkt werden.

Erhält ein Anerbe gemäß § 58 REG. zwei Erbhöfe, dann findet § 36 Abs. 1 REG. entsprechend Anwendung.

2. Die Verteilung der übrigen Nachlaßverbindlichkeiten im Innenverhältnis.

Maßgebend ist der lastenfreie Ertragswert der Höfe, siehe § 2049 BGB.

3. Entscheidung von Streitfällen.

a) Die ausschließliche Zuständigkeit des AEG. ist gegeben:

α) für Streitigkeiten zwischen den mehreren Erbhofeigentümern untereinander über die Verteilung der Lasten und Verbindlichkeiten,

β) für Streitigkeiten zwischen den Versorgungsberechtigten und den Anerben. Hier greift auch § 32 REG. ein.

In beiden Fällen muß der Streit sich auf Abs. 1 des § 36 REG. stützen, mithin auf die im Gesetz begründeten Versorgungsansprüche gemäß §§ 30 und 31 REG.

Abs. 3 des § 36 REG. ist daher nicht anwendbar für die Streitigkeiten, die sich auf Vertrag oder Verfügung von Todes wegen gemäß § 36 EHRV. stützen. Für diese Streitigkeiten ist die Zuständigkeit der Anerbenbehörden auf § 36 EHRV. begründet. Über die verfahrensrechtlichen Folgen siehe Anm. b.

b) Wegen des Verfahrens im Falle des Abs. 3 des § 36 REG. vgl. die §§ 11 ff. EHVfO.; Güteversuch und Vergleich: § 15, Vorentscheidung des Vorsitzenden: § 19 Einspruch: § 20, Entscheidung: § 21 EHVfO. Die Entscheidung des AEG. ist in diesem Falle endgültig, § 36 Abs. 3 REG. Geschäftswert: § 101 Z. 3b und c; Gebühren: § 105 Abs. 1; Kostenverteilung: § 107 EHVfO.

Bei dem Verfahren gemäß § 36 EHRV. entscheidet das AEG. nicht endgültig, daher insoweit sofortige Beschwerde und sofortige weitere Beschwerde gemäß §§ 48, 49 REG. gegeben.

Im übrigen gelten die vorstehenden Ausführungen.

4. Abschnitt

Beschränkungen der Veräußerung und Belastung des Erbhofs. Zwangsvollstreckung

§ 37

Veräußerung und Belastung des Erbhofs

(1) Der Erbhof ist grundsätzlich unveräußerlich und unbelastbar. Dies gilt nicht für eine Verfügung über Zubehörstücke, die im Rahmen ordnungsmäßiger Wirtschaftsführung getroffen wird.

(2) Das Anerbengericht kann die Veräußerung oder Belastung genehmigen, wenn ein wichtiger

Grund vorliegt. Die Genehmigung kann auch unter einer Auflage erteilt werden.

(3) Das Anerbengericht soll die Genehmigung zur Veräußerung des Erbhofs erteilen, wenn der Bauer den Hof einem Anerbenberechtigten übergeben will, der beim Erbfall der Nächstberechtigte wäre oder vom Erblasser gemäß § 25 zum Anerben bestimmt werden könnte. Das Anerbengericht soll die Genehmigung nur erteilen, wenn der Übergabevertrag den Erbhof nicht über seine Kräfte belastet.

1. Der Grundsatz der Unveräußerlichkeit und Unbelastbarkeit des Erbhofs.

A. Allgemeines.

Das Veräußerungs- und Belastungsverbot, das den Erbhof im ganzen und in seinen Teilen samt Zubehör und Rechten (siehe §§ 7—9 REG.) trifft, gilt nur für Vorgänge vom 1. 10. 1933 ab; es erstreckt sich nicht auf das erbhoffreie Vermögen des Bauern.

Gesetzlich ausgenommen ist nur die Verfügung über Zubehörstücke im Rahmen ordnungsmäßiger Wirtschaftsführung. Maßgebend sind hiebei die Verhältnisse der Grundstücke vom Standpunkt eines vernünftig wirtschaftenden Bauern aus betrachtet und die persönlichen Verhältnisse des Eigentümers.

Im übrigen sind Ausnahmen nur im Rahmen des Abs. 2 des § 37 REG. zulässig.

Das Verbot ist ein absolutes. Daher auch kein Schutz des gutgläubigen Erwerbers, auch nicht, wenn das Verbot aus dem Grundbuch nicht ersichtlich oder der Eintrag oder Nichteintrag in die Erbhöferolle unrichtig ist oder ein Erbschein vorliegt, §§ 134, 135, 892, 2365 BGB. Auch der gutgläubige Erwerber von Erbhofzubehör ist nicht geschützt. Selbst bei Weiterveräußerung des Gegenstandes durch den gutgläubigen Erwerber an den gutgläubigen Dritten ist kein Schutz gegeben. Eine ungenehmigte Veräußerung bewirkt auch dann nicht eine Änderung der Eigentumsverhältnisse, wenn das Grundbuchamt in Unkenntnis der Genehmigungspflicht den Erwerber in das **Grundbuch** einträgt. Verfügt aber der d rch seine Eintragung scheinbar Berechtigte **mit Genehmigung des AEG.** über das Eigentum oder über sonstige Rechte am Grundstück, dann finden die Vorschriften über den öffentlichen Glauben des Grundbuchs uneingeschränkt Anwendung; es tritt also gutgläubiger Erwerb ein, obwohl dem Verfügenden ein Recht nicht zusteht, KG. HRR. 1937 Nr. 389.

Der Umstand, daß das **ordentliche Gericht** in seiner Entscheidung die Verpflichtung zur Grundstücksveräußerung oder Belastung festgestellt hat, vermag das Belastungs- und Veräußerungsverbot des § 37 REG. nicht zu berühren, ist auch kein Grund zur Genehmigung.

Über die besonderen Fälle der **Verfügungsbeschränkungen des Landwirtschafts- und Siedlungsrechts** und **sonstiger siedlungsrechtlicher Beschränkungen** siehe §§ 34 und 35 EHRV. Danach finden auf den Erbhof keine Anwendung die in anderen Reichs- oder landesgesetzlichen Vorschriften, insbesondere in der VO. über den Verkehr mit landwirtschaftl. Grundstücken v. 15. 3. 1918/26. 1. 1937 RGBl. 123/I 32 enthaltenen Verbote und Beschränkungen der Veräußerung, Teilung oder Belastung von Grundstücken oder der Aufhebung ihrer wirtschaftlichen Selbständigkeit oder der Eingehung einer Verpflichtung zu einer solchen Maßnahme. Rechtsgeschäfte dieser Art aus der Zeit vor dem 23. 12. 1936, die an diesem Tage der zuständigen Behörde noch nicht zur Genehmigung vorgelegt worden sind oder über deren Genehmigung die Behörde an diesem Tage noch nicht rechtskräftig entschieden hat, sind so anzusehen, als wenn die Behörde die Genehmigung ohne Einschränkung erteilt hätte. Dagegen finden auf den Erbhof Anwendung die Beschränkungen auf Grund des Gesetzes über Aufschließung von Wohnsiedelungsgebieten vom 22. 9. 1933, RGBl. I 659 und des Gesetzes zur Regelung landwirtschaftlicher Schuldverhältnisse vom 1. 6. 1933, RGBl. I 331. Vgl. unten Anm. 3b.

Wiederkaufs-, Ankaufs- und Heimfallrechte sowie ähnliche Beschränkungen der Eigentums an einem Erbhof, die auf einem Siedelungs- oder Rentengutsverfahren beruhen, sind mit dem 23. 12. 1936 erloschen. Bei künftig entstehenden Erbhöfen erlöschen sie mit der Erlangung der Erbhofeigenschaft. Sind solche Rechte im Grundbuch eingetragen, dann werden sie nach und nach von Amts wegen gelöscht. § 46 Abs. 2 EHRV. hat dabei entsprechende Geltung. Nur das Vorkaufsrecht des gemeinnützigen Siedelungsunternehmens und des Landlieferungsverbandes gem. §§ 4, 11, 14 des Reichssiedelungsgesetzes vom 11. 8. 1919, RGBl. 1429, bleibt unberührt.

B. Das Veräußerungsverbot insbesondere.

a) Ohne Genehmigung des AEG. ist verboten:

α) die Übertragung des Eigentums auf Grund eines Kausalgeschäfts (Kauf, Tausch, Schenkung usw.). An sich bezieht sich das Verbot des § 37 REG. nur auf das dingliche Veräußerungsgeschäft (Erfüllungsgeschäft). Durch § 33 EHRV. ist aber ausdrücklich auch das schuldrechtliche Geschäft (Verpflichtungsgeschäft) für genehmigungspflichtig erklärt worden, es sei denn, daß das Verpflichtungsgeschäft schon vor dem 23. 12. 1936 abgeschlossen ist. Ist das Verpflichtungsgeschäft genehmigt, dann gilt die Genehmigung auch für das diesem Verpflichtungsgeschäft entsprechende Erfüllungsgeschäft als erteilt. Auch die Übereignung eines ideellen Anteils an einem Grundstück fällt unter § 37 REG. HRR. 1936 Nr. 1572. Vgl. auch § 40 REG. Anm. 2;

β) die Veräußerung einer Eigentümergrundschuld (Eigentümerhypothek), § 1177 Abs. 1 und 2 BGB. Vgl. § 26 Abs. 1 EHRV.;

γ) vom 1. 10. 1933 ab die Bildung mehrerer Erbhöfe durch Teilung eines bestehenden Erbhofs, § 27 Abs. 1 EHRV.;

δ) der Entzug der Erbhofeigenschaft einzelner Teile des Erbhofs, § 27 Abs. 2 EHRV.;

ε) die Verwendung eines Tilgungsguthabens und künftiger Tilgungsteilbeträge für eine Lebensversicherung sowie die Freigabe der Leistungen des Versicherers zur Auszahlung für andere Zwecke im Falle des § 28 EHRV.;

ζ) die Eintragung alter Veräußerungsverträge im Falle des § 31 EHRV.

b) Gemeint ist die Veräußerung im Wege des Rechtsgeschäfts.

Gegensatz:

α) Eigentumsübergang kraft Gesetzes (z. B. durch Verbindung, Vermischung, Verarbeitung, Fund, §§ 946 ff., 965 ff. BGB.) ist ohne Genehmigung möglich.

β) Eigentumsübergang durch Eingriff der öffentlichen Gewalt (z. B. Zwangsenteignung, Zwangsgrundabtretung im Bergbau, Feld- und Flurbereinigungsverfahren, Neusiedlungs- oder Anliegersiedlungsverfahren, § 32 Abs. 1 Z. 2 und 3 EHRV.), bedarf nicht der Genehmigung.

Wegen Zwangsvollstreckung vgl. §§ 38, 39, 59 REG.

Zwangsversteigerung zum Zwecke der Aufhebung einer Gemeinschaft gemäß §§ 753, 2042 BGB., § 180 ZVG. bedarf der Genehmigung des AEG.

γ) Die Ersitzung von Erbhofgrundstücken und beweglichen Erbhofsachen, §§ 900, 927, 937 f. BGB. Auch sie bedarf nicht der Genehmigung.

c) Die Veräußerung, desgl. ein Verpflichtungsgeschäft mit dem Gegenstand einer Veräußerung eines Grundstücks, auf dem im Grundbuch ein Entschuldungsvermerk gemäß §§ 80, 81 des Schuldentilgungsgesetzes, § 19 Abs. 3, § 29 Abs. 1 der Osthilfeabwicklungsverordnung vom 21. 12. 1934, RGBl. I 1280, eingetragen ist oder das mit einer Hypothek für ein Darlehen der Industriebank belastet ist, bedürfen zu ihrer Wirksamkeit der Genehmigung des Reichsernährungsministers. Vgl. VO. über die Veräußerung von Entschuldungsbetrieben vom 6. 1. 1937, RGBl. I 5.

d) Die nach der Bekanntmachung über den Verkehr mit landwirtschaftlichen Grundstücken vom 15. 3. 1918, RGBl. 123 in der Fassung des Gesetzes zur Änderung der Bekanntmachung über den Verkehr mit landwirtschaftlichen Grundstücken vom 26. 1. 1937, RGBl. I 32 erforderliche Genehmigung der zuständigen Behörde (Genehmigungsbehörde) entfällt bei Erbhofgrundstücken, vgl. § 2 Z. 9 des bezeichneten Gesetzes. Vgl. oben Anm. 1 A.

C. Das Belastungsverbot insbesondere.

a) Grundsätzlich verboten ist durch Abs. 1 des § 37 REG. nur jede dingliche Belastung, d. i. jede Begründung oder Erweiterung, auch die Abänderung (mindestens bei Erweiterung oder Anschaffung) — REHG. 1, 212; 2, 341; REHG. EHRspr. § 37b Nr. 68, KG. HRR. 1937 Nr. 389, — eines im Verhältnis zum Eigentumsrecht beschränkten dinglichen Rechtes, gleichgültig für wen, ob für den Gläubiger oder für den Eigentümer (Hypothek, §§ 1113 ff.; Grundschulden, §§ 1191 ff.; Reallasten, §§ 1105 ff.; Nießbrauch, §§ 1030 ff. BGB.; Erbbaurecht, Verordnung über das Erbbaurecht vom 15. 1. 1919, RGBl. 81; dingliches Vorkaufsrecht, §§ 1094 ff. BGB.). Hieher gehört auch die Erhöhung des Forderungsbetrags, des Zinsfußes, die härtere Gestaltung der Zahlungszeit, die Unterwerfung unter die sofortige Zwangsvollstreckung, ferner jede Inhaltsänderung im Sinne des § 877 BGB., auch wenn der Umfang der Belastung dadurch nicht berührt wird. Verboten ist daher auch die Umwandlung einer Verkehrshypothek in eine Grundschuld und die Umwandlung einer Grundschuld in eine Verkehrshypothek. Vgl. REHG. 2,341; REHG. JW. 1936 2725[27], KG. JW. 1937, 108[23], HRR. 1936 Nr. 1316, DNotZ. 1937 S. 128 Nr. 3, HRR. 1937 Nr. 389.

Desgleichen ist verboten die Belastung einer Eigentümergrundschuld und einer Eigentümerhypothek, §§ 1177 Abs. 1 und 2 BGB., § 26 Abs. 1 EHRV., ferner die Bestandteilszuschreibung eines Erbhofgrundstücks zu einem mit einer Hypothek, Grundschuld oder Rentenschuld belasteten Erbhofgrundstück im Falle des § 29 EHRV.

Zum Unterschied von der Bedeutung des Begriffs „Belastung" nach Abs. 1 des § 37 REG. umfaßt die „Belastung" im Sinne des Abs. 3 des § 37 REG. auch die Übernahme rein schuldrechtlicher Verpflichtungen, überhaupt jegliche Belastung im weiteren und wirtschaftlichen Sinne (REHG. EHRspr. § 37c Nr. 64). Vgl. auch unten Anm. 3c.

b) Nicht unter das Belastungsverbot des Abs. 1 des § 37 REG. fällt:

α) der nachträgliche Erwerb einer vor dem Eintritt der Erbhofeigenschaft zwar eingetragenen, im Gegenwert aber noch nicht ausbezahlten Hypothek durch Ausbezahlung des Gegenwertes, § 26 Abs. 2 EHRV.;

β) ganz allgemein die Übertragung bestehender dinglicher Rechte (mit Ausnahme der Eigentümergrundschuld, Eigentümerhypothek vgl. Anm. Ca).

γ) die Belastung mit Grund-Dienstbarkeiten (§ 1018 BGB.), beschränkten persönlichen Dienstbarkeiten (§ 1090 BGB.) und öffentlichen Lasten (zugunsten des Reichs, eines Landes, der Kommunen, der Kommunalverbände usw.) § 32 Abs. 1 Z. 1 EHRV.

Daher ist auch die Eintragung des dem Übergeber und seiner Ehefrau bei der Übergabe vorbehaltenen Wohnrechtes als beschränkte persönliche Dienstbarkeit frei und bedarf keiner anerbengerichtlichen Genehmigung, vgl. HRR. 1936 Nr. 128;

δ) die von der Siedlungsbehörde zugelassene Belastung von Erbhöfen im Verfahren zur Neubildung deutschen Bauerntums, § 32 Abs. 1 Z. 3 EHRV.;

ε) die Belastung einer Besitzung, die erst durch ein Veräußerungsgeschäft Erbhofeigenschaft erlangt, wenn die Belastung im Zusammenhang mit dem Veräußerungsgeschäft erfolgt, § 32 Abs. 1 Z. 4 EHRV.;

ζ) die Belastung mit der im § 128 ZVG. vorgesehenen Sicherungshypothek für den Ersteher, § 32 Abs. 1 Z. 5 EHRV.;

η) die Belastung eines Erbhofs im Osthilfegebiet im Entschuldungsverfahren mit einer Entschuldungshypothek oder mit einer Betriebssicherungshypothek nach Maßgabe des § 32 Abs. 2 EHRV.; vgl. hiezu §§ 93, 97 Abs. 1 des Schuldenregelungsges. vom 1. 6. 1933, RGBl. I, 331 in der Fassung vom 31. 7. 1935, RGBl. I 1059 § 5 Abs. 2, ferner Osthilfeabwicklungsverordnung vom 21. 12. 1934, RGBl. I 1280 § 22 in Verbindung mit § 2 der Entschuldungsverordnung vom 6. 2. 1932, RGBl. S. 59 und dem Osthilfegesetz vom 31. 3. 1931/6. 11. 1931, RGBl. I 117/665 §§ 22 und 23, ferner § 4 der Entschuldungsrichtlinien vom 15. 3. 1932, RGBl. I 143, Art. 21 der 6. DVO. zum Schuldenregelungsgesetz vom 7. 7. 1934, RGBl. I 609, der 8. DVO. zum Schuldenregelungsgesetz vom 20. 6. 1936, RGBl. I 496 und Erlaß des Reichs- und Preußischen Ministers für Ernährung und Landwirtschaft an die Kommissare für die Osthilfe (Landstellen) vom 9. 9. 1936, IV/12 3178 — 29 —, abgedruckt im 2. Sonderheft der amtlichen Mitteilungen in Entschuldungssachen, Verlag, Berlin W 9. Danach ist das Entschuldungsverfahren solange anhängig, als das Entschuldungsdarlehen noch nicht endgültig ausbezahlt ist. Im Falle der Aufstellung eines Nachtragsplanes wird das Verfahren erst mit der Ausführung desselben erledigt, im Falle eines erneuten Entschuldungsantrags mit der Erledigung des erneut eingeleiteten Verfahrens. Auch wenn beide Hypotheken, die zugunsten der Bank für Deutsche Industrie-Obligationen und die Betriebssicherungshypothek zugunsten des Reichs gleichzeitig zur Eintragung beantragt werden, bedarf es keiner Genehmigung;

ϑ) die Ausübung eines Vorkaufsrechts im Falle des § 33 Abs. 3 EHRV.;

κ) eine Grundbuchberichtigung, da sie nur dem jeweils außerhalb des Grundbuchs eingetretenen Rechtszustand Ausdruck gibt, ohne eine Neubelastung entstehen zu lassen, REHG. 2, 341; REHG. EHRspr. § 37 b Nr. 68;

λ) die Eintragung einer Vormerkung im Grundbuch (RG. 144, 231; REHG. 1, 212; REHG. EHRspr. § 37 a Nr. 36);

μ) die Verwaltung und Nutznießung des Mannes am eingebrachten Gut der Frau im gesetzlichen Güterstande §§ 1373ff. BGB., am Sondergut der Frau bei der allgemeinen Gütergemeinschaft §§ 1439, 1383, 1525 BGB., am eingebrachten Gut bei der Errungenschafts- oder Fahrnisgemeinschaft §§ 1525, 1549 BGB.;

ν) die Belastung des Erbhofs mit den Versorgungsrechten gemäß §§ 30, 31 REG.;

ξ) die Anordnung der Verwaltung und Nutznießung des Ehegatten des Erblassers gemäß § 26 REG., § 11 EHRV.;

ο) das Recht der Verwaltung und Nutznießung der Frau des Erblassers im Falle des § 22 Abs. 3 Satz 1 EHRV.;

π) die Eingehung persönlicher Schulden durch den Bauern. So kann der Bauer ohne weiteres und ohne Genehmigung sich verpflichten, seinen Geschwistern Ausstattungsbeträge und seiner Mutter ein monatliches Taschengeld zu bezahlen, ohne daß eine dingliche Belastung erfolgen soll (REHG. 1, 176). Eine Vergütung von früherer Mitarbeit von Kindern des Erbhofbauern kann aus dem Ertrage des Hofes, nicht durch eine Belastung erfolgen. REHG. 1, 97. Auch § 1617 BGB. ist dabei zu beachten;

ρ) die Eingehung eines Rechtsgeschäfts über eine Verpflichtung zu einer Verfügung über den Erbhof, wenn dieses Rechtsgeschäft (Verpflichtungsgeschäft) vor dem 23. 12. 1936 abgeschlossen worden ist, § 33 Abs. 1 S. 2 EHRV.; vgl. auch unten Anm. 2a.

σ) die Eintragung des Fortfalls oder der Änderung einer dinglichen Belastung auf Grund eines bestätigten Entschuldungsplanes. § 52 Schuldenregelungsges. vom 1. 6. 1933 in Verbindung mit § 33 Abs. 2 der 6. DVO. zur landwirtschaftlichen Schuldenregelung vom 7. 7. 1934, REHG. 1, 210;

τ) die Überleitung von Belastungen und Beschränkungen des Nutzeigentums beim Erbpachtgut und beim Lehnbauerngut in Belastungen des Eigentums, § 45 Abs. 3 EHRV. Vgl. § 1 REG. Anm. 1 II 3 c und § 20 REG. Anm. 1 m.

c) **Dagegen ist, ohne daß eine dingliche Belastung in Frage käme, ohne Genehmigung des AEG. verboten** die Verpachtung des Erbhofs im ganzen oder in seinen Teilen über einen Zeitraum von einem Jahr hinaus, oder auf unbestimmte Zeit, § 30 EHRV. Die Verpachtung ohne Genehmigung ist nichtig. Genehmigungsfrei sind vor dem 1. 10. 1933 zustande gekommene Pachtverträge. Genehmigungsfrei ist auch die Verlängerung eines Pachtvertrages durch das Entschuldungsamt (Celle JW. 1937, 106 [21], EHRspr. EHRV. § 30 Nr. 2).

Über die Einwirkung der Verpachtung auf die Erbhofeigenschaft vgl. § 1 REG. Anm. 2, § 7 REG. Anm. 2.

Wegen des Genehmigungsverfahrens bei der Verpachtung von Erbhöfen vgl. §§ 11ff. EHVfO. Beschwerderecht bei Verpachtung auf mehr als 6 Jahre § 62 Abs. 2 Z. 5 EHVfO.; Geschäftswert: § 101 Z. 1d, Gebühren § 103 Abs. 1 Z. 1 EHVfO.

2. Die Genehmigung des AEG.

a) Die Genehmigung des AEG. ist ein staatlicher Hoheitsakt. Die Voraussetzung für sie ist das Vorliegen eines wichtigen Grundes. Hierüber entscheidet das AEG. nach pflichtgemäßem Ermessen. Zu prüfen sind die gesamten Umstände des Falles, die persönlichen Verhältnisse des Veräußerers, der Zweck der Verfügung, ihre Auswirkung auf den Erbhof und die Familie, ihre Zweckmäßigkeit und Notwendigkeit insbesondere auch für die Erhaltung der Leistungsfähigkeit des Hofes, aber auch, ob ein wichtiger Grund zur Veräußerung gerade an den Übernehmer anzuerkennen ist. Vgl. REHG. 2, 158. Die Stellungnahme anderer Behörden und Stellen zur Frage der Wichtigkeit einer Maßnahme kann für die Prüfung der Frage des Vorliegens eines wichtigen Grundes durch das AEG. nicht ausschlaggebend sein. Insbesondere kann auch die Vereinbarung der dinglichen Sicherung der Ansprüche eines Kindes vor dem Nachlaßgericht und ihre Billigung durch das Nachlaßgericht für sich allein noch keinen wichtigen Grund abgeben (vgl. auch REHG. 1, 253). Die Genehmigung kann vor oder nach Abschluß des Geschäftes begehrt und erteilt werden (vgl. hiezu für die Verfügung von Todes wegen § 59 Abs. 1 EHVfO.). Bis zur Rechtskraft der Genehmigung ist das Geschäft schwebend unwirksam, § 66 Abs. 1 und 2 EHVfO. Die Beteiligten sind an das Geschäft bis dahin nach Treu und Glauben vorläufig gebunden. Die Genehmigung wirkt auf den Zeitpunkt des

Geschäftsabschlusses zurück, § 184 BGB. Sie kann unter einer Auflage, einem Vorbehalt und einer Bedingung erteilt werden. In letzterem Falle bleibt die Wirksamkeit der Genehmigung bis zum Eintritt der Bedingung in der Schwebe. Die anerbengerichtliche Genehmigung vermag die vormundschaftsgerichtliche Genehmigung nicht zu ersetzen, sie enthält auch keine Stellungnahme zur Rechtswirksamkeit des schuldrechtlichen Grundgeschäftes, soweit dieses schuldrechtliche Grundgeschäft (Verpflichtungsgeschäft) noch aus der Zeit vor dem Inkrafttreten der EHRV. stammt. Für die Verpflichtungsgeschäfte, die seit dem Inkrafttreten der EHRV. abgeschlossen werden, gilt § 33 EHRV. Vgl. § 40 REG. Anm. 2 a und § 37 REG. Anm. 1 B a; siehe auch oben Anm. 1 C a und b ρ).

Bei Veräußerungen nach § 37 Abs. 2 REG. finden die Grundsätze über die Höhe der Leistungen des Übernehmers gem. § 37 Abs. 3 REG. keine Anwendung. Die Kaufpreishöhe darf nicht zur Überschuldung des Erbhofes führen. Vgl. REHG. EHRspr. § 37 c Nr. 94 und KG. HRR. 1937 Nr. 392.

§ 34 EHRV. hat die Beseitigung der Doppelgenehmigung gebracht, insoferne dort bestimmt ist, daß es bei einer Veräußerung oder Belastung neben der anerbengerichtlichen Genehmigung der Zustimmung der Verwaltungsbehörde nach der Bundesratsverordnung vom 15. 3. 1918 oder nach sonstigen ähnlichen reichs- oder landesrechtlichen Vorschriften nicht mehr bedarf. Vgl. oben Anm. 1 A.

b) Über die ausschließliche sachliche Zuständigkeit des AEG. für die Erteilung der Genehmigung vgl. § 40 Abs. 2 REG.; über die örtliche Zuständigkeit § 42 REG.; über das Verfahren: §§ 11ff., 60, 62 EHVfO., Antragsrecht § 60 EHVfO., Beschwerderecht, auch des Kreisbauernführers §§ 48, 49 REG., der Anerbenberechtigten insbesondere § 62 EHVfO.

Geschäftswert: § 101 Z. 1 a, b und c, 2 EHVfO.; Gebühren: § 103 Abs. 1 Z. 1 EHVfO.; Verfahren vor dem Grundbuchamt: §§ 50ff. insbesondere 52 EHVfO. Zweckmäßig ist die Veranlassung der Herbeiführung einer Entscheidung des AEG. mit Hilfe des § 18 GBO. vom 5. 8. 1935, RGBl. I 1073.

An die Entscheidung der Anerbenbehörde ist das Grundbuchamt gebunden. Bei Unrichtigkeit des Grundbuchs Eintragung eines Widerspruchs von Amts wegen, § 54 Abs. 1 GBO.

3. Der Übergabevertrag insbesondere.

a) Der Übergabevertrag über einen Erbhof ist als vorweggenommene Erbfolge ein schuldrechtlicher, entgeltlicher, gegenseitiger Vertrag zwischen dem Bauern bzw. den beiden Ehegatten beim Ehegattenerbhof bzw. den an der fortgesetzten Gütergemeinschaft Beteiligten einerseits und dem Übernehmer, der eine bauernfähige Person sein muß, andererseits. In ihm überträgt der Übergeber den Hof auf seinen Anerben und vereinbart regelmäßig für sich und seine Ehefrau einen Altenteil und eine Versorgung zugunsten erbberechtigter Abkömmlinge (vgl. auch RG. 118, 20). Der Vertrag wird unter Lebenden abgeschlossen und ist zu Lebzeiten auszuführen. Er bedarf gemäß § 313 BGB. der gerichtlichen oder notariellen Beurkundung. In ihm liegt gleichzeitig regelmäßig eine Vermögensübernahme gemäß § 419 BGB.

b) Ist der Übernehmer der nächstberechtigte gesetzliche Anerbe gemäß §§ 20ff. REG., § 22 Abs. 2 EHRV. oder der durch Testament oder durch Erbvertrag Berufungsfähige (§§ 25 REG., 20 Abs. 1, 2 und 3 EHRV. — vgl. auch REHG. 2, 213, 236 — §§ 24, 47 Abs. 2, 53 EHRV.), gehört er mithin überhaupt zu dem Kreis der Anerbenberechtigten (vgl. REHG. EHRspr. § 37c Nr. 102), dann braucht es keines wichtigen Grundes zur Genehmigung, es sei denn, daß der Erbhof durch den Übergabevertrag über seine Kräfte belastet wird. Ist der Übernehmer nicht der nächstberechtigte gesetzliche Anerbe oder der durch Testament oder Erbvertrag berufungsfähige Anerbe, dann bedarf es eines wichtigen Grundes, auch wenn der Hof durch die Übergabe nicht über seine Kräfte hinaus belastet werden würde. Der nächstberufene Anerbe darf bei der Übergabe des Hofes nur übergangen werden, wenn er auch bei der Anerbenbestimmung (§ 25 REG.) übergangen werden könnte (Celle EHRspr. § 37 e Nr. 98). Da die Übergabe eine verfrühte Erbfolge ist, ist eine bereits bindende durch Erbvertrag getroffene Bestimmung des Anerben, die einseitig vom Übergeber nicht widerrufen werden kann, zu berücksichtigen, HRR. 1936 Nr. 751.

c) Die Frage, ob der Hof beim Übergabevertrag nach seinen Kräften belastet wird, ist danach zu beantworten, ob der Hof aus seinen Jahreserträgnissen die im Übergabevertrag vorgesehenen wiederkehrenden Leistungen und einen Teil der übernommenen Hauptschuld zu tilgen vermag, REHG. JW. 1935, 1164 Nr. 10, REHG. 1, 171. Die Mündelsicherheitsgrenze soll grundsätzlich durch die Belastungen nicht überschritten werden, wenn ihr auch keine ausschlaggebende Bedeutung zukommt, REHG. EHRspr. § 37 c Nr. 43 und 54; REHG. 1, 5; zur Belastung im Sinne des Abs. 3 des § 37 REG. gehört jegliche, auch die nur persönliche Verpflichtung, die den Hof finanziell beschwert, REHG. JW. 1935, 1160 Nr. 6. Vgl. auch oben Anm. 1 C a.

Entsprechend diesen Grundsätzen ist in der Regel nicht tragbar für den Erbhof: die dingliche Sicherung des Altenteils, von Gutsabstandsgeldern, von Übergabeforderungen und Geschwisterabfindungen, eines Nießbrauchs, des Wegzugsrechts, auch nicht die Vereinbarung von Verpflichtungen auch ohne dingliche Sicherung, soweit die Verpflichtungen über den Rahmen der §§ 30, 31 REG. hinausgehen, insbesondere die Festsetzung eines Kaufpreises, Uebernahmepreises oder Gutsabstandsgeldes durch den Übergeber und alles, was den Charakter kapitalistischer Nutzung an sich trägt, wie die Verzinsung von Ausstattungsbeträgen, das freie Wegzugsrecht gegen Bargeldleistungen, die Fortzahlung der Leibgedingleistungen in voller Höhe auch nach dem Tode des Altenteilers (REHG. EHRspr. § 37 c Nr. 73 u. 97, REHG. 2, 236, HRR. 1937 Nr. 180; 1936 Nr. 555, DNotZ. 1936 S. 104, 103, 484). Auch die Zurückhaltung von Grundstücken, von Waldteilen, von Altenteilshäusern gehört hieher. Desgleichen steht die Vereinbarung eines Nießbrauchsrechts des Übergebers an dem Grundbesitz mit dem Grundgedanken des REG. im Widerspruch, REHG. 2, 245.

Der Wegfall der Festlegung eines Wegzugsrechts hindert aber nicht, daß dann, wenn es durch das Verhalten des Übernehmers erforderlich wird, daß der Altenteiler den Hof verläßt, das Gericht die Verhältnisse regelt. An Stelle der Vereinbarung eines Gutsabstandsgeldes können Barleistungen unter dem Gesichtspunkt des Unterhaltsbedarfs des Übergebers für die Zukunft aufrechterhalten werden, REHG. 2, 236; 3, 273.

d) Wegen des Verfahrens vgl. oben Anm. 2 b. Zu beachten § 36 EHRV.

Beschwerderecht des Kreisbauernführers gemäß §§ 48, 49 REG., weil Abs. 3 des § 37 REG. von Abs. 1 mit erfaßt wird. Wenn die Genehmigung des Übergabevertrags versagt wird, wird auch den Versorgungsberechtigten ein Beschwerderecht einzuräumen sein, aus welchen Gründen die Versorgung auch erfolgt sein mag, da es ihnen keineswegs gleichgültig sein kann, wer den Hof übernimmt. Die Beschwerdeinstanz hat ohne Rücksicht auf den Beschwerdeantrag des Beschwerdeführers die gesamten Bestimmungen des Übergabevertrages nachzuprüfen, REHG. EHRspr. § 37 c Nr. 61, 77, 79. Ein Verbot der Schlechterstellung durch das Beschwerdegericht gibt es nicht, REHG. EHRspr. § 37 c Nr. 85. Keine Zuständigkeit des AEG. ist gegeben für das Begehren auf Verurteilung des Veräußerers zur Auflassung. Dieser Streit gehört vor die ordentlichen Gerichte. Die Verurteilung ersetzt nur die Auflassungserklärung gemäß § 894 ZPO., nicht die anerbengerichtliche Genehmigung. Das Grundbuchamt darf die Auflassung nur vollziehen, wenn das AEG. sie genehmigt hat. RG. EHRspr. § 37 d Nr. 20. Vgl. auch § 40 REG. Anm. 2.

e) Auf Auseinandersetzungsverträge zwischen den an der fortgesetzten Gütergemeinschaft Beteiligten finden die Bestimmungen des § 37 Abs. 3 REG. sinngemäß Anwendung, REHG. EHRspr. § 37 c Nr. 62.

§ 38

Vollstreckungsschutz

(1) In den Erbhof kann wegen einer Geldforderung nicht vollstreckt werden.

(2) Auch in die auf dem Erbhof gewonnenen landwirtschaftlichen Erzeugnisse kann wegen einer Geldforderung nicht vollstreckt werden, jedoch vorbehaltlich der Vorschriften der §§ 39, 59.

1. Umfang des Vollstreckungsschutzes.

a) Der Vollstreckungsschutz wird nur wegen Geldforderungen gewährt. Er greift nur ein, soweit die Bestimmungen des 2. Abschnittes des 8. Buches der ZPO. zur Anwendung kommen und hat keine Geltung, soweit die Bestimmungen des 3. Abschnittes des 8. Buches in Frage stehen. Die Vollstreckung wegen anderer Forderungen als Geldforderungen ist nicht untersagt, es sei denn, daß § 37 REG. zu beachten ist.

Desgleichen ist nicht untersagt die Zwangsvollstreckung, die die Herausgabe einer Sache, die Vornahme einer Handlung oder eine Unterlassung oder die Aufhebung einer Gemeinschaft bezweckt.

b) Geschützt ist der Erbhof und alles, was dazu gehört. Vgl. hiezu die Anmerkungen zu §§ 7, 8 und 9 REG.

Geschützt sind auch:

α) gemäß § 38 EHRV. die Eigentümergrundschuld (Eigentümerhypothek) am Erbhof;

β) gemäß § 38 Abs. 2 REG. die auf dem Erbhof gewonnenen landwirtschaftlichen Erzeugnisse (vgl. hiezu unten Anm. 2);

γ) die an sich nicht zum Erbhof gehörenden Forderungen, die dem Bauern aus dem Verkauf von Erzeugnissen des Erbhofs, und die Miet- und Pachtzinsforderungen, die ihm aus der Vermietung oder Verpachtung von Erbhofgrundstücken zustehen. Hierüber und über den Umfang dieses Vollstreckungsschutzes vgl. § 37 EHRV. Danach ist die Pfändung dieser Forderungen auf Antrag des Bauern vom Vollstreckungsgericht bzw. im Verwaltungszwangsverfahren von der Vollstreckungsbehörde insoweit aufzuheben, als der Bauer die Einkünfte zur Ernährung und Bekleidung für sich und seine Familie sowie zur Erhaltung des Wirtschaftsablaufs des Hofes braucht. Der Schutz greift aber insoweit nicht ein, als der Bauer diesen Bedarf unmittelbar aus den Erzeugnissen des Hofes entnehmen oder aus sonstigen Einkünften decken kann.

Nicht geschützt ist das erbhoffreie Vermögen. Dieses unterliegt nur den allgemein für den Landwirt geltenden Vollstreckungsbeschränkungen. Deshalb kann auch der Offenbarungseid insoweit vom Erbhofbauern verlangt werden. Der Erbhofbauer kann, auch wenn er sich nicht im Entschuldungsverfahren befindet, durch Abgabe der Versicherung, daß er nach bestem Wissen sein Vermögen so vollständig angegeben hat, als er dazu imstande ist, gemäß § 19 d der Verordnung über Maßnahmen auf dem Gebiete der Zwangsvollstreckung vom 26. 5. 1933, RGBl. I 320 in der Fassung der Gesetze vom 22. 3. 1934 und vom 24. 10. 1934 (RGBl. I 231 und 1070) den Offenbarungseid abwenden.

c) Der Vollstreckungsschutz des § 38 REG. richtet sich nicht nur gegen zukünftige, sondern auch gegen schon bestehende Forderungen und Rechte. Er trifft nicht die Rechtsverfolgung im Streitverfahren — es steht insbesondere auch der dinglichen Klage jedenfalls insolange nichts im Wege, als irgendeiner Vollstreckung noch Raum gelassen ist —, sondern nur die Vollstreckungsmaßnahmen, also die Pfändung, die Überweisung, die Pfändungsbenachrichtigung, die Versteigerung, die Immobiliarzwangsversteigerung, die Zwangsverwaltung, die Eintragung einer Zwangshypothek, den dinglichen (nicht auch den persönlichen) Arrest, die einstweilige Verfügung, den Konkurs. Die Erbhofgegenstände gehören nicht zur Konkursmasse. Der Bauer behält auch während des Konkursverfahrens in das erbhoffreie Vermögen die Verwaltung und Verfügung über den Erbhof. War das Konkursverfahren vor dem Inkrafttreten des REG. eröffnet, dann scheidet der Grundbesitz aus der Konkursmasse aus, wenn er am 1. 10. 1933 Erbhof geworden ist. REHG. 1, 57, Gleichgültig ist, ob das Vollstreckungsverfahren am 1. 10. 1933 schon begonnen hatte oder nicht. Ist aber das Verfahren schon vor dem 1. 10. 1933 beendet bzw. der Zuschlag erteilt gewesen — auch wenn er noch nicht rechtskräftig war —, dann greift der Vollstreckungsschutz nicht mehr ein. Auch der Offenbarungseid ist eine Vollstreckungsmaßnahme. Soweit er sich gegen das Erbhofvermögen richtet, ist der Bauer gegen ihn durch § 38 REG. geschützt. Vgl. oben Anm. 1 b und § 39 REG. Anm. 2 a. Schließlich greift auch gegenüber der erlaubten Selbsthilfe (§ 229 BGB.) der Schutz des § 38 REG. ein. Dagegen schließt das Verbot des § 38 REG. die Verurteilung zur Duldung der Zwangsvollstreckung nicht aus, da ein Erfolg der dinglichen Klage immer noch denkbar ist, solange irgendeine Vollstreckung in mithaftende Gegenstände noch möglich ist. Vgl. hieher RG. HRR. 1936 Nr. 473.

d) Der Vollstreckungsschutz ist versagt:

α) gegenüber öffentlichrechtlichen Geldforderungen nach Maßgabe des § 39 REG. (vgl. die Anm. zu § 39 REG. und § 41 EHRV.);

β) vorläufig bis zu einer anderen Regelung für privatrechtliche Geldforderungen gemäß §§ 59, 39 REG. (vgl. die Anm. zu § 59 REG.);

γ) gegenüber Ansprüchen, die gemäß § 1 des Gesetzes zur Versorgung mit Schädlingsbekämpfungsmitteln und Hopfenbindematerial vom 25. 4. 1933 RGBl. I 227 durch ein gesetzliches

Pfandrecht gesichert sind (Früchtepfandrecht). Vgl. § 8 REG. Anm. 1 f.

δ) gegenüber dem gesetzlichen Weideviehpfandrecht für den Gräserkredit gemäß dem Gesetz vom 28. 3. 1934 RGBl. I 254 in Verbindung mit dem 3. u. 4. Gesetz zur Sicherung von Gräserkrediten vom 11. 4. 1936 (RGBl. I 365)/7. 4. 1936 (RGBl. I 443).

ε) gegenüber dem gesetzlichen Pfandrecht auf Grund des Ges. zur Sicherung der Düngemittel- und Saatgutversorgung vom 19. 11. 1936 RGBl. I 939. Vgl. § 8 REG. Anm. 1 f.

e) Das Vollstreckungsgericht, das Grundbuchamt und der Gerichtsvollzieher haben von Amts wegen zu prüfen, ob der Vollstreckungsschutz des REG. eingreift. Bejahendenfalls wird das Vollstreckungsgericht zweckmäßigerweise in Anwendung oder entsprechender Anwendung des § 28 ZVG. das Verfahren einstweilen einstellen. Die Anerbenbehörden können in den Geschäftsbereich der Vollstreckungsgerichte nicht eingreifen, insbesondere können sie auch kein Verfügungsverbot an den vom Vollstreckungsgericht gestellten Zwangsverwalter erlassen. Seine Geschäftsführung steht unter der Aufsicht des Vollstreckungsgerichts. Dem Beteiligten stehen gegen Maßnahmen des Zwangsverwalters nur die in dem ZVG. und in der ZPO. vorgesehenen Rechtsbehelfe zur Verfügung, REHG. 2, 45, vgl. AV. d. RJM. v. 23. 3. 1937 (Anhang Nr. 12).

Wird infolge des Vollstreckungsverbots ein Zwangsversteigerungs- und Zwangsvollstreckungsverfahren aufgehoben, so werden die staatlichen Gebühren des Verfahrens niedergeschlagen. Bereits gezahlte Beträge sind zurückzuerstatten, § 40 EHRV. Die Notariatsgebühren gehören nicht hieher.

f) Wird die Veräußerung eines Grundstücks wegen Gläubigerbenachteiligung angefochten und macht der Beklagte Erlangung der Erbhofeigenschaft geltend, so hat das Streitgericht das Verfahren bis zur rechtskräftigen Entscheidung der Frage der Erbhofeigenschaft auszusetzen, § 39 Abs. 1 EHRV. Das gleiche gilt für die Einrede der Erbhofeigenschaft im Zwangsversteigerungsverfahren für das Vollstreckungsgericht im Falle des § 39 Abs. 2 EHRV. Stellt sich in den beiden genannten Fällen die Veräußerung als unlautere Machenschaft oder als ein Versuch zur mißbräuchlichen Beanspruchung des Vollstreckungsschutzes dar, dann hat das AEG. die Erbhofeigenschaft zu verneinen. Diese Vorschriften gelten auch für am 23. 12. 1936 bereits anhängige Verfahren, § 39 Abs. 3 und 4 EHRV. Vgl. hiezu REHG. EHRspr. § 1 Abs. 1 Nr. 53.

g) Die außer den §§ 38, 39, 59 REG. und den Bestimmungen über das landwirtschaftliche Entschuldungsverfahren sowie über die Osthilfeentschuldung vorhandenen Vollstreckungsschutzbestimmungen gelten nur für das erbhoffreie Vermögen, nicht auch für den Erbhof.

2. Die auf dem Erbhof gewonnenen landwirtschaftlichen Erzeugnisse insbesondere.

Gemeint sind hier die auf dem Erbhof gewonnenen landwirtschaftlichen Erzeugnisse, soweit sie nicht bereits als Hofzubehör gemäß §§ 7 und 8 REG. geschützt sind. Über die vorbehaltenen Vorschriften der §§ 39, 59 vgl. oben Anm. 1 d α und β.

§ 39

Vollstreckung wegen öffentlichrechtlicher Geldforderungen

(1) Wegen öffentlicher Abgaben, wegen eines Anspruchs aus öffentlichen Lasten oder wegen einer sonstigen öffentlichrechtlichen Geldforderung kann in die auf dem Erbhof gewonnenen landwirtschaftlichen Erzeugnisse vollstreckt werden, soweit diese nicht zum Zubehör gehören und nicht zum Unterhalt des Bauern oder seiner Familie bis zur nächsten Ernte erforderlich sind.

(2) Die Vollstreckung gemäß Abs. 1 darf nur beginnen, wenn der Gläubiger einen Monat vorher dem Kreisbauernführer den Vollstreckungstitel sowie die Erklärung hat zustellen lassen, daß er die Zwangsvollstreckung gegen den Bauern einzuleiten beabsichtige.

(3) Innerhalb der Frist kann der Kreisbauernführer, falls er vom Reichsnährstand dazu ermächtigt ist, dem Gläubiger gegenüber schriftlich die Erklärung abgeben, daß er die Schuld für den Reichs-

nährstand übernehme. Durch diese Erklärung wird der Reichsnährstand verpflichtet, den Gläubiger gegen Aushändigung des Vollstreckungstitels nebst einer öffentlich beglaubigten Empfangsbestätigung zu befriedigen. Der Gläubiger kann die Forderung nicht mehr gegen den Bauern geltend machen.

(4) Soweit der Reichsnährstand den Gläubiger befriedigt, geht die Forderung des Gläubigers kraft Gesetzes auf ihn über. Der Reichsnährstand kann aus dem Vollstreckungstitel gegen den Bauern mit der Beschränkung des § 38, § 39 Abs. 1 vollstrecken.

(5) Die Vorschriften der Abs. 2 bis 4 finden keine Anwendung, wenn die Forderung ohne Zinsen und Kosten den Betrag von einhundertfünfzig Reichsmark nicht übersteigt.

1. Umfang der Ausnahmen.

a) Es handelt sich um alle öffentlichrechtlichen Geldforderungen, insbesondere die öffentlichen Abgaben (z. B. die Reichs- und Gemeindesteuern, die Beiträge zum Reichsnährstand usw.) und die Ansprüche aus öffentlichen Lasten (z. B. die Entschuldungsrenten).

Wegen dieser öffentlichrechtlichen Geldforderungen kann nur in die auf dem Erbhof gewonnenen landwirtschaftlichen Erzeugnisse vollstreckt werden, soweit sie nicht zum Zubehör gehören und nicht zum (standesgemäßen) Unterhalt (= Ernährung und Bekleidung) des Bauern oder seiner Familie (aller in die häusliche Gemeinschaft aufgenommener Angehörigen des Bauern einschließlich der adoptierten und Pflegekinder) bis zur nächsten Ernte erforderlich sind. Was zum Zubehör gehört, ist an sich schon durch § 38 REG. geschützt. Die zur Fortführung der Wirtschaft (z. B. zur Ernährung der Arbeitskräfte und zur Fütterung des Viehs) bis zur nächsten Ernte erforderlichen Erzeugnisse sind schon durch § 811 Ziff. 4 ZPO. der Zwangsvollstreckung entzogen.

Alles andere, was Erbhof ist und dazu gehört (vgl. die Anmerkungen zu §§ 7, 8 und 9 REG.), ist auch gegenüber den öffent-

lichrechtlichen Geldforderungen in dem Umfang, wie in § 38 REG. Anm. 1b umschrieben, geschützt. Insbesondere greift auch hier der Schutz des § 37 EHRV. ein (vgl. § 38 REG. Anm. 1 b γ).

b) Wegen der vorläufigen Anwendbarkeit der Bestimmungen der §§ 38, 39 REG. auf die privatrechtlichen Geldforderungen siehe § 59 REG. und die §§ 37—40 EHRV., siehe auch § 38 REG. Anm. 1 b.

2. Voraussetzungen des Beginns des Vollstreckungsverfahrens.

a) Der Gläubiger muß vorher dem Kreisbauernführer formell zustellen lassen (Mitteilung durch einfachen oder eingeschriebenen Brief genügt nicht):

α) den Vollstreckungstitel,

β) die Erklärung, daß er die Zwangsvollstreckung gegen den Bauern einzuleiten beabsichtige (Vollstreckungsankündigung).

Eine Vollstreckungshandlung ohne diese Zustellung ist rechtsunwirksam; die Zustellung ist nicht verzichtbar.

Die Zwangsvollstreckung darf nicht vor Ablauf der Frist von einem Monat seit Zustellung an den Kreisbauernführer beginnen. Berechnung der Frist nach §§ 187ff. BGB. Eine Abkürzung der Frist ist nicht zulässig.

b) Im Verwaltungszwangsverfahren fehlt der Vollstreckungstitel im Sinne der ZPO. Vgl. hiezu § 41 EHRV. Danach wird an Stelle eines Vollstreckungstitels von der Vollstreckungsbehörde eine Bescheinigung mit dem in Abs. 2 des § 41 EHRV. bezeichneten Inhalt dem Kreisbauernführer formell zugestellt. Auch hier genügt die Mitteilung durch einfachen oder eingeschriebenen Brief nicht. Wegen der Schuldübernahme durch den Kreisbauernführer siehe nächste Anm.

3. Übernahme der Schuld auf den Reichsnährstand.

a) Die Übernahme erfolgt durch die Erklärung des Kreisbauernführers gegenüber dem Gläubiger — nicht gegenüber dem Schuldner, sie ist rechtlich bedeutungslos. Die Übernahmeerklärung, die die Ermächtigung des Kreisbauernführers durch den Reichsnährstand voraussetzt und innerhalb der Monatsfrist dem Gläubiger zugehen muß, verpflichtet den Reichsnährstand zur Befriedigung des Gläubigers und gibt diesem ein Klagerecht. Der Erbhofbauer selbst haftet dem Gläubiger nicht mehr.

Geht dem Gläubiger innerhalb der Monatsfrist die Übernahmeerklärung nicht zu, dann kann er mit der Vollstreckung beginnen.

Im Verwaltungszwangsverfahren tritt an Stelle des betreibenden Gläubigers die Vollstreckungsbehörde. Ihr gegenüber gibt der Kreisbauernführer die Übernahmeerklärung ab. Sie befriedigt er durch Bezahlung gegen Aushändigung der Bescheinigung nach Maßgabe des Abs. 4 des § 41 EHRV. Gegen den Schuldner kann er dann nach Maßgabe der Vorschriften über die Beitreibung öffentlicher Abgaben vorgehen.

b) Wegen des Reichsnährstands siehe das Gesetz über den vorläufigen Aufbau des Reichsnährstands und Maßnahmen zur Markt- und Preisregelung landwirtschaftlicher Erzeugnisse vom 13. 9. 1933 (RGBl. I 626) — s. Anhang Nr. 9 —, die 1. Verordnung über den vorläufigen Aufbau des Reichsnährstands vom 8. 12. 1933 (RGBl. I 1060) — s. Anhang Nr. 10—, die Verordnung zur Änderung der ersten Verordnung über den vorläufigen Aufbau des Reichsnährstands vom 26. 4. 1935 (RGBl. I 582), die 2. Verordnung über den vorläufigen Aufbau des Reichsnährstands vom 15. 1. 1934 (RGBl. I 32), die 3. Verordnung über den vorläufigen Aufbau des Reichsnährstands vom 16. 2. 1934 (RGBl. I 100), die Verordnung zur Ergänzung der ersten und dritten Verordnung über den vorläufigen Aufbau des Reichsnährstands vom 23. 6. 1936 (RGBl. I 510), die Verordnung über die Ankündigung der Anordnungen und Festsetzungen des Reichsnährstands vom 19. 12. 1934 (RGBl. I 1272), die 4. Verordnung über den vorläufigen Aufbau des Reichsnährstands vom 4. 2. 1935 (RGBl. I 170) und die Verordnung über die Zusammenlegung der bisherigen Hauptabteilungen III und IV und den Aufbau der neuen Hauptabteilung III im Reichsnährstand vom 4. 2. 1935.

4. Übergang der Forderungen gegen den Bauern auf den Reichsnährstand.

Der Übergang erfolgt kraft Gesetzes. Keine privative Schuldübernahme, sondern eine Ablösung der Schuld durch den Reichsnährstand unter Begründung einer eigenen Verpflichtung gegenüber dem Gläubiger.

Auch für die Vollstreckung des Reichsnährstands gegenüber dem Bauern gelten die Beschränkungen der §§ 38, 39 Abs. 1 REG. Die Umschreibung der Vollstreckungsklausel erfolgt gemäß § 727 ZPO.

5. Sonderbehandlung der kleinen Forderungen.

Für sie entfallen die Vorschriften der Abs. 2 mit 4 des § 39 REG. Es bedarf also keiner Zustellung des Vollstreckungstitels und der Vollstreckungsankündigung an den Kreisbauernführer und die Schuldübernahme durch den Reichsnährstand kommt nicht in Frage. Dagegen gelten auch für die kleinen Forderungen im übrigen die Vollstreckungsbeschränkungen des § 38 REG. und der §§ 37, 38 EHRV. mit dem Abmaße des § 39 Abs. 1 REG.

Maßgebend für die Berechnung des Betrages von 150 RM. ist die Höhe des zur Zeit noch geschuldeten, wenn auch noch nicht fälligen Betrages einschließlich Nebenforderungen, außer den Zinsen und den gerichtlichen und außergerichtlichen Kosten. Dabei werden aber Zinsen und Kosten nur, soweit sie aus dem Betrag von 150 RM. herrühren, nicht mitgerechnet.

5. Abschnitt

Die Anerbenbehörden

§ 40

Grundsatz

(1) Zur Durchführung der besonderen Aufgaben dieses Gesetzes werden Anerbengerichte, Erbhofgerichte und das Reichserbhofgericht gebildet.

(2) In den durch dieses Gesetz den Anerbenbehörden überwiesenen Angelegenheiten können die ordentlichen Gerichte nicht angerufen werden.

1. Die Anerbengerichtsbehörden als bäuerliche Sondergerichte der freiwilligen Gerichtsbarkeit.

a) Den Anerbengerichtsbehörden sind nicht etwa ganz allgemein alle Erbhofsachen zugewiesen. Ihre Gerichtsbarkeit beschränkt sich vielmehr auf die im REG., in der EHRV. und in der EHVfO. aufgeführten Fälle, die ihrer Rechtsnatur nach zum Teil privatrechtliche Ansprüche und Beziehungen betreffen, zum Teil eine beaufsichtigende und überwachende Tätigkeit umfassen.

Die Gerichtsbarkeit der Anerbenbehörden kann nicht durch

Vereinbarung ausgedehnt werden, andererseits kann auf sie auch nicht verzichtet werden.

In den meisten Fällen, auch in solchen mit privatrechtlichem Untergrund, wirken die Anerbenbehörden in ihren Entscheidungen rechtsgestaltend unter billiger Berücksichtigung der Verhältnisse der Beteiligten. Es finden ergänzend nicht etwa die Vorschriften der ZPO., sondern gemäß § 46 REG. und § 11 EHVfO. die Vorschriften des FGG. und erst durch Vermittlung dieses Gesetzes auch Vorschriften der ZPO. sinngemäß Anwendung. Die Anerbenbehörden haben von Amts wegen die zur Feststellung von Tatsachen erforderlichen Ermittlungen anzustellen und die geeigneten Beweise zu erheben, § 12 EHVfO. Die Anberaumung einer mündlichen Verhandlung steht im Ermessen des Gerichts, § 13 EHVfO.

Über die Zuständigkeit der Fideikommißgerichte vgl. § 60 REG. Anm. 2.

b) Wegen des Aufbaues der Anerbenbehörden siehe im einzelnen die §§ 1 bis 10 EHVfO. Die drei im Gesetz vorgesehenen Instanzen sind jeweils mit Berufs- und bäuerlichen Richtern besetzt und entscheiden in der Regel als Kollegialgerichte. Das AEG., gebildet bei dem Amtsgericht, entscheidet teils durch den Berufsrichter, den Vorsitzenden, allein, teils durch den Vorsitzenden mit zwei bäuerlichen Beisitzern (Anerbenrichter), das EHG., gebildet bei dem Oberlandesgericht, durch einen Berufsrichter als Vorsitzenden, zwei weiteren Berufsrichtern und zwei bäuerlichen Beisitzern (den Erbhofrichtern), das REHG., das bei dem Reichsministerium für Ernährung und Landwirtschaft gebildet ist, in der Besetzung des Präsidenten, zweier richterlicher Beamten und zweier bäuerlicher Beisitzer (Reichserbhofrichtern).

2. Ausschließlichkeit der sachlichen Zuständigkeit der Anerbenbehörden.

a) Insoweit die sachliche Zuständigkeit der Anerbenbehörden gegeben ist, fehlt nicht die Zuständigkeit der ordentlichen Gerichte oder der Arbeitsgerichtsbehörden, sondern diese Gerichte können insoweit nicht angerufen werden, es fehlt also die Zulässigkeit des Rechtsweges.

Die ordentlichen Gerichte bzw. die Arbeitsgerichtsbehörden dürfen daher in Streitfällen, die eine zur Zuständigkeit der Anerbenbehörden gehörende Erbhofsache zum Gegenstand haben, auf die Sache selbst nicht eingehen. Sie müssen sie vielmehr von Amts wegen durch Prozeßurteil abweisen. Die Verweisung einer Sache vom Streitgericht an das AEG. und umgekehrt ist unzulässig.

Entscheidend für die Frage, ob das ordentliche bzw. das Arbeitsgericht oder die Anerbenbehörde im einzelnen Falle zuständig ist, ist das Parteibegehren im Zeitpunkt vor der Entscheidung ohne Rücksicht auf Richtigkeit und Beweisbarkeit und die Rechtsnatur des in ihm geltend gemachten Verlangens.

In vielen Fällen, namentlich auch dann, wenn den Anerbenbehörden nur eine Genehmigung oder Zustimmung obliegt, muß die Tätigkeit der streitigen ordentlichen oder Arbeitsgerichtsbarkeit, oder der ordentlichen freiwilligen Gerichtsbarkeit und die Tätigkeit der Anerbenbehörden in Anspruch genommen werden. So wird zu der Frage, ob ein Anspruch, der dinglich gesichert werden soll, zu Recht besteht, durch die Erteilung der anerbengerichtlichen Genehmigung nicht Stellung genommen. Ist dieser Anspruch streitig, so steht die Entscheidung hierüber dem ordentlichen Gerichte zu. Durch die Erteilung der anerbengerichtlichen Genehmigung wird dieser Entscheidung nicht vorgegriffen. HRR. 1936 Nr. 1316. Das AEG. kann auch nicht die Bestimmungen des Verpflichtungsgeschäfts ändern, HRR. 1936 Nr. 1314. Über die Frage, ob nach allgemeinem bürgerlichen Recht eine schuldrechtliche Verpflichtung zur Veräußerung des Hofes besteht, hat für Fälle von Verpflichtungsgeschäften aus der Zeit vor dem 23. 12. 1936, dem Tage des Inkrafttretens der EHRV., ausschließlich das ordentliche Gericht zu entscheiden. Die Verurteilung zur Auflassung entbindet aber nicht von der Verpflichtung, die Genehmigung des AEG. nachzuweisen. Das ordentliche Gericht entscheidet über die nach allgemeinem bürgerlichen Recht zu beurteilende Verpflichtung des Übergebers, das AEG. prüft die Erfüllbarkeit nach Erbhofrecht. Vgl. Oberlandesgericht München in DJ. 1937 S. 127. Für Verpflichtungsgeschäfte, die seit dem 23. 12. 1936 abgeschlossen wurden, sind die §§ 33 und 36 EHRV. zu beachten. Vgl. auch § 37 REG. Anm. 1 B a.

Hat das Streitgericht rechtskräftig die Unzulässigkeit des Rechtswegs ausgesprochen, dann hat es dabei sein Bewenden. Hat es unter irrtümlicher Annahme der Zulässigkeit des Rechtswegs sachlich rechtskräftig entschieden, dann ist das Urteil unter den Parteien des Streits und auch für die Anerbenbehörde wirksam (§ 17 Abs. 1 GVG.). Dagegen ist umgekehrt eine Entscheidung einer Anerbenbehörde trotz mangelnder sachlicher Zuständigkeit wirkungslos.

b) Aus der ausschließlichen Zuständigkeit der Anerbenbehörden folgt nicht, daß andere Gerichte über eine Frage, deren endgültige Entscheidung den AEG. obliegt, auch nicht als Zwischen- oder Vorfrage entscheiden dürfen. Zur Vermeidung widersprechender Entscheidungen wird je nach Lage des Falles Aussetzung gemäß § 148 ZPO. am Platze sein. Entscheidet dann die Anerbenbehörde über die Zwischenfrage rechtskräftig, dann ist das andere Gericht daran gebunden.

Auch die Anerbenbehörden können in den Beschlußgründen über ihnen an sich nicht zugewiesene Fragen als Zwischen- oder Vorfragen entscheiden, eventuell aussetzen. Obwohl eine Aussetzungsbefugnis nicht ausdrücklich gesetzlich festgelegt ist, ist sie aus Zweckmäßigkeitsgründen nicht zu entbehren. Über die Aussetzung entscheidet das AEG. in seiner vollen Besetzung, nicht der Vorsitzende allein.

Die Entscheidung ist mit einfacher Beschwerde an das Erbhofgericht anfechtbar. Vgl. § 10 REG. Anm. 1 d, e und f.

§ 41

Das Anerbengericht

(1) Das Anerbengericht wird durch die Landesjustizverwaltung bei dem Amtsgericht für dessen Bezirk gebildet. Die Landesjustizverwaltung kann den Bezirk anders bestimmen; sie kann insbesondere bestimmen, daß für mehrere Amtsgerichtsbezirke nur ein Anerbengericht gebildet wird.

(2) Das Anerbengericht entscheidet in der Besetzung von einem Richter als Vorsitzenden und zwei Bauern.

(3) Der Vorsitzende und sein ständiger Stellvertreter werden von der Landesjustizverwaltung er-

nannt, und zwar regelmßig für die Dauer des Kalenderjahrs. Sie sollen mit den Erbgewohnheiten der bäuerlichen Bevölkerung vertraut sein.

1. Das Anerbengericht beim Amtsgericht.

Die Landesjustizverwaltungen sind in Durchführung des Gesetzes zur Überleitung der Rechtspflege auf das Reich vom 16. 2. 1934 RGBl. I 91 beseitigt worden.

Über die Geschäftsstelle siehe § 9 EHVfO., über Amtsverschwiegenheit § 10 EHVfO.

Das AEG. gilt bezüglich Verwaltung und Dienstaufsicht als Teil des Amtsgerichts, AV. RJM. vom 27. 4. 1935 (I a 6668 DJ. S. 654), vgl. Anhang Nr. 5.

Vgl. auch AV. RJM. vom 18. 12. 1935 und vom 18. 3. 1937 DJ. 1851 und 415. Siehe dort auch das Verzeichnis der Anerbengerichte.

Für das Saarland vgl. AV. RJM. über die Einführung des Erbhofrechts im Saarland vom 29. 4. 1935 DJ. 655 — Anhang Nr. 6.

2. Besetzung des AEG.

Über die Amtsbezeichnung und die Entschädigung der bäuerlichen Beisitzer, über ihre Bestellung, ihre Heranziehung zur Dienstleistung, ihre Beeidigung, die Bedeutung ihres Richteramtes, ihre Ausschließung und Ablehnung vgl. §§ 1, 2, 3 EHVfO.

Der Vorsitzende allein entscheidet in den Fällen der §§ 19, 20 Abs. 3, 46 Abs. 3, 47 Abs. 2, 112 Abs. 2, 113 EHVfO., ferner handelt er allein in den Fällen, in welchen es sich nicht um eine erkennende Tätigkeit handelt, z. B. §§ 29, 35, 36, 38 EHVfO. (Anlegung der Erbhöferolle).

3. Der Vorsitzende und der stellvertretende Vorsitzende des AEG.

Über ihr Amt und ihre arische Abstammung vgl. §§ 5 und 8 EHVfO.

§ 42

Örtliche Zuständigkeit des Anerbengerichts

(1) Zuständig ist das Anerbengericht, in dessen Bezirk sich die Hofstelle des Erbhofs befindet.

(2) Bestehen Zweifel, so bestimmt der Präsident des Erbhofgerichts das zuständige Anerbengericht.

1. Das Gericht der Hofstelle.

Entscheidend ist die Lage der Hofstelle. Liegt sie über der Grenze zweier Gerichtsbezirke, dann entscheidet die Lage des größeren Teils der Hofstelle. Fehlt die Hofstelle, dann ist der Ort maßgebend, wo sie zuletzt war, bzw. wo sie soeben neu errichtet wird. Hat der Bauer mehrere Hofstellen in verschiedenen Gerichtsbezirken, dann entscheidet jeweils die Hofstelle des einzelnen Erbhofs für den betreffenden Erbhof. Eine Vereinbarung der örtlichen Zuständigkeit eines AEG. ist nichtig.

Für gerichtliche Handlungen des örtlich unzuständigen Gerichts gilt § 7 FGG., § 11 EHVfO., § 46 REG. Sie sind nicht unwirksam.

Nach obigen Grundsätzen regelt sich auch die örtliche Zuständigkeit des Kreisbauernführers. Vgl. § 54 REG.

2. Entscheidung des Präsidenten des Erbhofgerichts in Zweifelsfällen.

Es entscheidet der Präsident des gemeinschaftlichen EHG. der in Frage kommenden AEGe. Fehlt ein solches, dann entscheidet der Präsident des EHG., in dessen Bezirk die Sache zuerst das AEG. beschäftigte, § 5 FGG., § 11 EHVfO.

Eine Anfechtung der Entscheidung des Präsidenten des EHG. findet nicht statt. Die Frage, ob die materielle Voraussetzung, nämlich Zweifel darüber, welches AEG. zuständig sei, vorlag, ist der Nachprüfung entzogen. REHG. 2, 138. Der Präsident kann aber seine Entscheidung nachträglich ändern.

Die Bestimmung des zuständigen AEG. durch den Präsidenten des EHG. bewirkt nicht auch den Übergang der Zuständigkeit auf den Kreisbauernführer dieses Bezirks. Vgl. REHG. 2, 138. Über die örtliche Zuständigkeit des Kreisbauernführers vgl. § 54 REG.

§ 43

Das Erbhofgericht

(1) Für jedes Land wird durch die Landesjustizverwaltung bei einem von ihr zu bestimmenden

Oberlandesgericht ein Erbhofgericht gebildet. Für mehrere Länder kann durch die beteiligten Länder ein gemeinschaftliches Erbhofgericht gebildet werden. In einem Lande können auch mehrere Erbhofgerichte gebildet werden.

(2) Das Erbhofgericht entscheidet in der Besetzung von einem Richter als Vorsitzenden, zwei weiteren Richtern und zwei Bauern.

(3) Die Vorschriften des § 41 Abs. 3 finden entsprechende Anwendung.

1. Organisation der Erbhofgerichte.

Mehrere EHGe. hat Bayern gebildet. Ein gemeinsames EHG. für das ganze Land hat Preußen gebildet: Das Landeserbhofgericht Celle. Es umfaßt auch die Gebiete von Anhalt, Lippe und Schaumburg-Lippe, Lübeck und Cuxhaven.

Das EHG. Oldenburg für Oldenburg und Bremen. Das EHG. für das Saarland ist bei dem Oberlandesgerichte Köln eingerichtet (Senate in Saarlouis), vgl. AVdRJM. über Einführung des Erbhofgerichts im Saarland vom 29. 4. 1935 DJ. 655 — Anhang Nr. 6 —. An Stelle der Landesjustizverwaltungen ist jetzt das RJM. für die Bildung von EHGen zuständig, vgl. AVdRJM. vom 27. 4. 1935 (I a 6668) DJ. S. 654 — Anhang Nr. 5 —.

Abgesehen von dem Landeserbhofgericht Celle sind die EHG.e bezüglich Verwaltung und Dienstaufsicht ein Teil der Oberlandesgerichte.

Zuständig sind die EHG.e für die Entscheidung über Beschwerden gegen Beschlüsse der AEGe. § 48 REG. Verfahren § 46 REG., §§ 22ff. EHVfO.

2. Besetzung.

Über die arische Abstammung der beamteten Richter vgl. § 8 EHVfO.; über die Vorsitzenden und stellvertretenden Vorsitzenden § 5 EHVfO.; über die Erbhofrichter § 4 EHVfO.; über die Geschäftsstelle § 9 EHVfO., über die Amtsverschwiegenheit § 10 EHVfO.

§ 44

Ernennung der bäuerlichen Beisitzer

Die bäuerlichen Beisitzer der Anerbengerichte werden auf Vorschlag des Landesbauernführers, die bäuerlichen Beisitzer der Erbhofgerichte auf Vorschlag des Reichsbauernführers durch die Landesjustizverwaltung ernannt. Außer den Beisitzern ist die erforderliche Zahl von Stellvertretern zu ernennen.

1. **Ernennung jetzt durch das Reichsjustizministerium.**
Über Einzelheiten siehe §§ 2, 3 und 4 EHVfO.

Als Beisitzer können nur vorgeschlagene Bauern berufen werden. Die Berufung erfolgt auf die Dauer von 3 Jahren. Rechtsmittel gegen die Berufung oder Nichtberufung fehlen.

Über Bestallungen für Erbhofrichter usw. vgl. RV. vom 12. 9. 1935 (VI a 962).

§ 45

Rechtsverhältnisse und Entschädigung der bäuerlichen Beisitzer

(1) Für die Rechtsverhältnisse und die Entschädigung der bäuerlichen Beisitzer gelten die für die Schöffen bestehenden Vorschriften der §§ 31 bis 33, § 35 Nr. 1 und 5, §§ 51 bis 56 des Gerichtsverfassungsgesetzes sinngemäß mit der Maßgabe, daß es einer Mitwirkung der Staatsanwaltschaft hier nicht bedarf.

(2) Über die im Schlußsatz des § 55 des Gerichtsverfassungsgesetzes gegebene Aufsichtsbeschwerde entscheidet endgültig bei den Anerbengerichten der Landgerichtspräsident und bei den Erbhofgerichten der Präsident des Oberlandesgerichts.

(3) Wird das Fehlen einer Voraussetzung für die

Berufung zum Beisitzeramt nachträglich bekannt oder fällt eine Voraussetzung nachträglich fort, so wird der Beisitzer von der Stelle, welche ihn ernannt hat, seines Amtes enthoben; vor der Entscheidung ist der Beisitzer zu hören. Die Entscheidung ist endgültig.

1. Sinngemäße Anwendbarkeit von Vorschriften des GVG.

Das Amt der bäuerlichen Beisitzer ist ein Ehrenamt, § 31 GVG. — Anhang Nr. 3 —.

Über Unfähigkeitsgründe vgl. §§ 32, 33, 52, 53 GVG. — Anhang Nr. 3 —, über die Gründe für die Ablehnung der Berufung als Beisitzer § 35 GVG. Die Vorschriften über die Vereidigung bestimmt § 51 Abs. 1 bis 6 GVG., über die Entschädigung der Beisitzer § 55 GVG., über die Ordnungsstrafen gegen Beisitzer § 56 GVG.

Wegen der Entschädigung der bäuerlichen Beisitzer gilt nunmehr die Verordnung vom 24. 7. 1934 RGBl. I 771. Danach bemißt sich die Entschädigung nach der Verordnung über die Entschädigung der Arbeitgeberbeisitzer der Arbeitsgerichtsbehörden vom 17. 2. 1932 RGBl. I 74 in der Fassung vom 28. 2. 1934 RGBl. I 173, 258. Vgl. Anhang Nr. 4.

Vgl. auch § 1 Abs. 2 EHVfO.

2. Aufsichtsbeschwerde wegen der Höhe der Entschädigung und Fahrkosten.

Bei dem Landeserbhofgericht Celle entscheidet hierüber der Präsident dieses Gerichts.

3. Enthebung des Beisitzers vom Amt.

Regelmäßige Beendigung des Beisitzeramtes: mit dem Ablauf der Amtszeit und mit dem Tode.

Außerordentliche Beendigung: Amtsenthebung. § 52 GVG. ist im wesentlichen durch § 45 Abs. 3 REG. ersetzt.

§ 46

Verfahren

(1) Das Verfahren vor den Anerbengerichten und Erbhofgerichten wird in Anlehnung an die Grundsätze des Verfahrens in Angelegenheiten der frei-

willigen Gerichtsbarkeit durch Verordnung des Reichsministers der Justiz und des Reichsministers für Ernährung und Landwirtschaft geregelt.

(2) Die Verordnung kann eine Vorentscheidung des Vorsitzenden und die Erhebung von Beweisen durch einzelne Mitglieder des Gerichts vorsehen.

1. **Verfahrensordnung auf der Grundlage des FGG.**

Maßgebend sind die §§ 11ff. EHVfO. vom 21. 12. 1936 RGBl. I 1069. Ersatzweise findet das FGG. sinngemäß Anwendung. § 11 EHVfO.

Aus diesen Vorschriften ist hervorzuheben:

a) Amtsbetrieb § 12 Abs. 1 EHVfO. (vgl. § 12 FGG.). Die Einleitung des Verfahrens wird regelmäßig durch einen Antrag veranlaßt, der abgesehen vom Falle des § 58 Abs. 1 EHVfO. wieder zurückgenommen werden kann. Über Art und Umfang der Ermittlungen entscheidet das freie Ermessen des Gerichts. An den Parteivortrag, die Beweisangebote, die Geständnisse der Parteien ist das Gericht nicht gebunden. Das Gericht ist nicht verpflichtet, im Verfahren nicht geltend gemachte gesetzliche Merkmale der Erbhofeigenschaft zu berücksichtigen, wenn das Vorhandensein der Merkmale als selbstverständlich vorausgesetzt werden konnte, HRR. Nr. 112.

b) Prozeßvertretung, Antragsrecht der Rechtsanwälte und Notare §§ 14, 64 EHVfO. Zur Wirksamkeit einer Vollmachtserteilung bedarf es im Verfahren vor den Anerbenbehörden keiner schriftlichen Vollmacht. Es genügt eine formlose, ausdrückliche oder stillschweigende Übertragung der Vollmacht. Das Gericht kann aber die Vollmacht auch in urkundlicher Form, ja selbst in Gestalt einer öffentlich beglaubigten Urkunde fordern, § 14 EHVfO. Das gilt aber nur für den Nachweis der Berechtigung des Vertreters gegenüber dem Gericht, dessen Prüfungspflicht dadurch erleichtert werden soll. Für das Vorhandensein eines rechtswirksamen Vollmachtsverhältnisses ist diese Vorschrift ohne Bedeutung, REHG. 3, 372, REHH. HRR. 1937 Nr. 390. Ein **Kreisbauernführer** kann nicht als Vertreter oder Bevollmächtigter eines Beteiligten auftreten oder tätig werden. Von der Antragstellung des Notars ist zu unterscheiden die einfache Vorlage der Urkunde durch den Notar an das AEG. ohne Antragstellung. In diesem Falle handelt der Notar lediglich als Bote. Wenn der Notar gemäß § 64 EHVfO. den Antrag gestellt hat, hat die Zustellung an ihn, nicht an den Vertretenen zu erfolgen. Nur die Zustellung an ihn kann die Rechtsmittelfrist in Lauf setzen, REHG. 1, 308; 2, 312, vgl. § 48 REG. Anm. 1 d. Reicht der Notar einen von ihm beurkundeten Antrag zur Genehmigung ein, dann ist anzunehmen, daß er die Genehmigung namens aller Antragsberechtigten beantragt, REHG. JW. 1936 S. 2722 Nr. 24.

c) Vorbereitung der Entscheidung vor der mündlichen Verhandlung durch Aufklärungsmaßnahmen, § 16 EHVfO., § 272 b ZPO. Kein Rechtsmittel gegen eine solche Anordnung! Einstweilige Anordnungen auf Antrag oder von Amtswegen, § 12 Abs. 3 EHVfO. (keine Zuständigkeit der AEG.e zur Einstellung der Zwangsvollstreckung! Auch keine Zuständigkeit zur Erlassung eines Verfügungsverbots an den Zwangsverwalter, vgl. § 38 REG. Anm. 1 e).

d) Über die Befugnis des Antragsberechtigten, sich einem bereits anhängigen Verfahren anzuschließen, vgl. §§ 55 ff. EHVfO. Über die Möglichkeit der Stellung eines neuen Antrags auf Entscheidung über die Erbhofeigenschaft vgl. § 56 EHVfO., desgl. auf Entscheidung über die Bauernfähigkeit vgl. § 57 EHVfO., über Beschränkungen für die Rücknahme von Anträgen § 58 EHVfO.

e) Rechtliches Gehör der Beteiligten § 12 Abs. 2 EHVfO. Sollvorschrift! Das Gericht hat aber pflichtgemäß die Belange der Beteiligten zu prüfen und zu erwägen, wer nach Lage der Sache erwarten kann, daß er vermöge seiner Interessen gehört wird. Ob schriftliches oder mündliches Gehör, ist Ermessenssache des Gerichts. Die Anhörung einer Partei macht diese noch nicht zum Beteiligten, die Nichtanhörung nimmt ihr nicht die Eigenschaft des Beteiligten. Gemeint ist die sachliche Beteiligung, also die unmittelbare Beeinflussung der Rechte und Pflichten durch das Verfahren. Die sachliche Beteiligung ist verschieden je nach der Art der zu entscheidenden Sache.

f) Fakultative mündliche Verhandlung, § 13 EHVfO. Über ihre Anberaumung entscheidet das Gericht, nicht der Vorsitzende. Ein selbständiger Beschwerdegrund wegen Nichtanordnung der mündlichen Verhandlung nur bei Ermessensmißbrauch (REHG. 1, 2). Die Verhandlung ist nicht öffentlich.

Recht des Kreis-, Landes- und Reichsbauernführers und seines Beauftragten zur Anwesenheit § 10 EHVfO. Kein Versäumnisverfahren! Das Gericht hat auch die Aussetzungsbefugnis. Der Beschluß auf Aussetzung ist mit sofortiger Beschwerde durch die Beteiligten anfechtbar, soweit durch die Aussetzung ihr Recht auf richtige Besorgung ihrer Angelegenheit und sachgemäße Gestaltung des Verfahrens verletzt wird. Die Beschwerde geht an die Anerbenbehörde der höheren Instanz, REHG. 2, 361. Bei Tod des Antragstellers keine Unterbrechung des Verfahrens; dasselbe wird für und gegen den Rechtsnachfolger durchgeführt. Auch die Erteilung einer Genehmigung zu einer Veräußerung ist nach dem Tode des Antragstellers noch zulässig. Soll aber die Besitzung durch Übergabevertrag auf den gesetzlich berufenen Anerben übertragen werden, dann erübrigt sich die Genehmigung, da der Hof an sich schon kraft Gesetzes angefallen ist. Vgl. REHG. 2, 144, 235. Enthält der Übergabevertrag aber auch Belastungen, so wird insoweit sachlich entschieden, REHG. 2, 254.

g) Güteversuch für besondere Fälle. Sollvorschrift! § 15 Abs. 1 EHVfO. Er ist aber auch sonst zulässig.

h) Prozeßvergleich nur in besonders bezeichneten Fällen, § 15 Abs. 1 und 2 EHVfO. Die Niederschrift des Vergleichs enthält nicht gleichzeitig eine nach § 37 REG. erforderliche Genehmigung. Sie ist durch besonderen Beschluß auszusprechen.

i) Beweisaufnahme: § 17 EHVfO. Art und Umfang bestimmt das Gericht. Alle Beweismittel der ZPO. mit Ausnahme der eidlichen Vernehmung eines Beteiligten stehen zur Verfügung. Die Beweiserhebung erfolgt nach den Regeln der ZPO, § 15 FGG., § 11 EHVfO. Über Gebühren von Zeugen und Sachverständigen vgl. § 118 EHVfO. und § 51 REG. Anm. 1 f. Das Gericht kann auch eines seiner Mitglieder beauftragen; sinngemäße Anwendung der Vorschriften der ZPO. über das Verfahren vor dem beauftragten Richter. Ein Recht auf Anwesenheit bei den Zeugenvernehmungen und ein Recht auf Vorhaltungen an die Zeugen steht den Beteiligten nicht zu (REHG. EHRspr. DVO. I § 11 Nr. 28). Dagegen ist dem Kreis-, Landes- und Reichsbauernführer und seinem Beauftragten die Anwesenheit bei den Zeugenvernehmungen, wenn sie in der mündlichen Verhandlung erfolgen, gestattet, § 10 Abs. 1 EHVfO.

k) Über Amtshilfe vgl. § 18 EHVfO.

l) Vorentscheidung des Vorsitzenden und Einspruch in besonderen Fällen: §§ 19, 20 EHVfO. Über den Einspruch entscheidet das vollbesetzte Gericht. Keine Abänderungsbefugnis des Vorsitzenden allein. Wiedereinsetzung in den vorigen Stand gegen die Versäumung der Einspruchsfrist durch unanfechtbare Entscheidung des Vorsitzenden allein. Der Antrag auf Wiedereinsetzung muß binnen 2 Wochen bei dem Beschwerdegericht eingehen; die Frist beginnt mit dem Wegfall der Umstände, die den Beschwerdeführer an der Innehaltung der Beschwerdefrist gehindert haben.

m) Die Sachentscheidung: § 21 EHVfO. Nach dem Gesetz zur Überleitung der Rechtspflege auf das Reich vom 16. 2. 1934 RGBl. I 91 sprechen sämtliche Gerichte Recht im Namen des deutschen Volkes. Die Anweisung für den Geschäftsgang des REG. vom 2. 5. 1934 DJ. 594 schreibt für das Reichserbhofgericht eigens vor, daß die Beschlüsse dieses Gerichts mit der Überschrift: „Im Namen des deutschen Volkes" zu versehen sind. Für AEG. und EHG. gilt dasselbe gemäß AV. d. RJM. vom 25. 3. 1937 DJ. 526, Anhang Nr. 13. Offenbare Unrichtigkeiten können in sinngemäßer Anwendung des § 319 ZPO. berichtigt werden. Die Entscheidung ist allen Beteiligten zuzustellen, auch wenn sie nicht gehört worden sind. Beteiligte im Sinne des § 21 Abs. 5 EHVfO. sind außer dem Eigentümer der Besitzung, den Personen, deren Eigentum von der Erbhofeigenschaft abhängt und außer den Bauernführern nur diejenigen Antrags- und Beschwerdeberechtigten, die tatsächlich an dem betreffenden Verfahren teilgenommen haben, sei es als ursprüngliche Antragsteller, sei es durch Anschluß aus eigenem Antrieb oder zufolge Zuziehung durch das Gericht, REHG. 2, 95. Der persönliche oder dingliche Gläubiger, der eine Feststellung über die Bauernfähigkeit des Eigentümers des Hofes beantragt hat, ist im Verfahren zur Genehmigung der Hofesübergabe nicht Beteiligter, REHG. DNotZ. 1937 S. 95. Die Zustellung erfolgt nach den Vorschriften der ZPO. über die Zustellung von Amts wegen, §§ 11 EHVfO., 16 FGG., 208ff. ZPO. Die Entscheidungen, die einen Ehegattenerbhof betreffen, sind beim Güterstand der allgemeinen Gütergemeinschaft auch der Ehefrau als Beteiligter zuzustellen (REHG. EHRspr. DVO. I § 21 Nr. 9, REGH. 1, 284). Bei der fortgesetzten Gütergemeinschaft ist die Entscheidung über die Erbhofeigenschaft allen Mitgliedern der fortgesetzten Gütergemeinschaft zuzustellen. Vgl. Celle EHRspr. § 5 REG. Nr. 2. Wenn ein Bevollmächtigter den Beteiligten vertritt, ist dem Bevollmächtigten zuzustellen, die Zustellung an den Beteiligten selbst würde die Beschwerdefrist nicht in Lauf setzen, REHG. EHRspr. DVO. I § 21 Nr. 11. Das gleiche gilt auch für den Notar als Bevollmächtigten, siehe hierüber oben Anm. **1** b und § 48 REG. Anm. **1** d. Vgl. auch REHG. 1, 308; 2, 312.

n) Sofortige Beschwerde und sofortige weitere Beschwerde, vgl. §§ 48, 49 REG. nebst Anmerkungen. Nach Zurücknahme der Beschwerde bzw. der sofortigen weiteren Beschwerde ist über die Tragung und Verteilung der Kosten und die Erstattung der außergerichtlichen Kosten zu entscheiden, § 107 EHVfO. Vgl. REHG. 3, 348.

o) Verfahren vor dem Erbhofgericht, vgl. insbesondere §§ 22, 23 EHVfO. Siehe auch § 43 REG.

p) Über die besonderen Vorschriften für die Anlegung der Erbhöferolle und das Erbhofbuch vgl. §§ 27—49 EHVfO. Über das Verfahren des Grundbuchamts im Anlegungsverfahren siehe §§ 50—53 EHVfO. Über die Besonderheiten des Feststellungsverfahrens §§ 54—58 EHVfO., des Genehmigungsverfahrens §§ 59—66 EHVfO., des Verfahrens zur Auseinandersetzung über einen Ehegattenerbhof bei Ehescheidung §§ 67—72 EHVfO., des Verfahrens gegen den schlecht wirtschaftenden und bauernunfähigen Erbhofeigentümer §§ 73 mit 98 EHVfO.

q) Über Rechtskraft und Vollstreckung vgl. § 50 REG., über Rechtskraft bei der Entscheidung über die Erbhofeigenschaft siehe insbesondere § 56 EHVfO.

r) Über das Kostenwesen, Gebühren und Auslagen: § 51 REG. mit Anmerkungen dort, §§ 99—119 EHVfO.

s) Über die Gebühren der Rechtsanwälte § 116 EHVfO., vgl. § 51 REG. Anm. **1** g.

t) Über die Gebühren der Notare: § 117 EHVfO., vgl. § 51 REG. Anm. **1** h.

2. Die Vorentscheidung des Vorsitzenden und das beauftragte Gerichtsmitglied insbesondere:

Siehe hiezu die Ausführungen oben unter Anm. **1** l und i.

§ 47

Das Reichserbhofgericht

Einrichtung, Verfahren und Sitz des Reichserbhofgerichts werden durch Verordnung des Reichsministers der Justiz und des Reichsministers für Ernährund und Landwirtschaft geregelt. Dabei kann vorgesehen werden, daß die Entscheidungen des Reichserbhofgerichts der Bestätigung durch den Reichsminister für Ernährung und Landwirtschaft bedürfen.

1. Einrichtung, Verfahren und Sitz des Reichserbhofgerichts.

Das REHG. entscheidet über die weitere Beschwerde gegen die Entscheidung des EHG. § 49 Abs. 3 REG. Es ist beim Reichsministerium für Ernährung und Landwirtschaft gebildet. Im übrigen siehe über den Aufbau und die Einrichtung des Gerichts, seiner Senate und des großen Senats §§ 6 und 7 EHVfO., über das Verfahren im besonderen §§ 22—26 EHVfO. Vgl. auch die Anweisung für den Geschäftsgang des REG. vom 2. 5. 1934, DJ. 594.

Von der gesetzlichen Möglichkeit, die Wirksamkeit der Entscheidungen des Reichserbhofgerichts von der Bestätigung durch den Reichsernährungsminister abhängig zu machen, wurde bisher kein Gebrauch gemacht.

§ 48

Sofortige Beschwerde

(1) Gegen die Entscheidungen des Anerbengerichts findet die sofortige Beschwerde statt. Die Beschwerdefrist beträgt zwei Wochen.

(2) Gegen Entscheidungen, welche das Anerbengericht auf Grund des § 10, § 15 Abs. 3, § 18, § 21 Abs. 3, § 25, § 37 Abs. 2 getroffen hat, kann die sofortige Beschwerde auch von dem Kreisbauernführer eingelegt werden. Das Anerbengericht hat

die vorerwähnten Entscheidungen dem Kreisbauernführer von Amts wegen zuzustellen.

(3) Über die Beschwerde entscheidet das Erbhofgericht.

1. **Rechtsbehelfe gegen die Entscheidung des Anerbengerichts. Beschwerdefrist.**

a) Zu unterscheiden ist:

α) die Dienstaufsichtsbeschwerde, sie regelt sich nach den allgemeinen Justizverwaltungsvorschriften. Vgl. auch § 45 Abs. 2 REG.;

β) die Wiedereinsetzung in den vorigen Stand, §§ 20 Abs. 3, 11 EHVfO., §§ 22, 29 FGG.;

γ) die Erinnerung, §§ 113, 116, 117 EHVfO. in Verbindung mit §§ 103—107 ZPO.;

δ) der Einspruch, §§ 19, 20, 37, 38, 39, 40, 46, 47 EHVfO.;

ε) die einfache Beschwerde §§ 114, 116, 11 EHVfO. in Verbindung mit § 8 FGG. und §§ 178ff. GVG.; § 45 REG. in Verbindung mit § 56 BGG. und mit §§ 306, 307 StPO.; §§ 18, 11 EHVfO. in Verbindung mit § 2 FGG. und § 159 GVG. Im übrigen kennt das REG. die einfache Beschwerde nicht. Vgl. auch HRR. 1936 Nr. 1319;

ζ) die sofortige Beschwerde, die im Gegensatz zur einfachen Beschwerde nur binnen einer Notfrist von 2 Wochen eingelegt werden kann, § 48 REG.

Über die Rechtsbehelfe zu β und γ entscheidet der Vorsitzende des AEG. allein, über die zu γ und δ das vollbesetzte AEG., über die Rechtsbehelfe unter ε und ζ das EHG., soweit die einfache Beschwerde unter Ziff. ε sich nicht im Amtshilfeverfahren gegen ein anderes Gericht als das AEG. richtet. In letzterem Falle entscheidet über die Beschwerde das Landgericht.

b) Die sofortige Beschwerde im besonderen ist gegeben gegen alle den Rechtszug abschließenden Sachentscheidungen des AEG. mit Ausnahme der Fälle der §§ 32 und 36 und des § 27 REG., letzterer in Verbindung mit § 12 Abs. 2 EHRV., in welchen das AEG. endgültig entscheidet.

Dagegen ist bei Streitigkeiten über vertragliche Versorgungsansprüche gemäß § 36 EHRV. die sofortige Beschwerde gegeben. Sie ist weiter gegeben insbesondere im Falle des § 107 EHVfO. in Verbindung mit § 104 Abs. 3 ZPO.; ferner im

Falle der einstweiligen Anordnung gemäß § 12 Abs. 3 EHVfO. und der Entscheidung nach §§ 110, 112 EHVfO. In diesen Fällen kann die Anfechtung nur zusammen mit der Entscheidung in der Hauptsache erfolgen. Auch gegen den Beschluß auf Aussetzung des Verfahrens ist die sofortige Beschwerde gegeben, REHG. 2, 361.

c) Beschwerdeberechtigt ist — abgesehen hier von dem Kreisbauernführer und dem Landesbauernführer, siehe hiezu Anm. 2 — derjenige, dessen Recht durch den entscheidenden Teil der Entscheidung beeinträchtigt ist, § 11 EHVfO, § 20 Abs. 1 FGG. Dazu ist erforderlich, daß ein wirklicher Eingriff in die rechtliche Stellung und zwar in ein bestimmtes subjektives Recht des Anerben oder eines Dritten vorliegt. Eine nur wirtschaftliche Beeinträchtigung seiner rechtlichen Befugnisse reicht nicht aus, solange dadurch nicht die Rentabilität und die bisherige Wirtschaftsführung des Erbhofs ernstlich in Frage gestellt wird. Das Recht, dessen Beeinträchtigung die Beschwerdebefugnis verleiht, ist nicht notwendig ein privates Recht, es kann vielmehr auch durch das öffentliche Recht begründet sein.

Das Beschwerderecht gestaltet sich demgemäß verschieden je nach dem Gegenstand des Streites.

Für die Fälle des Übergehens eines Anerbenberechtigten und der Veräußerung, Teilung, Belastung und Verpachtung von Erbhofgrundstücken ist nunmehr in den §§ 61 und 62 EHVfO. der Umfang des Beschwerderechts der Anerbenberechtigten genau umschrieben. Im übrigen hat im Falle des § 37 REG. grundsätzlich jeder Antragsberechtigte ein Beschwerderecht, namentlich dann, wenn er im Verfahren gehört und die Entscheidung ihm zugestellt worden ist. REHG. EHRspr. DVO. II § 15 Nr. 8. Sonst sind ganz allgemein im Genehmigungs- bzw. Zustimmungsverfahren gemäß § 66 Abs. 1 EHVfO. alle Beteiligten, die zu hören sind und denen der Genehmigungsbeschluß gemäß § 21 Abs. 5 EHVfO. zugestellt werden muß, beschwerdeberechtigt, REHG. EHRspr. DVO. II § 11 Nr. 1, REHG. 1, 17.

Im Anlegungsverfahren ist außer dem Kreis- und dem Landesbauernführer nur dem Eigentümer der Besitzung ein Beschwerderecht zuzubilligen.

Ist der Antrag auf Feststellung der Erbhofeigenschaft nach § 10 REG. von einem Miteigentümer gestellt worden, dann können die übrigen Miteigentümer gegen die hierauf ergehende Entscheidung auch ohne vorherige Beteiligung am Verfahren Beschwerde einlegen, REHG. EHRspr. DVO. I § 62 Abs. 4 Nr. 5. Bestimmen die Ehegatten gem. § 47 Abs. 2 EHRV. beim Ehegattenerbhof ein angenommenes Kind zum Anerben, dann ist nur der nächstberufene Anerbenberechtigte des Stammes des Ehemanns beschwerdeberechtigt. Sein Beschwerderecht wird auch nicht dadurch ausgeschlossen, daß als Ersatzerbe ein Anerbenberechtigter aus dem Stamme der Ehefrau bestimmt ist. REHG. EHRspr. § 47 EHRV. Nr. 1. Der persönliche oder dingliche Gläubiger, der eine Feststellung über die Bauernfähigkeit der Eigentümer des Hofes beantragt hat, hat gegen die Genehmigung der Übergabe des Hofes an den Sohn des Eigentümers kein Beschwerderecht. Vgl. REHG. DNotZ. 1937 S. 95, vgl. auch REHG. EHRspr. § 37c Nr. 99. Im Verfahren über die Genehmigung der Veräußerung von Inventarstücken des Erbhofs durch das AEG. ist der Anerbe nicht Beteiligter; er hat daher auch kein Beschwerderecht, vgl. EHG. Oldenburg EHRspr. § 62 EHVfO. Nr. 3. Über das Beschwerderecht des Notars siehe §§ 65, 64 EHVfO. Hervorzuheben ist, daß der Notar nicht nur nach Beurkundung, sondern auch schon vorher an Hand eines Entwurfs der späteren rechtsgeschäftlichen Erklärungen antrags- und in diesem Falle dann auch beschwerdeberechtigt ist, REHG. EHRspr. DVO. II § 10 Nr. 5, REHG. 2, 336. Im Falle der Genehmigung eines Kaufvertrags über ein Grundstück, das zu einem im Entschuldungsverfahren befindlichen Betrieb gehört, ist auch die Entschuldungsstelle beschwerdeberechtigt. Vgl. Celle JW. 1937 S. 108 Nr. 22. Über das Beschwerderecht des Osthilfekommissars vgl. HRR. 1936 Nr. 1664.

d) Das Verfahren bei der sofortigen Beschwerde richtet sich nach §§ 11—21, 22, 23 EHVfO. in Verbindung mit §§ 20ff. FGG. Die Einlegung des Rechtsmittels kann auch durch Telegramm erfolgen, vgl. REHG. EHRspr. § 24 EHVfO. Nr. 1. Keine aufschiebende Wirkung! Durch die Einlegung der sofortigen Beschwerde bei einem örtlich unzuständigen Gericht wird die Beschwerdefrist nicht gewahrt. Zurückverweisung an die Vorinstanz möglich. Vollstreckung erst nach Eintritt der Rechtskraft zulässig, § 50 REG. Die Beschwerdefrist läuft ab Zustellung oder Bekanntgabe zu Protokoll, §§ 22, 16 FGG., § 11 EHVfO. Ist ein am Verfahren Beteiligter durch einen Rechtsanwalt oder Notar vertreten, dann ist der Beschluß des Gerichts gemäß § 176 ZPO., § 11 EHVfO., § 16 FGG. dem Bevollmächtigten zuzustellen; die Zustellung an den Beteiligten selbst ist wirkungslos. Vgl. § 46 REG. Anm. 1 b und m, vgl. REHG. 1, 308; 2, 312. Die einfache Verkündung der Entscheidung in Gegenwart der Beteiligten genügt nicht zur Ingangsetzung des Laufs der Beschwerdefrist. Die Beschwerde kann zurückgenommen werden, solange die Entscheidung noch nicht verkündet oder zugestellt ist. Auch der Verzicht auf das Rechtsmittel ist vor Erlaß der Entscheidung des Beschwerdegerichts zulässig. Das Verbot der Schlechterstellung des Beschwerdeführers (reformatio in peius) entfällt für das Verfahren vor den Anerbenbehörden. Es kann also in der Beschwerdeinstanz auch zuungunsten des Beschwerdeführers entschieden werden. Auch wenn das Rechtsmittel sich nur auf einen oder einige Beschwerdepunkte bezieht, unterliegt die Sache in ihrem ganzen Inhalt der Überprüfung der Beschwerdeinstanz, REHG. 2, 16, 76, 245, REHG. EHRspr. § 15 REG. Nr. 65. Eine nach Eintritt der formellen Rechtskraft der angefochtenen Entscheidung vorgenommene Zustellung an eine Person, die bis dahin am Verfahren nicht beteiligt war, eröffnet dieser nicht mehr den Beschwerdeweg, da die Zuziehung zu einem schon abgeschlossenen Verfahren nicht möglich ist. Über den Anschluß an ein Verfahren durch Beschwerdeeinlegung, solange die Beschwerdefrist noch nicht für alle an dem anderen Verfahren Beteiligten abgelaufen ist, vgl. § 55 Abs. 2 und 3 EHVfO., vgl. auch REHG. 2, 153. Über die Zuständigkeit des Beschwerdegerichts für einen neuen Antrag vgl. § 56 Abs. 4 EHVfO. Über die Beschwerdeeinlegung durch den Notar vgl. § 65 EHVfO. Keine selbständige Anfechtung einer einstweiligen Anordnung oder einer Kostenentscheidung §§ 12 Abs. 3, 112 Abs. 1 EHVfO. Die Zurücknahme des Antrags auf Genehmigung eines Übergabevertrags in der Beschwerdeinstanz entzieht dem gesamten Verfahren die Grundlage; die Beschwerde muß, wenn sie aufrecht erhalten wird, als gegenstandslos zurückgewiesen werden, REHG. 2, 80. Über die Frage, wer in diesem Falle die Kosten des Verfahrens und auch die außergerichtlichen Kosten zu tragen hat, entscheidet das Gericht nach billigem Ermessen. § 107 EHVfO. Vgl. REHG. HRR. 1937 Nr. 391.

2. Die sofortige Beschwerde des Kreisbauernführers insbesondere.

Sie ist zulässig gegen Entscheidungen des AEG. in den Fällen der §§ 10, 15 Abs. 3 (nicht auch 15 Abs. 2), 18, 13, 21 Abs. 3, 25 Abs. 2, 37 Abs. 2 und 3 REG. (REHG. 1, 20), ferner in einer Reihe von Fällen, die in der EHRV. und in der EHVfO. geregelt sind, so zu §§ 16 Abs. 4, 17 Abs. 4, 18 Abs. 4 in Verbindung mit 17 Abs. 4, 21 Abs. 5, 24 Abs. 7, 25 Abs. 2 in Verbindung mit 21 Abs. 5, 27 Abs. 3, 30 Abs. 2, 44 Abs. 4, 52 Abs. 4 EHRV. und zu §§ 63, 71 Abs. 4 EHVfO.

An Stelle des Kreisbauernführers steht in allen den bezeichneten Fällen die Beschwerde auch dem Landesbauernführer zu. Ferner steht diesem das Beschwerderecht zu in einer Anzahl von Fällen wie zu §§ 74 Abs. 5, 75 Abs. 10, 76 Abs. 3, 78 Abs. 4, 82 Abs. 7, 83 Abs. 4, 84 Abs. 4, 85 Abs. 2, 88 Abs. 3 EHVfO.

Das Beschwerderecht ist in den bezeichneten Fällen auch dann gegeben, wenn es sich um keine Sachentscheidung handelt, sondern der gestellte Antrag oder die Beschwerde eines anderen Antragstellers bzw. Beschwerdeführers als unzulässig zurückgewiesen bzw. verworfen wird (REHG. JW. 1934 S. 2855 zu 3; REHG. EHRspr. DVO. II § 15 Nr. 8). Ein Verzicht des Kreisbauernführers auf die sofortige Beschwerde schon vor Erlaß der Entscheidung des AEG. ist unzulässig, REHG. 1, 147. Die Beschwerde kann der Kreis- und der Landesbauernführer auch durch einen Bevollmächtigten einlegen lassen. An Stelle des Bauernführers wird aber regelmäßig nur sein ständiger Stellvertreter als Bevollmächtigter in Betracht kommen, REHG. EHRspr. § 48 Nr. 32. Eine allgemeine Vertretungsermächtigung genügt, REHG. 1, 200.

Die Kreisbauernführer sind auf Grund des Reichsgesetzes vom 15. 7. 1933 RGBl. I 495 über die Zuständigkeit des Reichs für die Regelung des ständischen Aufbaues der Landwirtschaft und des Reichsgesetzes über den Aufbau des Reichsnährstands vom 13. 9. 1933 RGBl. I 626 in Verbindung mit der Verordnung des Reichsministers für Ernährung und Landwirtschaft vom 8. 12. 1933 RGBl. I 1060 § 10 zur Vertretung der Interessen des Bauernstandes eingesetzte Organe mit amtlichen Zuständigkeiten. Vgl. KG. in DJ. 1934 S. 294.

Über die örtliche Zuständigkeit des Kreisbauernführers vgl. § 54 REG. und Anmerkungen und § 42 REG. Anm. 2.

Über den Ausschluß des Kreis- und Landesbauernführers vom Richteramt, wenn er Antrag gestellt oder Beschwerde eingelegt hat, siehe § 3 Abs. 6 EHVfO.

Über Befugnisse des Reichsbauernführers im einzelnen vgl. §§ 10 Abs. 4, 16 Abs. 3, 54 Abs. 3 EHRV. und §§ 6 Abs. 8, 10 Abs. 1 und 2, 95 Abs. 1 und 2, 97 Abs. 2 EHVfO.

3. Zuständigkeit des Erbhofgerichts zur Entscheidung über die Beschwerde.

Siehe hiezu oben Anm. 1 a.

§ 49

Sofortige weitere Beschwerde

(1) Gegen die Entscheidung des Erbhofgerichts findet die sofortige weitere Beschwerde statt. Die Beschwerdefrist beträgt zwei Wochen.

(2) Bezieht sich die Entscheidung des Erbhofgerichts auf eine der im § 48 Abs. 2 erwähnten Entscheidungen, so kann diese Beschwerde auch von dem Landesbauernführer eingelegt werden. Das Erbhofgericht hat die vorerwähnten Entscheidungen dem Landesbauernführer von Amts wegen zuzustellen.

(3) Über die weitere Beschwerde entscheidet das Reichserbhofgericht.

(4) Die weitere Beschwerde ist nur zulässig, wenn in der Entscheidung des Erbhofgerichts ein neuer selbständiger Beschwerdegrund enthalten ist. Dies gilt nicht für die im Abs. 2 vorgesehene Beschwerde des Landesbauernführers.

1. Rechtsbehelf gegen Entscheidungen des Erbhofgerichts.

Die sofortige weitere Beschwerde ist zulässig gegen die die Instanz abschließenden Sachentscheidungen des EHG. und gegen die Ablehnung der Wiedereinsetzung in den vorigen

Stand gegen die Versäumung der Frist zur Anbringung der sofortigen Beschwerde, § 11 EHVfO., § 22 Abs. 2 FGG.

Keine selbständige Anfechtung einer einstweiligen Anordnung oder einer Kostenentscheidung, §§ 12 Abs. 3, 112 Abs. 1 EHVfO. Erfordernis der Unterzeichnung der sofortigen weiteren Beschwerde durch einen Rechtsanwalt, § 24 Abs. 1 S. 1 EHVfO.; Ausnahme hievon für die Beschwerde des Landesbauernführers: § 24 Abs. 1 S. 2 EHVfO. Ueber die Entbehrlichkeit der Zuziehung eines Rechtsanwalts bei Einlegung der Beschwerde durch den Notar: § 65 EHVfO. (vgl. REHG. 1, 226). Beschwerdefrist: 2 Wochen ab Zustellung des Beschlusses des Erbhofgerichts, § 11 EHVfO., §§ 22, 16 FGG. Die Einlegung der sofortigen weiteren Beschwerde entweder bei dem AEG. oder dem EHG. oder dem REHG.: § 11 EHVfO., § 29 FGG. Keine selbständige Anfechtung der Entscheidung des EHG. in den Fällen des § 81 Abs. 4 und 5 EHVfO. siehe Abs. 6 dortselbst.

2. Die sofortige weitere Beschwerde des Landesbauernführers.

Besondere Fälle: § 16 Abs. 4 EHRV., §§ 76 Abs. 3, 78 Abs. 4, 81 Abs. 6, 84 Abs. 4, 85 Abs. 2, 88 Abs. 3 EHVfO.

Die Zuständigkeit des Kreisbauernführers zur Einlegung der sofortigen weiteren Beschwerde fehlt, REHG. 1, 129, JW. 1935, 612, REHG. 1, 129.

Über den Ausschluß des Landesbauernführers vom Richteramt bei Antragstellung oder Beschwerdeeinlegung siehe § 3 Abs. 6 EHVfO.

3. Die Zuständigkeit des Reichserbhofgerichts.

Über Aufbau des REHG. vgl. §§ 6, 7, 9, 10 EHVfO. und § 47 REG.

Über das Verfahren: §§ 11 ff., 22, 23, 25, 26; EHVfO. Die Einlegung der sofortigen weiteren Beschwerde kann auch durch Telegramm erfolgen REHG. EHRspr. § 24 EHVfO. Nr. 1. Das REHG. prüft die Angelegenheit nach der rechtlichen und tatsächlichen Seite, es sei denn, daß das EHG. die sofortige Beschwerde zu Recht als unzulässig verworfen hat. Ist die Verwerfung dagegen zu Unrecht ohne Vornahme einer sachlichen Vorprüfung durch das EHG. erfolgt, dann kann das REHG. auf die weitere sofortige Beschwerde hin eine sachliche

Nachprüfung vornehmen. Vgl. REHG. EHRspr. § 49 Nr. 21 und 22.

4. Neuer selbständiger Beschwerdegrund.

Das Vorliegen eines solchen ist die Voraussetzung für die Zulässigkeit der sofortigen weiteren Beschwerde. Ausnahme: Wenn der Landesbauernführer die weitere Beschwerde einlegt.

Für die Frage, wann ein neuer selbständiger Beschwerdegrund vorliegt, haben die Leitsätze, die sich im Anschluß an § 568 Abs. 2 ZPO. in der Rechtsprechung entwickelt haben, Geltung.

Ein neuer selbständiger Beschwerdegrund ist nicht gegeben bei gleichlautenden Entscheidungen des AEG. und des EHG. (duae conformes). In den Begründungen brauchen sich die Entscheidungen jedoch nicht völlig zu decken. Dagegen enthält völlige Verschiedenheit der Begründung der beiden Vorentscheidungen einen neuen selbständigen Beschwerdegrund. So liegt ein neuer selbständiger Beschwerdegrund vor, wenn das AEG. lediglich eine, das EHG. lediglich eine andere Voraussetzung der Erbhofeigenschaft verneint hat, die Vorentscheidungen mithin auf einer voneinander völlig abweichenden Grundlage beruhen, REHG. 2, 269. Denn sonst würde jede der beiden Voraussetzungen nur je in einem Rechtszuge geprüft worden sein. Ein neuer selbständiger Beschwerdegrund liegt auch vor, wenn das AEG. die Erbhofeigenschaft verneint, weil der Besitz größer als 125 ha und der Eigentümer nicht bauernfähig sei, während das EHG. die Erbhofeigenschaft verneint, weil Alleineigentum fehle und § 4 REG. entgegenstehe. REHG. EHRspr. § 4 REG. Nr. 4. Auch bei gleichlautenden Entscheidungen ist selbständiger Beschwerdegrund gegeben bei Verstoß des Beschwerdegerichts gegen wesentliche Verfahrensvorschriften und gleichzeitiger Möglichkeit der Einflußnahme dieses Verstoßes auf das Ergebnis (vgl. REHG. 1, 2, 38, 233; EHRspr. § 49 Nr. 1, 2, 5, 8, 11; JW. 1934 S. 3136 Z. 3; 3289 Z. 4; 1935: 48 Z. 1). Als neuer selbständiger Beschwerdegrund ist regelmäßig anzuerkennen: die unzureichende Gewährung rechtlichen Gehörs durch das Beschwerdegericht; die Unterlassung der Zuleitung von Ermittlungen an die Beteiligten, wenn die Entscheidung durch die Stellungnahme der Beteiligten hätte beeinflußt werden können; das völlige Übergehen eines wesentlichen Antrags in der Begründung des Beschlusses des Beschwerdegerichts, wenn die Entscheidung ohne diesen Mangel vermutlich anders ausgefallen wäre. Trotz übereinstimmender Entscheidungen des AEG. und der EHG. ist die sofortige weitere Beschwerde auch zulässig, wenn das EHG. seiner Entscheidung allein das Vorbringen der Beteiligten zugrunde gelegt hat, ohne selbst weitere Ermittelungen anzustellen, obwohl der Sachverhalt das nahelegte, REHG. EHRspr. § 49 Nr. 20. Trotz Fehlens eines neuen selbständigen Beschwerdegrundes ist Entscheidung möglich in besonderen Fällen, vgl. § 24 Abs. 2 EHVfO.

Wegen der Besetzung des Gerichts im Falle der Verwerfung als unzulässig wegen Mangels eines neuen selbständigen Beschwerdegrundes vgl. § 26 Abs. 1 EHVfO.

§ 50

Vollstreckung der Entscheidungen

Aus den rechtskräftigen Entscheidungen der Anerbengerichte, der Erbhofgerichte und des Reichserbhofgerichts findet die Zwangsvollstreckung nach den Vorschriften der Zivilprozeßordnung statt.

1. Rechtskraft und Zwangsvollstreckung.

a) Formell rechtskräftig ist die Entscheidung, wenn sie im gleichen Verfahren von den hieran beteiligten Personen mit einem Rechtsbehelf nicht oder nicht mehr angegriffen werden kann (äußere Rechtskraft). Wenn mehrere Beteiligte da sind, tritt die Rechtskraft erst ein, wenn diesen allen gegenüber, die auch alle beschwerdeberechtigt sind, die Beschwerdefrist verstrichen ist, § 66 EHVfO., REHG. EHRspr. DVO. II § 11 Nr. 1, DNotZ. 1937 S. 128 Nr. 2.

Materiell rechtskräftig ist die Entscheidung, wenn die vom Gericht aus dem der Entscheidung zugrunde liegenden Sachverhalt gezogene Rechtsfolge auch für alle künftigen Streitfälle bindend feststeht und eine neuerliche Nachprüfung und eine neuerliche widersprechende Entscheidung ausgeschlossen ist (innere Rechtskraft). Bei der Prüfung der Frage, ob einer Entscheidung einer Anerbenbehörde die innere Rechtskraft zukommt, sind nicht juristische Erwägungen, sondern nur die praktischen Notwendigkeiten des Erbhofrechts und der Erbhofrechtsprechung maßgebend. Dabei ist der Grundgedanke der, daß das allgemeine Interesse des Rechtsfriedens und der Rechtssicherheit, ferner die Staatsautorität den übrigen Belangen, insbesondere denen des einzelnen Menschen vorgehen, REHG. 3, 184.

Die Wirkung der materiellen Rechtskraft erstreckt sich je nach dem Gegenstand der Entscheidung auf die am Streit Beteiligten allein oder auf sie und ihre Rechtsnachfolger oder auf alle. Die Wirkung für alle ist gegeben in allen Fällen der Gestaltungswirkung. Hierher sind zahlreiche Entscheidungen der Anerbenbehörden zu rechnen, z. B. in den Fällen der kleinen und der großen Abmeierung, § 15 Abs. 2 und 3 REG., der Anordnung der Verwaltung und Nutznießung für den überlebenden Ehegatten, § 24 Abs. 6 EHRV. und bei der Auseinandersetzung über einen Ehegattenerbhof bei Ehescheidung, § 72 EHVfO. usw.

Die Bindung anderer Behörden und Stellen an die Entscheidungen der Anerbenbehörden ergibt sich aus § 40 REG. Die Entscheidung des AEG., beispielsweise über eine Genehmigung, ist von dem ordentlichen Gerichte als wirksam zu behandeln. Erweist sich durch diese Entscheidung eine Leistung als unmöglich, dann darf das ordentliche Gericht zu der Leistung nicht verurteilen. Vgl. RG. HRR. 1936 Nr. 1314.

b) Über den Umfang der inneren Rechtskraft bei Entscheidungen über die Erbhofeigenschaft und die Bauernfähigkeit hat nunmehr die EHVfO. eine Regelung getroffen.

Danach ist nach Eintritt der formellen Rechtskraft einer Entscheidung über die Erbhofeigenschaft im Feststellungsverfahren nach § 10 REG. oder im Einspruchverfahren bei Anlegung oder Ergänzung der Erbhöferolle ein neuer Antrag, sei es nun im Feststellungs- oder im Anlegungs- und Ergänzungsverfahren (vgl. hiezu § 40 Abs. 1 EHVfO.), nur noch zulässig, wenn neue Tatsachen vorliegen. Nur ausnahmsweise, wenn ein berechtigter Grund für die nochmalige Nachprüfung vorliegt, kann ein neuer Antrag auf Entscheidung über die Erbhofeigenschaft gestellt werden (Wiederaufnahmeverfahren). In diesem Falle ist der Antrag bei dem Gericht einzureichen, das in dem vorhergehenden Verfahren zuletzt sachlich entschieden hat. Hierüber und über die Möglichkeit der Verweisung der

Sache zur Entscheidung über den Feststellungsantrag nach der Entscheidung über die Voraussetzungen der neuerlichen Antragstellung vgl. § 56 EHVfO.

Nach Eintritt der formellen Rechtskraft einer Entscheidung über die Deutschblütigkeit oder Bauernfähigkeit gemäß §§ 13 Abs. 3, 18 REG. oder einer Sachentscheidung im Feststellungsverfahren nach § 10 REG. oder im Einspruchsverfahren bei Anlegung oder Ergänzung der Erbhöferolle, die auch die Frage der Bauernfähigkeit geprüft hat, ist ein neuer Antrag auf Entscheidung hierüber nur zulässig, wenn neue Tatsachen vorliegen, § 57 EHVfO. In diesem Falle ist aber ein Wiederaufnahmeverfahren im Sinne des § 56 Abs. 3—5 EHVfO. nicht vorgesehen. Über die Frage der inneren Rechtskraft der Beschlüsse der Anerbenbehörden im Feststellungsverfahren über die Erbhofeigenschaft für die Übergangszeit vgl. HRR. 1936 Nr. 1579.

Eine weitere besondere Regelung der Wirkung der inneren Rechtskraft findet sich bei § 72 EHVfO. für den Beschluß der Anerbenbehörde im Verfahren zur Auseinandersetzung über einen Ehegattenerbhof bei Ehescheidung. Der Beschluß ist für die geschiedenen Ehegatten in gleicher Weise verbindlich wie rechtsgeschäftliche Erklärungen gleichen Inhalts. Der Eigentumsübergang von Erbhofgrundstücken in das Alleineigentum eines der geschiedenen Ehegatten erfolgt kraft Gesetzes mit der Rechtskraft des Beschlusses. Das Grundbuch ist nur zu berichtigen.

c) Die Vollstreckung regelt sich nach den Bestimmungen der §§ 704 ff. ZPO., § 11 EHVfO., § 31 FGG. Vollstreckungstitel, §§ 724 Abs. 1, 795 ZPO., sind die rechtskräftigen Entscheidungen der Vollgerichte der Anerbenbehörden, § 21 EHVfO., die endgültigen Vorentscheidungen des Vorsitzenden des AEG., § 19 EHVfO., die Vergleiche, § 15 EHVfO., die Kostenfestsetzungsbeschlüsse des Urkundsbeamten, §§ 113 ff., 107 Abs. 2 EHVfO., §§ 103—107 ZPO. Die vollstreckbare Ausfertigung erteilt der Urkundsbeamte der Geschäftsstelle, §§ 724 Abs. 2, 797 ZPO. Das Zeugnis über die Rechtskraft erteilt die Geschäftsstelle des AEG. Bei Ablehnung entscheidet das AEG. in voller Besetzung. Hiegegen gibt es die einfache Beschwerde an das EHG., § 11 EHVfO., §§ 19, 31 FGG., § 576 ZPO. Die Zwangsvollstreckung geschieht auf Betreiben der Parteien, nicht von Amts wegen, soweit nicht überwachende und sichernde Maßnahmen in Frage stehen. Bei Durchführung der Zwangsvollstreckung ist der Vollstreckungsschutz zu beachten, §§ 38, 39, 59 REG., §§ 37—41 EHRV. Eine vorläufige Vollstreckbarkeit gibt es nicht.

Über das Verfahren wegen Beitreibung öffentlich rechtlicher Geldforderungen siehe insbesondere § 41 EHRV. Erinnerungen gegen die Art und Weise der Zwangsvollstreckung gemäß §§ 766, 764 ZPO. gehen an das Vollstreckungsgericht (nicht das AEG.). Die Widerspruchsklage, § 771 ZPO., geht an das ordentliche Gericht; die Vollstreckungsgegenklage, § 767 ZPO., widerspricht den Grundsätzen des Erbhofrechts.

§ 51

Kosten

Die Gebühren und Kosten für das Verfahren vor den Anerbenbehörden werden durch Verordnung des Reichsministers der Justiz und des Reichsministers für Ernährung und Landwirtschaft geregelt.

1. Gebühren und Kosten.

a) Siehe hiezu die eingehenden Vorschriften des 9. Abschnitts (§§ 99—119) EHVfO. und die Kostenordnung vom 25. 11. 1935, RGBl. I 1371.

Die Bestimmungen der Kostenordnung gelten, soweit nicht eine Sonderregelung für das Erbhofrecht in der EHVfO. getroffen ist.

b) Über den Geschäftswert (Streitwert) vgl. §§ 100—102, 112 Abs. 2 EHVfO., insbesondere wegen der Feststellung durch den Vorsitzenden von Amts wegen, § 112 Abs. 2; feste Gebührensätze, nicht Feststellung nach Interessen der Beteiligten, Billigkeit nur nach § 110; Höchstgrenze für gewisse Verfahrensarten: 3000 RM.: §§ 100 Abs. 1, 108 Abs. 3; Grundlage für Veräußerung, Belastung, Verpachtung der Beurkundungswert zur Hälfte, § 101 Ziff. 1, für den Übergabevertrag der Einheitswert zu 1/4, § 101 Ziff. 2 EHVfO.

Regelmäßig gilt der gleiche Geschäftswert für alle Instanzen.

Besonders zu erwähnen ist der Geschäftswert im Falle des

§ 10 Abs 5 EHRV. (Hofsatzung). Er bestimmt sich nach § 24 Abs. 2 KostO. Die Vorschriften der §§ 7, 28 KostO. gelten entsprechend.

Gegen die Festsetzung des Geschäftswerts durch den Vorsitzenden des AEG. ist Beschwerde an das EHG. zulässig, aber nur, wenn der Beschwerdegegenstand den Betrag von 50 RM. übersteigt. Gegen die Entscheidung des EHG. findet die weitere Beschwerde an das REHG. statt, sofern das EHG. sie wegen der grundsätzlichen Bedeutung der zur Entscheidung stehenden Frage zuläßt. Die Zulassung ist freies, nicht nachprüfbares Ermessen des EHG. Dieses hat in allen Fällen von Amts wegen zu prüfen, ob die Voraussetzungen für die Zulassung gegeben sind. Die Zulassung muß im Entscheidungssatze zum Ausdruck gebracht werden, dagegen nicht die Nichtzulassung, § 114 Abs. 1 und 2 EHVfO.

Gegen die Festsetzung des Geschäftswerts für die Beschwerdeinstanz in der Streitsache selbst durch den Vorsitzenden des EHG. findet einfache Beschwerde an das REHG. statt, sofern der Vorsitzende des EHG. sie wegen der grundsätzlichen Bedeutung der zur Entscheidung stehenden Frage zuläßt. Auch hier gilt das vorstehend über die Zulassung Ausgeführte, § 114 Abs. 3 EHVfO.

c) Kosten sind die gerichtlichen und die außergerichtlichen.

Die gerichtlichen Kosten sind die Gebühren und Auslagen. Vgl. hiezu §§ 107—111 EHVfO. und §§ 2, 3 und 4 KostO.

Danach ist Kostenschuldner bei Antragsgeschäften der Antragsteller, bei Geschäften, die von Amts wegen vorgenommen werden, derjenige, dessen Interessen wahrgenommen werden, im Beschwerdeverfahren der Beschwerdeführer (abgesehen vom Bauernführer vgl. § 109 EHVfO.). Mehrere Kostenschuldner haften als Gesamtschuldner. Nur wenn eine Zwangsvollstreckung in das bewegliche Vermögen des von der Entscheidung mit den Kosten Belasteten erfolglos geblieben ist oder aussichtslos erscheint, soll die Haftung anderer Beteiligter geltend gemacht werden, § 115 EHVfO.

Über die Kostenfreiheit vgl. §§ 109, 110 EHVfO. Die Bauernführer sind immer von den Kosten befreit. Im Verfahren auf Betreiben des Bauernführers kann das Gericht den anderen Beteiligten die Kosten ganz oder teilweise auferlegen. Wenn keine Auferlegung erfolgt, bleiben Kosten außer Ansatz. Dann kann aber in den in § 109 Abs. 2 S. 2 EHVfO. genannten besonderen Fällen eine Gebühr bis zur Höhe der vollen Gebühr auferlegt werden. In jedem Falle kann das Gericht aus besonderen Gründen von der Erhebung von Gerichtskosten ganz oder teilweise absehen.

Für die Kosten des Beschwerdeverfahrens gilt die besondere Regelung der § 106 EHVfO., § 123 Abs. 1 KostO.

Gebühren und Auslagen werden erst fällig, wenn das Verfahren im Rechtszug beendigt ist. Kostenvorschüsse werden nicht erhoben, § 111 EHVfO. Nur für ein Geschäft, das zur Zuständigkeit des Reichsministers für Ernährung und Landwirtschaft gehört, ist gem. § 10 Abs. 5 EHRV. die Anwendung des § 7 KostO. vorgeschrieben.

Die Entscheidung über die Kosten erfolgt zugleich mit der Entscheidung über die Hauptsache. Ihre Anfechtung ist nur zugleich mit der Anfechtung der Entscheidung in der Hauptsache möglich, § 112 Abs. 1 EHVfO. Der Ansatz der Kosten erfolgt durch den Urkundsbeamten der Geschäftsstelle, § 107 Abs. 2 EHVfO. Die §§ 103—107 ZPO. sind anwendbar. Gegen den Beschluß des Urkundsbeamten ist die Erinnerung zulässig. Über sie wird gebührenfrei durch den Vorsitzenden des AEG. entschieden. Gegen diese Entscheidung ist die sofortige Beschwerde an das EHG. und im Umfang des § 114 Abs. 2 EHVfO. bei Zulassung durch das EHG. die sofortige weitere Beschwerde an das REHG. zulässig.

d) Die Gerichtsgebühren insbesondere. Maßgebend sind die Gebühren der KostO. (s. Anhang Nr. 11). Die EHVfO. belegt einzelne Verfahren ausdrücklich

α) mit der vollen Gebühr, so in den Fällen der §§ 103 Abs. 1 Z. 1 mit 4, Abs. 2, 105 Abs. 1 Z. 2 und Abs. 2, 108 Abs. 3 EHVfO.;

β) mit erhöhten Gebühren nach §§ 105 Abs. 1 Z. 3. Abs. 3, 106 Abs. 2, 108 Abs. 4 EHVfO.;

γ) mit ermäßigten Gebühren in den Fällen der §§ 104, 105 Abs. 1 Z. 1, Abs. 3 S. 4 und 5, 106 Abs. 2 S. 2, 108 Abs. 4 EHVfO. Hierher zu nennen sind auch die Gebührenermäßigungen der §§ 43 mit 42 EHRV.;

δ) keine Gebühren werden erhoben in den Fällen der §§ 103 Abs. 1 Z. 3 Halbs. 2, 108 Abs. 1 und 5 EHVfO., § 12 Abs. 5 EHRV.;

Für das Rechtsmittelverfahren werden entsprechend § 123 Abs. 1 KostO. (siehe Anhang Nr. 11) erhoben:

α) bei Verwerfung oder Zurückweisung des Rechtsmittels: die Hälfte der vollen Gebühr;

β) bei Zurücknahme des Rechtsmittels: ein Viertel der vollen Gebühr;

γ) bei erfolgloser Einlegung eines Einspruchs gegen eine Vorentscheidung des Vorsitzenden des Beschwerdegerichts nach § 19 EHVfO. eine weitere halbe Gebühr für das Einspruchsverfahren einschließlich der Entscheidung;

δ) bei Zurücknahme des Einspruchs eine Viertelsgebühr;

ε) bei Durchdringen des Rechtsmittels ist das Rechtsmittelverfahren gebührenfrei.

Über gebührenfreie Verrichtungen des Nachlaßgerichts vgl. §§ 12 Abs. 5, 16 Abs. 3 EHRV., über solche des Grundbuchamts vgl. § 53 Abs. 1 REG. §§ 29 Abs. 2 und 3, 43, 46 Abs. 2 EHRV., § 51 EHVfO.

e) Die Auslagen insbesondere: vgl. hiezu §§ 138 ff. KostO. Die Auslagen schuldet der allgemeine Kostenschuldner. Vgl. hiezu oben § 51 REG. Anm. 1c.

f) Wegen der Gebühren und Auslagen der Zeugen und Sachverständigen und Gerichtsvollzieher vgl. § 118 EHVfO.

Es gelten die Vorschriften der besonderen Gebührenordnungen, nämlich

α) die Gebührenordnung für Zeugen und Sachverständige in der Fassung der Bekanntmachung vom 21. 12. 1925 und der Notverordnung vom 6. 10. 1931, RGBl. 1925 I 471, 1931 I 563;

β) die Gebührenordnung für Gerichtsvollzieher vom 14. 12. 1922, RGBl. I 917, in der Fassung vom 13. 12. 1923, RGBl. I 1189, der VO. vom 12. 12. 1924, RGBl. I 775, des Ges. vom 14. 7. 1928, RGBl. I 197, des Ges. vom 27. 10. 1933, Art. 7 RGBl. I 787 und der Notverordnungen vom 6. 10. 1931, RGBl. I 563 und vom 14. 6. 1932, RGBl. I 285.

g) Für die Gebühren der Rechtsanwälte im Verfahren vor den Anerbenbehörden sind § 116 EHVfO. und die Gebührenordnung für Rechtsanwälte in der Fassung der Bekanntmachung vom 5. 7. 1927, RGBl. I 162, maßgebend.

Danach sind die Vorschriften der RAGO. sinngemäß anwendbar. Volle Gebühr ist die für die gerichtlichen Gebühren in Erbhofsachen geltende Gebühr des § 26 KostO. Je nach der Tätigkeit der Rechtsanwalts steht die Gebühr des § 13 RAGO., gemessen nach der Gebührenreihe des § 26 KostO., zu: also die Prozeßgebühr für den Betrieb der Sache (Beratung, Einreichung von Schriftsätzen usw.), die Verhandlungsgebühr, wenn es zu einer mündlichen Verhandlung vor der Anerbenbehörde kommt (wenn diese nicht streitig ist, nur zu $^5/_{10}$, § 16 RAGO.), die Beweisgebühr zu $^5/_{10}$, wenn Beweis erhoben wird, und die weitere Verhandlungsgebühr zu $^5/_{10}$ bzw. $^5/_{20}$ bei neuerlicher streitiger bzw. nicht streitiger Verhandlung (§ 17 RAGO.). Bei Abschluß eines Vergleichs im Rechtszug kommt dazu die Vergleichsgebühr in Höhe einer vollen Gebühr (§ 13 RAGO.). Soweit der Auftrag vor Beginn des zur mündlichen Verhandlung bestimmten Termins seine Erledigung findet, ohne daß ein Antrag bei Gericht eingereicht oder ein Schriftsatz zugestellt worden ist, erhält der Rechtsanwalt nur die Prozeßgebühr zu $^5/_{10}$ (§ 14 Abs. 1 RAGO.). Die Mindestgebühr beträgt 2 RM.; Pfennigbeträge sind auf volle 10 Rpfg. aufzurunden, § 26 Abs. 3 KostO. Die Umsatzsteuer regelt sich nach § 86 RAGO.

Im Verfahren vor dem EHG. und dem REHG. steht dem Rechtsanwalt gem. § 116 Abs. 2 EHVfO. die volle Gebühr des § 26 KostO. zu und zwar ebenfalls wie im ersten Rechtszug je nach dem Umfang der Betätigung mehrfach oder nur zu Teilen nach Maßgabe der §§ 13, 14, 16, 17 RAGO.

Für eine besonders schwierige Arbeitsleistung ist in sinngemäßer Anwendung des § 93 RAGO. auch die Vereinbarung einer Vergütung nicht ausgeschlossen. Es ist dann aber auch § 94 RAGO. anzuwenden.

Für die Befugnis des Rechtsanwalts, einen Gebührenvorschuß zu erheben, ist § 84 RAGO. maßgebend. § 111 Abs. 2 EHVfO. greift hier nicht ein.

Aus § 116 Abs. 3 EHVfO. folgt, daß der vom Vorsitzenden der Anerbenbehörde für den Ansatz der Gerichtsgebühren festgesetzte Geschäftswert auch für die Rechtsanwaltsgebühren Geltung hat. Es steht daher auch dem Rechtsanwalt das Recht der Beschwerde und der weiteren Beschwerde aus eigenem Recht zu, wenn der Beschwerdegegenstand den Betrag von 50 RM. übersteigt, § 114 Abs. 1, 2 und 3 EHVfO.

Für die Festsetzung der Kosten des Rechtsanwalts im Kostenfestsetzungsverfahren kommen die §§ 103—107 ZPO., §§ 107 Abs. 2, 114 Abs. 2 EHVfO. (Erinnerung gegen den Beschluß des Urkundsbeamten, sofortige Beschwerde, sofortige weitere Beschwerde) zur Anwendung.

Wenn die beabsichtigte Rechtsverfolgung oder Rechtsverteidigung hinreichende Aussicht auf Erfolg bietet, kann auch im Verfahren vor den Anerbenbehörden gem. § 11 EHVfO., § 14 FGG., §§ 114 ff. ZPO. das Armenrecht bewilligt und erforderlichen Falles ein Armenanwalt (aber nur ein arischer Anwalt, § 14 Abs. 2 und 3 EHVfO.) beigeordnet werden (vgl. REHG. JW. 35, 49). Für die Erstattung der Rechtsanwaltsgebühren kommen in diesem Falle die Bestimmungen des Gesetzes über die Erstattung von Rechtsanwaltsgebühren in Armensachen vom 20. 12. 1928 (RGBl. I 411) in Verbindung mit dem Gesetze vom 13. 12. 1935 (RGBl. I 1469) zur Anwendung. Danach werden die Gebühren unter Zugrundelegung der Sätze des § 26 KostO. unter entsprechender Kürzung aus der Reichskasse ersetzt.

h) Für die Gebührenberechnung des Notars in Erbhofsachen sind die Bestimmungen der §§ 64, 65, 117 EHVfO. maßgebend.

Daraus folgt, daß

α) regelmäßig die Antragstellung des Notars auf Erteilung der anerbengerichtlichen Genehmigung zu einem von ihm beurkundeten, beglaubigten oder entworfenen Rechtsgeschäft,

β) die Erledigung von Beanstandungen des Antrags und

γ) auch die Einlegung der Beschwerde und der weiteren Beschwerde in solchen Fällen

gebührenfreie Nebengeschäfte sind. Der Notar erhält keine besondere Gebühr.

Er erhält nur dann eine besondere Gebühr, wenn es notwendig war, mit dem Antrag, mit der Erledigung der Beanstandung, mit der Beschwerde oder der weiteren Beschwerde einen Vortrag, also einen Schriftsatz mit Ausführungen über das Sach- und Rechtsverhältnis zu verbinden. Diese Voraussetzung wird meist bei der Einlegung von Beschwerden und bei der Erledigung von Beanstandungen gegeben sein. In diesen Fällen erhält der Notar die Hälfte der vollen Gebühr des § 26 KostO. Der Geschäftswert für die Gebühr des Notars richtet sich nach den Bestimmungen der KostO., § 99 EHVfO. Die Anwendung der §§ 100—102 EHVfO. versagt mangels eines Hinweises im § 117 EHVfO. auf diese Bestimmungen.

Ist der amtierende Notar zugleich Rechtsanwalt, so stehen ihm besondere Gebühren als Rechtsanwalt gem. § 117 Abs. 2 EHVfO. nur dann zu, wenn er in dem anerbengerichtlichen Verfahren kraft besonderen Auftrags gerade in seiner Eigenschaft als Rechtsanwalt tätig ist. Aber auch in diesem Falle entfällt für das Verfahren die Prozeßgebühr. Insoweit der Notar als Rechtsanwalt Gebühren erhält, berechnen sie sich nach dem vom Vorsitzenden der Anerbenbehörde für die Berechnung der Gerichtskosten maßgebenden Geschäftswert.

i) Wegen der Gebühren der bäuerlichen Beisitzer der Anerbenbehörden vgl. § 45 REG. Anm. **1**.

k) Steuerliche Befreiung und Begünstigung: § 42 EHRV., § 55 REG. u. AV. d. RJM. v. 30.3.1937 DJ. 528 (Anhang Nr. 14).

6. Abschnitt

Erbhöferolle und Grundbuch

§ 52

(1) Die Erbhöferolle (§ 1 Abs. 3) wird beim Anerbengericht geführt.

(2) Die Eintragung der Erbhöfe erfolgt gebührenfrei.

(3) Die Einrichtung der Höferolle und das Eintragungsverfahren wird durch Verordnung des Reichsministers der Justiz geregelt.

1. Die Zuständigkeit der Anerbengerichte für die Führung der Erbhöferolle.

Siehe Anm. **3** zu § 1 und Anm. **1b** zu § 5 des Gesetzes, ferner § 7 REG. Anm. **1b**.

Örtliche Zuständigkeit: § 42 REG., vgl. auch AVdRJM. über Berichterstattung über die Fortschritte der Arbeiten zur Anlegung der Erbhöferolle vom 12. 6. 1934, DJ. 754, 789 und RV. vom 31. 7. 1935 (IIa 7143), ferner AVdRJM. über die gerichtlichen Verzeichnisse, die Erbhöferolle und Erbhofvermerk vom 16. 1. 1937, DJ. 95, vgl. Anhang Nr. 8, und AV. über die Aufstellung der Gemeindeverzeichnisse zur Ergänzung der Erbhöferolle vom 24. 12. 1936, DJ. 1937 S. 22.

Über das Erbhofbuch vgl. § 49 EHVfO. und AVdRJM. vom 17. 6. 1935, DJ. 885.

2. Gebührenfreiheit der Eintragung der Erbhöfe.

Über die Gebührenfreiheit des Grundbuchvermerks siehe § 53 Abs. 1 REG.

Auch für die Entscheidung über die Erbhofeigenschaft oder Bauernfähigkeit im Zusammenhang mit dem Verfahren zur Eintragung in die Erbhöferolle entfallen Gebühren, § 103 Abs. 1 Z. 3 Halbs. 2 EHVfO. Die Gebührenfreiheit gilt auch für die oberen Rechtszüge, sie bezieht sich aber für alle Rechtszüge nur auf die Gebühren, nicht auf die Auslagen. Zu diesen gehören auch die Schreibkosten für Ausfertigungen und Abschriften (REHG. EHRspr. DVO. I Nr. 2).

3. Einrichtung und Eintragung.

Vgl. hiezu die ausführlichen Bestimmungen des 3. Abschnitts (§§ 27—48) EHVfO. und die AVdRJM. vom 16. 1. 1937, DJ. 95 (Anhang Nr. 8).

Richtunggebend ist:

a) der Grundsatz der Publizität der Erbhöferolle, § 33 EHVfO.;

b) der Grundsatz der deklaratorischen Wirkung. Die Erbhöferolle genießt keinen öffentlichen Glauben, sie gibt aber die Vermutung, daß das eingetragene bzw. nicht eingetragene Grundstück Erbhofeigenschaft besitzt bzw. nicht besitzt, § 32 Abs. 1 und 2 EHVfO., § 1 Abs. 3 REG.;

c) das Offizialprinzip, § 1 Abs. 3 REG.

d) Hervorzuheben ist auch § 40 EHVfO. Danach ist in der Formel der sachlichen Entscheidung des Beschlusses über den Einspruch zum Ausdruck zu bringen, ob das Grundstück Erbhof ist oder nicht. Für die Vermutung der Eintragung des Grundstücks in die Erbhöferolle ist es ohne Bedeutung, ob die Erbhofeigenschaft im Anlegungs- oder im Feststellungsverfahren geprüft worden ist, vgl. § 32 Abs. 4 EHVfO.

e) Ueber das Anlegungsverfahren: Für die Erbhöfe bis 125 ha gilt das Verzeichnis A: §§ 34 ff. EHVfO.; für die Erbhöfe darüber das Verzeichnis B: §§ 43 ff. EHVfO.

f) Über das Nachprüfungs- und Ergänzungsverfahren siehe §§ 46, 47 EHVfO.

§ 53

Grundbuchvermerk

(1) Die Eintragung in die Höferolle ist auf Ersuchen des Vorsitzenden des Anerbengerichts bei den zum Erbhof gehörenden Grundstücken im Grundbuch zu vermerken. Der Vermerk erfolgt gebührenfrei.

(2) Die zum Erbhof gehörenden Grundstücke sind auf ein besonderes Grundbuchblatt einzutragen. Das Grundbuchamt soll tunlichst darauf hinwirken, daß der Bauer sie durch entsprechende Eintragung im Grundbuch zu einem Grundstück vereinigen läßt.

1. Vermerk im Grundbuch.

Kein öffentlicher Glaube des Grundbuchs hinsichtlich des Erbhofvermerks!, vgl. REHG. 3, 309 und § 7 REG. Anm. 1c.

2. Das grundbuchamtliche Verfahren.

Siehe hiezu §§ 50—53 EHVfO.

Die näheren Einzelheiten sind in der AVdRJM. über gerichtliche Verzeichnisse, Erbhöferolle und Erbhofvermerk vom 16. 1. 1937, 8330 — IIa[8] 98/37, DJ. 1937 S. 95 (Anhang Nr. 9) enthalten.

Von Bedeutung hieher sind auch die §§ 4 ff., 13 ff., 38 und 39 GBO. vom 5. 8. 1935, RGBl. I 1073 und § 890 BGB.

§ 53 Abs. 2 Satz 1 REG. ordnet über die Vorschrift des § 4 GBO. hinausgehend an, daß alle zum Erbhof gehörenden Grundstücke auf ein besonderes gemeinschaftliches Grundbuchblatt eingetragen werden müssen, während nach § 50 Abs. 5 EHVfO. nicht zum Erbhof gehörende Grundstücke nicht auf dem Grundbuchblatt eingetragen werden dürfen. Auch wenn die Grundstücke im Bezirke verschiedener Grundbuchämter desselben Landes gelegen sind, kann für die zum Erbhof gehörenden Grundstücke ein gemeinschaftliches Grundbuchblatt geführt werden, solange keine Verwirrung hievon zu befürchten ist.

Über die Vereinigung zu einem einzigen Grundstück vgl. § 890 BGB., § 5 GBO. Keine Gebühren, § 51 EHVfO.

Über die Niederschlagung der Auslagen aus Anlaß der Vereinigung der zu einem Erbhof gehörigen Grundstücke vgl. AVdRJM. vom 25. 4. 1935, DJ. 656.

Über die Zuschreibung eines Grundstücks als Bestandteil zum Erbhof, § 890 Abs. 2 BGB., vgl. auch § 29 EHRV. und Anm. 1c zu § 7 REG.

7. Abschnitt

Schlußvorschriften

§ 54

Örtliche Zuständigkeit der Kreis- und Landesbauernführer

Für die örtliche Zuständigkeit der Kreis- und Landesbauernführer ist der Ort maßgebend, an dem sich die Hofstelle des Erbhofs befindet.

1. Ausschlaggebende Bedeutung der Hofstelle für die Zuständigkeit.

Über die Hofstelle siehe § 1 REG. Anm. 4.

Die Stellung der Bauernführer gründet sich auf das Gesetz vom 13. 9. 1933, RGBl. I 626 und die 1. Verordnung vom 8. 12. 1933 über den vorläufigen Aufbau des Reichsnährstandes, RGBl. I 1060 in Verbindung mit der Verordnung zur Änderung der 1. Verordnung über den vorläufigen Aufbau des Reichsnährstandes vom 25. 4. 1935, RGBl. I 582 (vgl. Anhang Nr. 9 und 10).

Über die Befugnisse des Kreisbauernführers, der ein mit amtlichen Zuständigkeiten ausgestattetes Organ und deshalb eine Behörde ist, siehe insbes. die §§ 10, 13, 18, 48 REG.; §§ 11 Abs. 2, 16 Abs. 4, 17 Abs. 4, 18 Abs. 4, 24 Abs. 7, 27 Abs. 3, 44 Abs. 4, 52 Abs. 4, 54 Abs. 1 und 2 EHRV. und die §§ 2 Abs. 1 und 5, 3 Abs. 6, 10 Abs. 1 und 2, 18 Abs. 1, 24 Abs. 1 und 2, 43 Abs. 4 und 5, 44 Abs. 4, 53 Abs. 1, 63, 74 Abs. 1, 2, 3, 4 und 5, 75 Abs. 6 und 8, 76 Abs. 3, 77 Abs. 1—6, 78 Abs. 1, 2 und 4, 82 Abs. 1—4, 83 Abs. 4, 84 Abs. 2, 85 Abs. 1 und 2, 87 Abs. 1 und 4, 88 Abs. 2, 89 Abs. 1, 91 Abs. 4, 93 Abs. 2, 94 Abs. 1, 95 Abs. 2, 96 Abs. 1 EHVfO.

Über die Befugnisse des Landesbauernführers siehe

insbes. §§ 15 Abs. 2, 25 Abs. 2, 44, 49 Abs. 2 REG.; §§ 12 Abs. 2 und 3, 16 Abs. 4, 17 Abs. 4, 18 Abs. 4, 24 Abs. 7, 27 Abs. 3, 41 Abs. 3 und 4, 44 Abs. 4, 52 Abs. 4 EHRV. und die §§ 3 Abs. 6, 10 Abs. 1 und 2, 18 Abs. 1, 43 Abs. 4, 44 Abs. 4, 47 Abs. 2, 53 Abs. 1, 56 Abs. 1—3, 57 Abs. 1 und 2, 63, 70 Abs. 4, 71 Abs. 3 EHVfO.

Wegen der Befugnisse des Reichsbauernführers vgl. § 48 REG. Anm. 2.

Eine Vorschrift über die Zuständigkeit des Kreisbauernführers in Zweifelsfällen, beispielsweise, wenn die Hofstelle auf der Grenze zweier Bezirke oder sonstwie in mehreren Bezirken liegt oder wenn eine Hofstelle zur Zeit überhaupt fehlt oder wenn zwei Hofstellen in zwei verschiedenen Bezirken vorhanden sind, fehlt im REG. und in den Ausführungsverordnungen hiezu. Über die Bedeutung der Bestimmung des zuständigen AEG. durch den Präsidenten des übergeordneten AEG. für die Zuständigkeit des Kreisbauernführers vgl. § 42 REG. Anm. 2.

§ 55

Befreiung von der Erbschafts- und Grunderwerbssteuer

Der Anerbe hat für den Übergang des Erbhofs keine Erbschaftssteuer oder Grunderwerbssteuer zu zahlen.

1. Steuerliche Begünstigung des Erbhofübergangs auf den Anerben.

Die Begünstigung bezieht sich auf den Übergang der Besitzung im ganzen oder in Teilen und auf den des Zubehörs, sei es von Todes wegen oder unter Lebenden, auf den gesetzlichen oder den berufungsfähigen Anerben, im Falle des § 15 Abs. 3 REG. auch auf die vom Reichsbauernführer vorgeschlagene bauernfähige Person. Die Begünstigung bezieht sich nicht auf das erbhoffreie Vermögen und nicht auf den Eigentumsübergang im Zeitraum vor dem Erwerb der Erbhofeigenschaft.

Über einzelne weitere Fälle siehe § 42 Abs. 1 EHRV. Danach fallen unter die Steuerbegünstigung

a) der Übergang des Erbhofs auf den Anerben,

b) der Übergang des Erbhofs auf eine nicht anerbenberechtigte Person,

c) der Übergang eines Ehegattenerbhofs,

d) die Neubildung eines Erbhofs durch Übergang einer erbhoffähigen Besitzung oder durch Übergang von einzelnen Grundstücken,

e) die Neubildung eines Erbhofs durch Übergang einer über 125 ha großen Besitzung.

Vgl. hiezu für die Einzelheiten die AV. d. RJM. vom 30. 3. 1937 (8330 — II a [8] 940) über die Steuervergünstigungen beim Übergang und bei der Neubildung von Erbhöfen. DJ. S. 528 — Anhang Nr. 14.

Die Begünstigung betrifft die Erbschaftssteuer, die Grunderwerbsteuer einschließlich der Zuschläge, die Urkundensteuer und die Steuern der Gemeinden und Gemeindeverbände vom Zubehör (Gewerbeanschaffungssteuer) vgl. hiezu auch § 42 EHRV.

In den Fällen des § 42 Abs. 1 Nr. 3—5 EHRV. kommt den steuerlich begünstigten Übergangsfällen auch noch eine Ermäßigung der notariellen und der gerichtlichen Gebühren zugute. Das gleiche gilt für die Vermittlung der in diesem Zusammenhang erforderlich werdenden Auseinandersetzung einer Gemeinschaft. Auch die Gerichtskosten für die Umschreibung im Grundbuch werden nicht erhoben. Zuviel bezahlte Beträge sind zurückzuerstatten. Vgl. § 43 EHRV.

§ 56

Auslegungsregel

Entstehen bei Anwendung dieses Gesetzes Zweifel, so hat der Richter so zu entscheiden, wie es dem in den Einleitungsworten dargelegten Zweck des Gesetzes entspricht.

1. Im Zweifel gibt der Gesetzeszweck den Ausschlag.
Das gibt dem Richter aber nicht die Befugnis, gegen den klaren Wortlaut des Gesetzes zu entscheiden, desgleichen nicht die Möglichkeit, die Zuständigkeit der Anerbengerichtsbehörden auf Fälle zu erstrecken, deren Entscheidung nicht durch das Gesetz diesen Behörden übertragen ist.

Neben dem Gesetzeszweck gelten die sonstigen Auslegungsmittel.

Im übrigen vgl. § 1 REG. „Einleitende Worte".

§ 57
Inkrafttreten

(1) Dieses Gesetz tritt am 1. Oktober 1933 in Kraft.

(2) Es hat Wirkung für die Erbfälle, die nach diesem Zeitpunkt eintreten.

1. Zeitpunkt des Inkrafttretens.

Eine Rückwirkung des REG. über den 1. 10. 1933 zurück gibt es nicht. Mit dem Inkrafttreten des REG. sind die landesgesetzlichen Vorschriften über das Anerbenrecht nach Maßgabe des § 60 Abs. 1 und 2 REG. außer Kraft getreten.

Ebenfalls mit Wirkung ab 1. 10. 1933 (bis dahin also rückwirkend) sind ferner in Kraft getreten:

a) die erste Durchführungsverordnung zum Reichserbhofgesetz, insbesondere über Einrichtung und Verfahren der Anerbenbehörden, vom 19. 10. 1933, RGBl. I 749;

b) die zweite Durchführungsverordnung zum Reichserbhofgesetz vom 19. 12. 1933, RGBl. I 1096. Nur die §§ 5 und 27 dieser Verordnung sind mit dem Tage der Verkündung der Verordnung — 21. 12. 1933 — in Kraft getreten;

c) die dritte Durchführungsverordnung zum Reichserbhofgesetz vom 27. 4. 1934, RGBl. I 349. Nur die §§ 3, 5, 8—11 dieser Verordnung traten mit dem Tage der Verkündung der Verordnung — 30. 4. 1934 — in Kraft.

Alle 3 Durchführungsverordnungen wurden durch § 55 EHRV. vom 21. 12. 1936 mit dem Tage des Inkrafttretens dieser neuen Verordnung — 23. 12. 1936 — außer Kraft gesetzt.

Mit der EHRV., am 23. 12. 1936, ist auch die EHVfO. vom 21. 12. 1936 in Kraft getreten.

Durch § 120 EHVfO. wurde mit dem gleichen Tage — 23. 12. 1936 — die Verordnung über die Entschädigung der bäuerlichen Beisitzer der Anerbenbehörden vom 24. 7. 1934, RGBl. I 771 und die Verordnung über die

Führung von Erbhofbüchern vom 4. 6. 1935, RGBl. I 739, außer Kraft gesetzt.

2. Die Auswirkung des Inkrafttretens des Gesetzes.

Für Fälle vor dem 1. 10. 1933 gelten das BGB. und die landesrechtlichen Vorschriften über Anerbenrecht. Insbesondere gilt auch für Erbfälle, die vor dem 1. 10. 1933 liegen, die Regelung der Versorgungsansprüche nach Reichserbhofgesetz nicht.

Mit dem 1. 10. 1933 wurden:

a) Besitzungen, die den §§ 1 ff. REG. entsprachen, Erbhof;

b) von da an gilt das Veräußerungs- und Belastungsverbot, § 31 EHRV.;

c) Verfügungen von Todes wegen, die vor dem 1. 10. 1933 errichtet wurden, aber erst nachher wirksam werden, beurteilen sich nach neuem Recht. Sie sind unwirksam, soweit ihr Inhalt den Bestimmungen der Reichserbhofgesetzgebung widerspricht;

d) auf den 1. 10. 1933 stellen auch die §§ 58, 60 und 25 Abs. 1 Z. 1 und 2 REG. ab;

e) außerdem stellen auf den 1. 10. 1933 auch verschiedene Bestimmungen der EHRV. ab, wie die §§ 17 Abs. 1, 24 Abs. 1, 27 Abs. 1, 44 Abs. 8, 47 Abs. 1 und 2, 52 Abs. 1 EHRV.

Vgl. auch § 1 REG. Anm. 3.

§ 58

Übergangsvorschrift zu § 23 (Mehrere Erbhöfe)

Besitzt der Erblasser mehrere Erbhöfe, so kann er durch Testament oder Erbvertrag in Abweichung von § 23 bestimmen, daß bei dem ersten nach dem Inkrafttreten dieses Gesetzes eintretenden Erbfall insgesamt zwei Erbhöfe auf einen Anerben entfallen, wenn der Anerbe ein Sohn oder Sohnessohn ist und beide Höfe zusammen einhundertfünfundzwanzig Hektar nicht übersteigen.

1. Die Bedeutung des ersten Erbfalls nach dem 1. 10. 1933.

Beim ersten Erbfall können ausnahmsweise auch 2 Erbhöfe, die zusammen 125 ha nicht übersteigen, an einen Sohn oder Sohnessohn als Anerben fallen, wenn der Erblasser es so im Testament oder im Erbvertrag bestimmt und die beiden Erbhöfe schon am 1. 10. 1933 in seinem Besitz waren. Hat er mehr als einen Sohn oder als einen Sohnessohn (z. B. 2 Söhne oder 2 Sohnessöhne oder nur einen Sohn und dazu einen Sohnessohn), dann bedarf er der Zustimmung des AEG., § 25 Abs. 1 REG., soweit die Voraussetzungen dieser Gesetzesbestimmung gegeben sind. Die Ausnahme ist auf Anerben der ersten Ordnung des § 20 REG. beschränkt. Von ihr kann nur einmal Gebrauch gemacht werden.

Für den Ehegattenerbhof sind besonders zu beachten die §§ 17 Abs. 1, 18 Abs. 1, 20 Abs. 1, 2 und 4, 22 Abs. 1, 2 und 3, 24, 47 Abs. 3, 49 EHRV. Hier gilt der Tod des überlebenden Ehegatten noch als erster Erbfall.

Vgl. § 1 REG. Anm. **1** II 3 und die dort vermerkten Stellen.

Vgl. auch § 36 REG. Anm. **1**.

§ 59

Übergangsvorschrift zu §§ 38, 39 (Vollstreckung)

Die Vorschriften des § 39 über die Vollstreckung in die landwirtschaftlichen Erzeugnisse des Erbhofs finden bis zu einer anderen, im Wege der Durchführungsverordnung zu treffenden Regelung auch auf die Vollstreckung wegen privatrechtlicher Geldforderungen Anwendung.

1. Privatrechtliche Geldforderungen in der Übergangszeit.
Vgl. hiezu § 39 REG. nebst Anmerkungen und die §§ 37—40 EHRV.

§ 60

Landesgesetze

(1) Mit dem Inkrafttreten dieses Gesetzes treten die landesgesetzlichen Vorschriften über das Anerbenrecht außer Kraft.

(2) Unberührt bleiben die landesgesetzlichen Vorschriften über das Anerbenrecht bei den auf Grund

der Gesetze über Auflösung der Fideikommisse gebildeten Gütern (insbesondere Waldgütern und Deichgütern), soweit sie nicht Erbhof werden, sowie bei Erbpachtgütern.

1. Beseitigung der landesgesetzlichen Vorschriften über Anerbenrecht.

Unberührt bleiben:

a) die landesgesetzlichen Vorschriften über Familienfideikommisse (vgl. Anm. **2**);

b) die landesgesetzlichen Vorschriften über Erbpachtgüter (vgl. Anm. **2**);

c) die landesgesetzlichen Vorschriften über das Anerbenrecht bei Rentengütern und preußischen Ansiedlungsgütern von nicht mehr als 125 ha, soweit diese Güter nicht Erbhöfe werden, siehe § 46 EHRV.; vgl. § 20 REG. Anm. **1** o.

Im übrigen haben die Landesgesetze nur noch für die Erbfälle Bedeutung, die vor dem 1. 10. 1933 liegen. Art. 64 EGBGB. ist gegenstandslos geworden.

2. Die Familienfideikommisse, die Erbpachtgüter und die Lehnbauerngüter insbesondere.

Vgl. hiezu die §§ 44, 45 EHRV. und § 1 REG. Anm. **2** sowie § 20 REG. Anm. **1** m und n.

Durch § 44 EHRV. sind einige fideikommißrechtliche Vorschriften, die an sich mit dem REG. nicht in Einklang stehen, weiter in Geltung erhalten, insbesondere richtet sich die Anerbenfolge in der Hauptsache nicht nach Erbhofrecht, sondern nach Fideikommißrecht. Auch ist die Zuständigkeit der Fideikommißgerichte für Streitigkeiten über die Erbfolge nach fideikommißrechtlichen Bestimmungen festgelegt.

Durch § 45 EHRV. wird die weitere Umwandlung des Nutzeigentums des Erbpächters in dessen freies Eigentum besonders begünstigt.

§ 61

Ausführungsvorschriften

(1) Der Reichsminister der Justiz und der Reichsminister für Ernährung und Landwirtschaft sind er-

mächtigt, gemeinschaftlich die zur Durchführung dieses Gesetzes erforderlichen Rechtsverordnungen und allgemeinen Verwaltungsvorschriften zu erlassen.

(2) Sie können hierbei, soweit sie es zur Erreichung des Zwecks dieses Gesetzes für erforderlich halten, auch Vorschriften ergänzenden oder abweichenden Inhalts treffen, insbesondere auch die im § 60 Abs. 2 bezeichneten Vorschriften aufheben oder abändern.

1. Rechtsverordnungen und allgemeine Verwaltungsvorschriften.

Zur Zeit sind in Geltung: außer der EHRV. und der EHVfO.:

1. Rdschr., betr. statistische Angaben zum Reichserbhofgesetz vom 4. 1. 1934, DJ. 45, AV. vom 12. 3. 1934, DJ. 340; AV. vom 25. 7. 1934, DJ. 986; AV. vom 11. 5. 1935, DJ. 731;
2. über die Niederschlagung der Auslagen aus Anlaß der Vereinigung der zu einem Erbhof gehörigen Grundstücke, AV. vom 25. 4. 1935, DJ. 656;
3. über Zuständigkeiten auf dem Gebiete der Anerbengerichtsbarkeit, AV. vom 27. 4. 1935, DJ. 654; Anw. über den Geschäftsgang des Reichserbhofgerichts vom 2. 5. 1934, DJ. 594;
4. über Bearbeitung der Anträge auf Zulassung einer Besitzung von mehr als 125 ha als Erbhof gemäß § 5 REG., AV. vom 8. 5. 1934, DJ. 628;
5. über die Führung von Erbhofbüchern, AV. vom 17. 6. 1935, DJ. 885;
6. Berichterstattung über die Fortschritte der Arbeiten zur Anlegung der Erbhöferolle, AV. vom 12. 6. 1934, DJ. 754; Berichtigung, DJ. 789 und RV. vom 31. 7. 1935 (IIa 7143);
7. Bestallungen für Erbhofrichter usw., RV. vom 12. 9. 1935 (VIa 962);
8. Ariernachweis im Erbhofzulassungsverfahren, AV. vom 22. 11. 1935, DJ. 1720;

9. Errichtung der Anerbengerichte, AV. vom 18. 12. 1935, DJ. 1851;
10. Gerichtliches Verzeichnis, Erbhöferolle und Erbhofvermerk, AV. vom 16. 1. 1937, DJ. 95;
11. Aufstellung der Gemeindeverzeichnisse zur Ergänzung der Erbhöferolle, AV. vom 24. 12. 1936, DJ. 1937 S. 22;
12. Einführung des Erbhofrechts im Saarland, AV. vom 29. 4. 1935, DJ. 655;
13. Geschäftliche Behandlung der Erbhofsachen, AV. vom 14. 2. 1937, DJ. 258;
14. Statistik zum Erbhofrecht, AV. vom 8. 2. 1937, DJ. 259;
15. Bezirksänderungen in Groß-Hamburg und anderen Gebietsteilen, AV. d. RJM. vom 18. 3. 1937 (3200 — I a [0] 463) DJ. 415;
16. Überleitungsbestimmungen aus Anlaß von Bezirksänderungen in Groß-Hamburg und anderen Gebietsteilen, AV. d. RJM. vom 18. 3. 1937 (3200 — I a [0] 464) DJ. 416;
17. Vordrucke für Erbhofsachen, AV. d. RJM. vom 25. 3. 1937 (1414/16 — VI a [5] 325) DJ. 489;
18. Äußere Form der Entscheidungen der Anerbengerichte und Erbhofgerichte, AV. d. RJM. vom 25. 3. 1937 (8330 — II a [8] 508) DJ. 526;
19. Bestimmung über die Bildung von Anerbengerichten, AV. d. RJM. vom 1. 4. 1937 (8331 — I a [9] 573) DJ. 526;
20. Steuervergünstigungen beim Übergang und bei der Neubildung von Erbhöfen, AV. d. RJM. vom 30. 3. 1937 (8330 — II a [8] 940) DJ. 528.

2. **Vorschriften ergänzenden oder abweichenden Inhalts insbesondere.**

Zur Zeit sind in Geltung:

Die EHRV. und die EHVfO. je vom 21. 12. 1936, RGBl. I 1069 und 1082.

Über die diesen vorausgegangenen 3 Durchführungsverordnungen und ihre Aufhebung vgl. § 57 REG. Anm. 1.

Anhang.

1. Erbhofrechtsverordnung*)

(EHRV).

Vom 21. Dezember 1936 (RGBl. I 1069).

Inhaltsübersicht

Auf Grund der §§ 46, 47, 51, 52, 61 des Reichserbhofgesetzes vom 29. September 1923 (Reichsgesetzbl. I S. 685) wird zur Durchführung und Ergänzung des Gesetzes folgendes verordnet:

1. Abschnitt

Der Erbhof.

§ 1 Berücksichtigung der Schulden des Eigentümers bei der Entstehung eines Erbhofs

(1) Eine Besitzung, die vor dem Inkrafttreten dieser Verordnung noch nicht Erbhof geworden ist, kann Erbhofeigenschaft nur erlangen, wenn

---

*) Soweit erforderlich, sind die Vorschriften dieser Verordnung bei den zugrunde liegenden Bestimmungen der REG. selbst erläutert.

1. die allgemeinen sachlichen und persönlichen Erfordernisse für die Entstehung der Erbhofeigenschaft gegeben sind und
2. der Gesamtbetrag der Schulden des Eigentümers den Betrag von siebzig vom Hundert des zuletzt festgestellten steuerlichen Einheitswerts der Besitzung nicht übersteigt.

(2) In dem anerbengerichtlichen Verfahren, das die Klärung der Erbhofeigenschaft einer Besitzung der im Abs. 1 erwähnten Art zum Gegenstand hat, hat der Eigentümer über den Schuldenstand Auskunft zu geben und die Richtigkeit seiner Angaben auf Verlangen des Richters an Eides Statt zu versichern.

(3) Bei der Prüfung des Gesamtbetrags der Schulden im Sinne des Absatzes 1 Nr. 2 gilt als Wert der vom Eigentümer geschuldeten wiederkehrenden Leistungen die Hälfte des Betrags, der sich bei Anwendung der Vorschriften des § 22 Abs. 1, 2, 5 der Kostenordnung vom 25. November 1935 (Reichsgesetzbl. I S. 1371) ergibt.

(4) Sobald die Besitzung in die Erbhöferolle eingetragen ist, gilt die Voraussetzung des Absatzes 1 Nr. 2 als erfüllt, auch wenn sich später herausstellen sollte, daß der Schuldenstand zum maßgebenden Zeitpunkt die zulässige Höhe überschritten hat.

(5) Das im Abs. 1 Nr. 2 vorgeschriebene Erfordernis gilt nicht

1. für Höfe, die in einem Verfahren zur Neubildung deutschen Bauerntums (Neusiedlungs- oder Anliegersiedlungsverfahren) auf Grund des Reichssiedlungsgesetzes vom 11. August 1919 (Reichsgesetzbl. S. 1429) oder des Gesetzes über die Neubildung deutschen Bauerntums vom 14. Juli 1933 (Reichsgesetzbl. I S. 517) gebildet werden;
2. für Besitzungen, hinsichtlich deren der Reichsminister für Ernährung und Landwirtschaft gemäß § 5 des Gesetzes eine Ausnahme von den Erfordernissen des § 3 des Gesetzes zuläßt;
3. für Besitzungen, bei denen die Voraussetzungen für die Entstehung der Erbhofeigenschaft im Zuge eines über das Vermögen des Eigentümers durchgeführten Entschuldungsverfahrens erfüllt werden.

§ 2 Vergrößerung eines Erbhofs über die zugelassene Höchstgrenze

(1) Soll ein Erbhof durch Hinzunahme von Grundstücken über eine Gesamtfläche von hundertfünfundzwanzig Hektar hinaus vergrößert werden, so werden die hinzugenommenen Flächen nur dann Bestandteil des Erbhofs, wenn der Reichs-
DVO. I minister für Ernährung und Landwirtschaft gemäß § 5 des
§ 60 Abs. 1 Gesetzes eine Ausnahme von den Erfordernissen des § 3 des Gesetzes zuläßt.

DVO. I § 60 Abs. 2 (2) Dasselbe gilt, wenn eine Besitzung, die auf Grund des § 5 des Gesetzes Erbhof geworden ist, vergrößert werden soll.

DVO. I § 60 Abs. 3 (3) Die Vorschriften der §§ 44, 45 der Erbhofverfahrensordnung finden entsprechende Anwendung.

§ 3 Grundstücke im Umlegungsverfahren

Sind Grundstücke in ein Verfahren zur Grundstücksumlegung (Flur- oder Feldbereinigung) einbezogen und im Laufe dieses Verfahrens durch vorläufige Besitzeinweisung einem anderen am Umlegungsverfahren Beteiligten zugewiesen, so wird hierdurch für die Anwendung des Reichserbhofgesetzes, insbesondere des § 7 des Gesetzes, ihre Zugehörigkeit zu dem Grundbesitz, von dem aus sie bisher bewirtschaftet wurden, noch nicht berührt.

§ 4 Nutzungsrechte und Anteile

(1) Forstnutzungsrechte, sonstige dem Erbhof dienende dingliche Nutzungsrechte, Anteile an einer Waldgenossenschaft und ähnliche dem Erbhof dienende Rechte gehören zum Erbhof, gleichviel ob sie mit dem Eigentum am Erbhof verbunden sind oder dem Bauern persönlich zustehen. Dasselbe gilt für
DVO. II § 2 Miteigentumsanteile an einem Grundstück, die dem Erbhof dienen, falls diese Anteile im Verhältnis zu dem sonstigen den Erbhof bildenden Grundbesitz von untergeordneter Bedeutung sind.

(2) Anteile an einer Molkerei, Zuckerfabrik oder ähnlichen Einrichtung, in der Erzeugnisse des Erbhofs verarbeitet oder
DVO. II § 2 verwertet werden, gehören zum Erbhof, gleichviel ob sie mit dem Eigentum am Erbhof verbunden sind oder dem Bauern

persönlich zustehen. Das gleiche gilt für Anteile an einer gemeinschaftlich betriebenen Dreschmaschine oder ähnlichen Anlage.

2. Abschnitt

Der Bauer.

§ 5 Befreiung vom Erfordernis der deutschen Staatsangehörigkeit

(1) Von dem im § 12 des Gesetzes vorgesehenen Erfordernis der deutschen Staatsangehörigkeit kann der Reichsminister für Ernährung und Landwirtschaft auf Antrag Befreiung gewähren. DVO. II § 3

(2) Fällt der Erbhof jemandem an, der nicht deutscher Staatsangehöriger ist, so gilt es als Ausschlagung des Anfalls des Erbhofs, wenn der zum Anerben Berufene innerhalb der Frist des § 29 Abs. 2 des Gesetzes weder das Einbürgerungsgesuch gemäß § 29 Abs. 3 des Gesetzes noch den im obigen Abs. 1 vorgesehenen Befreiungsantrag stellt.

(3) Wird das Einbürgerungsgesuch rechtzeitig gestellt, aber abgelehnt, so gilt es als Ausschlagung des Anfalls des Erbhofs, wenn der zum Anerben Berufene nicht innerhalb von sechs Wochen nach Ablehnung seines Gesuchs den im Abs. 1 vorgesehenen Befreiungsantrag stellt, oder wenn auch der Befreiungsantrag abgelehnt wird.

(4) Wird der im Abs. 1 vorgesehene Befreiungsantrag innerhalb der im § 29 Abs. 2 des Gesetzes vorgesehenen Frist gestellt, aber abgelehnt, so gilt es als Ausschlagung des Anfalls des Erbhofs, wenn der zum Anerben Berufene nicht innerhalb von sechs Wochen nach Zustellung des ablehnenden Bescheides das Einbürgerungsgesuch stellt, oder wenn auch das Einbürgerungsgesuch abgelehnt wird.

(5) Zur Wahrung der Fristen, die im § 29 Abs. 3 des Gesetzes sowie in den vorstehenden Absätzen vorgesehen sind, reicht es aus, wenn das Einbürgerungsgesuch oder der Befreiungsantrag innerhalb der Frist bei einer inländischen Behörde oder bei einer Dienststelle des Reichsnährstandes eingeht. Geht das Gesuch oder der Antrag bei einer nicht zuständigen Stelle ein, so hat diese das Gesuch oder den Antrag unverzüglich an die für die Entscheidung zuständige Stelle abzugeben. DVO. II § 14

§ 6 Nachweis der deutschen Staatsangehörigkeit und der Abstammung

DVO. II § 4 Bescheinigungen von Verwaltungs- oder Kirchenbehörden, die zur Durchführung der §§ 12, 13 des Gesetzes erforderlich werden, sind gebührenfrei.

3. Abschnitt

Erbfolge kraft Anerbenrechts.

§ 7 Kinder aus mehreren Ehen (§ 21 Abs. 4 des Gesetzes)

(1) Hat der Ehegatte, dem der Erbhof gehört, Söhne aus mehreren Ehen, so gehen die Söhne aus der ersten Ehe den anderen Söhnen vor.

(2) Hat der Ehegatte, dem der Erbhof gehört, Töchter aus mehreren Ehen, so gehen die Töchter aus der ersten Ehe den anderen Töchtern vor.

(3) Die Vorschriften der Absätze 1, 2 gelten entsprechend, wenn in einer der übrigen Ordnungen Söhne oder Töchter aus mehreren Ehen vorhanden sind.

(4) Will der Erblasser unter Übergehung eines Sohnes aus seiner ersten Ehe einen Sohn aus seiner zweiten Ehe zum Anerben bestimmen, so bedarf er hierzu der Zustimmung des Anerbengerichts. Das Anerbengericht soll die Zustimmung nur erteilen, wenn ein wichtiger Grund vorliegt.

§ 8 Ausscheiden eines Anerben, der bereits einen Erbhof hat (§ 22 Abs. 1 des Gesetzes)

(1) Hat der Erblasser, dessen Anerbe ausscheidet, weil er bereits einen Erbhof hat, einen anderen Verwandten der gleichen Anerbenordnung (z. B. einen weiteren Sohn oder Bruder oder eine weitere Tochter oder Schwester) und hat weder dieser Verwandte noch dessen Ehegatte noch einer der Abkömmlinge dieses Verwandten einen Erbhof, so hat dieser Verwandte den Vorrang vor den Abkömmlingen des ausscheidenden Anerben.

(2) Ist der Verwandte gestorben oder wird er aus einem anderen Grunde nicht Anerbe, so gilt der im Abs. 1 vorgesehene Vorrang auch zugunsten seines Sohnes oder Sohnessohns.

§ 9 Überspringen eines Anerbenberechtigten (§ 25 des Gesetzes)

(1) Der Erblasser kann mit Zustimmung des Anerbengerichts unter Überspringen eines noch nicht durch Tod, Erbverzicht oder auf andere Weise weggefallenen Sohnes dessen Sohn oder Sohnessohn zum Anerben bestimmen, wenn hierfür ein wichtiger Grund vorliegt.

(2) Dasselbe gilt entsprechend, wenn ein Bruder (eine Tochter, eine Schwester) des Erblassers zugunsten eines Sohnes oder Sohnessohns des Bruders (der Tochter, der Schwester) übersprungen werden soll.

(3) Abs. 1 gilt ferner entsprechend, wenn ein zur sechsten Ordnung gehörender Abkömmling des Erblassers zugunsten eines Nachkommen dieses Abkömmlings übersprungen werden soll.

§ 10 Hofsatzung über die Anerbenfolge im Mannesstamm (§ 25 des Gesetzes)

(1) Der Bauer kann in einer Hofsatzung mit Geltung für alle künftigen Erbfälle bestimmen, daß der Hof sich zunächst ausschließlich im Mannesstamm vererbt, also nur auf Personen männlichen Geschlechts, die durch Männer mit dem Bauern verwandt sind. Hierbei können Anerbenberechtigte der vierten bis sechsten Ordnung hinter männlichen Verwandten, die nicht zu den Anerbenberechtigten im Sinne des § 20 des Gesetzes gehören, zurückgesetzt oder ganz ausgeschlossen werden.

(2) In der Hofsatzung ist ferner zu regeln, inwieweit der jeweilige Erbhofeigentümer innerhalb der festgelegten Folgeordnung den Anerben bestimmen kann.

(3) Die Hofsatzung bedarf der gerichtlichen oder notariellen Beurkundung.

(4) Die Hofsatzung unterliegt der Genehmigung der Reichsminister der Justiz und für Ernährung und Landwirtschaft. Vor der Entscheidung ist der Reichsbauernführer zu hören. Bei der Genehmigung kann angeordnet werden, daß die Bestimmung des Anerben in gewissen Fällen der Zustimmung des Anerbengerichts bedarf.

(5) Die Entscheidung über den Antrag auf Genehmigung der Hofsatzung wird dem Antragsteller von Amts wegen zu-

gestellt. Für das Genehmigungsverfahren wird eine volle Gebühr im Sinne der Kostenordnung vom 25. November 1935 (Reichsgesetzbl. I S. 1371) erhoben; der Geschäftswert bestimmt sich nach deren § 24 Abs. 2; die Vorschriften der §§ 7, 28 der Kostenordnung gelten entsprechend.

(6) Die Entscheidung, durch welche die Hofsatzung genehmigt wird, wird mit einer beglaubigten Abschrift der Hofsatzung dem Anerbengericht zugefertigt. Das Anerbengericht trägt von Amts wegen und gebührenfrei in die Erbhöferolle (Spalte Bemerkungen) ein, daß die Anerbenfolge sich nach der genehmigten Hofsatzung richtet.

(7) Für die Änderung oder Aufhebung der Hofsatzung gelten die Vorschriften der vorstehenden Absätze 3 bis 6 entsprechend.

§ 11 Verwaltung und Nutznießung des Ehegatten des Erblassers (§ 26 des Gesetzes)

(1) Durch Testament oder Erbvertrag kann bestimmt
werden, daß dem Ehegatten des Erblassers die Verwaltung
DVO. II und Nutznießung des Erbhofs zustehen soll, und zwar für den
§ 13 Abs. 1 Fall, daß der Anerbe zur ersten oder vierten Anerbenordnung
gehört, bis zur Vollendung des fünfundzwanzigsten Lebensjahres des Anerben, für andere Fälle auch hierüber hinaus.

(2) Hat der Anerbe das dreißigste Lebensjahr vollendet,
DVO. II so kann das Anerbengericht auf Antrag des Landesbauern-
§ 13 Abs. 2 führers die im Abs. 1 bezeichnete Verwaltung und Nutznießung aufheben.

§ 12 Hofname (§ 27 des Gesetzes)

(1) Hat der Erblasser gemäß §§ 27, 28 des Gesetzes durch
Verfügung von Todes wegen bestimmt, daß der Anerbe als
DVO. III Zusatz zu seinem Namen den Hofnamen führt, so tritt die
§ 5 Abs. 1 Namensänderung mit dem Anfall des Erbhofs ein; sie erstreckt sich nicht auf den Ehegatten oder die Kinder des Anerben.

(2) Der Hofname wird im Falle des Absatzes 1 durch einen
Bindestrich mit dem Familiennamen des Anerben verbunden.
DVO. III Bestehen Zweifel über den Hofnamen, so entscheidet auf
§ 5 Abs. 2 Antrag eines Beteiligten oder von Amts wegen das Anerbengericht endgültig. Das Anerbengericht soll vor der Entscheidung

den Kreisbauernführer hören. Das Anerbengericht teilt dem Nachlaßgericht beglaubigte Abschrift seiner Entscheidung mit.

(3) Der Anerbe kann, wenn ein wichtiger Grund vorliegt, die Führung des Namenszusatzes durch Erklärung gegenüber dem Anerbengericht ablehnen. Die Vorschriften über die Ausschlagung einer Erbschaft finden entsprechende Anwendung. Darüber, ob ein wichtiger Grund vorliegt, entscheidet von Amts wegen nach Anhörung des Kreisbauernführers das Anerbengericht endgültig. Das Anerbengericht teilt dem Nachlaßgericht beglaubigte Abschrift seiner Entscheidung mit. DVO. III § 5 Abs. 3

(4) Sobald der Namenszusatz und seine Annahme feststehen, veranlaßt das Nachlaßgericht die Eintragung eines Randvermerks im Geburts- und Heiratsregister des Anerben. DVO. III § 5 Abs. 4

(5) Für das Verfahren des Anerbengerichts und des Nachlaßgerichts gemäß den Absätzen 2 bis 4 werden keine Gebühren erhoben. DVO. III § 5 Abs. 5

§ 13 Form der Bestimmung des Anerben oder der Anordnung der Verwaltung und Nutznießung

(1) Der Erblasser kann die Erklärung, durch die er für den Erbhof einen Anerben bestimmt oder die nach seinem Tode eintretende Verwaltung und Nutznießung am Erbhof anordnet, außer durch Testament oder Erbvertrag (§ 28 des Gesetzes) auch mündlich zur Niederschrift vor dem Vorsitzenden des zuständigen Anerbengerichts oder vor einem Notar abgeben.

(2) Die Form der Beurkundung richtet sich nach den für die gerichtliche oder notarielle Beurkundung eines Rechtsgeschäfts unter Lebenden geltenden Vorschriften. Die Urkunde soll nicht als Testament bezeichnet werden. Im übrigen steht die Urkunde einem vor einem Richter oder Notar in ordentlicher Form errichteten Testament gleich; dies gilt insbesondere für die Verwahrung, den Widerruf, die Eröffnung und die Beweiskraft der Urkunde.

§ 14 Haftung für die Nachlaßverbindlichkeiten (§ 34 des Gesetzes)

(1) Der Anerbe haftet, auch wenn er am übrigen Nachlaß nicht als Miterbe beteiligt ist, für die Nachlaßverbindlichkeiten als Gesamtschuldner.

(2) Der Anerbe haftet für die Erfüllung der Nachlaßverbindlichkeiten mindestens mit den pfändbaren Nutzungen des Erbhofs. Das durch Pfändung zugunsten eines Nachlaßgläubigers begründete Pfandrecht an den Nutzungen des Erbhofs hat (in Abweichung von § 804 Abs. 3 der Zivilprozeßordnung) ohne Rücksicht auf die zeitliche Reihenfolge der Pfändungen den Vorrang vor dem Pfändungspfandrecht eines Gläubigers des Anerben, dessen Anspruch vor dem Erbfall begründet ist.

§ 15 Erbschein

DVO. III § 3 Abs. 1 (1) Gehört zu einem Nachlaß ein Erbhof, so ist in dem Erbschein auch der Anerbe als solcher aufzuführen.

DVO. III § 3 Abs. 2 (2) Der Anerbe kann auch beantragen, daß ihm das Nachlaßgericht einen Erbschein ausstellt, in dem lediglich seine Folge in den Erbhof bescheinigt wird.

DVO. III § 3 Abs. 3 (3) Auf den Nachweis des Überganges des Erbhofs gemäß § 22 Abs. 3 des Gesetzes, §§ 20, 21, 22, 24 dieser Verordnung finden die Vorschriften über den Erbschein entsprechende Anwendung.

§ 16 Feststellung, daß kein Anerbe vorhanden ist

(1) Besteht Grund zu der Annahme, daß kein Anerbe vorhanden ist (§ 25 Abs. 5 Satz 2 des Gesetzes), so hat das Nachlaßgericht von Amts wegen den Sachverhalt aufzuklären.

(2) Das Nachlaßgericht kann eine öffentliche Aufforderung zur Anmeldung des Anerbenrechts erlassen. Die Art der Bekanntmachung und die Dauer der Anmeldefrist bestimmen sich nach den für das Aufgebotsverfahren geltenden Vorschriften der §§ 948 bis 950 der Zivilprozeßordnung. Die öffentliche Aufforderung soll auch in dem amtlichen Blatt der Landesbauernschaft und in einer örtlichen Tageszeitung veröffentlicht werden.

(3) Ergeben die Ermittlungen, daß kein Anerbe vorhanden ist, so stellt das Nachlaßgericht dies in einem Beschluß fest. Der Beschluß ist dem Reichsbauernführer, gegebenenfalls auch demjenigen, der behauptet, Anerbe zu sein, von Amts wegen zuzustellen. Das Verfahren ist gebührenfrei.

(4) Der Kreisbauernführer kann beim Nachlaßgericht den Erlaß eines Beschlusses des im Abs. 3 vorgesehenen Inhalts beantragen. Wird der Antrag abgelehnt, so steht dem Kreis-

bauernführer das Recht der sofortigen Beschwerde und dem Landesbauernführer das Recht der sofortigen weiteren Beschwerde zu.

(5) Die Feststellung (Abs. 3) begründet die Vermutung, daß ein Anerbe nicht vorhanden ist.

(6) Wer ein berechtigtes Interesse glaubhaft macht, kann die Ermittlungen des Nachlaßgerichts einsehen. Er kann auch eine Abschrift der einzusehenden Schriftstücke fordern. Die Abschrift ist auf Verlangen zu beglaubigen.

4. Abschnitt

Ehegattenerbhöfe

§ 17 Erbhöfe im Miteigentum von Ehegatten

(1) Befindet sich am 1. Oktober 1933 (dem Tage des Inkrafttretens des Reichserbhofgesetzes) eine Besitzung, die, abgesehen vom Alleineigentum, den Voraussetzungen der DVO. I §§ 1 bis 4, 6 des Gesetzes entspricht, im Gesamtgut einer ehe- § 62 Abs. 1 lichen Gütergemeinschaft oder sonst im Miteigentum von bauernfähigen Ehegatten, so ist die Besitzung vom Inkrafttreten des Gesetzes ab Erbhof.

(2) Erfüllt beim Inkrafttreten dieser Verordnung eine Besitzung, die bis dahin noch nicht Erbhof geworden ist, die im Abs. 1 vorgesehenen Voraussetzungen (abgesehen von dem dort vorgesehenen Stichtag), so ist sie vom Inkrafttreten dieser Verordnung ab Erbhof. Die Vorschriften des § 1 dieser Verordnung finden keine Anwendung.

(3) Eine Besitzung, die noch nicht Erbhof ist, wird Erbhof, sobald sie nach dem Inkrafttreten dieser Verordnung die Voraussetzungen des vorstehenden Absatzes 1 und die des § 1 dieser Verordnung erfüllt.

(4) Auf Antrag eines der Ehegatten oder des Kreisbauernführers kann das Anerbengericht bestimmen, daß das Fehlen der Bauernfähigkeit eines der Ehegatten die Entstehung der Erbhofeigenschaft nicht hindert. Das Anerbengericht darf dem Antrag nur entsprechen, wenn der nichtbauernfähige Ehegatte wenigstens die Erfordernisse der §§ 12, 13 des Gesetzes erfüllt und wenn der andere Ehegatte bauernfähig ist und nach seiner Persönlichkeit die Gewähr dafür bietet, daß der Hof ordnungs-

mäßig bewirtschaftet wird. Die Vorschriften des § 48 Abs. 2, § 49 Abs. 2 des Gesetzes finden entsprechende Anwendung. Sobald der dem Antrag entsprechende Beschluß rechtskräftig geworden ist, gilt die Befreiung als erteilt, und zwar mit Wirkung vom Beginn des Tages ab, an dem der Antrag beim Anerbengericht eingegangen ist.

§ 18 Ehegattenerbhöfe, die sich aus verschiedenen Eigentumsarten zusammensetzen

(1) Befindet sich am 21. Dezember 1933 (dem Tage des Inkrafttretens der Zweiten Durchführungsverordnung) eine von einer Hofstelle aus bewirtschaftete Besitzung

DVO. II § 5 Abs. 1

1. zum Teil im Alleineigentum des Ehemannes und zum Teil im Alleineigentum der Ehefrau oder
2. zum Teil im gemeinschaftlichen Eigentum beider Ehegatten und zum Teil im Alleineigentum eines oder jedes der Ehegatten

und entspricht die Besitzung zu diesem Zeitpunkt, abgesehen von diesen Eigentumsverhältnissen, den Voraussetzungen der §§ 1 bis 4, 6 des Gesetzes, namentlich auch hinsichtlich der Bauernfähigkeit beider Ehegatten, so ist die Besitzung von diesem Zeitpunkt ab Erbhof.

(2) Erfüllt beim Inkrafttreten dieser Verordnung eine Besitzung, die bis dahin noch nicht Erbhof geworden ist, die im Abs. 1 vorgesehenen Voraussetzungen (abgesehen von dem dort bezeichneten Stichtag), so wird sie mit dem Inkrafttreten dieser Verordnung Erbhof. Die Vorschriften des § 1 dieser Verordnung finden keine Anwendung.

(3) Eine Besitzung, die noch nicht Erbhof ist, wird Erbhof, sobald sie nach dem Inkrafttreten dieser Verordnung die Voraussetzungen des vorstehenden Absatzes 1 und die des § 1 dieser Verordnung erfüllt.

(4) Die Vorschriften des § 17 Abs. 4 finden entsprechende Anwendung.

§ 19 Rechtliche Behandlung der Ehegattenerbhöfe

Für die Ehegattenerbhöfe sind dieselben Vorschriften maßgebend, welche allgemein für Erbhöfe gelten, soweit sich nicht aus den nachstehenden §§ 20 bis 23 etwas anderes ergibt.

§ 20 Bestimmung des Anerben DVO. I

(1) Jeder Ehegatte kann den anderen Ehegatten zum Anerben bestimmen. § 62 Abs. 2 DVO. II § 5 Abs. 2

(2) Die Ehegatten können ferner durch gemeinschaftliches Testament oder durch Erbvertrag bestimmen, daß der Erbhof nach dem Tode des Erstversterbenden oder des Überlebenden an eine Person als Anerben fallen soll, die nach dem Reichserbhofgesetz als Anerbe des einen oder des andern Ehegatten berufen wäre oder bestimmt werden könnte. DVO. I § 62 Abs. 2 DVO. II § 5 Abs. 2

(3) Der überlebende Ehegatte, der Anerbe geworden ist, kann, falls er nicht durch eine gemeinschaftliche Verfügung von Todes wegen gebunden ist, auch einseitig bestimmen, daß der Hof nach seinem Tode an eine Person fallen soll, die nach dem Reichserbhofgesetz als Anerbe des einen oder des andern Ehegatten berufen wäre oder bestimmt werden könnte.

(4) Die Vorschriften, nach denen in gewissen Fällen die Zustimmung des Anerbengerichts erforderlich ist, bleiben unberührt. Dies gilt nicht für Verfügungen von Todes wegen, die bei Ehegattenerbhöfen aus § 17 vor dem Inkrafttreten des Gesetzes, bei Ehegattenerbhöfen aus § 18 vor dem 21. Dezember 1933 errichtet worden sind. DVO. II § 5 Abs. 2 S. 2 § 6 Abs. 2

§ 21 Recht der Ehefrau, in besonderen Fällen den Anerben einseitig zu bestimmen

(1) Hat die Ehefrau den wirtschaftlich bedeutenderen Teil des den Erbhof bildenden Besitzes in die Ehe eingebracht, so kann sie, solange sie nicht durch eine gemeinschaftliche Verfügung von Todes wegen gebunden ist, mit Zustimmung des Anerbengerichts auch ohne Mitwirkung des Mannes bestimmen, daß sie selbst Anerbin des Mannes sein soll, oder daß der Hof beim Tode des Mannes oder bei ihrem eigenen Vorversterben an eine Person als Anerben fallen soll, die nach dem Reichserbhofgesetz als Anerbe des einen oder des anderen Ehegatten bestimmt werden könnte, oder daß ihr selbst oder dem anderen Ehegatten die Verwaltung und Nutznießung am Erbhof zustehen soll, und zwar auch über das fünfundzwanzigste Lebensjahr des Anerben hinaus.

(2) Die Frau kann die im Abs. 1 vorgesehenen Verfügungen nur bei Lebzeiten des Mannes und nur in Form eines öffent-

lichen Testaments vornehmen; die Errichtung des Testaments durch Übergabe einer verschlossenen Schrift ist ausgeschlossen. Die Bestimmung ist nur wirksam, wenn dem Ehemann eine beglaubigte Abschrift zugestellt wird; der beurkundende Richter oder Notar hat die Zustellung von Amts wegen zu veranlassen.

(3) Jeder der Ehegatten kann beim Anerbengericht den Antrag auf Entscheidung über die Zustimmung zu dem Testament stellen.

(4) Das Anerbengericht kann auf Antrag bestimmen, daß dem überlebenden Ehegatten, falls er nicht Anerbe wird, die Verwaltung und Nutznießung zustehen soll, und zwar auch über das fünfundzwanzigste Lebensjahr des von der Frau bestimmten Anerben hinaus.

(5) In den Fällen der vorstehenden Absätze finden die Vorschriften des § 48 Abs. 2, § 49 Abs. 2 des Gesetzes entsprechende Anwendung.

DVO. I § 62 Abs. 3 S. 1

§ 22 Gesetzliche Anerbenfolge

DVO. II § 5 Abs. 3 S. 1 (1) Machen die Ehegatten von dem Recht, den Anerben gemäß §§ 20, 21 zu bestimmen, keinen Gebrauch, so fällt der Erbhof beim Tode der Frau dem Manne als Anerben an.

DVO. I § 63 Abs. 3 S. 2 (2) Stirbt der Mann, gleichviel ob vor oder nach der Frau, so fällt der Hof derjenigen Person als Anerben an, die nach dem Reichserbhofgesetz als Anerbe des Mannes berufen ist.

DVO. II § 5 Abs. 3 S. 2 1. Halbs. (3) Im Falle des Absatzes 2 steht der Frau bis zur Vollendung des fünfundzwanzigsten Lebensjahres des Anerben die Verwaltung und Nutznießung des Hofes zu, soweit dieses Recht nicht durch eine gemeinschaftliche Verfügung von Todes wegen ausgeschlossen oder beschränkt ist. DVO. II § 5 Abs. 3 S. 2 2. Halbs. Unter der gleichen Voraussetzung kann das Anerbengericht in besonderen Fällen zur Vermeidung einer unbilligen Härte auf Antrag bestimmen, daß der überlebenden Ehefrau auch über das fünfundzwanzigste Lebensjahr des Anerben hinaus die Verwaltung und Nutznießung des Erbhofs zustehen soll.

§ 23 Ehescheidung

(1) Die Erbhofeigenschaft eines Ehegattenerbhofs wird nicht dadurch berührt, daß die Ehe rechtskräftig geschieden wird.

(2) Auf Antrag eines der geschiedenen Ehegatten leitet das Anerbengericht das Verfahren zur Auseinandersetzung über den Erbhof ein (§§ 67ff. der Erbhofverfahrensordnung).

§ 24 Fortgesetzte Gütergemeinschaft

(1) Gehört eine Besitzung, die, abgesehen vom Alleineigentum, den Voraussetzungen der §§ 1 bis 4, 6 des Gesetzes entspricht, beim Inkrafttreten des Reichserbhofgesetzes zum Gesamtgut einer fortgesetzten Gütergemeinschaft, so ist sie vom Inkrafttreten des Gesetzes ab Erbhof. Die Entstehung der Erbhofeigenschaft wird nicht dadurch ausgeschlossen, daß nicht alle anteilsberechtigten Abkömmlinge bauernfähig sind; jedoch muß der überlebende Ehegatte und mindestens einer der anteilsberechtigten Abkömmlinge bauernfähig sein. DVO. I § 62 Abs. 4

(2) Haben die Ehegatten vor Eintritt der fortgesetzten Gütergemeinschaft gemeinschaftlich einen Anerben bestimmt (etwa gemäß §§ 1515, 1516 des Bürgerlichen Gesetzbuchs), so fällt der Erbhof beim Tode des überlebenden Ehegatten dieser Person als Anerben an, falls sie nach dem Reichserbhofgesetz zum Anerben des einen oder des andern Ehegatten hätte bestimmt werden können.

(3) Haben die Ehegatten den Anerben nicht gemeinschaftlich bestimmt, so kann mit Zustimmung des Anerbengerichts auch der überlebende Ehegatte allein unter den anteilsberechtigten Abkömmlingen den Anerben bestimmen. DVO. II § 6 Abs. 1

(4) Haben die Ehegatten den Anerben nicht gemeinschaftlich bestimmt und hat auch der überlebende Ehegatte von dem Recht des Absatzes 3 keinen Gebrauch gemacht, so fällt der Hof bei Beendigung der fortgesetzten Gütergemeinschaft derjenigen Person als Anerben an, die nach dem Reichserbhofgesetz als Anerbe des Mannes berufen ist. Hierbei gehen die anteilsberechtigten Abkömmlinge andern Anerbenberechtigten vor. DVO. I § 62 Abs. 4

(5) Die Vorschriften des Absatzes 4 gelten nicht, wenn alle Anteile an der fortgesetzten Gütergemeinschaft sich in der Hand des überlebenden Ehegatten vereinigen (§§ 1490, 1491 des Bürgerlichen Gesetzbuchs). DVO. I § 62 Abs. 4

(6) Im Falle des Absatzes 4 kann das Anerbengericht auf Antrag bestimmen, daß in der Zeit nach Beendigung der fortgesetzten Gütergemeinschaft dem überlebenden Ehegatten die Verwaltung und Nutznießung des Erbhofs zustehen soll, und DVO. II § 6 Abs. 3

zwar auch über das fünfundzwanzigste Lebensjahr des Anerben hinaus. Das gilt nicht, wenn die fortgesetzte Gütergemeinschaft auf Grund des § 1495 des Bürgerlichen Gesetzbuchs durch Urteil aufgehoben worden ist.

(7) In den Fällen der Absätze 3, 6 finden die Vorschriften
DVO. II § 6 Abs. 4 des § 48 Abs. 2, § 49 Abs. 2 des Gesetzes entsprechende Anwendung.

§ 25 Siedlungsverträge, die vor dem 1. Oktober 1933 mit Ehegatten abgeschlossen sind

(1) Erwerben bauernfähige Eheleute in einem Verfahren zur Neubildung deutschen Bauerntums (Neusiedlungs- oder
DVO. III § 1 Abs. 1 Anliegersiedlungsverfahren) im Sinne des Reichssiedlungsgesetzes vom 11. August 1919 oder des Gesetzes über die Neubildung deutschen Bauerntums vom 14. Juli 1933 auf Grund eines vor dem 1. Oktober 1933 abgeschlossenen Vertrages nach dem 30. September 1933 eine Siedlungsstelle als Teil des Gesamtguts ihrer ehelichen Gütergemeinschaft oder sonst als ihr gemeinsames Eigentum und entspricht diese Besitzung, abgesehen vom Alleineigentum, den Voraussetzungen der §§ 1 bis 4, 6 des Gesetzes, so wird die Besitzung mit der Überführung in das Eigentum der Ehegatten Erbhof.

(2) Die Vorschriften der §§ 19 bis 23 dieser Verordnung finden Anwendung.

5. Abschnitt

Beschränkungen der Veräußerung oder Belastung des Erbhofs

§ 26 Eigentümergrundschuld. Auszahlung einer Hypothek

DVO. II § 15 Abs. 3 (1) Als Belastung des Grundstücks im Sinne des § 37 des Gesetzes gilt auch die Veräußerung oder Belastung einer Eigentümergrundschuld.

(2) Ist bei einer Besitzung vor dem Zeitpunkt, in dem sie
DVO. I § 64 Abs. 4 Erbhof geworden ist, eine Hypothek eingetragen, der Gegenwert aber noch nicht ausbezahlt, so hindert die Vorschrift des § 37 Abs. 1 des Gesetzes den Gläubiger nicht, durch Auszahlung des Gegenwerts die Hypothek zu erwerben.

§ 27 Teilung eines Erbhofs. Entziehung der Erbhofeigenschaft

(1) Vom Inkrafttreten des Gesetzes ab bedarf die Bildung mehrerer Erbhöfe durch Teilung eines bestehenden Erbhofs der Genehmigung des Anerbengerichts. DVO. I § 64 Abs. 3 S. 1

(2) Einzelnen Teilen des Erbhofs kann die Erbhofeigenschaft nur mit Genehmigung des Anerbengerichts entzogen werden. DVO. I § 64 Abs. 3 S. 2

(3) § 48 Abs. 2, § 49 Abs. 2 des Gesetzes finden entsprechende Anwendung. DVO. I § 64 Abs. 3 S. 3

§ 28 Tilgungsversicherung

(1) Ist ein Erbhof von einer öffentlich-rechtlichen Kreditanstalt, insbesondere von einer Landschaft, beliehen, so kann das Anerbengericht gemäß §§ 9, 37 Abs. 2 des Gesetzes genehmigen, daß ein zur Abtragung der Hofschuld angesammeltes Tilgungsguthaben und künftige Tilgungsbeträge gemäß den Satzungen der Kreditanstalt als Gegenleistung für eine Lebensversicherung verwendet werden. Die Genehmigung ist nicht erforderlich, wenn die Vereinbarung über diese Art der Verwendung der Tilgungsbeträge schon vor dem Zeitpunkt getroffen ist, in dem die Besitzung Erbhof geworden ist.

(2) Der Versicherer hat die ihm aus einer solchen Tilgungsversicherung obliegenden Leistungen (Versicherungssumme, Rückvergütung bei vorzeitiger Beendigung des Versicherungsverhältnisses) bei Fälligkeit mindestens insoweit an die Kreditanstalt abzuführen, als sich bei dieser ohne den Abschluß der Versicherung aus pflichtmäßigen Tilgungsbeträgen ein Tilgungsguthaben ergeben hätte.

(3) Die Kreditanstalt hat die gemäß Abs. 2 an sie abzuführenden Beträge zum Tilgungsfonds zu vereinnahmen und zur Abdeckung rückständiger Darlehnszinsen sowie des Darlehns selbst zu verwenden.

(4) Beim Vorliegen eines wichtigen Grundes kann das Anerbengericht genehmigen, daß die Kreditanstalt in Abweichung von Abs. 3 die Leistungen des Versicherers ganz oder teilweise zur Auszahlung für andere Zwecke freigibt.

(5) Für die Anwendung der Absätze 2 bis 4 macht es keinen Unterschied, ob die Vereinbarung über die im Abs. 1 vorgesehene Art der Verwendung der Tilgungsbeträge vor oder

nach dem Zeitpunkt getroffen worden ist, in dem die Besitzung Erbhofeigenschaft erlangt hat.

§ 29 Bestandteilszuschreibung

(1) Soll ein Erbhofgrundstück einem mit einer Hypothek, Grundschuld oder Rentenschuld belasteten Erbhofgrundstück als Bestandteil zugeschrieben werden (§ 53 des Gesetzes, § 890 Abs. 2, § 1131 des Bürgerlichen Gesetzbuchs), so ist gemäß § 37 Abs. 2 des Gesetzes hierzu die Genehmigung des Anerbengerichts erforderlich, es sei denn, daß die Belastung des Hauptgrundstücks sich bereits vor der Zuschreibung auf das zuzuschreibende Grundstück erstreckt.

(2) Hat das Grundbuchamt vor dem Inkrafttreten dieser Verordnung in Abweichung von Abs. 1 ohne die Genehmigung des Anerbengerichts eine solche Zuschreibung vorgenommen, so gilt sie unbeschadet der Vorschriften zugunsten derjenigen, die Rechte von einem Nichtberechtigten herleiten, als eine zur Zeit der Zuschreibung erfolgte Vereinigung im Sinne des § 890 Abs. 1 des Bürgerlichen Gesetzbuchs. Das Grundbuchamt hat die Eintragung von Amts wegen zu berichtigen. Die Berichtigung ist gebührenfrei.

(3) In den Fällen des Absatzes 2 steht es dem Bauern frei, beim Anerbengericht die Genehmigung dazu nachzusuchen, daß das Grundstück dem belasteten Grundstück als Bestandteil zugeschrieben wird. Macht er von dieser Befugnis binnen drei Monaten nach dem Inkrafttreten dieser Verordnung Gebrauch, so ergeht die Entscheidung des Anerbengerichts gebührenfrei; auch die Eintragung der Bestandteilszuschreibung im Grundbuch erfolgt gebührenfrei, wenn der Bauer sie binnen einem Monat nach Rechtskraft der Entscheidung des Anerbengerichts beantragt.

§ 30 Verpachtung des Erbhofs

DVO. I § 64 Abs. 2 S. 1 (1) Ein Vertrag, durch den der Erbhof oder ein Teil des Erbhofs für einen Zeitraum von mehr als einem Jahr oder auf unbestimmte Zeit verpachtet wird, bedarf der Genehmigung des Anerbengerichts.

DVO. I § 64 Abs. 2 S. 2 (2) § 48 Abs. 2, § 49 Abs. 2 des Gesetzes finden entsprechende Anwendung.

§ 31 Alte Veräußerungs- oder Belastungsanträge

(1) Die im § 37 des Gesetzes vorgesehene anerbengerichtliche Genehmigung ist auch dann erforderlich, wenn zu dem Zeitpunkt, in dem die Besitzung Erbhof geworden ist, die auf Veräußerung oder Belastung gerichtete Erklärung des Eigentümers bindend und der Antrag auf Eintragung beim Grundbuchamt gestellt, die Eintragung aber vor dem vorbezeichneten Zeitpunkt noch nicht bewirkt worden ist. DVO. II § 15 Abs. 2 S. 1

(2) Das Anerbengericht soll in den Fällen des Absatzes 1 in der Regel die Genehmigung erteilen, wenn nicht besondere Gründe dagegen sprechen. DVO. II § 15 Abs. 2 S. 2

§ 32 Ausnahmen vom Belastungs- und Veräußerungsverbot

(1) Die im § 37 des Gesetzes vorgesehene anerbengerichtliche Genehmigung ist nicht erforderlich DVO. I § 64 Abs. 1

1. für die Belastung des Erbhofs mit Grunddienstbarkeiten, beschränkten persönlichen Dienstbarkeiten oder öffentlichen Lasten;
2. zur Einbeziehung eines Erbhofs in ein Verfahren zur Grundstücksumlegung (Flur- oder Feldbereinigung); DVO. II § 16
3. für die von der Siedlungsbehörde zugelassene Belastung derjenigen Erbhöfe, die in einem Verfahren zur Neubildung deutschen Bauerntums (Neusiedlungs- oder Anliegersiedlungsverfahren) auf Grund des Reichssiedlungsgesetzes vom 11. August 1919 oder des Gesetzes über die Neubildung deutschen Bauerntums vom 14. Juli 1933 gebildet werden; DVO. I § 64 Abs. 5
4. für die Belastung eines Erbhofs, wenn die Besitzung erst durch ein Veräußerungsgeschäft Erbhofeigenschaft erlangt und die Belastung im Zusammenhang mit dem Veräußerungsgeschäft erfolgt; DVO. III § 6
5. für die Eintragung der im § 128 des Zwangsversteigerungsgesetzes vorgesehenen Sicherungshypothek gegen den Ersteher.

(2) Die anerbengerichtliche Genehmigung ist ferner nicht erforderlich, wenn im Osthilfegebiet (§ 97 Abs. 1 des Schuldenregelungsgesetzes vom 1. Juni 1933) in einem beim Inkrafttreten des Reichserbhofgesetzes anhängigen Entschuldungsverfahren ein Erbhof mit einer Entschuldungshypothek zu- DVO. II § 17

gunsten der Bank für deutsche Industrie-Obligationen oder mit einer Betriebssicherungshypothek zugunsten des Reichs belastet werden soll.

§ 33 Verpflichtungsgeschäft

(1) Bedarf eine Verfügung über den Erbhof der anerbengerichtlichen Genehmigung, so ist diese auch zu einem Rechtsgeschäft erforderlich, das die Eingehung einer Verpflichtung zu einer solchen Verfügung zum Gegenstand hat. Dies gilt nicht für Verpflichtungsgeschäfte, die vor dem Inkrafttreten dieser Verordnung abgeschlossen worden sind.

(2) Wird das Verpflichtungsgeschäft genehmigt, so gilt die Genehmigung auch für das diesem Verpflichtungsgeschäft entsprechende Erfüllungsgeschäft als erteilt.

(3) Die Ausübung eines Vorkaufsrechts ist nicht davon abhängig, daß das Rechtsgeschäft, auf das sich das Vorkaufsrecht erstreckt, die anerbengerichtliche Genehmigung gefunden hat. Hinsichtlich des Vertragsverhältnisses, das durch die Ausübung des Vorkaufsrechts zwischen dem Vorkaufsberechtigten und dem Verpflichteten zustande kommt, bewendet es bei den Vorschriften der Absätze 1, 2.

§ 34 Verhältnis zu den Verfügungsbeschränkungen des Landwirtschafts- und Siedlungsrechts

(1) Die Verordnung über den Verkehr mit landwirtschaftlichen Grundstücken vom 15. März 1918 (Reichsgesetzbl. S. 123) sowie die sonstigen reichs- oder landesgesetzlichen Vorschriften, welche die Veräußerung, Teilung oder Belastung von Grundstücken oder die Aufhebung ihrer wirtschaftlichen Selbständigkeit (oder die Eingehung einer Verpflichtung zu einer solchen Maßnahme) verbieten oder beschränken, finden auf Erbhöfe keine Anwendung.

(2) Rechtsgeschäfte, die der zuständigen Behörde noch nicht gemäß den im Abs. 1 erwähnten Vorschriften zur Genehmigung vorgelegt worden sind oder über deren Genehmigung die zuständige Behörde beim Inkrafttreten dieser Verordnung noch nicht rechtskräftig entschieden hat, sind so anzusehen, als wenn die Behörde die Genehmigung ohne Einschränkung erteilt hätte.

(3) Die vorstehenden Absätze gelten nicht für die Beschränkungen, die sich aus dem Gesetz über die Aufschließung von

Wohnsiedlungsgebieten vom 22. September 1933 (Reichsgesetzbl. I S. 659) sowie aus dem Gesetz zur Regelung der landwirtschaftlichen Schuldverhältnisse vom 1. Juni 1933 (Reichsgesetzbl. I S. 331) ergeben.

§ 35 Verhältnis zu sonstigen siedlungsrechtlichen Beschränkungen

(1) Auf einem Siedlungs- oder Rentengutsverfahren beruhende Wiederkaufs-, Ankaufs- und Heimfallrechte sowie ähnliche auf einem solchen Verfahren beruhende Beschränkungen des Eigentums am Erbhof erlöschen mit dem Inkrafttreten dieser Verordnung bei künftig entstehenden Erbhöfen mit der Erlangung der Erbhofeigenschaft.

(2) Soweit Rechte der im Abs. 1 bezeichneten Art in das Grundbuch eingetragen sind, werden sie nach und nach von Amts wegen gebührenfrei gelöscht. Die Vorschriften des § 46 Abs. 2 dieser Verordnung gelten entsprechend.

(3) Das Vorkaufsrecht des gemeinnützigen Siedlungsunternehmens und des Landlieferungsverbandes gemäß §§ 4, 11, 14 des Reichssiedlungsgesetzes vom 11. August 1919 (Reichsgesetzbl. S. 1429) bleibt unberührt.

§ 36 Streitigkeiten über vertragliche Versorgungsansprüche

(1) Das Anerbengericht ist zuständig für die Entscheidung von Streitigkeiten über Versorgungsansprüche, die dem Übergeber eines Erbhofs oder seinen Familienangehörigen auf Grund des Übergabevertrags oder auf Grund eines aus Anlaß der Übergabe geschlossenen Rechtsgeschäfts gegenüber dem Übernehmer zustehen, und zwar gleichviel, ob der Vertrag vor oder nach Entstehung der Erbhofeigenschaft des Anwesens abgeschlossen worden ist.

(2) Das gleiche gilt für Versorgungsansprüche von Familienangehörigen des Bauern, die auf einer vom Bauern mit seinen Familienangehörigen oder dem Anerben getroffenen Vereinbarung oder auf einer Verfügung von Todes wegen beruhen und gegen einen Anerben des Bauern geltend gemacht werden, auf den der Erbhof nicht durch Übergabevertrag, sondern von Todes wegen übergegangen ist.

(3) Das Anerbengericht kann die Versorgungsleistungen

(Abs. 1, 2), soweit dies unter Berücksichtigung der Umstände des Falles der Billigkeit entspricht, auf Antrag anderweitig festsetzen. Dies gilt insbesondere dann, wenn die Verhältnisse, welche für die Bemessung der Leistungen maßgebend waren, sich seit dem Abschluß des Vertrags oder seit der Errichtung der Verfügung von Todes wegen wesentlich verändert haben.

(4) Soweit die Versorgungsansprüche bereits den Gegenstand einer anerbengerichtlichen Entscheidung gebildet haben (etwa bei Genehmigung eines Übergabevertrags), können sie nur dann auf Grund des Absatzes 3 anderweitig festgesetzt werden, wenn die Verhältnisse, welche für die Bemessung der Leistungen maßgebend waren, sich seit Erlaß der Entscheidung wesentlich verändert haben.

(5) Soweit gemäß vorstehenden Vorschriften das Anerbengericht zuständig ist, finden die Vorschriften des Gesetzes über die anderweitige Festsetzung von Geldleistungen aus Altenteilsverträgen vom 18. August 1923 (Reichsgesetzbl. I S. 815) keine Anwendung.

(6) Für Verfahren, die bei Inkrafttreten dieser Verordnung bereits anhängig sind, bleiben die bisher geltenden Vorschriften maßgebend.

6. Abschnitt

Beschränkungen der Zwangsvollstreckung.

§ 37 Vollstreckung in Forderungen

(1) Die Zwangsvollstreckung in Forderungen, die dem Bauern aus dem Verkauf von Erzeugnissen des Erbhofs, oder in Miet- oder Pachtzinsforderungen, die dem Bauern aus der Vermietung oder Verpachtung von Erbhofgrundstücken zustehen, unterliegt folgenden Beschränkungen.

(2) Die Pfändung ist auf Antrag des Bauern vom Vollstreckungsgericht (im Verwaltungszwangsverfahren von der Vollstreckungsbehörde) insoweit aufzuheben, als der Bauer die Einkünfte braucht, um sich und seine Familie zu ernähren und zu bekleiden sowie den Wirtschaftsablauf des Hofs zu erhalten.

(3) Die Voraussetzungen des Absatzes 2 sind insbesondere insoweit nicht erfüllt, als der Bauer den vorbezeichneten Be-

darf unmittelbar aus den Erzeugnissen des Hofs entnehmen (§ 2 Abs. 2, § 39 Abs. 1 des Gesetzes) oder aus sonstigen Einkünften decken kann.

§ 38 Eigentümergrundschuld

Das im § 38 des Gesetzes ausgesprochene Verbot, in einen Erbhof zu vollstrecken, bewirkt, daß auch eine Eigentümergrundschuld am Erbhof wegen einer Geldforderung nicht gepfändet werden kann. DVO. II § 18

§ 39 Maßnahmen gegen mißbräuchliche Beanspruchung des Vollstreckungsschutzes

(1) Ist ein Grundstück, das keine Erbhofeigenschaft hat, durch eine Rechtshandlung, die der Anfechtung wegen Gläubigerbenachteiligung unterliegt, veräußert worden und macht der Anfechtungsbeklagte geltend, daß das Grundstück Erbhofeigenschaft erlangt habe, so kann das Prozeßgericht dem Antrage, den Beklagten ohne Vorbehalt des Vollstreckungsschutzes des § 38 des Gesetzes zur Duldung der Zwangsvollstreckung in das Grundstück zu verurteilen, nur entsprechen, nachdem das Anerbengericht in einem auf Antrag eingeleiteten Verfahren rechtskräftig die Erbhofeigenschaft verneint hat (Abs. 3).

(2) Hat ein Schuldner ein Grundstück, das keine Erbhofeigenschaft hat, veräußert, nachdem es zum Zwecke der Zwangsvollstreckung beschlagnahmt worden ist, und wird geltend gemacht, daß das Grundstück Erbhofeigenschaft erlangt habe, so darf das Vollstreckungsgericht, falls die Behauptung der Erbhofeigenschaft nicht offenbar unrichtig ist, das Versteigerungsverfahren erst fortsetzen, nachdem das Anerbengericht in einem auf Antrag eingeleiteten Verfahren rechtskräftig die Erbhofeigenschaft des Grundstücks verneint hat (Abs. 3). Gelangt das Anerbengericht rechtskräftig zur Bejahung der Erbhofeigenschaft, so hebt das Vollstreckungsgericht die Beschlagnahme auf.

(3) In den Fällen der Absätze 1, 2 hat das Anerbengericht die Erbhofeigenschaft auch dann zu verneinen, wenn die Veräußerung sich als eine unlautere Machenschaft oder als ein Versuch zur mißbräuchlichen Beanspruchung des im § 38 des Gesetzes vorgesehenen Vollstreckungsschutzes darstellt.

(4) Die vorstehenden Vorschriften gelten auch für Ver-

fahren, die beim Inkrafttreten dieser Verordnung bereits anhängig sind.

§ 40 Niederschlagung von Kosten

DVO. II § 19 Wird infolge des Vollstreckungsverbots des § 38 des Gesetzes ein Zwangsversteigerungs- oder Zwangsverwaltungsverfahren aufgehoben, so werden die staatlichen Gebühren des Verfahrens niedergeschlagen; bereits gezahlte Beträge sind zurückzuerstatten.

§ 41 Beitreibung öffentlich-rechtlicher Geldforderungen

DVO. I § 65 Abs. 1 (1) Unterliegt eine unter § 39 Abs. 1 des Gesetzes fallende öffentlich-rechtliche Geldforderung der Beitreibung im Wege des Verwaltungszwangsverfahrens, so gelten die folgenden Bestimmungen:

(2) Die mit der Beitreibung befaßte Vollstreckungsbehörde stellt eine Erklärung aus, in der sie

DVO. I § 65 Abs. 2
1. Gläubiger und Schuldner sowie Grund und Höhe des Anspruchs bezeichnet,
2. die Verfügung (Entscheidung, Anordnung, Beschluß) angibt, aus der die Verpflichtung zur Zahlung hervorgeht,
3. bescheinigt, daß der Anspruch vollstreckbar und im Verwaltungszwangsverfahren beizutreiben ist.

DVO. I § 65 Abs. 3 (3) Die Vollstreckungsbehörde läßt diese Bescheinigung dem Kreisbauernführer zustellen. Hierdurch wird die im § 39 Abs. 2 des Gesetzes vorgesehene Zustellung des Vollstreckungstitels ersetzt.

(4) Will der Kreisbauernführer gemäß § 39 Abs. 3 des Gesetzes die Schuld für den Reichsnährstand übernehmen, so hat er dies der Vollstreckungsbehörde gegenüber zu erklären. Der Reichsnährstand befriedigt den Gläubiger durch Zahlung an die Vollstreckungsbehörde. Die Verpflichtung des Reichsnährstandes zur Befriedigung des Gläubigers ist abhängig von der Aushändigung einer von der Vollstreckungsbehörde vollzogenen und mit dem Dienstsiegel versehenen Bescheinigung, die den im Abs. 2 angegebenen Inhalt hat und außerdem die Bestätigung enthält, daß der Reichsnährstand die Schuld übernommen und beglichen hat und daß gemäß § 39 Abs. 3 des Gesetzes die Forderung gegen den Schuldner auf den Reichsnährstand übergegangen ist.

DVO. I § 65 Abs. 4

(5) Ist die im Abs. 4 bezeichnete Bescheinigung dem Kreisbauernführer ausgehändigt worden, so ist der Reichsnährstand berechtigt, die Forderung nach den Vorschriften über die Beitreibung öffentlicher Abgaben beitreiben zu lassen. DVO. I § 65 Abs. 5

7. Abschnitt

Steuerliche und ähnliche Vergünstigungen

§ 42 Befreiung von Steuern

(1) Von der Erbschaftsteuer, Grunderwerbsteuer einschließlich der Zuschläge, der Urkundensteuer und der Steuer der Gemeinden (Gemeindeverbände) vom Zubehör (Gewerbeanschaffungssteuer) sind ausgenommen: DVO. I § 67 Abs. 1 u. 3 DVO. II § 24

1. der Übergang des Erbhofs auf den Anerben im Wege der Erbfolge oder des Übergabevertrags;
2. die vom Anerbengericht gemäß § 37 des Gesetzes ausnahmsweise zugelassene Uebertragung des Erbhofs auf eine nicht anerbenberechtigte Person, wenn der Vertrag seinem sachlichen Inhalt nach einem Übergabevertrag entspricht;
3. der Übergang eines Erbhofs, der im Eigentum mehrerer Personen steht, in das Alleineigentum einer bauernfähigen Person;
4. der Erwerb von Grundbesitz, wenn durch den Erwerb ein neuer Erbhof gebildet wird. Wird eine Besitzung durch den zeitlich aufeinanderfolgenden Erwerb von einzelnen Grundstücken auf eine Ackernahrung vergrößert, so gilt die Befreiung nur für den letzten Erwerb, durch den die Besitzung unmittelbar Erbhofeigenschaft erlangt;
5. der Uebergang einer über hundertfünfundzwanzig Hektar großen Besitzung in das Alleineigentum einer bauernfähigen Person oder in das Eigentum eines bauernfähigen Ehepaars, wenn innerhalb von drei Monaten seit dem Uebergang der im § 5 des Gesetzes vorgesehene Antrag auf Befreiung von den Erfordernissen des § 3 des Gesetzes beim Anerbengericht eingereicht wird und die Besitzung nach Genehmigung des Antrags Erbhofeigenschaft erlangt.

(2) Wenn im Falle des Absatzes 1 Nr. 5 die Voraussetzung

für die Steuerbefreiung erst nach Entstehung der Steuerschuld eintritt, werden die bezeichneten Steuern auf Antrag erlassen oder erstattet; der Antrag kann nur innerhalb eines Jahres seit dem Zeitpunkt gestellt werden, in dem die Besitzung Erbhofeigenschaft erlangt hat.

§ 43 Notarielle oder gerichtliche Gebühren

(1) Die notariellen oder gerichtlichen Gebühren für die Beurkundung von Erklärungen, welche für den nach § 42 Abs. 1 Nrn. 3 bis 5 steuerlich begünstigten Grundstückserwerb erforderlich sind, werden auf die Hälfte ermäßigt. Dasselbe gilt für die notariellen oder gerichtlichen Gebühren für die Vermittlung der in diesem Zusammenhang erforderlich werdenden Auseinandersetzung einer Gemeinschaft. Die Gerichtskosten für die Umschreibung im Grundbuch werden in diesen Fällen nicht erhoben.

DVO. I § 67 Abs. 2

(2) Beträge, die sich bei Anwendung des Absatzes 1 als zuviel gezahlt erweisen, sind zurückzuerstatten.

8. Abschnitt

Besondere Güterarten

§ 44 Familienfideikommisse und ähnliche gebundene Vermögen

(1) Wird ein Familienfideikommiß Erbhof, so regelt sich die Anerbenfolge, solange das Fideikommiß noch nicht aufgelöst oder der Eigentümer noch nach Art eines Vorerben beschränkt ist, nach den fideikommißrechtlichen Bestimmungen.

(2) Wird eine früher fideikommissarisch gebundene Besitzung, deren Eigentümer noch nach Art eines Vorerben beschränkt ist, Erbhof, so regelt sich die Anerbenfolge, solange der Eigentümer noch nach Art eines Vorerben beschränkt ist, nach den fideikommißrechtlichen Bestimmungen.

(3) Ist der nach den Absätzen 1, 2 zum Anerben Berufene nicht bauernfähig, so bestimmt sich die Anerbenfolge ausschließlich nach dem Reichserbhofgesetz. Das gleiche gilt, wenn nach den fideikommißrechtlichen Bestimmungen mehrere in Rechtsgemeinschaft nebeneinander zur Nachfolge berufen sind.

(4) Gehört der nach den Absätzen 1, 2 zum Anerben Be-

rufene nicht zu einer der im § 20 des Gesetzes aufgeführten Ordnungen, so kann der Fideikommißbesitzer oder der nach Art eines Vorerben beschränkte Eigentümer mit Zustimmung des Anerbengerichts statt des nach den Absätzen 1, 2 Berufenen einen Anerbenberechtigten der vierten bis sechsten Ordnung des § 20 des Gesetzes zum Anerben bestimmen, wenn dies nach den Umständen des Falles der Billigkeit entspricht. Die Vorschriften des § 48 Abs. 2, § 49 Abs. 2 des Gesetzes finden entsprechende Anwendung.

(5) In den Fällen der Absätze 3, 4 kann das Anerbengericht die Verpflichtung auferlegen, dem Anwärter (Anfallberechtigten, Nacherben), der nach den Absätzen 1, 2 berufen wäre, eine angemessene Versorgungsleistung zu gewähren.

(6) Zur Entscheidung von Streitigkeiten darüber, wer nach den fideikommißrechtlichen Bestimmungen Folger geworden ist, sind die Fideikommißgerichte zuständig.

(7) Die vorstehenden Vorschriften gelten entsprechend, soweit Lehen, Stammgüter oder sonstige gebundene Vermögen im Sinne des Artikels 59 des Einführungsgesetzes zum Bürgerlichen Gesetzbuch oder Hausgüter und Hausvermögen in Betracht kommen.

(8) Die Vorschriften der Absätze 1 bis 7 treten vom 1. Oktober 1933 ab in Kraft.

§ 45 Erbpachtgüter und Lehnbauerngüter

(1) Entspricht ein Erbpachtgut, abgesehen davon, daß es nur im Nutzeigentum des Erbpächters steht, den Voraussetzungen für die Entstehung eines Erbhofs, so ist es als Erbhof anzusehen. DVO. II § 27 Abs. 1

(2) Durch ein mit Zustimmung der Reichsminister der Justiz und für Ernährung und Landwirtschaft zu erlassendes Landesgesetz können Bestimmungen folgenden Inhalts getroffen werden: DVO. II § 27 Abs. 2 u. 3

1. Es kann bestimmt werden, daß das Nutzeigentum von Erbpächtern ohne Entschädigung des Obereigentümers in freies Eigentum des Erbpächters umgewandelt wird.
2. Es können Bestimmungen darüber getroffen werden, inwieweit Belastungen des Nutzeigentums als Belastungen des Eigentums bestehen bleiben und wie die auf dem bisherigen Erbpachtverhältnis beruhenden Rechte und

Pflichten der Obereigentümer und Erbpächter zu regeln sind.

3. Es kann angeordnet werden, daß Hypotheken, die zur Ablösung der auf dem Erbpachtverhältnis beruhenden Rechte eingetragen sind, erlöschen, soweit die ihnen zugrunde liegenden Forderungen getilgt werden.
4. Den aus dem Erbpachtverhältnis herrührenden Lasten und Rechten kann der Vorrang vor anderen Rechten zugewiesen werden.

DVO. II § 27 Abs. 4 (3) Die Überleitung von Belastungen und Beschränkungen des Nutzeigentums in Belastungen des Eigentums bedarf nicht der im § 37 des Gesetzes vorgesehenen Genehmigung des Anerbengerichts.

DVO. II § 27 Abs. 5 (4) Die Vorschriften der Absätze 1 bis 3 finden auf Lehnbauerngüter entsprechende Anwendung.

§ 46 Landesrechtliches Anerbenrecht bei Renten- und Ansiedlungsgütern

DVO. II § 26 (1) Unberührt bleiben die landesgesetzlichen Vorschriften über das Anerbenrecht bei Rentengütern und preußischen Ansiedlungsgütern von nicht mehr als hundertfünfundzwanzig Hektar, soweit diese Güter nicht Erbhof werden.

(2) Ist das Anwesen in die Erbhöferolle eingetragen und der Anerbengutsvermerk im Grundbuch gelöscht worden, stellt sich aber nachträglich heraus, daß die Eintragung in die Erbhöferolle zu Unrecht erfolgt ist, so gilt die Aufhebung der Anerbengutseigenschaft als nicht eingetreten; die Vorschriften zugunsten derjenigen, die Rechte von einem Nichtberechtigten herleiten, bleiben unberührt. Bei Löschung des Guts in der Erbhöferolle ist das Grundbuch von Amts wegen durch Wiedereintragung des Vermerks gebührenfrei zu berichtigen.

9. Abschnitt

Übergangsvorschriften

§ 47 Rechtsstellung des angenommenen Kindes (§ 21 Abs. 6 des Gesetzes)

DVO. I § 63 (1) Hat der Erblasser vor dem 1. Oktober 1933 eine Person an Kindes Statt angenommen, so steht dieses Kind hinsichtlich der Anerbenfolge einem ehelichen Kinde gleich.

(2) Hat der Bauer eine Person erst nach dem 30. September 1933 an Kindes Statt angenommen, so kann er sie mit Zustimmung des Anerbengerichts und nur für den ersten auf die Entstehung der Erbhofeigenschaft folgenden Erbfall zum Anerben bestimmen, wenn die Person schon vor der Entstehung der Erbhofeigenschaft längere Zeit wie ein Kind im Hause des Bauern gelebt hat. DVO. II § 7

(3) Ist bei einem Ehegattenerbhof zunächst der überlebende Ehegatte Anerbe geworden, so gilt bei Anwendung des vorstehenden Absatzes 2 der Tod des überlebenden Ehegatten noch als erster Erbfall. DVO. III § 4

(4) Hat eine an Kindes Statt angenommene Person einen Erbhof durch Erbgang oder Übergabevertrag von dem Annehmenden erworben, so findet beim Tode des Angenommenen die Erbfolge in den Erbhof so statt, als ob der Angenommene ein eheliches Kind des Annehmenden wäre. Hierbei macht es keinen Unterschied, ob der Hof vor oder nach Entstehung der Erbhofeigenschaft auf den Angenommenen übergegangen ist.

§ 48 Anerbenstellung der Tochter des Erblassers (§ 21 Abs. 7 des Gesetzes)

(1) Der im § 21 Abs. 7 des Gesetzes vorgesehene Vorrang der Tochter des Erblassers und der sonstigen Anerben der vierten Ordnung vor den Anerben der zweiten und dritten Ordnung gilt nur für den ersten Erbfall nach dem Zeitpunkt, in dem die Besitzung Erbhof geworden ist. Bei Anwendung der Vorschrift macht es keinen Unterschied, ob die Söhne oder Sohnessöhne schon zu dem vorbezeichneten Zeitpunkt nicht vorhanden oder nicht bauernfähig waren oder erst später weggefallen sind. DVO. II § 8

(2) Wenn bei einem Ehegattenerbhof zunächst der überlebende Ehegatte Anerbe geworden ist, wird bei Anwendung des vorstehenden Absatzes der Tod des überlebenden Ehegatten noch als erster Erbfall angesehen. DVO. III § 4

§ 49 Mehrere Erbhöfe (§§ 23, 58 des Gesetzes)

Wenn bei einem Ehegattenerbhof zunächst der überlebende Ehegatte Anerbe geworden ist, wird bei Anwendung des § 58 des Gesetzes der Tod des überlebenden Ehegatten noch als erster Erbfall angesehen. DVO. III § 4

§ 50 Gemeinschaftliche Verfügungen von Todes wegen aus der Zeit vor dem Eintritt der Erbhofeigenschaft

(1) Haben Ehegatten vor dem Zeitpunkt, in dem die Besitzung Erbhof geworden ist, sich gegenseitig zu Erben eingesetzt und ist der eine Ehegatte vor diesem Zeitpunkt gestorben und soll nach den Bestimmungen der Verfügung von Todes wegen nach dem Tode des Überlebenden der Nachlaß an Verwandte des Erstverstorbenen fallen, so fällt der Erbhof beim Tode des Überlebenden demjenigen der eingesetzten Verwandten als Anerben an, der nach dem Reichserbhofgesetz als Anerbe des Erstverstorbenen berufen wäre.

DVO. I § 68 Abs. 1 S. 1 DVO. II § 25

(2) Soll nach der gemeinschaftlichen Verfügung von Todes wegen ein Verwandter des Erstverstorbenen allein den Hof übernehmen, so fällt der Hof diesem Verwandten als Anerben an, falls er zu den Personen gehört, die nach dem Reichserbhofgesetz zum Anerben des Erstverstorbenen hätten bestimmt werden können.

DVO. I § 68 Abs. 1 S. 2 DVO. II § 25

(3) Haben die Ehegatten den Anerben nicht bestimmt, auch keine Bestimmung des im Abs. 2 vorgesehenen Inhalts getroffen, so kann der überlebende Ehegatte mit Zustimmung des Anerbengerichts unter den eingesetzten Verwandten den Anerben bestimmen.

§ 51 Vorerbschaft

(1) Die Entstehung eines Erbhofs wird nicht dadurch ausgeschlossen, daß die Besitzung dem Eigentümer lediglich als Vorerben gehört.

DVO. I § 68 Abs. 2 S. 1

(2) Beim Eintritt des Falles der Nacherbfolge fällt der Erbhof demjenigen als Anerben zu, der Anerbe wäre, wenn der Erblasser im Zeitpunkt des Falles der Nacherbfolge verstorben wäre.

DVO. I § 68 Abs. 2 S. 2

(3) Hat der Erblasser in einer Verfügung von Todes wegen bestimmt, daß einer der Nacherben allein den Hof übernehmen soll, so fällt der Hof diesem Nacherben als Anerben an, falls er zu den Personen gehört, die nach dem Reichserbhofgesetz als Anerbe des Erblassers hätten bestimmt werden können.

(4) Hat der Erblasser den Anerben nicht bestimmt, auch keine Bestimmung des im vorstehenden Absatz vorgesehenen

Inhalts getroffen, so kann der Vorerbe mit Zustimmung des Anerbengerichts unter den Nacherben den Anerben bestimmen.

§ 52 Volleigentum und Vorerbschaftseigentum

(1) Hat eine Besitzung am 1. Oktober 1933 dem Eigentümer teils als Volleigentümer, teils als Vorerben gehört, so steht dieser Umstand dem nicht entgegen, daß die Besitzung in diesem Zeitpunkt Erbhofeigenschaft erlangt.

(2) Erreicht der Wert des Teils der Besitzung, der dem Eigentümer bereits beim Anfall der Vorerbschaft zu Volleigentum gehört, mindestens die Hälfte des Wertes der ganzen Besitzung, so richtet sich die Anerbenfolge nach der Person des Eigentümers. Mit Zustimmung des Anerbengerichts kann der Eigentümer auch eine Person zum Anerben bestimmen, die nach dem Reichserbhofgesetz zum Anerben des ursprünglichen Erblassers hätte bestimmt werden können.

(3) Ist der Wert des Teils der Besitzung, der dem Eigentümer beim Anfall der Vorerbschaft zu Volleigentum gehört, geringer als der Wert des zur Vorerbschaft gehörenden Teils der Besitzung, so richtet sich die Anerbenfolge nach § 51 Absätze 2 bis 4 dieser Verordnung. Mit Zustimmung des Anerbengerichts kann der Eigentümer auch eine Person zum Anerben bestimmen, die nach dem Reichserbhofgesetz zum Anerben des Eigentümers bestimmt werden könnte, wenn die Anerbenfolge sich nach seiner Person richtete.

(4) Tritt der Fall der Nacherbfolge vor dem Tode des Eigentümers ein, so kann das Anerbengericht auf Antrag des Eigentümers bestimmen, daß dem Eigentümer die Verwaltung und Nutznießung des Erbhofs zustehen soll, und zwar auch über das fünfundzwanzigste Lebensjahr des Anerben hinaus. Die Vorschriften des § 48 Abs. 2, § 49 Abs. 2 des Gesetzes finden entsprechende Anwendung.

§ 53. Bestimmung eines Anerben aus der Sippe des Ehegatten

(1) Ist jemand Eigentümer eines Erbhofs, den er vor dem Zeitpunkt, in dem die Besitzung Erbhof geworden ist, durch Erbgang oder Rechtsgeschäft von seinem Ehegatten oder von einer Gemeinschaft (z. B. einer Erbengemeinschaft), an der sein Ehegatte beteiligt war, erworben hat, so kann er zum An- DVO. II § 12 S. 1

erben auch eine Person bestimmen, die zum Anerben des andern Ehegatten hätte bestimmt werden können.

(2) Macht der Berechtigte von der Befugnis des Absatzes 1 Gebrauch, so finden die Vorschriften, nach denen zur Bestimmung des Anerben in gewissen Fällen die Zustimmung des Anerbengerichts erforderlich ist, Anwendung; hierbei ist der Fall so anzusehen, als wenn es sich um die Bestimmung des Anerben nach dem andern Ehegatten handelte. Der vorstehende Satz gilt nicht bei Verfügungen von Todes wegen, die vor dem Inkrafttreten des Gesetzes errichtet worden sind.

DVO. II § 12 S. 2

10. Abschnitt

Schlußvorschriften

§ 54 Zulassung einer Abweichung von der gesetzlichen Anerbenfolge

(1) Falls die kraft Gesetzes eingetretene Erbfolge in den Erbhof nach den besonderen Umständen des Falles zu einer als ungerecht und unbillig anzusehenden schweren Härte führen sollte, so kann der Reichsminister der Justiz im Einvernehmen mit dem Reichsminister für Ernährung und Landwirtschaft auf den binnen drei Monaten nach dem Erbfall zu stellenden Antrag des Landesbauernführers nach Anhörung des Erbhofgerichts mit Wirkung vom Erbfall ab einen anderen Anerbenberechtigten zum Anerben bestimmen.

(2) Die Vorschrift des Absatzes 1 gilt entsprechend beim Übergang eines Erbhofs in den Fällen des § 22 Abs. 3 des Gesetzes. Die für den Antrag des Landesbauernführers vorgesehene Frist beginnt in diesen Fällen mit dem Zeitpunkt, an dem die Uebernahmeerklärung des Anerben beim Anerbengerichte eingeht.

(3) Die Vorschriften der Absätze 1, 2 finden bei Erbfällen, die vor dem Inkrafttreten dieser Verordnung eingetreten sind, keine Anwendung. Auf Antrag des Reichsbauernführers kann von den Vorschriften der Absätze 1, 2 ausnahmsweise auch bei Erbfällen Gebrauch gemacht werden, die in dem Zeitraum zwischen dem 9. Oktober 1934 und dem Inkrafttreten dieser Verordnung eingetreten sind; der Antrag ist spätestens binnen

drei Monaten nach dem Inkrafttreten dieser Verordnung zu stellen.

(4) Die Vorschriften der Absätze 1 bis 3 treten mit Ende des 31. Dezember 1938 außer Kraft.

§ 55 Inkrafttreten

(1) Diese Verordnung tritt mit dem Tage der Verkündung in Kraft.

(2) Mit dem gleichen Tage treten die Erste Durchführungsverordnung vom 19. Oktober 1933 (Reichsgesetzbl. I S. 749), die Zweite Durchführungsverordnung vom 19. Dezember 1933 (Reichsgesetzbl. I S. 1096) und die Dritte Durchführungsverordnung vom 27. April 1934 (Reichsgesetzbl. I S. 343) außer Kraft.

Berlin, den 21. Dezember 1936.

Der Reichsminister der Justiz
Dr. Gürtner

Der Reichsminister für Ernährung und Landwirtschaft
R. Walther Darré

2. Erbhofverfahrensordnung*)
(EHVfO.)

Vom 21. Dezember 1936 (RGBl. I 1082).

Inhaltsübersicht

*) Soweit erforderlich sind die Vorschriften dieser Verordnung bei den zugrunde liegenden Bestimmungen des REG. selbst erläutert.

Auf Grund der §§ 46, 47, 51, 52, 61 des Reichserbhofgesetzes vom 29. September 1933 (Reichsgesetzbl. I S. 685) wird folgendes verordnet:

1. Abschnitt

Einrichtung der Anerbenbehörden

§ 1 Amtsbezeichnung und Entschädigung der bäuerlichen Beisitzer

(1) Die Amtsbezeichnung der bäuerlichen Beisitzer lautet bei den Anerbengerichten Anerbenrichter, bei den Erbhofgerichten Erbhofrichter und beim Reichserbhofgericht Reichserbhofrichter. DVO. I § 1

(2) Auf die Entschädigung der bäuerlichen Beisitzer finden die Vorschriften der Verordnung über die Entschädigung der Arbeitgeber- und der Arbeitnehmerbeisitzer der Arbeitsgerichtsbehörden vom 17. Februar 1932 (Reichsgesetzbl. I S. 74) in der Fassung der Verordnung vom 28. Februar 1934 (Reichsgesetzbl. I S. 173, 258) entsprechende Anwendung. Die Anerbenrichter erhalten die Entschädigungssätze der Arbeitsrichter, die Erbhofrichter die der Landesarbeitsrichter, die Reichserbhofrichter die der Reichsarbeitsrichter. VO. v. 24. 7. 1934 RGBl. I 771

§ 2 Bestellung der Anerbenrichter

(1) Der Landesbauernführer reicht durch die Hand des Vorsitzenden des Anerbengerichts dem Oberlandesgerichtspräsidenten für den Bezirk eines jeden Anerbengerichts eine Vorschlagsliste für die Bestellung von sechs Anerbenrichtern ein. DVO. I § 3 Abs. 1

(2) Es sind nur Bauern vorzuschlagen, die mit einem Erbhof im Bezirk des Anerbengerichts angesessen sind und bei denen keiner der Hinderungsgründe der §§ 31 bis 33 des Gerichtsverfassungsgesetzes vorliegt. DVO. I § 3 Abs. 3 S. 1

(3) Der Vorsitzende des Anerbengerichts prüft vor Weitergabe der Vorschlagsliste, ob die Voraussetzungen des Absatzes 2 bei den Vorgeschlagenen vorliegen. DVO. I § 3 Abs. 3 S. 2

(4) Sind die Voraussetzungen des Absatzes 2 gegeben, so bestellt der Oberlandesgerichtspräsident die vorgeschlagenen Bauern zu Anerbenrichtern. Er kann, falls mehr Bauern vorgeschlagen sind, als zu bestellen sind, unter den Vorge- DVO. I § 3 Abs. 4

schlagenen wählen. Er teilt die Liste der Bestellten dem Anerbengericht und dem Landesbauernführer mit.

DVO. I § 3 Abs. 5 (5) Die Anerbenrichter werden auf die Dauer von drei Jahren, erstmalig bis zum 31. Dezember 1936, bestellt. Die Landesbauernführer machen mindestens drei Monate vor Ablauf der Amtszeit dem Oberlandesgerichtspräsidenten durch die Hand des Vorsitzenden des Anerbengerichts die Vorschläge für die Neubestellung der Beisitzer. Die bisherigen Beisitzer können wiederbestellt werden.

DVO. I § 3 Abs. 6 (6) Reicht die Zahl der Beisitzer nicht aus, so können weitere bestellt werden.

§ 3 Einzelvorschriften über die Anerbenrichter

DVO. I § 4 Abs. 1 (1) Die Anerbenrichter sollen zu den Sitzungen nach der Reihenfolge einer Liste herangezogen werden, die der Vorsitzende des Anerbengerichts vor Beginn des Geschäftsjahres aufstellt. Hierbei kann der Vorsitzende bestimmen, daß einzelne Anerbenrichter nur bei Behinderung eines anderen Anerbenrichters heranzuziehen sind.

DVO. I § 4 Abs. 2 (2) Jeder Anerbenrichter wird bei seiner ersten Dienstleistung im Anerbengericht auf die Dauer des Richteramts vereidigt. Der Vorsitzende des Anerbengerichts richtet an die zu Vereidigenden die Worte: „Sie schwören bei Gott, dem Allmächtigen und Allwissenden, die Pflichten eines Anerbenrichters getreulich zu erfüllen und Ihre Stimme nach bestem Wissen und Gewissen abzugeben." Der Anerbenrichter leistet den Eid, indem er die rechte Hand erhebt und die Worte spricht: „Ich schwöre es, so wahr mir Gott helfe."

(3) Ist ein Anerbenrichter Mitglied einer Religionsgesellschaft, für die ein Gesetz den Gebrauch gewisser Beteuerungsformeln an Stelle des Eides gestattet, so wird die Abgabe einer Erklärung unter der Beteuerungsformel dieser Religionsgesellschaft der Eidesleistung gleichgeachtet. Erklärt der Anerbenrichter, daß er gegen die Eidesleistung in religiöser Form Bedenken habe, so ist der Eid unter Fortlassung der religiösen Beteuerung abzunehmen.

DVO. I § 4 Abs. 3 (4) Die Anerbenrichter üben während der Sitzung des Anerbengerichts das Richteramt in vollem Umfang und mit gleichem Stimmrecht wie der Vorsitzende aus.

(5) Die Vorschriften der §§ 41 bis 48 der Zivilprozeßordnung über die Ausschließung und Ablehnung der Gerichtspersonen gelten hinsichtlich der Anerbenrichter sinngemäß. Über die Ausschließung oder Ablehnung eines Anerbenrichters entscheidet der Vorsitzende endgültig. DVO. I § 4 Abs. 4

(6) Ein zum Anerbenrichter bestellter Kreis- oder Landesbauernführer ist kraft Gesetzes von der Ausübung des Richteramts ausgeschlossen, wenn er das Verfahren durch seinen Antrag in Gang gebracht oder in der Sache Beschwerde eingelegt hat. DVO. II § 21

§ 4 Bestellung der Erbhofrichter

(1) Die Erbhofrichter werden von dem Präsidenten des Oberlandesgerichts, bei dem das Erbhofgericht gebildet ist, für das Landeserbhofgericht in Celle von dem Präsidenten dieses Gerichts, bestellt. DVO. I § 5 Abs. 2 S. 3

(2) Der Reichsbauernführer schlägt der bestellenden Stelle für jedes Erbhofgericht die erforderliche Zahl von Bauern für die Bestellung zu Erbhofrichtern vor. Es sind nur Bauern vorzuschlagen, die mit einem Erbhof im Bezirk des Erbhofgerichts angesessen sind und bei denen keiner der Hinderungsgründe der §§ 31 bis 33 des Gerichtsverfassungsgesetzes vorliegt. Sind diese Voraussetzungen erfüllt, so werden die Vorgeschlagenen von der im Abs. 1 bezeichneten Stelle bestellt. DVO. I § 5 Abs. 2

(3) Im übrigen finden die Vorschriften des § 2 Abs. 4 bis 6, § 3 entsprechende Anwendung. DVO. I § 5 Abs. 4

§ 5 Vertretung des Vorsitzenden des Anerbengerichts oder des Erbhofgerichts

(1) Der Vorsitzende des Anerbengerichts oder des Erbhofgerichts wird durch seinen ständigen Stellvertreter (§§ 41, 43 des Gesetzes) und, wenn auch dieser verhindert ist, durch denjenigen vertreten, der den Vorsitzenden allgemein im Richteramt vertritt. Ist hiernach eine Vertretung nicht möglich, so bestimmt die für die Geschäftsverteilung zuständige Stelle den Vertreter. DVO. I § 2 Abs. 1 § 5 Abs. 1

(2) Hört der Vorsitzende oder der ständige Stellvertreter auf, Richter an dem Ort zu sein, an dem er tätig war, als er zum Vorsitzenden oder Vertreter ernannt wurde, so endet damit zugleich auch sein Amt beim Anerbengericht oder Erbhofgericht. DVO. I § 2 Abs. 2

§ 6 Einrichtung des Reichserbhofgerichts

DVO. I § 6 Abs. 1 (1) Das Reichserbhofgericht wird beim Reichsministerium für Ernährung und Landwirtschaft gebildet. Es kann auch außerhalb von Berlin Sitzungen abhalten. Präsident des Reichserbhofgerichts ist der Reichsminister für Ernährung und Landwirtschaft. Auf Vorschlag des Reichsministers für Ernährung und Landwirtschaft und des Reichsministers der Justiz ernennt der Führer und Reichskanzler einen zum Richteramt befähigten Beamten hauptamtlich oder für die Dauer seines Hauptamtes nebenamtlich zum Vizepräsidenten.

DVO. I § 6 Abs. 2 (2) Beim Reichserbhofgericht werden Senate gebildet. Die Zahl der Senate bestimmt der Reichsminister für Ernährung und Landwirtschaft im Einvernehmen mit dem Reichsminister der Justiz. Jeder Senat entscheidet in der Besetzung mit einem Vorsitzenden, zwei beamteten Beisitzern und zwei Reichserbhofrichtern.

DVO. I § 6 Abs. 3 (3) Den Vorsitz führt der Präsident, der Vizepräsident oder ein Senatspräsident.

(4) Die Senatspräsidenten und die beamteten Beisitzer müssen die Befähigung zum Richteramt haben. Sie werden vom Reichsminister für Ernährung und Landwirtschaft im Einvernehmen mit dem Reichsminister der Justiz vorgeschlagen und durch den Führer und Reichskanzler hauptamtlich auf Lebenszeit oder nebenamtlich für die Dauer ihres Hauptamts oder für einen Zeitraum von mindestens drei Jahren DVO. I § 6 Abs. 4 ernannt. Die hauptamtlich ernannten Beisitzer führen die Bezeichnung Reichserbhofgerichtsräte. Die haupt- und die nebenamtlichen Mitglieder haben untereinander gleichen Rang; ihr Dienstalter als Mitglieder des Reichserbhofgerichts bestimmt sich nach dem Tage ihrer Ernennung zum haupt- oder nebenamtlichen Mitglied, bei Ernennung am selben Tage nach dem Lebensalter; alle vor dem 1. Januar 1936 ernannten Mitglieder gelten als am selben Tage ernannt.

(5) Die allgemeinen Vorschriften über Dienstvergehen der Reichsbeamten finden auf die hauptamtlich ernannten Mitglieder des Reichserbhofgerichts und bei Handlungen, die in Ausübung des Richteramts begangen sind, auch auf die nebenamtlich ernannten Mitglieder nur insoweit Anwendung, als nicht nachstehend etwas anderes vorgeschrieben ist. Sie

dürfen wider ihren Willen nur wegen eines Dienstvergehens und nur durch eine in einem förmlichen Dienststrafverfahren DVO. I ergangene Entscheidung aus ihrem Amte entfernt werden. § 6 Abs. 5 Die Entfernung aus dem Amte darf nur in Dienstentlassung bestehen. Dienststrafen jeder Art dürfen nur in einem förmlichen Dienststrafverfahren durch die entscheidenden Dienststrafbehörden auf Grund der §§ 84 bis 118 des Reichsbeamtengesetzes verhängt werden. Bei der Entscheidung dürfen nur richterliche Mitglieder der Dienststrafbehörden mitwirken.

(6) Die hauptamtlich ernannten Mitglieder des Reichserbhofgerichts treten mit Ablauf des Vierteljahres in den Ruhe- DVO. I stand, das auf den Monat folgt, in dem sie das fünfundsech- § 6 Abs. 6 zigste Lebensjahr vollendet haben. Die Ernennung eines nebenamtlich ernannten Mitglieds darf, wenn sie für die Dauer seines Hauptamts erfolgt, vor Beendigung seiner hauptamtlichen Tätigkeit, wenn sie auf bestimmte Zeit erfolgt, vor Ablauf dieser Zeit nicht widerrufen werden.

(7) Der Reichsminister für Ernährung und Landwirtschaft DVO. I ist ermächtigt, bei Bedarf im Einvernehmen mit dem Reichs- § 6 Abs. 7 minister der Justiz aus der Zahl der im Dienst des Reichs stehenden planmäßig angestellten richterlichen Beamten Hilfsrichter zum Reichserbhofgericht einzuberufen. Die Abordnung eines Hilfsrichters ist für die Zeit, für die er einberufen ist, unwiderruflich.

(8) Die Reichserbhofrichter werden auf Vorschlag des Reichsbauernführers vom Reichsminister für Ernährung und DVO. I Landwirtschaft auf die Dauer von drei Jahren bestellt. Im § 6 Abs. 8 übrigen finden die Vorschriften des § 45 des Gesetzes sowie des § 2 Abs. 2, 4 bis 6, § 3 dieser Verordnung entsprechende Anwendung.

(9) Vor Beginn des Geschäftsjahrs verteilt der Präsident die Geschäfte auf die Senate. Er bestimmt, in welcher Reihen- DVO. I folge die Mitglieder des Reichserbhofgerichts zu den Sitzungen § 6 Abs. 9 heranzuziehen sind, und bezeichnet die regelmäßigen Vertreter der Vorsitzenden und Beisitzer.

(10) Der Geschäftsgang wird durch eine Anweisung ge- DVO. I regelt, die vom Reichsminister für Ernährung und Landwirt- § 6 Abs. 10 schaft und vom Reichsminister der Justiz gemeinschaftlich erlassen wird.

§ 7 Der Große Senat des Reichserbhofgerichts

DVO. I § 6a Abs. 1 (1) Will in einer grundsätzlichen Rechtsfrage ein Senat von der Entscheidung eines anderen Senats abweichen, so hat er die Sache zur Entscheidung an den Großen Senat zu verweisen. Der verweisende Senat hat in dem Verweisungsbeschluß die Entscheidung, von der er abweichen will, zu bezeichnen und seine eigene Rechtsauffassung zu begründen. Die Verweisung findet nicht statt, wenn der Senat, von dessen Entscheidung abgewichen werden soll, der Abweichung zustimmt.

DVO. I § 6a Abs. 2 (2) Die Vorschriften des Absatzes 1 finden auch dann Anwendung, wenn ein Senat von einer Entscheidung des Großen Senats abweichen will.

DVO. I § 6a Abs. 3 (3) Der Große Senat besteht aus dem Vorsitzenden und acht Beisitzern. Den Vorsitz führt der Präsident oder der Vizepräsident des Reichserbhofgerichts. Als Beisitzer wirken mit vier beamtete Mitglieder des Reichserbhofgerichts und vier Reichserbhofrichter.

DVO. I § 6a Abs. 4 (4) Die Beisitzer und ihre Stellvertreter werden für je ein Kalenderjahr im voraus durch den Präsidenten ausgewählt.

DVO. I § 6a Abs. 5 (5) Der verweisende Senat bestimmt eines seiner beamteten Mitglieder, das für die Entscheidung der Sache in den Großen Senat eintritt. Gehört dieses Mitglied nicht zu den nach Abs. 4 bestimmten Beisitzern, so scheidet von den bezeichneten Beisitzern der dem Dienstalter, bei gleichem Dienstalter der dem Lebensalter nach Jüngste für die Entscheidung der Sache aus.

DVO. I § 6a Abs. 6 (6) Soweit die Entscheidung über die Sache, die an den Großen Senat verwiesen ist, eine mündliche Verhandlung erfordert, findet diese vor dem Großen Senat statt.

§ 8 Arische Abstammung der beamteten Mitglieder der Anerbenbehörden

DVO. I § 7 Abs. 1 (1) Zu Vorsitzenden des Anerbengerichts, zu Vorsitzenden oder richterlichen Mitgliedern des Erbhofgerichts oder zu beamteten Mitgliedern des Reichserbhofgerichts dürfen nur Personen ernannt werden, die im Sinne des § 13 des Gesetzes deutschen oder stammesgleichen Blutes sind.

(2) Das Vorliegen der Voraussetzung des Absatzes 1 wird vermutet, wenn die arische Abstammung im Sinne des § 1a des Reichsbeamtengesetzes nachgewiesen ist. DVO. I § 7 Abs. 2

§ 9 Geschäftsstelle

(1) Die Geschäftsstelle des Amtsgerichts ist zugleich die Geschäftsstelle des Anerbengerichts. Die Geschäftsstelle des Oberlandesgerichts ist zugleich die Geschäftsstelle des Erbhofgerichts. Beim Reichserbhofgericht und beim Landeserbhofgericht in Celle wird eine Geschäftsstelle eingerichtet. DVO. I § 8 Abs. 1 S. 1

(2) Auf die Ausschließung des Urkundsbeamten der Geschäftsstelle finden die Vorschriften der §§ 6, 7 des Reichsgesetzes über die Angelegenheiten der freiwilligen Gerichtsbarkeit entsprechende Anwendung. DVO. I § 8 Abs. 1 S. 2

(3) Zu Urkundsbeamten der Geschäftsstelle bei den Anerbengerichten soll der mit der Dienstaufsicht betraute Amtsrichter tunlichst diejenigen Beamten bestimmen, denen auch die Bearbeitung der Grundbuchsachen obliegt.

(4) Die Obliegenheiten der Geschäftsstelle bei den Anerbengerichten und den Erbhofgerichten werden durch die vom Reichsminister der Justiz erlassene Aktenordnung und durch weitere von ihm zu treffende Verwaltungsvorschriften geregelt. Beim Reichserbhofgericht wird die Geschäftsordnung vom Präsidenten des Gerichts aufgestellt.

§ 10. Nichtöffentlichkeit der Verhandlung. Pflicht zur Amtsverschwiegenheit

(1) Die Verhandlungen vor den Anerbenbehörden sind nicht öffentlich. Dem Kreis-, Landes- oder Reichsbauernführer oder seinem Beauftragten ist die Anwesenheit bei der mündlichen Verhandlung gestattet. Der Vorsitzende kann Personen, die ein berechtigtes Interesse nachweisen, die Anwesenheit gestatten. DVO. I § 10 Abs. 1

(2) Die Mitglieder der Anerbenbehörden sind zur Amtsverschwiegenheit verpflichtet. Dasselbe gilt für den Kreis-, Landes- oder Reichsbauernführer hinsichtlich der Sachen, mit denen er auf Grund des Reichserbhofgesetzes oder seiner Durchführungsvorschriften befaßt ist. DVO. I § 10 Abs. 2

2. Abschnitt

Allgemeine Vorschriften über das Verfahren der Anerbenbehörden

1. Unterabschnitt

Vorschriften für alle Anerbenbehörden

§ 11 Grundsatz

DVO. I § 11 Soweit nicht im Reichserbhofgesetz oder in den zu seiner Durchführung ergangenen Vorschriften etwas anderes bestimmt ist, finden auf das Verfahren vor den Anerbenbehörden die Vorschriften des Reichsgesetzes über die Angelegenheiten der freiwilligen Gerichtsbarkeit sinngemäß Anwendung.

§ 12 Amtsbetrieb. Rechtliches Gehör. Einstweilige Anordnungen

DVO. I § 12 Abs. 1 (1) Das Gericht hat von Amts wegen die zur Feststellung der Tatsachen erforderlichen Ermittlungen anzustellen und die geeignet erscheinenden Beweise aufzunehmen.

DVO. I § 12 Abs. 2 (2) Eine Entscheidung soll nur ergehen, nachdem den Beteiligten zuvor Gelegenheit zur Äußerung gegeben ist. Wer im Sinne dieser Vorschrift als Beteiligter anzusehen ist, entscheidet das Gericht nach freiem Ermessen.

DVO. I § 12 Abs. 3 (3) Das Gericht kann, soweit es ihm nach den Umständen geboten erscheint, auf Antrag oder von Amts wegen sichernde Maßnahmen oder einstweilige Anordnungen treffen. Die Anordnungen können nur zusammen mit der Hauptentscheidung angefochten werden. Auf die Vollstreckung dieser Anordnungen finden die Vorschriften der Zivilprozeßordnung über die Zwangsvollstreckung entsprechende Anwendung.

§ 13 Mündliche Verhandlung

DVO. I § 13 Abs. 1 (1) Die Anberaumung einer mündlichen Verhandlung steht im Ermessen des Gerichts.

DVO. I § 13 Abs. 2 (2) Das Gericht kann einem Beteiligten, der die mündliche Verhandlung beantragt, aufgeben, den übrigen Beteiligten die Kosten vorzuschießen oder zu erstatten, die ihnen durch die persönliche Wahrnehmung des Termins oder die Bestellung eines Bevollmächtigten erwachsen.

DVO. I § 13 Abs. 3

(3) Für die mündliche Verhandlung gelten die Vorschriften des § 136 der Zivilprozeßordnung entsprechend. Der Urkundsbeamte der Geschäftsstelle nimmt über die Verhandlung eine Niederschrift auf, die von ihm und dem Vorsitzenden zu unterschreiben ist. Die Niederschrift soll Ort und Tag der Verhandlung, die Bezeichnung der mitwirkenden Gerichtspersonen und der Beteiligten sowie das Ergebnis der Verhandlung enthalten.

§ 14 Vertretung vor den Anerbenbehörden

DVO. I § 14 Abs. 1

(1) Die Beteiligten können vor den Anerbenbehörden mit Beiständen erscheinen. Sie können sich, soweit nicht das persönliche Erscheinen angeordnet wird, auch durch Bevollmächtigte vertreten lassen. Das Gericht kann die Vorlage einer öffentlich beglaubigten Vollmacht verlangen.

DVO. I § 14 Abs. 2

(2) Personen, die nicht arischer Abstammung im Sinne des § 1a des Reichsbeamtengesetzes sind, oder die, ohne Rechtsanwalt zu sein, das Verhandeln vor Gericht geschäftsmäßig betreiben, sind vor den Anerbenbehörden als Beistände oder Prozeßbevollmächtigte ausgeschlossen. Werden von diesen Personen schriftliche Eingaben eingereicht, so soll der Vorsitzende oder das Gericht sie zurückweisen; das gleiche gilt für Eingaben, die von einem anderen eingereicht, aber von diesen Personen angefertigt sind. Im übrigen finden die Vorschriften des § 157 Abs. 1 Satz 2, Abs. 2 der Zivilprozeßordnung in der Fassung der Bekanntmachung vom 8. November 1933 (Reichsgesetzbl. I S. 821) entsprechende Anwendung.

DVO. I § 14 Abs. 3

(3) Vorbehaltlich des Absatzes 2 ist zur Vertretung vor den Anerbenbehörden jeder bei einem deutschen Gericht zugelassene Rechtsanwalt berechtigt.

§ 15 Güteversuch. Vergleich

DVO. I § 15 Abs. 1

(1) Im Verfahren über die Ansprüche der Versorgungsberechtigten (§ 32 des Gesetzes, § 36 der Erbhofrechtsverordnung) sowie über die Verteilung von Verbindlichkeiten (§§ 22, 36 des Gesetzes) soll in allen geeigneten Fällen zunächst der Versuch einer gütlichen Einigung gemacht werden.

DVO. I § 15 Abs. 2

(2) Kommt ein Vergleich zustande, so ist er in der Niederschrift festzustellen. Die Niederschrift ist, soweit sie einen Vergleich enthält, den Beteiligten vorzulesen oder zur Durchsicht

vorzulegen. In der Niederschrift ist zu bemerken, daß dies geschehen und die Genehmigung erteilt ist.

DVO. I § 15 Abs. 3 (3) Aus dem Vergleich findet die Zwangsvollstreckung nach den Vorschriften der Zivilprozeßordnung statt.

§ 16 Vorbereitung der Entscheidung

DVO. I § 16 Abs. 1 (1) Der Vorsitzende oder ein von ihm zu bestimmendes Mitglied des Gerichts hat schon vor der mündlichen Verhandlung oder der Sitzung alle Anordnungen zu treffen, die angebracht erscheinen, damit die Sache tunlichst in einer Sitzung erledigt wird; § 272b der Zivilprozeßordnung gilt sinngemäß.

DVO. I § 16 Abs. 2 (2) Der Vorsitzende kann insbesondere auch, wenn die Eignung eines Hofes zum Erbhof in Frage steht (§§ 2, 3 des Gesetzes), einem bäuerlichen Beisitzer des Gerichts aufgeben, den Hof vorher zu besichtigen.

§ 17 Beweisaufnahme

DVO. I § 17 Abs. 1 (1) Über Art und Umfang der Beweisaufnahme entscheidet das Gericht nach freiem Ermessen.

DVO. I § 17 Abs. 2 (2) Das Gericht kann eines seiner Mitglieder mit der Beweisaufnahme oder mit örtlichen Ermittlungen oder mit Verhandlungen mit den Beteiligten beauftragen. Die Vorschriften der Zivilprozeßordnung über das Verfahren vor einem beauftragten Richter, einschließlich des § 576 der Zivilprozeßordnung, gelten sinngemäß. Zur Abnahme von Eiden sind die bäuerlichen Beisitzer des Gerichts auch dann nicht befugt, wenn sie mit der Durchführung einer Beweisaufnahme beauftragt sind.

§ 18 Amtshilfe

DVO. I § 18 Abs. 1 (1) Die Anerbenbehörden, für die Zwecke der Durchführung des § 5 des Gesetzes und der §§ 10, 54 der Erbhofrechtsverordnung auch der Reichsminister der Justiz und der Reichsminister für Ernährung und Landwirtschaft, können andere Gerichte und Behörden um Amtshilfe ersuchen. Sie können insbesondere die Gemeinde- oder Polizeibehörden ersuchen, die für die Eignung eines Hofes zum Erbhof wesentlichen Tatsachen (§§ 2, 3 des Gesetzes, § 1 der Erbhofrechtsverordnung) festzustellen. Sie können auch die Gemeinde- oder Polizeibehörden sowie den Kreis- oder Landesbauernführer um eine gutachtliche Äußerung ersuchen.

(2) Die im Abs. 1 bezeichnete ersuchende Behörde kann auch den Vorsitzenden eines Anerbengerichts um die Aufnahme von Beweisen ersuchen. Bei der Einnahme des Augenscheins durch das ersuchte Anerbengericht kann ein Bauer, der Beisitzer des Anerbengerichts ist, als sachkundiger Beisitzer zugezogen werden. DVO. I § 18 Abs. 2

§ 19 Vorentscheidung des Vorsitzenden

(1) In Fällen, in denen das Anerbengericht endgültig entscheidet oder in denen eine Beschwerde als unzulässig verworfen wird, sowie in den Fällen des § 22 Abs. 4, 5 des Gesetzes kann der Entscheidung des Gerichts eine Vorentscheidung durch den Vorsitzenden vorangehen. DVO. I § 19 Abs. 1

(2) Die Vorentscheidung wird endgültig, wenn nicht binnen zwei Wochen seit ihrer Zustellung Einspruch eingelegt wird. Hierauf ist bei der Zustellung hinzuweisen. DVO. I § 19 Abs. 2

§ 20 Einspruch

(1) Der Einspruch ist bei dem Gericht, dessen Vorsitzender die Vorentscheidung erlassen hat, einzulegen, und zwar schriftlich oder zur Niederschrift des Urkundsbeamten der Geschäftsstelle. DVO. I § 20 Abs. 1

(2) Der Einspruch kann auf neue Tatsachen oder Beweise gestützt werden. DVO. I § 20 Abs. 2

(3) Der Vorsitzende gewährt einem Einspruchsberechtigten, der ohne sein Verschulden verhindert war, die Einspruchsfrist einzuhalten, auf Antrag die Wiedereinsetzung in den vorigen Stand, wenn der Einspruchsberechtigte binnen zwei Wochen nach Beseitigung des Hindernisses den Einspruch einlegt und die Tatsachen, welche die Wiedereinsetzung begründen, glaubhaft macht. DVO. I § 20 Abs. 3

(4) Die vorstehenden Absätze gelten auch für den Einspruch, der im Verfahren zur Anlegung oder Ergänzung der Erbhöferolle eingelegt wird (§§ 40, 46, 47 dieser Verordnung).

§ 21 Entscheidung

(1) Das Gericht entscheidet durch begründeten Beschluß. DVO. I § 21 Abs. 1

(2) Der Beschluß enthält die Bezeichnung des Gerichts und der Sache, die Namen der bei der Entscheidung beteiligten Gerichtsmitglieder und den Tag der Entscheidung. DVO. I § 21 Abs. 2

DVO. I § 21 Abs. 3 (3) Der mit Gründen versehene Beschluß wird beim Anerbengericht vom Vorsitzenden, bei den übrigen Gerichten von dem Vorsitzenden und den beamteten Mitgliedern unterzeichnet. Wenn der Beschluß nach Vorentscheidung des Vorsitzenden ergeht, wird die Formel des Beschlusses beim Anerbengericht auch von den Anerbenrichtern mitunterschrieben.

DVO. I § 21 Abs. 4 (4) Ergeht die Entscheidung im Anschluß an eine mündliche Verhandlung, so ist sie, wenn die Beteiligten anwesend sind, durch den Vorsitzenden zu verkünden. Die Verkündung besteht in der Verlesung der Beschlußformel. Der Vorsitzende kann auch die Entscheidungsgründe verlesen oder deren wesentlichen Inhalt mitteilen.

DVO. I § 21 Abs. 5 (5) Die Entscheidung ist den Beteiligten von Amts wegen zuzustellen.

2. Unterabschnitt

Verfahren vor den Erbhofgerichten und dem Reichserbhofgericht

§ 22 Allgemeines

DVO. I § 23 In Ergänzung der §§ 11 bis 21 gelten für das Verfahren vor den Erbhofgerichten und dem Reichserbhofgericht die folgenden besonderen Vorschriften.

§ 23 Schriftliche Vorbereitung. Vertretung durch Rechtsanwälte. Beiordnung eines Beistandes

DVO. I § 24 Abs. 1 (1) Das Gericht kann die schriftliche Vorbereitung der Sache anordnen. In einem solchen Falle finden die §§ 130 bis 134 der Zivilprozeßordnung sinngemäß Anwendung.

DVO. I § 24 Abs. 2 (2) Das Gericht kann auch anordnen, daß sich ein Beteiligter durch einen Rechtsanwalt vertreten läßt. In diesem Falle finden hinsichtlich dieses Beteiligten auf das weitere Verfahren die für den Anwaltsprozeß geltenden Vorschriften des § 78, § 115 Abs. 1 Nr. 3 und Abs. 2, § 129, § 135 Abs. 1, 2 der Zivilprozeßordnung entsprechende Anwendung.

DVO. I § 24 Abs. 3 (3) Das Gericht kann einem armen Beteiligten in entsprechender Anwendung des § 116 der Zivilprozeßordnung einen nicht als Richter angestellten Justizbeamten oder einen Rechtskundigen, der die vorgeschriebene erste Prüfung für den Justizdienst bestanden hat, beiordnen.

§ 24 Form und Zulässigkeit der sofortigen weiteren Beschwerde

(1) Die sofortige weitere Beschwerde an das Reichserbhofgericht (§ 49 des Gesetzes) muß von einem Rechtsanwalt unterzeichnet sein. Dies gilt nicht für die Beschwerde des Landesbauernführers (§ 49 Abs. 2 des Gesetzes). DVO. I § 25

(2) Lassen die besonderen Umstände eines Falles dessen Nachprüfung im dritten Rechtszuge erforderlich erscheinen, obwohl ein neuer selbständiger Beschwerdegrund im Sinne des § 49 Abs. 4 Satz 1 des Gesetzes nicht gegeben ist, so kann das Reichserbhofgericht ausnahmsweise von dem Erfordernis des neuen selbständigen Beschwerdegrundes absehen.

§ 25 Zurückverweisung durch das Reichserbhofgericht

Hebt das Reichserbhofgericht die Entscheidung des Erbhofgerichts auf, so kann es in der Sache selbst entscheiden oder die Sache zu neuer Entscheidung an das Erbhofgericht (oder an ein anderes Erbhofgericht) oder an das Anerbengericht zurückverweisen. Das Gericht, an das die Sache zurückverwiesen wird, ist an die Beurteilung des Reichserbhofgerichts gebunden. DVO. I § 26

§ 26 Entscheidung des Reichserbhofgerichts in besonderen Fällen

(1) Die Entscheidung, durch welche das Reichserbhofgericht eine sofortige weitere Beschwerde als unzulässig verwirft, weil die vorgeschriebene Form oder Frist nicht eingehalten oder weil kein neuer selbständiger Beschwerdegrund gegeben ist, kann auch ohne Mitwirkung der bäuerlichen Beisitzer ergehen.

(2) Das gleiche gilt für einen Beschluß des Reichserbhofgerichts, durch den über einen Antrag auf Wiedereinsetzung in den vorigen Stand oder über ein Armenrechtsgesuch entschieden wird.

3. Abschnitt

Erbhöferolle, Erbhofbuch

1. Unterabschnitt

Allgemeine Bestimmungen über die Erbhöferolle

§ 27 Eintragungen

DVO. I § 27 Abs. 1 (1) In der Erbhöferolle sind die zum Erbhof gehörigen Grundstücke aufzuführen. Bei jedem Grundstück ist die Wirtschaftsart (z. B. Acker, Wiese), die Größe und das Grundbuchblatt, auf dem es eingetragen ist, anzugeben. Dies gilt auch für diejenigen Grundstücke, welche der Bauer nach der Eintragung des Hofes zum Hof hinzuerwirbt.

DVO. I § 27 Abs. 2 (2) Für die Erbhöferolle soll ein Vordruck nach anliegendem Muster (Anlage 1) verwendet werden.

§ 28 Löschungen

DVO. I § 28 Abs. 1 (1) Verliert der Erbhof die Erbhofeigenschaft, so ist der Hof in der Rolle zu löschen (§ 47 Abs. 3 dieser Verordnung).

DVO. I § 28 Abs. 2 (2) Werden einzelne Grundstücke vom Erbhof abgetrennt, so werden diese Grundstücke in der Rolle gelöscht.

DVO. I § 28 Abs. 3 (3) Stellt sich nachträglich heraus, daß der Eigentümer bei der Eintragung des Hofes nicht deutscher Staatsangehöriger war, und daß der Hof infolgedessen nicht Erbhof geworden ist, so ist dem Eigentümer eine angemessene Frist zu setzen, innerhalb deren er den Erwerb der deutschen Staatsangehörigkeit oder die Befreiung gemäß § 5 der Erbhofrechtsverordnung nachzuweisen hat. Bei fruchtlosem Ablauf der Frist ist die Eintragung zu löschen.

§ 29 Form der Eintragungen und Löschungen

DVO. I § 29 Die Eintragungen und Löschungen in der Rolle werden vom Vorsitzenden des Anerbengerichts unter Angabe des Wortlauts verfügt, vom Urkundsbeamten der Geschäftsstelle ausgeführt und von beiden gemeinschaftlich unter Angabe des Unterzeichnungstages unterschrieben.

§ 30 Benachrichtigung des Bauern

DVO. I § 30 Von allen Eintragungen und Löschungen in der Rolle ist der Bauer zu benachrichtigen. Im Falle der Eintragung eines

Erbhofs ist der Nachricht eine beglaubigte Abschrift des die Eintragung enthaltenden Blatts der Erbhöferolle beizufügen.

§ 31 Äußere Einrichtung der Erbhöferolle

(1) Die Erbhöferolle ist in der Form des gebundenen Buchs anzulegen.

(2) Für jede Gemeinde ist mindestens ein Band anzulegen. Von der Anlegung eines besonderen Bandes für die Gemeinde soll nur abgesehen werden, wenn die Zahl ihrer Erbhöfe geringer ist als zehn.

§ 32 Bedeutung der Eintragung in der Erbhöferolle

(1) Die Eintragung eines Grundstücks in die Erbhöferolle begründet die Vermutung, daß das Grundstück Erbhofeigenschaft besitzt. DVO. II § 1 Abs. 1

(2) Sobald die Erbhöferolle als angelegt anzusehen ist, wird vermutet, daß Grundstücke, die nicht in die Erbhöferolle eingetragen sind, die Erbhofeigenschaft nicht besitzen. DVO. II § 1 Abs. 2

(3) Der Zeitpunkt, in dem die Erbhöferolle als angelegt anzusehen ist, wird vom Reichsminister der Justiz im Reichsgesetzblatt bekanntgegeben. DVO. II § 1 Abs. 3

(4) Bei Anwendung des Absatzes 1 macht es keinen Unterschied, ob die Erbhofeigenschaft aus Anlaß der Anlegung oder Ergänzung der Erbhöferolle oder aus Anlaß eines gemäß § 10 des Gesetzes gestellten Antrags geprüft worden ist.

§ 33 Einsicht in die Erbhöferolle

Die Einsicht in die Erbhöferolle ist jedem gestattet, der ein berechtigtes Interesse darlegt. DVO. I § 31

2. Unterabschnitt
Anlegung der Erbhöferolle

§ 34 Gemeindeverzeichnis der Höfe bis zu einer Größe von 125 Hektar (Verzeichnis A)

(1) Die Gemeindevorsteher stellen ein Verzeichnis der in ihrem Bezirk gelegenen Besitzungen auf, die durch Land- oder Forstwirtschaft oder durch Wein-, Gemüse- oder Obstbau genutzt werden und deren Umfang mindestens 7½ Hektar, aber nicht mehr als 125 Hektar beträgt. Besitzungen unter DVO. I § 34 Abs. 1

7½ Hektar sind nur aufzunehmen, wenn sie eine Ackernahrung im Sinne der §§ 2, 6 des Gesetzes darstellen.

DVO. I § 34 Abs. 2 (2) In dem Verzeichnis ist bei jeder Besitzung anzugeben

1. Zu- und Vorname des Eigentümers,
2. gegebenenfalls der gebräuchliche Hofname und die Nummer der Häuserliste,
3. die Art der Besitzung (z. B. Vollhof, Halbhof, Kötnerstelle, Weingut),
4. die Größe der Besitzung in Hektar,
5. nach Möglichkeit das Grundbuchblatt, auf dem die Hofstelle sowie die übrigen zum Hof gehörenden Grundstücke eingetragen sind. Bei den Grundstücken ist auch die Wirtschaftsart (z. B. Acker, Wiese) sowie die Größe in Hektar anzugeben.

DVO. I § 34 Abs. 3 (3) Der Gemeindevorsteher bemerkt bei jeder Besitzung, ob sie als Erbhof im Sinne der §§ 1 bis 4, 6, 11 bis 17 des Gesetzes oder der sonstigen Vorschriften anzusehen ist. Die Stellungnahme ist nötigenfalls kurz zu begründen. Bestehen Zweifel, ob der Eigentümer deutscher Staatsangehöriger oder deutschen oder stammesgleichen Blutes ist, so ist dies besonders zu vermerken.

DVO. I § 34 Abs. 4 (4) Für das Gemeindeverzeichnis soll ein Vordruck verwendet werden, der dem anliegenden Muster entspricht (Anlage 2). Der Vordruck besteht aus einem Umschlagbogen und Einlageblättern, die mit fortlaufenden Blattzahlen zu versehen sind. Es empfiehlt sich, für jeden Hof ein besonderes Einlageblatt zu verwenden. Auf dem Umschlagbogen ist die Zahl der Einlageblätter anzugeben.

DVO. I § 34 Abs. 5 (5) Der Gemeindevorsteher bescheinigt die Vollständigkeit des Verzeichnisses.

DVO. I § 34 Abs. 6 (6) Der Gemeindevorsteher übersendet das Verzeichnis A spätestens bis zum 1. Januar 1934 der unteren Verwaltungsbehörde (z. B. in Preußen dem Landrat).

DVO. I § 34 Abs. 7 (7) Die untere Verwaltungsbehörde nimmt zu den einzelnen Nummern des Verzeichnisses A gutachtlich Stellung und übersendet die Verzeichnisse sämtlicher Gemeinden spätestens bis zum 1. Februar 1934 dem Anerbengericht.

DVO. I § 34 Abs. 8 (8) Bürgermeister von Gemeinden, welche nicht der unteren Verwaltungsbehörde unterstellt sind (z. B. in Preußen von kreisfreien Städten), reichen das Verzeichnis spätestens bis zum 1. Januar 1934 unmittelbar dem Anerbengericht ein.

§ 35 Gerichtliches Verzeichnis

(1) Der Vorsitzende des Anerbengerichts stellt unter Zugrundelegung der Verzeichnisse A die gerichtlichen Verzeichnisse der Erbhöfe für den Bezirk des Anerbengerichts auf. DVO. I § 35 Abs. 1

(2) Er hat hierbei auf Grund des beim Grundbuchamt geführten Eigentümerverzeichnisses die Vollständigkeit der Verzeichnisse A nachzuprüfen und dafür zu sorgen, daß sämtliche zu den einzelnen Besitzungen gehörenden Grundstücke unter Angabe des Grundbuchblatts im gerichtlichen Verzeichnis bei der betreffenden Besitzung vermerkt werden. Nötigenfalls kann er weitere Ermittlungen anstellen. DVO. I § 35 Abs. 2

(3) Für das gerichtliche Verzeichnis soll ein amtlicher Vordruck nach anliegendem Muster (Anlage 3) verwendet werden. Der Vordruck besteht aus einem Umschlagbogen und Einlageblättern, die mit Blattzahlen zu versehen sind. DVO. I § 35 Abs. 3

§ 36 Zustellung eines Auszugs aus dem gerichtlichen Verzeichnis an den Eigentümer

Der Vorsitzende des Anerbengerichts soll jedem in das gerichtliche Verzeichnis aufgenommenen Eigentümer einen Auszug aus dem Verzeichnis zustellen und den Eigentümer hierbei auffordern, wenn sein Hof zu Unrecht in das Verzeichnis aufgenommen sei oder wenn die zum Hof gehörigen Grundstücke nicht richtig, insbesondere nicht vollständig angegeben seien, dies binnen einem Monat nach der Zustellung durch Einspruch beim Anerbengericht geltend zu machen. DVO. I § 36

§ 37 Aushang des gerichtlichen Verzeichnisses an der Gerichtstafel

(1) Das gerichtliche Verzeichnis ist einen Monat lang durch Aushang an der Gerichtstafel öffentlich bekanntzumachen. DVO. I § 37 Abs. 1

(2) Das Verzeichnis ist am Schluß mit dem Hinweis zu versehen, daß jeder Eigentümer, dessen Hof in das Verzeichnis zu Unrecht nicht eingetragen ist, binnen zwei Wochen nach Beendigung des Aushangs an der Gerichtstafel beim Anerbengericht Einspruch erheben kann. DVO. I § 37 Abs. 2

§ 38 Auslegung des gerichtlichen Verzeichnisses beim Gemeindevorsteher

DVO. I § 38 Abs. 1 (1) Der Vorsitzende des Anerbengerichts läßt jedem Gemeindevorsteher eine Abschrift des seine Gemeinde betreffenden gerichtlichen Verzeichnisses einschließlich des im § 37 Abs. 2 vorgesehenen Hinweises zustellen mit der Aufforderung, die Abschrift zu jedermanns Einsicht auszulegen.

DVO. I § 38 Abs. 2 (2) Der Gemeindevorsteher hat den Eingang des gerichtlichen Verzeichnisses zweimal in der Gemeinde in ortsüblicher Weise bekanntzumachen und hierbei auf die im § 37 Abs. 2 bezeichnete Einspruchsfrist hinzuweisen.

§ 39 Mitteilung des gerichtlichen Verzeichnisses an den Kreisbauernführer

DVO. I § 39 Der Vorsitzende des Anerbengerichts läßt dem Kreisbauernführer eine Abschrift des seinen Bezirk betreffenden gerichtlichen Verzeichnisses zustellen mit der Aufforderung, das Verzeichnis auch seinerseits nachzuprüfen und gegen etwaige Unrichtigkeiten (Eintragung oder Nichteintragung eines Hofes oder einzelner Grundstücke) binnen einem Monat nach Zustellung beim Anerbengericht Einspruch einzulegen.

§ 40 Entscheidung über den Einspruch. Eintragung in die Erbhöferolle

DVO. I § 40 Abs. 1 (1) Über den Einspruch (§§ 36, 37, 39) entscheidet das Anerbengericht. In der Formel des Beschlusses, durch den über den Einspruch sachlich entschieden wird, ist zum Ausdruck zu bringen, ob das Grundstück Erbhof ist oder nicht.

DVO. I § 40 Abs. 2 (2) Die Entscheidung wird dem Eigentümer und dem Kreisbauernführer zugestellt.

(3) Die Höfe, gegen deren Eintragung kein Einspruch eingelegt ist, oder bei denen der Einspruch rechtskräftig abgewiesen ist, werden in die Erbhöferolle eingetragen.

§ 41 Eintragung der durch die Erbhofrechtsverordnung geschaffenen Ehegattenerbhöfe in die Erbhöferolle

(1) Alsbald nach dem Inkrafttreten der Erbhofrechtsverordnung stellen die Gemeindevorsteher ein Verzeichnis der in ihrem Bezirk gelegenen Besitzungen auf, die durch Land-

oder Forstwirtschaft oder durch Wein-, Gemüse- oder Obstbau genutzt werden, deren Umfang mindestens $7\frac{1}{2}$ Hektar, aber nicht mehr als 125 Hektar beträgt und die im Eigentum von Ehegatten stehen.

(2) Dieses Ergänzungsverzeichnis zur Erfassung der durch § 17 Abs. 2, § 18 Abs. 2 der Erbhofrechtsverordnung geschaffenen Ehegattenerbhöfe enthält nur Besitzungen, bei denen folgende Eigentumsverhältnisse gegeben sind:

1. Gesamthandeigentum oder sonstiges gemeinschaftliches Eigentum von Ehegatten oder
2. teils Alleineigentum des Mannes und teils Alleineigentum der Frau oder
3. teils gemeinschaftliches Eigentum von Ehegatten und teils Alleineigentum eines oder jedes der Ehegatten.

(3) Besitzungen unter $7\frac{1}{2}$ Hektar sind nur aufzunehmen, wenn sie eine Ackernahrung im Sinne der §§ 2, 6 des Gesetzes darstellen. Besitzungen, die bereits in das bei Beginn der Anlegung der Erbhöferolle aufgestellte Gemeindeverzeichnis aufgenommen sind, werden in das Ergänzungsverzeichnis der Absätze 1, 2 nicht aufgenommen.

(4) Der Gemeindevorsteher übersendet das Ergänzungsverzeichnis spätestens bis zum 1. März 1937 der unteren Verwaltungsbehörde (z. B. in Preußen dem Landrat). Die untere Verwaltungsbehörde nimmt zu den einzelnen Nummern des Verzeichnisses gutachtlich Stellung und übersendet die Verzeichnisse sämtlicher Gemeinden spätestens bis zum 1. April 1937 dem Anerbengericht. Bürgermeister von Gemeinden, welche nicht der unteren Verwaltungsbehörde unterstellt sind (z. B. in Preußen von kreisfreien Städten) reichen das Verzeichnis spätestens bis zum 1. März 1937 unmittelbar dem Anerbengericht ein.

(5) Die Vorschriften des § 34 Abs. 2 bis 5 dieser Verordnung finden entsprechende Anwendung.

(6) Der Vorsitzende des Anerbengerichts stellt unter Zugrundelegung der Gemeindeverzeichnisse, die ihm gemäß § 34 der Ersten Durchführungsverordnung (§ 34 dieser Verordnung) und gemäß den Vorschriften der vorstehenden Absätze 1 bis 5 eingereicht sind, ein gerichtliches Ergänzungsverzeichnis der Besitzungen auf, die auf Grund des § 17 Abs. 2, § 18 Abs. 2 der Erbhofrechtsverordnung Erbhof geworden sind. Die Vor-

schriften der vorstehenden §§ 35 bis 40 finden entsprechende Anwendung.

(7) Der Reichsminister der Justiz kann Abweichungen von den Vorschriften der vorstehenden Absätze 1 bis 6 zulassen.

§ 42 Liste der Besitzungen aus den Gemeindeverzeichnissen, die nicht in die Erbhöferolle aufgenommen werden.

DVO. I § 42 Abs. 1 (1) Will der Vorsitzende des Anerbengerichts eine im Gemeindeverzeichnis (§§ 34, 41) stehende Besitzung nicht in das gerichtliche Verzeichnis aufnehmen, so hat er die Gründe hiefür zu den Akten zu vermerken.

DVO. I § 42 Abs. 2 (2) Der Urkundsbeamte der Geschäftsstelle führt eine Liste (Anlage 4), in welche die im Abs. 1 bezeichneten Fälle aufzunehmen sind.

DVO. I § 42 Abs. 3 (3) In Fällen, in denen eine Besitzung zur Eintragung als Erbhof sachlich geeignet ist, aber zur Zeit nicht eingetragen werden kann aus Gründen, die in der Person des Eigentümers liegen (§§ 12 bis 15, 17 des Gesetzes), hat der Vorsitzende des Anerbengerichts durch entsprechende Wiedervorlageverfügung dafür zu sorgen, daß die Eintragung erfolgt, sobald der Hinderungsgrund weggefallen ist.

3. Unterabschnitt

Besitzungen von mehr als 125 Hektar

§ 43 Statistisches Verzeichnis der Besitzungen über 125 Hektar (Verzeichnis B)

DVO. I § 43 Abs. 1 (1) Die Gemeindevorsteher stellen ein Verzeichnis der in ihrem Bezirk gelegenen Besitzungen auf, die durch Land- oder Forstwirtschaft oder durch Wein-, Gemüse- oder Obstbau genutzt werden und größer sind als 125 Hektar (Verzeichnis B).

DVO. I § 43 Abs. 2 (2) Für das Verzeichnis soll ein amtlicher Vordruck nach anliegendem Muster (Anlage 5) verwendet werden. Die Vorschriften des § 34 Abs. 2 finden entsprechende Anwendung.

DVO. I § 43 Abs. 3 (3) Der Gemeindevorsteher soll in dem Verzeichnis die Besitzungen so anordnen, daß zuerst die im Alleineigentum einer natürlichen Person stehenden Besitzungen aufgeführt werden und erst danach die Besitzungen, die im Eigentum mehrerer Personen oder einer juristischen Person stehen.

(4) Der Gemeindevorsteher reicht das Verzeichnis spätestens bis zum 1. Januar 1934 der unteren Verwaltungsbehörde ein. Diese übersendet das Verzeichnis nach Prüfung der Vollständigkeit alsbald durch die Hand des Kreisbauernführers an den Landesbauernführer. Der Bürgermeister einer Stadt, die nicht der unteren Verwaltungsbehörde unterstellt ist, übersendet das Verzeichnis bis zum 1. Januar 1934 unmittelbar dem Kreisbauernführer zur Weitergabe an den Landesbauernführer. DVO. I § 43 Abs. 4

(5) Der Landesbauernführer übersendet die Verzeichnisse, nach Kreisbauernschaften geordnet, alsbald dem Reichsminister für Ernährung und Landwirtschaft. DVO. I § 43 Abs. 5

§ 44 Antrag auf Zulassung einer Besitzung von mehr als 125 Hektar

(1) Grundbesitz von mehr als 125 Hektar kann im allgemeinen nur auf Antrag des Eigentümers gemäß § 5 des Gesetzes als Erbhof zugelassen werden. DVO. I § 44 Abs. 1

(2) Der Eigentümer reicht den mit einer Begründung versehenen Antrag beim Anerbengericht ein. Für den Antrag ist ein Formblatt nach anliegendem Muster (Anlage 6) zu verwenden, das beim Anerbengericht angefordert werden kann. Der Eigentümer versichert die Richtigkeit seiner Angaben an Eides Statt. DVO. I § 44 Abs. 2

(3) Das Anerbengericht prüft, ob, abgesehen von §§ 3, 5 des Gesetzes, die Voraussetzungen für die Zulassung gegeben sind. Ist dies offenbar nicht der Fall, so lehnt das Anerbengericht durch begründeten Beschluß die Weiterleitung des Antrags ab. DVO. I § 44 Abs. 3

(4) Andernfalls übersendet das Anerbengericht den Antrag mit seiner gutachtlichen Stellungnahme dem Kreisbauernführer. Dieser reicht den Antrag mit seiner Stellungnahme an den Landesbauernführer weiter. Dieser nimmt gleichfalls Stellung und legt den Antrag dem Reichsminister für Ernährung und Landwirtschaft vor. DVO. I § 44 Abs. 4

§ 45 Entscheidung des Reichsministers über den Antrag aus § 44

(1) Die Entscheidung, durch welche der Reichsminister für Ernährung und Landwirtschaft auf Grund des § 5 des Gesetzes eine Ausnahme von den Erfordernissen des § 3 des Gesetzes DVO. I § 45 Abs. 1

zuläßt, wird dem Eigentümer zugestellt und dem Anerbengericht zugefertigt. Die Entscheidung wird mit der Zustellung an den Eigentümer, oder, falls die Entscheidung dem Anerbengericht eher zugeht, mit dem Zeitpunkt des Eingangs beim Anerbengericht wirksam.

DVO. I § 45 Abs. 2 (2) Das Anerbengericht trägt, falls die sonstigen Voraussetzungen für die Entstehung der Erbhofeigenschaft gegeben sind, den Hof in die Erbhöferolle ein. Es benachrichtigt hiervon den Eigentümer und übersendet ihm eine Abschrift der Eintragung.

4. Unterabschnitt

Ergänzende Vorschriften über die Erbhöferolle

§ 46 Regelmäßige Nachprüfung der Erbhöferolle

DVO. I § 46 Abs. 1 (1) Im Jahre 1940 und danach im Zeitraum von regelmäßig zehn Jahren hat der Vorsitzende des Anerbengerichts der unteren Verwaltungsbehörde oder dem Bürgermeister einer Stadt, welche nicht der unteren Verwaltungsbehörde unterstellt ist, ein Verzeichnis der eingetragenen Erbhöfe zu übersenden.

DVO. I § 46 Abs. 2 (2) Die untere Verwaltungsbehörde oder der Bürgermeister prüft, ob die Eintragung in die Erbhöferolle noch zu Recht besteht und ob im Bezirk noch andere Besitzungen vorhanden sind, die als Erbhöfe anzusehen, aber noch nicht eingetragen sind.

DVO. I § 46 Abs. 3 (3) Die untere Verwaltungsbehörde oder der Bürgermeister teilt das Ergebnis der Prüfung dem Anerbengericht mit. Der Vorsitzende des Anerbengerichts entscheidet nach Anhörung des Eigentümers und nötigenfalls nach Anstellung weiterer Ermittlungen über die Berichtigung der Erbhöferolle. Die Entscheidung ist dem Eigentümer und dem Kreisbauernführer zuzustellen. Diesen steht binnen einem Monat nach Zustellung der Einspruch bei dem Anerbengericht zu.

§ 47 Ergänzung der Erbhöferolle

DVO. I § 47 Abs. 1 (1) Der Vorsitzende des Anerbengerichts hat auch in der Zeit zwischen den im § 46 vorgesehenen regelmäßigen Nachprüfungen dafür zu sorgen, daß die Erbhöferolle auf dem laufenden bleibt, und daß alle zur Eintragung geeigneten Höfe und zugehörigen Grundstücke in die Rolle eingetragen werden.

(2) Wird die Eintragung in die Rolle außerhalb des Anlegungsverfahrens angeordnet, so ist der die Eintragung anordnende Beschluß des Vorsitzenden des Anerbengerichts dem Eigentümer und dem Kreisbauernführer zuzustellen mit der Aufforderung, binnen einer Frist von einem Monat Einspruch einzulegen, falls die Eintragung in die Rolle zu Unrecht erfolge oder die zum Hof gehörenden Grundstücke nicht richtig, insbesondere nicht vollständig angegeben seien. DVO. I § 47 Abs. 2

(3) Die Vorschriften des vorstehenden Absatzes 2 sind entsprechend anzuwenden, wenn ein Grundstück in der Erbhöferolle gelöscht werden soll (§ 28), es sei denn, daß das Fehlen oder der Verlust der Erbhofeigenschaft des Grundstücks oder das Ausscheiden des Grundstücks aus dem Erbhof offenkundig ist oder sonst unzweifelhaft feststeht.

§ 48 Beschaffung der Vordrucke

Die im § 27 Abs. 2, § 34 Abs. 4, § 35 Abs. 3, § 41 Abs. 5, 6, § 42 Abs. 2, § 43 Abs. 2, § 44 Abs. 2 vorgesehenen Vordrucke werden den Gemeindebehörden und Anerbengerichten durch die Justizverwaltung zur Verfügung gestellt. DVO. I § 48

5. Unterabschnitt

Erbhofbuch

§ 49 Erbhofbuch

(1) Das Anerbengericht stellt dem Bauern auf Antrag ein amtliches Erbhofbuch aus. Das Buch enthält namentlich eine beglaubigte Abschrift der auf den Hof bezüglichen Eintragungen in der Erbhöferolle sowie der Erbscheine, aus denen sich die Erbfolge in den Hof ergibt. Das Erbhofbuch kann nur durch das Anerbengericht bezogen werden.

(2) Die Herstellung und der Vertrieb von nichtamtlichen Büchern gleicher oder ähnlicher Zweckbestimmung ist unzulässig.

(3) Die näheren Bestimmungen über die Führung der Erbhofbücher erläßt der Reichsminister der Justiz im Einvernehmen mit dem Reichsminister für Ernährung und Landwirtschaft.

4. Abschnitt

Verfahren des Grundbuchamts

§ 50 Grundbuchvermerk

DVO. I § 32 Abs. 1 (1) Gleichzeitig mit der Eintragung des Erbhofs übersendet der Vorsitzende des Anerbengerichts dem Grundbuchamt eine Abschrift des auf den Erbhof bezüglichen Blattes der Erbhöferolle mit dem Ersuchen, im Grundbuch bei den Grundstücken den Erbhofvermerk einzutragen.

DVO. I § 32 Abs. 2 (2) Der Erbhofvermerk wird in der Aufschrift des Grundbuchs eingetragen und lautet:

„Erbhof.
Eingetragen in der Erbhöferolle von ..... Bl. ...."

DVO. I § 32 Abs. 3 (3) Der Vorsitzende des Anerbengerichts benachrichtigt das Grundbuchamt auch von den weiteren Eintragungen (Hinzuerwerb eines Grundstücks, Löschung eines Grundstücks, Löschung des Erbhofs) mit dem Ersuchen, bei den Grundstücken den Erbhofvermerk einzutragen oder zu löschen.

DVO. I § 32 Abs. 4 (4) Die Abschrift des auf den Erbhof bezüglichen Blattes der Erbhöferolle wird bei den Grundakten der Hofstelle aufbewahrt. Sie soll vom Urkundsbeamten der Geschäftsstelle des Grundbuchamts auf dem laufenden gehalten werden.

DVO. I § 33 Abs. 1 (5) Nicht zum Erbhof gehörende Grundstücke sind nicht auf dem Grundbuchblatt des Erbhofs einzutragen.

§ 51 Vereinigung von Grundstücken

DVO. II § 23 Für die Vereinigung der zu einem Erbhof gehörenden Grundstücke zu einem Grundstück (§ 53 des Gesetzes, § 890 Abs. 1, 2 des Bürgerlichen Gesetzbuchs) sowie für die gerichtliche Beurkundung eines hierauf gerichteten Antrags werden keine Gebühren und Auslagen erhoben.

§ 52 Benachrichtigung des Anerbengerichts

DVO. I § 33 Abs. 2 (1) Das Grundbuchamt soll dem Anerbengericht Nachricht geben, wenn der Bauer zum Erbhof ein Grundstück hinzuerwirbt oder wenn er ein zum Erbhof gehöriges Grundstück veräußert.

(2) Das Grundbuchamt soll dem Anerbengericht ferner Nachricht geben, wenn im Bestandsverzeichnis des Grund-

buchs andere Veränderungen vorgenommen werden, die für die Führung der Erbhöferolle von Bedeutung sind (z. B. Vereinigung von Grundstücken, Bestandteilszuschreibung; Änderung des Grundbuchblatts, der Bezeichnung oder der Angabe der Wirtschaftsart des Grundstücks).

(3) Das Anerbengericht nimmt die entsprechenden Eintragungen in der Rolle vor (§§ 27, 28, 47 dieser Verordnung).

§ 53 Einsicht des Grundbuchs

(1) Dem Reichsbauernführer, den Landesbauernführern, den Kreisbauernführern und den von diesen Beauftragten ist die Einsicht des Grundbuchs in Wahrnehmung der Aufgaben, die ihnen durch das Reichserbhofgesetz und dessen Durchführungsvorschriften übertragen sind, ohne Darlegung eines berechtigten Interesses gestattet. DVO. III § 11 Abs. 1

(2) Die Einsicht erstreckt sich auf die Grundakten, auch soweit es sich nicht um die im § 12 Abs. 1 Satz 2 der Grundbuchordnung bezeichneten Urkunden handelt. DVO. III § 11 Abs. 2

(3) Soweit die Einsicht gestattet ist, kann eine Abschrift gefordert werden. Die Abschrift ist auf Verlangen zu beglaubigen. DVO. III § 11 Abs. 3

5. Abschnitt

Feststellungsverfahren

§ 54 Antragsrecht in Feststellungsverfahren

Der Antrag auf anerbengerichtliche Entscheidung über die Erbhofeigenschaft, Deutschblütigkeit oder Bauernfähigkeit (§ 10, § 13 Abs. 3, § 18 des Gesetzes) kann auch von demjenigen gestellt werden, der ein rechtliches Interesse an der Feststellung nachweist. DVO. I § 61

§ 55 Befugnis des Antragsberechtigten, sich einem anderen Verfahren anzuschließen

(1) Ist ein Verfahren auf Entscheidung über die Erbhofeigenschaft, sei es auf Grund eines Antrags aus § 10 des Gesetzes oder auf Grund eines im Verfahren zur Anlegung oder Ergänzung der Erbhöferolle eingelegten Einspruchs, bereits anhängig, so kann jeder, der gemäß § 54 antragsberechtigt ist, sich dem anhängigen Verfahren anschließen, indem er in dem

Rechtszuge, in dem das Verfahren schwebt, eine entsprechende Erklärung abgibt.

(2) Der Anschluß kann sich auch in der Weise vollziehen, daß der nach § 54 Antragsberechtigte zu einer Zeit, zu der die Beschwerdefrist noch nicht für alle an dem anderen Verfahren Beteiligten abgelaufen ist, Beschwerde einlegt.

(3) Die Absätze 1, 2 gelten entsprechend, wenn der aus § 54 Antragsberechtigte sich einem gemäß § 13 Abs. 3, § 18 des Gesetzes eingeleiteten Verfahren anschließen will.

§ 56 Entscheidung über die Erbhofeigenschaft

(1) Ist über einen auf § 10 des Gesetzes gestützten Antrag rechtskräftig entschieden, so kann der Antragsteller, der Eigentümer, der Kreisbauernführer oder derjenige, der sich gemäß vorstehendem § 55 dem Verfahren angeschlossen hat, einen neuen Antrag auf Entscheidung über die Erbhofeigenschaft desselben Grundstücks nicht auf Tatsachen gründen, die in dem früheren Verfahren geltend gemacht sind oder von ihm dort geltend gemacht werden konnten.

(2) Die Vorschrift des Absatzes 1 gilt entsprechend, wenn im Verfahren zur Anlegung oder Ergänzung der Erbhöferolle über den Einspruch gegen die Eintragung oder die Nichteintragung eines Grundstücks eine sachliche Entscheidung ergangen ist.

(3) In Abweichung von den Absätzen 1, 2 kann ein neuer Antrag auf Entscheidung über die Erbhofeigenschaft gestellt werden, wenn ein berechtigter Grund für die nochmalige Nachprüfung vorliegt.

(4) Ist in dem früheren Verfahren eine sachliche Entscheidung im Beschwerderechtszuge ergangen, so ist der im Abs. 3 vorgesehene Antrag an das Rechtsmittelgericht, also je nachdem, welches Gericht die letzte sachliche Entscheidung getroffen hat, an das Erbhofgericht oder an das Reichserbhofgericht zu richten. Ist der Antrag hiernach an das Reichserbhofgericht zu richten, so findet § 24 Abs. 1 dieser Verordnung entsprechende Anwendung.

(5) Das nach Abs. 4 zuständige Gericht soll über den Antrag selbst entscheiden. Erscheint dies im Einzelfall nicht tunlich, so kann das Gericht, nachdem es entschieden hat, daß die Voraussetzungen des Absatzes 3 erfüllt sind, die Sache zur weiteren

Entscheidung über den Feststellungsantrag an das Anerbengericht (oder auch an das Erbhofgericht) verweisen.

§ 57 Entscheidung über die Bauernfähigkeit

(1) Ist über einen auf §§ 13, 18 des Gesetzes gestützten Antrag rechtskräftig entschieden, so kann der Antragsteller, der Kreisbauernführer, die Person, deren Bauernfähigkeit den Gegenstand des Verfahrens bildet, oder derjenige, der sich gemäß § 55 dieser Verordnung dem Verfahren angeschlossen hat, einen neuen Antrag auf Entscheidung über die Bauernfähigkeit derselben Person nicht auf Tatsachen gründen, die in dem früheren Verfahren geltend gemacht sind oder von ihm dort geltend gemacht werden konnten.

(2) Die Vorschrift des Absatzes 1 gilt entsprechend, wenn über einen auf § 10 des Gesetzes gestützten Antrag oder im Verfahren zur Anlegung oder Ergänzung der Erbhöferolle über den Einspruch gegen die Eintragung oder die Nichteintragung eines Grundstücks sachlich entschieden und hierbei auch die Frage der Bauernfähigkeit des Eigentümers geprüft worden ist.

§ 58 Beschränkungen für die Rücknahme von Anträgen

(1) Ein Antrag auf Entscheidung über die Erbhofeigenschaft kann, nachdem über ihn eine sachliche Entscheidung ergangen ist, nicht mehr zurückgenommen werden.

(2) Dasselbe gilt für den Einspruch im Verfahren zur Anlegung oder Ergänzung der Erbhöferolle.

6. Abschnitt

Genehmigungsverfahren

§ 59 Zustimmung des Anerbengerichts zu einer Verfügung von Todes wegen

(1) In allen Fällen, in denen nach dem Reichserbhofgesetz oder den Durchführungsvorschriften zur Errichtung einer Verfügung von Todes wegen die Zustimmung des Anerbengerichts erforderlich ist, kann die Zustimmung vor oder nach der Errichtung der Verfügung von Todes wegen beantragt werden. DVO. II § 9 S. 1

DVO. II § 9 S. 2 (2) Antragsberechtigt ist der Erblasser, bei einem Erbvertrag auch die andere Vertragspartei.

DVO. II § 9 S. 3 (3) Nach dem Tode des Erblassers ist, falls bis dahin eine rechtskräftige Entscheidung des Anerbengerichts nicht ergangen ist, jeder antragsberechtigt, der ein berechtigtes Interesse an der Entscheidung des Anerbengerichts nachweist.

§ 60 Antragsrecht bei Veräußerung oder Belastung des Erbhofs

DVO. II § 15 Abs. 1 Der Antrag auf Erteilung der im § 37 des Gesetzes für die Veräußerung oder Belastung vorgesehenen Genehmigung kann sowohl von dem Eigentümer als auch von demjenigen gestellt werden, zu dessen Gunsten die Veräußerung oder Belastung stattfindet.

§ 61 Beschwerderecht beim Übergehen eines Anerbenberechtigten

(1) Hat der Bauer bei der Bestimmung eines Anerben näher berufene Anerbenberechtigte übergangen, zu deren Übergehung die Zustimmung des Anerbengerichts erforderlich ist, so ist gegenüber der diese Zustimmung erteilenden Entscheidung unter den Übergangenen nur der Nächstberechtigte beschwerdeberechtigt.

(2) Bei Anwendung des Absatzes 1 steht dem Nächstberechtigten derjenige gleich, der zulässigerweise durch Erbvertrag zum Anerben eingesetzt ist, auch wenn die etwa zu dieser Einsetzung erforderliche Zustimmung des Anerbengerichts noch nicht erteilt ist.

(3) Die Vorschriften der Absätze 1, 2 gelten entsprechend bei Genehmigung eines Übergabevertrags.

§ 62 Umfang des Beschwerderechts der Anerbenberechtigten bei Veräußerung, Teilung, Belastung oder Verpachtung von Erbhofgrundstücken

(1) Den Anerbenberechtigten als solchen steht ein Beschwerderecht gegenüber der Genehmigung einer Belastung des Erbhofs überhaupt nicht und gegenüber der Genehmigung einer Veräußerung, Teilung oder Verpachtung des Erbhofs oder von Erbhofgrundstücken nur insoweit zu, als sich dies aus den nachstehenden Absätzen ergibt.

(2) Der nächstberufene gesetzliche Anerbenberechtigte ist beschwerdeberechtigt gegenüber der Genehmigung

1. der Veräußerung des ganzen Erbhofs;
2. der Veräußerung von Erbhofgrundstücken, wenn durch die Veräußerung die Erbhofeigenschaft des Restbesitzes aufgehoben oder gefährdet wird;
3. der Entziehung der Erbhofeigenschaft (§ 27 Abs. 2 der Erbhofrechtsverordnung), wenn durch diese Entziehung die Erbhofeigenschaft des Restbesitzes aufgehoben oder gefährdet wird;
4. der Teilung des Hofs in mehrere Erbhöfe (§ 27 Abs. 1 der Erbhofrechtsverordnung);
5. der Verpachtung des Erbhofs für einen Zeitraum von mehr als sechs Jahren.

(3) Abs. 2 gilt entsprechend für denjenigen, der zulässigerweise durch Erbvertrag zum Anerben eingesetzt ist, auch wenn die etwa zu dieser Einsetzung erforderliche Zustimmung des Anerbengerichts noch nicht erteilt ist.

§ 63 Beschwerderecht des Kreis- und des Landesbauernführers

In allen Fällen, in denen das Anerbengericht über den Antrag auf Zustimmung zur Bestimmung eines Anerben entscheidet, finden die Vorschriften des § 48 Abs. 2, § 49 Abs. 2 des Gesetzes entsprechende Anwendung. DVL. II § 6 Abs. 4

§ 64 Antragsrecht des Notars

(1) Ist ein Rechtsgeschäft, das der Zustimmung oder Genehmigung des Anerbengerichts bedarf, von einem Notar beurkundet oder beglaubigt worden, so gilt der Notar als ermächtigt, im Namen eines Antragsberechtigten die Entscheidung des Anerbengerichts zu beantragen; dies gilt entsprechend, wenn ein vom Notar gefertigter Entwurf der späteren rechtsgeschäftlichen Erklärungen dem Antrag zugrunde liegt. DVO. II § 10 Abs. 1 S. 1

(2) Anträgen und Eingaben, die der Notar in diesen Sachen an die Anerbenbehörden richtet, stehen die Vorschriften des § 14 Abs. 2 dieser Verordnung, mit Ausnahme der die arische Abstammung betreffenden nicht entgegen. DVO. II § 10 Abs. 1 S. 2

§ 65 Beschwerdeeinlegung durch den Notar

DVO. II § 10 Abs. 2 Zur Einlegung der sofortigen weiteren Beschwerde an das Reichserbhofgericht (§ 24 Abs. 1 dieser Verordnung) bedarf es der Zuziehung eines Rechtsanwalts nicht, wenn die Beschwerde von einem Notar eingelegt wird, der in der Angelegenheit für den Beschwerdeführer unter den Voraussetzungen des § 64 einen Antrag beim Anerbengericht gestellt hat.

§ 66 Wirksamkeit der Zustimmung oder Genehmigung des Anerbengerichts

DVO. II § 11 (1) In allen Fällen, in denen nach dem Reichserbhofgesetz oder den Durchführungsvorschriften die Zustimmung oder Genehmigung des Anerbengerichts erforderlich ist, wirkt diese erst mit der Rechtskraft.

(2) Erklärt das Anerbengericht rechtskräftig, daß seine Zustimmung oder Genehmigung nicht erforderlich sei, so steht dieser Beschluß, falls eine andere Stelle die anerbengerichtliche Zustimmung oder Genehmigung dennoch für erforderlich halten sollte, der Erteilung der Zustimmung oder Genehmigung gleich.

7. Abschnitt

Anerbengerichtliches Verfahren zur Auseinandersetzung über einen Ehegattenerbhof bei Ehescheidung

§ 67 Einleitung des Auseinandersetzungsverfahrens

Kommt eine Einigung zwischen den geschiedenen Ehegatten über die Auseinandersetzung hinsichtlich eines Ehegattenerbhofs nicht zustande (§ 23 Abs. 2 der Erbhofrechtsverordnung) oder wird eine solche Einigung nicht genehmigt, so leitet das Anerbengericht auf Antrag eines der geschiedenen Ehegatten das Verfahren zur Auseinandersetzung über den Erbhof ein.

§ 68 Ladung

Das Gericht hat den Antragsteller und den anderen Ehegatten, diesen unter Mitteilung des Antrags, zu einem Verhandlungstermin zu laden. Die Ladung soll den Hinweis darauf enthalten, daß auch bei Ausbleiben eines Beteiligten über die Auseinandersetzung verhandelt wird. Die Frist zwischen der Ladung und diesem ersten Verhandlungstermin soll mindestens zwei Wochen betragen.

§ 69 Gütliche Einigung

(1) In dem Termin soll das Gericht zunächst darauf hinwirken, daß die geschiedenen Ehegatten sich über die Auseinandersetzung hinsichtlich des Erbhofs einigen, und zwar so, daß der Auseinandersetzungsvertrag vom Anerbengericht genehmigt werden kann.

(2) Kommt eine solche Einigung zustande, so kann die Auflassung vor dem Anerbengericht erklärt werden. Das Gericht beurkundet die Auflassung und die sonstigen Vereinbarungen und entscheidet über die Genehmigung.

(3) Wird die Genehmigung rechtskräftig erteilt, so ersucht der Vorsitzende des Anerbengerichts von Amts wegen das Grundbuchamt um die erforderlichen Eintragungen im Grundbuch. In dem Ersuchen sind die Grundstücke und Rechte sowie die notwendigen Eintragungen und Löschungen genau zu bezeichnen.

§ 70 Auseinandersetzungsvorschlag des Gerichts

(1) Schlägt der Einigungsversuch fehl oder glaubt das Anerbengericht die Genehmigung nicht erteilen zu können, so macht es den geschiedenen Ehegatten einen Vorschlag für die Auseinandersetzung.

(2) In diesem Vorschlag soll das Anerbengericht die Auseinandersetzung nach billigem Ermessen regeln, und zwar, soweit es die Lage des Einzelfalles rechtfertigt, in Anlehnung an § 1477 Abs. 2, § 1478 des Bürgerlichen Gesetzbuchs. Das Anerbengericht kann hierbei eine Teilung des Erbhofs, insbesondere zur Bildung mehrerer Erbhöfe, vorsehen.

(3) Die Regelung ist nach Möglichkeit so zu treffen, daß die Erbhofeigenschaft des Anwesens nicht verloren geht. Der Erbhof oder die entstehenden Erbhöfe dürfen nicht übermäßig belastet werden.

(4) Der Vorschlag wird den geschiedenen Ehegatten und dem Kreisbauernführer unter Bestimmung einer angemessenen Frist zur Äußerung zugestellt.

§ 71 Auseinandersetzungsbeschluß

(1) Nach Ablauf der Äußerungsfrist erläßt das Anerbengericht einen den Vorschriften des § 70 entsprechenden Auseinandersetzungsbeschluß.

(2) Will das Gericht in seinem Beschluß von seinem Vorschlag in wesentlichen Punkten abweichen, so soll es zuvor die Beteiligten zu einem neuen Verhandlungstermin laden.

(3) Der Auseinandersetzungsbeschluß ist mit Gründen zu versehen und den geschiedenen Ehegatten und dem Kreisbauernführer zuzustellen.

(4) Die Vorschriften des § 48 Abs. 2, § 49 Abs. 2 des Gesetzes finden entsprechende Anwendung.

§ 72 Wirkungen des Auseinandersetzungsbeschlusses

(1) Der rechtskräftige Auseinandersetzungsbeschluß ist für die geschiedenen Ehegatten in gleicher Weise verbindlich wie rechtsgeschäftliche Erklärungen gleichen Inhalts.

(2) Ist im Auseinandersetzungsbeschluß vorgesehen, daß Erbhofgrundstücke in das Alleineigentum eines der geschiedenen Ehegatten übergehen sollen, so tritt der Eigentumsübergang mit der Rechtskraft des Beschlusses ein.

(3) Der Vorsitzende des Anerbengerichts ersucht von Amts wegen das Grundbuchamt um die Berichtigung des Grundbuchs und um die sonstigen zur Vollziehung des Auseinandersetzungsbeschlusses erforderlichen Grundbucheintragungen. In dem Ersuchen sind die Grundstücke und Rechte sowie die notwendigen Eintragungen und Löschungen genau zu bezeichnen.

8. Abschnitt

Verfahren gegen einen schlecht wirtschaftenden oder bauernunfähigen Erbhofeigentümer

§ 73 Übersicht über die Maßnahmen

(1) Das Anerbengericht kann gegen einen schlecht wirtschaftenden Bauern

1. die Wirtschaftsüberwachung durch einen Vertrauensmann (§§ 74 bis 76 dieser Verordnung) oder

2. die Wirtschaftsführung durch einen Treuhänder (§§ 77 bis 84 dieser Verordnung)

anordnen.

(2) Verliert der Erbhofeigentümer die Bauernfähigkeit, so kann das Anerbengericht

1. eine der im Abs. 1 vorgesehenen Maßnahmen treffen oder
2. dem Eigentümer die Verwaltung und Nutznießung des Hofes, unter Umständen das Eigentum am Hof entziehen (§ 15 des Gesetzes, §§ 85 bis 98 dieser Verordnung).

1. Unterabschnitt

Wirtschaftsüberwachung

§ 74 Anordnung der Wirtschaftsüberwachung

(1) Bewirtschaftet der Bauer den Hof nicht ordnungsmäßig oder kommt er seinen Schuldverpflichtungen nicht nach, obwohl ihm dies bei ordnungsmäßiger Wirtschaftsführung möglich wäre, so kann das Anerbengericht auf Antrag des Landesbauernführers anordnen, daß die Wirtschaft des Bauern für bestimmte Zeit durch einen Vertrauensmann überwacht wird (Wirtschaftsüberwachung).

(2) In dem Beschluß, durch den die Wirtschaftsüberwachung angeordnet wird, bestellt das Anerbengericht eine vom Landesbauernführer vorzuschlagende Person zum Vertrauensmann. Der Vertrauensmann soll bauernfähig und für das Amt geeignet sein.

(3) In dem Anordnungsbeschluß bestimmt das Anerbengericht ferner, wie lange die Überwachung dauern soll; über die Frage der Dauer der Überwachung soll sich der Landesbauernführer bereits in seinem Antrag äußern. Auf Antrag des Landesbauernführers kann das Anerbengericht die Überwachung verlängern.

(4) Der Anordnungsbeschluß wird dem Bauern, dem Landesbauernführer und dem Vertrauensmann zugestellt; der Beschluß wird mit der Zustellung an den Eigentümer wirksam. Dasselbe gilt für den Verlängerungsbeschluß.

(5) Der Beschluß, durch den das Anerbengericht über den Antrag auf Anordnung der Wirtschaftsüberwachung entscheidet, unterliegt der sofortigen Beschwerde und der sofortigen weiteren Beschwerde (§§ 48, 49 des Gesetzes). Be-

schwerdeberechtigt sind der Eigentümer und der Landesbauernführer. Dasselbe gilt für den Beschluß, durch den das Anerbengericht die Wirtschaftsüberwachung verlängert oder die Verlängerung ablehnt.

§ 75 Rechte und Pflichten des Vertrauensmanns

(1) Der Vertrauensmann hat die wirtschaftliche Lage des Bauern zu prüfen und seine Betriebs- und Wirtschaftsführung zu überwachen. Er soll darauf hinwirken, daß der Bauer den Hof ordnungsmäßig und mit dem Ziel einer möglichst hohen Erzeugungsleistung bewirtschaftet und seinen Schuldverpflichtungen gegenüber den Gläubigern nachkommt.

(2) Der Vertrauensmann ist insbesondere berechtigt, die Grundstücke und Gebäude des Bauern zu betreten und dort Nachforschungen anzustellen. Er kann von dem Bauern und von den auf dem Hof beschäftigten Personen alle erforderlichen Auskünfte verlangen.

(3) Verbindlichkeiten, die nicht zum gewöhnlichen Wirtschaftsbetrieb gehören, soll der Bauer nur mit Zustimmung des Vertrauensmanns eingehen. Auch die Eingehung von Verbindlichkeiten, die zum gewöhnlichen Wirtschaftsbetrieb gehören, soll er unterlassen, wenn der Vertrauensmann dagegen Einspruch erhebt.

(4) Nimmt der Bauer Maßnahmen, die für die landwirtschaftliche Betriebsführung notwendig sind, trotz einer Aufforderung des Vertrauensmanns nicht vor, so kann das Anerbengericht den Vertrauensmann auf seinen Antrag ermächtigen, einzelne näher zu bezeichnende Maßnahmen dieser Art auf Kosten des Bauern selbst vorzunehmen oder vornehmen zu lassen.

(5) Der Vertrauensmann und die von ihm bei der Überwachung etwa zugezogenen Personen sind zur Verschwiegenheit über alle auf Grund der Überwachungstätigkeit zu ihrer Kenntnis gelangenden persönlichen und wirtschaftlichen Angelegenheiten des Bauern verpflichtet.

(6) Der Vertrauensmann hat dem Anerbengericht und dem Landesbauernführer über seine Tätigkeit und seine Beobachtungen Bericht zu erstatten.

(7) Die näheren Einzelheiten der Wirtschaftsüberwachung können durch Richtlinien geregelt werden, die hinsichtlich der

landwirtschaftlichen Betriebsführung vom Reichsbauernführer mit Zustimmung der Reichsminister der Justiz sowie für Ernährung und Landwirtschaft, im übrigen von den Reichsministern der Justiz sowie für Ernährung und Landwirtschaft gemeinschaftlich erlassen werden.

(8) Erweist sich der Vertrauensmann als ungeeignet, so kann das Anerbengericht ihn entlassen. Das Anerbengericht soll den Vertrauensmann ferner entlassen, wenn der Landesbauernführer die Entlassung unter Darlegung triftiger Gründe beantragt. Vor der Entscheidung soll das Anerbengericht den Vertrauensmann und, soweit nötig, auch den Landesbauernführer hören. Das Anerbengericht ersetzt den Abberufenen durch einen vom Landesbauernführer vorzuschlagenden anderen Vertrauensmann.

(9) Der Vertrauensmann erhält für seine Tätigkeit keine Vergütung. Er kann jedoch verlangen, daß der Bauer ihm die angemessenen baren Auslagen erstattet. Das Anerbengericht setzt die zu erstattenden Beträge fest. Vor der Entscheidung ist der Bauer zu hören. Vereinbarungen des Vertrauensmanns und des Bauern über die Höhe der Auslagen oder über Zahlung einer Vergütung sind nichtig.

(10) Die in den Absätzen 8, 9 vorgesehenen Beschlüsse des Anerbengerichts unterliegen der sofortigen, dagegen nicht der weiteren Beschwerde.

§ 76 Beendigung der Wirtschaftsüberwachung

(1) Die Wirtschaftsüberwachung endigt, falls kein Verlängerungsbeschluß ergeht, mit dem Ablauf der im Anordnungsbeschluß festgesetzten Zeit.

(2) Das Anerbengericht kann die Wirtschaftsüberwachung schon vorher auf Antrag des Landesbauernführers oder des Bauern oder von Amts wegen aufheben, wenn der Grund für ihre Anordnung weggefallen ist.

(3) Der Beschluß, durch den das Anerbengericht die Aufhebung anordnet oder einen Aufhebungsantrag ablehnt, unterliegt der sofortigen Beschwerde und der sofortigen weiteren Beschwerde (§§ 48, 49 des Gesetzes). Beschwerdeberechtigt sind der Bauer und der Landesbauernführer. Der Aufhebungsbeschluß wird erst mit der Rechtskraft wirksam. Das

Beschwerdegericht kann jedoch anordnen, daß der Aufhebungsbeschluß schon vorher vorläufig wirksam wird.

(4) Die Wirtschaftsüberwachung endigt ferner mit dem Wirksamwerden des Beschlusses, durch den die Wirtschaftsführung durch einen Treuhänder angeordnet oder dem Bauern die Verwaltung und Nutznießung oder das Eigentum am Erbhof gemäß § 15 des Gesetzes (§§ 85, 95 dieser Verordnung) entzogen wird.

2. Unterabschnitt

Wirtschaftsführung durch einen Treuhänder

§ 77 Anordnung der Wirtschaftsführung

(1) Bewirtschaftet der Bauer den Hof nicht ordnungsmäßig oder kommt er seinen Schuldverpflichtungen nicht nach, obwohl ihm dies bei ordnungsmäßiger Wirtschaftsführung möglich wäre, und erscheint die Anordnung einer Wirtschaftsüberwachung gemäß §§ 74 bis 76 dieser Verordnung zur Beseitigung des Mißstandes nicht ausreichend, so kann das Anerbengericht auf Antrag des Landesbauernführers anordnen, daß ein Treuhänder die Wirtschaftsführung auf dem Hof übernimmt.

(2) Das Anerbengericht kann die Anordnung der Wirtschaftsführung auf einen Teil des Betriebs beschränken.

(3) In dem Beschluß, durch den die Wirtschaftsführung angeordnet wird, bestellt das Anerbengericht eine vom Landesbauernführer vorzuschlagende Person zum Treuhänder. Der Treuhänder soll bauernfähig und für das Amt geeignet sein.

(4) In dem Anordnungsbeschluß bestimmt das Anerbengericht ferner, wie lange die Wirtschaftsführung dauern soll; über die Frage der Dauer der Wirtschaftsführung soll sich der Landesbauernführer bereits in seinem Antrag äußern. Auf Antrag des Landesbauernführers kann das Anerbengericht die Wirtschaftsführung verlängern.

(5) In geeigneten Fällen kann das Anerbengericht anstatt der beantragten Wirtschaftsführung die Wirtschaftsüberwachung gemäß §§ 74 bis 76 anordnen.

(6) Ist der Vorsitzende des Anerbengerichts der Meinung, daß anstatt der beantragten Wirtschaftsführung durch einen Treuhänder in dem Einzelfall die Entziehung der Verwaltung

und Nutznießung gemäß § 85 dieser Verordnung zulässig sei und der Sachlage mehr entspreche, so kann er beim Landesbauernführer eine entsprechende Ergänzung des Antrags anregen.

§ 78 Bekanntgabe des Anordnungsbeschlusses. Beschwerde

(1) Der Anordnungsbeschluß wird dem Bauern, dem Landesbauernführer und dem Treuhänder zugestellt; der Beschluß wird mit der Zustellung an den Bauern wirksam. Dasselbe gilt für den Verlängerungsbeschluß.

(2) Das Anerbengericht macht die Anordnung der Wirtschaftsführung sowie den Namen des Treuhänders in dem für die amtlichen Bekanntmachungen des Gerichts bestimmten Blatt sowie in dem amtlichen Blatt der Landesbauernschaft und in einer örtlichen Tageszeitung bekannt.

(3) Das Anerbengericht ersucht das Grundbuchamt, die Anordnung der Wirtschaftsführung durch einen Treuhänder im Grundbuch zu vermerken.

(4) Der Beschluß, durch den das Anerbengericht über den Antrag auf Anordnung der Wirtschaftsführung entscheidet, unterliegt der sofortigen Beschwerde und der sofortigen weiteren Beschwerde (§§ 48, 49 des Gesetzes); beschwerdeberechtigt sind der Bauer und der Landesbauernführer. Dasselbe gilt für den Beschluß, durch den das Anerbengericht die Wirtschaftsführung verlängert oder die Verlängerung ablehnt.

§ 79 Wirkungen des die Wirtschaftsführung anordnenden Beschlusses

(1) Die Anordnung der Wirtschaftsführung bewirkt, daß der Bauer die Befugnis verliert, den Erbhof zu verwalten oder über die zum Erbhof gehörenden Gegenstände zu verfügen.

(2) Der Bauer kann nicht mehr über die Nutzungen des Erbhofs verfügen, und zwar auch nicht über die bei Anordnung der Wirtschaftsführung vorhandenen Erbhoferzeugnisse und über die aus der Veräußerung von Erbhoferzeugnissen ausstehenden Forderungen.

(3) Eine Verfügung des Bauern, die mit den Vorschriften der Absätze 1, 2 im Widerspruch steht, ist dem Treuhänder gegenüber unwirksam.

(4) Der Treuhänder verwaltet den Erbhof für Rechnung des Bauern. Die Erträge sind zum Besten des Hofes, insbesondere auch zur Abdeckung der Schulden und Lasten zu verwenden. Reinerträge gebühren dem Bauern. Geht der Treuhänder bei der Verwaltung des Hofes für den Bauern eine Verpflichtung ein, so ist nicht der Treuhänder, sondern der Bauer Schuldner der Verpflichtung.

(5) Hat das Anerbengericht gemäß § 77 Abs. 2 die Wirtschaftsführung nur für einen Teil des Betriebs abgeordnet, so erstrecken sich die Wirkungen der Anordnung nur auf diesen Teil.

§ 80 Rechte und Pflichten des Treuhänders

(1) Der Treuhänder ist berechtigt und verpflichtet, den Erbhof in Besitz zu nehmen und ihn nach den Regeln einer ordnungsmäßigen Wirtschaft zu verwalten. Bei der Erfüllung seiner Pflichten haftet er für die Sorgfalt, die er in eigenen Angelegenheiten anzuwenden pflegt.

(2) Der Treuhänder kann im Rahmen ordnungsmäßiger Wirtschaftsführung über den Erbhof sowie über die ihm gehörenden Gegenstände und seine Nutzungen verfügen. Die Vorschriften, nach denen gewisse Rechtsgeschäfte der Genehmigung des Anerbengerichts bedürfen, bleiben unberührt. Hat das Anerbengericht die Genehmigung rechtskräftig erteilt, so gilt das Erfordernis, daß die Verfügung nur im Rahmen ordnungsmäßiger Wirtschaftsführung getroffen werden darf, als erfüllt.

(3) Der Treuhänder vertritt den Bauern in Rechtsstreitigkeiten über Ansprüche, die mit dem Betriebe oder der Verwaltung des Erbhofs zusammenhängen.

(4) Hat der Bauer nach dem Zeitpunkt, in welchem der im § 77 vorgesehene Antrag des Landesbauernführers beim Anerbengericht eingegangen ist, Grundstücke des Erbhofs vermietet oder verpachtet, so ist der Miet- oder Pachtvertrag dem Treuhänder gegenüber nur wirksam, wenn dieser den Vertrag genehmigt.

(5) Hat der Bauer vor Anordnung der Wirtschaftsführung über Ansprüche auf wiederkehrende Leistungen verfügt, so sind die Verfügungen nur insoweit wirksam, als Vorausverfügungen eines Schuldners über wiederkehrende Leistungen im Falle der Zwangsverwaltung eines Grundstücks wirksam wären.

§ 81 Rechtsstellung des Bauern während der Wirtschaftsführung durch einen Treuhänder

(1) Während der Wirtschaftsführung hat der Treuhänder dem Bauern die für seinen Hausstand erforderlichen Räume zu belassen.

(2) Der Treuhänder gewährt dem Bauern und den von diesem zu unterhaltenden Familienangehörigen, insbesondere dem Ehegatten und den unversorgten Kindern des Bauern, den angemessenen und der wirtschaftlichen Lage des Hofes entsprechenden Unterhalt.

(3) Der Bauer ist verpflichtet, soweit dies nach den Verhältnissen des Hofes und der Beteiligten angemessen erscheint, bei der Bewirtschaftung des Hofes mitzuarbeiten und in dem üblichen Umfange auch die Mitglieder seiner Familie zur Mitarbeit anzuhalten.

(4) Das Anerbengericht kann die in den vorstehenden Absätzen 1 bis 3 vorgesehenen Rechte und Pflichten in Anlehnung an die Grundsätze des § 32 des Gesetzes näher regeln. Gefährdet der Bauer oder ein Mitglied seines Hausstandes die Wirtschaftsführung, so kann das Anerbengericht auf Antrag des Treuhänders dem Bauern die Räumung der Wohnräume aufgeben oder andere geeignete Maßnahmen treffen.

(5) Reichen die dem Treuhänder zur Verfügung stehenden Mittel zur ordnungsmäßigen Bewirtschaftung des Hofes nicht aus, so kann das Anerbengericht, falls dies nach den Vermögensverhältnissen des Bauern der Billigkeit entspricht, auf Antrag des Treuhänders dem Bauern aufgeben, dem Treuhänder einen Beitrag zu den Bewirtschaftungskosten zu leisten.

(6) Die in den Absätzen 4, 5 vorgesehenen Beschlüsse des Anerbengerichts unterliegen der sofortigen Beschwerde. Die hierauf ergehende Entscheidung des Erbhofgerichts kann nur zusammen mit dem Beschluß über die Anordnung oder Verlängerung der Wirtschaftsführung mit der sofortigen weiteren Beschwerde angefochten werden.

§ 82 Pflichten des Treuhänders gegenüber dem Anerbengericht und dem Landesbauernführer

(1) Der Treuhänder untersteht der Aufsicht des Anerbengerichts. Das Anerbengericht wird hierbei durch den Landes-

bauernführer unterstützt. Der Landesbauernführer kann dem Treuhänder in Angelegenheiten des landwirtschaftlichen Betriebs (Bestellung der Äcker, Behandlung des Viehs u. dgl.) Weisungen erteilen.

(2) Der Treuhänder hat dem Anerbengericht und dem Landesbauernführer jederzeit auf Verlangen über seine Tätigkeit Auskunft zu geben. Er hat dem Anerbengericht und dem Landesbauernführer halbjährlich Bericht zu erstatten.

(3) Der Treuhänder hat dem Anerbengericht und dem Landesbauernführer jährlich, und zwar in der Regel nach Schluß des Wirtschaftsjahres, sowie bei Beendigung seiner Wirtschaftsführung Rechnung zu legen. Der Landesbauernführer prüft die Rechnung und teilt das Ergebnis der Prüfung dem Anerbengericht mit. Das Anerbengericht kann einem Gläubiger des Bauern auf Antrag Einsicht in die Rechnung gewähren.

(4) Das Anerbengericht kann auf Antrag des Landesbauernführers oder von Amts wegen dem Treuhänder die Leistung einer Sicherheit auferlegen.

(5) Das Anerbengericht kann den Treuhänder durch Verhängung von Ordnungsstrafen zur Erfüllung seiner Pflichten anhalten.

(6) Das Anerbengericht kann den Treuhänder aus wichtigem Grunde, insbesondere, wenn er gegen die Pflichten eines ordentlichen Verwalters verstößt, entlassen. Das Gericht soll vor der Entscheidung den Treuhänder und den Landesbauernführer hören.

(7) Die in den Absätzen 4 bis 6 vorgesehenen Beschlüsse des Anerbengerichts unterliegen der sofortigen, dagegen nicht der weiteren Beschwerde.

§ 83 Vergütung und Auslagen des Treuhänders

(1) Das Anerbengericht kann bestimmen, daß der Treuhänder von dem Bauern eine angemessene Vergütung für seine Tätigkeit sowie Erstattung barer Auslagen verlangen kann.

(2) Die Höhe der Vergütung und der Auslagen wird auf Antrag des Treuhänders sowie nach Anhörung des Bauern vom Anerbengericht festgesetzt.

(3) Vereinbarungen des Treuhänders mit dem Eigentümer über die Höhe der Vergütung oder der Auslagen sind nichtig.

(4) Der in den Absätzen 1, 2 vorgesehene Beschluß kann von dem Bauern, dem Treuhänder oder dem Landesbauernführer mit sofortiger Beschwerde angefochten werden. Eine weitere Beschwerde ist nicht zulässig.

§ 84 Beendigung der Wirtschaftsführung durch einen Treuhänder

(1) Die Wirtschaftsführung durch einen Treuhänder endigt, falls kein Verlängerungsbeschluß ergeht, mit dem Ablauf der im Anordnungsbeschluß festgesetzten Zeit.

(2) Das Anerbengericht kann die Wirtschaftsführung auf Antrag des Landesbauernführers oder des Bauern oder von Amts wegen schon vorher aufheben, wenn der Grund für die Anordnung weggefallen ist.

(3) Die Wirtschaftsführung endigt ferner mit dem Wirksamwerden des Beschlusses, durch welchen dem Bauern die Verwaltung und Nutznießung oder das Eigentum am Erbhof gemäß § 15 des Gesetzes (§§ 85, 95 dieser Verordnung) entzogen wird.

(4) Auf die Anfechtung des im Abs. 2 vorgesehenen Beschlusses finden die Vorschriften des § 76 Abs. 3 dieser Verordnung entsprechende Anwendung.

(5) Nach Beendigung der Wirtschaftsführung durch einen Treuhänder macht das Anerbengericht die Beendigung in denselben Blättern bekannt, in denen die Anordnung der Wirtschaftsführung veröffentlicht worden ist. Das Anerbengericht ersucht ferner das Grundbuchamt, den Vermerk über die Wirtschaftsführung im Grundbuch zu löschen.

3. Unterabschnitt

Entziehung der Verwaltung und Nutznießung gemäß § 15 Abs. 2 des Gesetzes

§ 85 Grundsatz

(1) Hat der Erbhofeigentümer die Bauernfähigkeit verloren oder kommt er seinen Schuldverpflichtungen nicht nach, obwohl ihm dies bei ordnungsmäßiger Wirtschaftsführung möglich wäre, so kann das Anerbengericht auf Antrag des Landesbauernführers dem Eigentümer gemäß § 15 Abs. 2 des Gesetzes die Verwaltung und Nutznießung des Erbhofs dauernd oder auf Zeit entziehen (§§ 86 bis 94 dieser Verordnung).

(2) In geeigneten Fällen kann das Anerbengericht, ohne daß es hierzu eines weiteren Antrags des Landesbauernführers bedarf, anstatt der Entziehung der Verwaltung und Nutznießung die Wirtschaftsüberwachung durch einen Vertrauensmann oder die Wirtschaftsführung durch einen Treuhänder gemäß §§ 74 bis 84 dieser Verordnung anordnen.

§ 86 Auswahl des Nutzverwalters

(1) Für die Auswahl desjenigen, dem die Verwaltung und Nutznießung zu übertragen ist (Nutzverwalter) gelten die folgenden Vorschriften:

(2) Das Anerbengericht soll die Verwaltung und Nutznießung grundsätzlich auf den Ehegatten des Eigentümers oder auf denjenigen übertragen, der gesetzlicher Erbe des Eigentümers wäre, wenn dieser im Zeitpunkt des Erlasses des Übertragungsbeschlusses stürbe.

(3) Das Anerbengericht kann die Verwaltung und Nutznießung auch auf eine Person übertragen, die der Eigentümer zulässigerweise zum Anerben bestimmt hat. Bedarf der Eigentümer zur Bestimmung dieses Anerben der Zustimmung des Anerbengerichts und ist über den Antrag auf Erteilung der Zustimmung noch nicht rechtskräftig entschieden, so wird die anerbengerichtliche Zustimmung durch die Übertragung der Verwaltung und Nutznießung auf diesen Anerben ersetzt.

(4) Erscheint die nach den Absätzen 2, 3 in Betracht kommende Person nach den Umständen des Falles für die Aufgaben des Nutzverwalters dauernd oder doch voraussichtlich auf lange Zeit ungeeignet, so kann das Anerbengericht die Verwaltung und Nutznießung auf eine andere Person übertragen, die dem Eigentümer gegenüber anerbenberechtigt ist oder von ihm auf Grund einer anderen Vorschrift als § 25 Abs. 5 des Gesetzes zum Anerben bestimmt werden könnte. Vor der Entscheidung ist die nach Abs. 2, gegebenenfalls auch die nach Abs. 3 in Betracht kommende Person zu hören.

(5) Erscheint die nach den Absätzen 2 bis 4 in Betracht kommende Person für die Aufgaben eines Nutzverwalters lediglich aus solchen Gründen ungeeignet, die voraussichtlich in absehbarer Zeit wegfallen, oder ist damit zu rechnen, daß noch ein geeigneter Anerbenberechtigter geboren wird, so kann das Anerbengericht gemäß § 85 Abs. 2 für eine entsprechende Zeit

die Wirtschaftsüberwachung oder Wirtschaftsführung anordnen und aussprechen, daß der Eigentümer nicht bauernfähig ist, sowie bestimmen, daß die Reinerträge der Wirtschaftsführung (§ 79 Abs. 4) nicht dem Eigentümer, sondern dem Anerben oder dem später etwa eingesetzten Nutzverwalter gebühren.

§ 87 Bestimmung des Nutzverwalters zum Anerben

(1) Auf Grund eines spätestens vor Eintritt des Erbfalls gestellten Antrags des Landesbauernführers kann das Anerbengericht bestimmen, daß derjenige, dem gemäß vorstehendem § 86 die Verwaltung und Nutznießung des Hofes dauernd übertragen ist, beim Tode des Eigentümers auch dessen Anerbe ist. Ist die Ehefrau zum Nutzverwalter bestellt, so kann das Anerbengericht sie nur dann zur Anerbin bestimmen, wenn auch der Bauer sie zur Anerbin einsetzen könnte.

(2) Die im Abs. 1 vorgesehene Anordnung ist nur zulässig, wenn sie den Belangen der Sippe und des Hofes entspricht und für andere, insbesondere näherberufene Anerbenberechtigte keine unbillige Härte bedeutet.

(3) Vor der Entscheidung sind der Eigentümer, der nächstberufene gesetzliche Anerbenberechtigte sowie der vom Eigentümer zulässigerweise durch Verfügung von Todes wegen bestimmte Anerbe zu hören.

(4) Ergeben sich später wichtige neue Tatsachen, die den gemäß Abs. 1 erlassenen Beschluß als ungerechtfertigt erscheinen lassen, so kann das Anerbengericht auf Grund eines spätestens vor dem Erbfall gestellten Antrags des Landesbauernführers die Anordnung wieder aufheben.

§ 88 Einschränkung der Befugnis des Eigentümers, den Anerben zu bestimmen

(1) Der Eigentümer, dem die Verwaltung und Nutznießung rechtskräftig entzogen ist, kann nur mit Zustimmung des Anerbengerichts den Anerben für den Erbhof bestimmen oder eine solche Bestimmung widerrufen oder von ihr zurücktreten.

(2) Die Genehmigungsbedürftigkeit tritt schon mit der Stellung des im § 15 Abs. 2 des Gesetzes vorgesehenen Antrags des Landesbauernführers ein, auf Grund dessen dem

Eigentümer die Verwaltung und Nutznießung rechtskräftig entzogen wird.

(3) Die Vorschriften des § 48 Abs. 2, § 49 Abs. 2 des Gesetzes finden entsprechende Anwendung.

§ 89 Bekanntgabe der Einsetzung des Nutzverwalters

(1) Sobald der den Nutzverwalter einsetzende Beschluß Rechtskraft erlangt, macht das Anerbengericht die Übertragung der Verwaltung und Nutznießung sowie den Namen des Nutzverwalters in dem für die amtlichen Bekanntmachungen des Gerichts bestimmten Blatt sowie in dem amtlichen Blatt der Landesbauernschaft und in einer örtlichen Tageszeitung bekannt. Dasselbe gilt für eine Entscheidung nach § 86 Abs. 5.

(2) Nach Rechtskraft des Beschlusses ersucht das Anerbengericht ferner das Grundbuchamt, die Übertragung der Verwaltung und Nutznießung und den Namen des Nutzverwalters im Grundbuch zu vermerken.

§ 90 Wirkungen des den Nutzverwalter einsetzenden Beschlusses

(1) Mit der Rechtskraft des den Nutzverwalter einsetzenden Beschlusses verliert der Eigentümer die Befugnis, den Erbhof zu verwalten, zu nutzen oder über die zum Erbhof gehörenden Gegenstände zu verfügen.

(2) Der Erbhofeigentümer kann nicht mehr über die Nutzungen des Erbhofs verfügen, und zwar auch nicht über die bei Rechtskraft des Einsetzungsbeschlusses vorhandenen Erbhoferzeugnisse und über die in diesem Zeitpunkt aus der Veräußerung von Erbhoferzeugnissen ausstehenden Forderungen.

(3) Eine Verfügung des Eigentümers, die mit den Vorschriften der Absätze 1, 2 im Widerspruch steht, ist dem Nutzverwalter gegenüber unwirksam.

(4) Das Recht, den Erbhof zu verwalten und zu nutzen, geht auf den Nutzverwalter über.

(5) Steht dem Eigentümer kraft ehelichen Güterrechts, kraft elterlicher Gewalt oder aus einem sonstigen Rechtsgrunde das Recht der Verwaltung und Nutznießung am Vermögen des Nutzverwalters zu, so erstreckt sich dieses Recht nicht auf die dem Nutzverwalter durch den Einsetzungsbeschluß übertragenen Rechte.

(6) Der Nutzverwalter haftet mit den pfändbaren Nutzungen des Erbhofs für die bei Einsetzung der Nutzverwaltung bestehenden Schulden des Eigentümers. Das durch Pfändung zugunsten eines solchen Gläubigers begründete Pfandrecht an den Nutzungen des Erbhofs hat (in Abweichung vom § 804 Abs. 3 der Zivilprozeßordnung) ohne Rücksicht auf die zeitliche Reihenfolge der Pfändungen den Vorrang vor dem Pfändungspfandrecht eines Gläubigers des Nutzverwalters, dessen Anspruch vor Einsetzung der Nutzverwaltung begründet ist.

§ 91 Rechte und Pflichten des Nutzverwalters

(1) Der Nutzverwalter ist berechtigt und verpflichtet, den Erbhof in Besitz zu nehmen und ihn nach den Regeln einer ordnungsmäßigen Wirtschaft zu verwalten und zu nutzen.

(2) Der Nutzverwalter kann im Rahmen ordnungsmäßiger Wirtschaftsführung über den Erbhof sowie über die zu ihm gehörenden Gegenstände und seine Nutzungen verfügen. Die Vorschriften, nach denen gewisse Rechtsgeschäfte der Genehmigung des Anerbengerichts bedürfen, bleiben unberührt. Hat das Anerbengericht die Genehmigung rechtskräftig erteilt, so gilt das Erfordernis, daß die Verfügung nur im Rahmen ordnungsmäßiger Wirtschaftsführung getroffen werden darf, als erfüllt.

(3) Der Nutzverwalter kann Rechtsstreitigkeiten, die mit dem Betriebe oder der Verwaltung des Erbhofs zusammenhängen, in eigenem Namen führen.

(4) Hat der Eigentümer nach dem Zeitpunkt, in welchem der im § 15 Abs. 2 des Gesetzes vorgesehene Antrag des Landesbauernführers beim Anerbengericht eingeht, Grundstücke des Erbhofs vermietet oder verpachtet, so ist der Miet- oder Pachtvertrag dem Nutzverwalter gegenüber nur wirksam, wenn dieser den Vertrag genehmigt.

(5) Hat der Eigentümer vor Rechtskraft des den Nutzverwalter einsetzenden Beschlusses über Ansprüche auf wiederkehrende Leistungen verfügt, so sind diese Verfügungen nur insoweit wirksam, als Vorausverfügungen eines Schuldners über wiederkehrende Leistungen im Falle der Zwangsverwaltung eines Grundstücks wirksam wären.

§ 92 Rechtsstellung des Eigentümers während der Nutzverwaltung

(1) Der Nutzverwalter hat dem Eigentümer die für seinen Hausstand unentbehrlichen Räume zu belassen.

(2) Das Anerbengericht kann bestimmen, daß der Nutzverwalter dem Eigentümer und den von diesem zu unterhaltenden Familienangehörigen, insbesondere dem Ehegatten und den unversorgten Kindern des Eigentümers, den angemessenen und der wirtschaftlichen Lage des Hofes entsprechenden Unterhalt zu gewähren hat.

(3) Erhält der Eigentümer gemäß Abs. 2 Unterhalt, so ist er verpflichtet, soweit dies nach den Verhältnissen des Hofes und der Beteiligten angemessen erscheint, bei der Bewirtschaftung des Hofes mitzuarbeiten und in dem üblichen Umfange die Mitglieder seiner Familie zur Mitarbeit anzuhalten.

(4) Das Anerbengericht kann die in den vorstehenden Absätzen 1 bis 3 vorgesehenen Rechte und Pflichten in Anlehnung an die Grundsätze des § 32 des Gesetzes näher regeln. Gefährdet der Eigentümer oder ein Mitglied seines Hausstandes die Nutzverwaltung, so kann das Anerbengericht auf Antrag des Nutzverwalters dem Eigentümer die Räumung der Wohnräume aufgeben oder andere geeignete Maßnahmen treffen.

(5) Reichen die dem Nutzverwalter zur Verfügung stehenden Mittel zur ordnungsmäßigen Bewirtschaftung des Hofes nicht aus, so kann das Anerbengericht, falls dies nach den Vermögensverhältnissen des Eigentümers der Billigkeit entspricht, auf Antrag des Nutzverwalters dem Eigentümer aufgeben, dem Nutzverwalter einen Beitrag zu den Bewirtschaftungskosten zu leisten.

(6) Die in den Absätzen 4, 5 vorgesehenen Beschlüsse des Anerbengerichts unterliegen der sofortigen Beschwerde. Die hierauf ergehende Entscheidung des Erbhofgerichts kann nur zusammen mit dem Beschluß über die Anordnung der Nutzverwaltung angefochten werden.

§ 93 Wechsel des Nutzverwalters

(1) Verliert der Nutzverwalter die Bauernfähigkeit oder kommt er den Schuldverpflichtungen nicht nach, obwohl ihm dies bei ordnungsmäßiger Wirtschaftsführung möglich wäre, so kann das Anerbengericht auf Antrag des Landesbauern-

führers ihm die Verwaltung und Nutznießung entziehen und sie gemäß § 85 dieser Verordnung einer anderen Person übertragen, die gegenüber dem Eigentümer anerbenberechtigt ist oder von ihm auf Grund einer anderen Vorschrift als § 25 Abs. 5 des Gesetzes zum Anerben bestimmt werden könnte. Mit der Rechtskraft dieser Entscheidung verliert ein Beschluß, durch den der abgesetzte Nutzverwalter gemäß § 87 dieser Verordnung zum Anerben des Eigentümers eingesetzt worden war, seine Wirksamkeit.

(2) Stirbt der Nutzverwalter, so bleibt dies dem Eigentümer gegenüber auf die Entziehung der Verwaltung und Nutznießung ohne Einfluß. Das Anerbengericht setzt auf Antrag des Landesbauernführers gemäß § 85 dieser Verordnung einen anderen Anerbenberechtigten als Nutzverwalter ein.

(3) Das Anerbengericht macht den Wechsel des Nutzverwalters in denselben Blättern bekannt, in denen auch die Anordnung der Nutzverwaltung veröffentlicht worden ist. Das Anerbengericht ersucht ferner das Grundbuchamt, den Wechsel des Nutzverwalters im Grundbuche zu vermerken.

§ 94 Beendigung der Nutzverwaltung

(1) Ist die Nutzverwaltung auf Zeit angeordnet, so endigt sie, falls das Anerbengericht nicht auf Antrag des Landesbauernführers rechtskräftig die Verlängerung anordnet, mit dem Ablauf der im Anordnungsbeschluß vorgesehenen Zeit.

(2) Nach Beendigung der Nutzverwaltung macht das Anerbengericht die Beendigung in denselben Blättern bekannt, in denen die Anordnung der Nutzverwaltung veröffentlicht worden ist. Das Anerbengericht ersucht ferner das Grundbuchamt, den Vermerk über die Nutzverwaltung im Grundbuch zu löschen.

4. Unterabschnitt

Entziehung des Eigentums am Erbhof gemäß § 15 Abs. 3, 4 des Gesetzes

§ 95 Grundsatz

(1) Hat der Erbhofeigentümer die Bauernfähigkeit verloren oder kommt er seinen Schuldverpflichtungen nicht nach, obwohl ihm dies bei ordnungsmäßiger Wirtschaftsführung möglich wäre, und ist ein bauernfähiger Ehegatte oder eine

bauernfähige Person nicht vorhanden, die dem Eigentümer gegenüber anerbenberechtigt ist oder von ihm auf Grund einer anderen Vorschrift als § 25 Abs. 5 des Gesetzes zum Anerben bestimmt werden könnte, so kann das Anerbengericht auf Antrag des Reichsbauernführers gemäß § 15 Abs. 3, 4 des Gesetzes das Eigentum am Erbhof auf eine vom Reichsbauernführer vorzuschlagende bauernfähige Person übertragen (§§ 96 bis 98 dieser Verordnung).

(2) In geeigneten Fällen kann das Anerbengericht, ohne daß es hierzu eines weiteren Antrags des Reichs- oder Landesbauernführers bedarf, anstatt der Eigentumsübertragung die Wirtschaftsüberwachung durch einen Vertrauensmann oder die Wirtschaftsführung durch einen Treuhänder gemäß §§ 74 bis 84 dieser Verordnung anordnen.

§ 96 Bekanntgabe der Eigentumsüberwachung

(1) Sobald der Beschluß, durch den das Eigentum übertragen wird, Rechtskraft erlangt, macht das Anerbengericht die Eigentumsübertragung sowie den Namen des neuen Bauern in dem für die amtlichen Bekanntmachungen des Gerichts bestimmten Blatt sowie in dem amtlichen Blatt der Landesbauernschaft und in einer örtlichen Tageszeitung bekannt.

(2) Das Anerbengericht ersucht ferner gemäß § 15 Abs. 4 des Gesetzes das Grundbuchamt um die Eintragung des neuen Eigentümers.

§ 97 Wirkungen des Übertragungsbeschlusses

(1) Bei Rechtskraft des Übertragungsbeschlusses geht auch das Eigentum an den in diesem Zeitpunkt vorhandenen Erbhoferzeugnissen von dem früheren Eigentümer auf den neuen Bauern über. Dasselbe gilt für die in diesem Zeitpunkt noch ausstehenden Forderungen aus dem Verkauf solcher Erzeugnisse.

(2) Hat der Eigentümer nach dem Zeitpunkt, in welchem der im § 15 Abs. 3 des Gesetzes vorgesehene Antrag des Reichsbauernführers beim Anerbengericht eingegangen ist, Grundstücke des Erbhofs vermietet oder verpachtet, so ist der Miet- oder Pachtvertrag dem neuen Bauern gegenüber nur wirksam, wenn dieser den Vertrag genehmigt.

(3) Hat der Eigentümer vor Rechtskraft des die Eigentumsübertragung anordnenden Beschlusses über Ansprüche auf wiederkehrende Leistungen verfügt, so sind diese Verfügungen nur insoweit wirksam, als Vorausverfügungen eines Schuldners über wiederkehrende Leistungen im Falle der Zwangsverwaltung eines Grundstücks wirksam wären.

§ 98 Rechtsstellung des Eigentümers und seiner Angehörigen nach der Eigentumsübertragung

(1) Das Anerbengericht kann bestimmen, daß der neue Bauer dem früheren Eigentümer die für dessen Hausstand unentbehrlichen Räume zu belassen hat.

(2) Das Anerbengericht kann ferner bestimmen, daß der neue Bauer dem früheren Eigentümer und dessen Ehegatten wie Altenteilern sowie den unversorgten Abkömmlingen des früheren Eigentümers wie weichenden Erben den angemessenen und der wirtschaftlichen Lage des Hofes entsprechenden Unterhalt zu gewähren hat.

(3) Erhält der frühere Eigentümer gemäß Abs. 2 Unterhalt, so ist er verpflichtet, soweit dies nach den Verhältnissen des Hofes und der Beteiligten angemessen erscheint, bei der Bewirtschaftung des Hofes mitzuarbeiten und in dem üblichen Umfang auch die Mitglieder seiner Familie zur Mitarbeit anzuhalten.

(4) Das Anerbengericht kann die in vorstehenden Absätzen 1 bis 3 vorgesehenen Rechte und Pflichten in Anlehnung an die Grundsätze des § 32 des Gesetzes näher regeln. Gefährdet der frühere Eigentümer oder ein Mitglied seines Hausstandes die ordnungsmäßige Bewirtschaftung des Hofes, so kann das Anerbengericht auf Antrag des neuen Bauern dem früheren Eigentümer die Räumung der Wohnräume aufgeben oder andere geeignete Maßnahmen treffen.

(5) Reichen die dem neuen Bauern zur Verfügung stehenden Mittel zur ordnungsmäßigen Bewirtschaftung des Hofes nicht aus, so kann das Anerbengericht, falls dies nach den Vermögensverhältnissen des früheren Eigentümers der Billigkeit entspricht, auf Antrag des Bauern dem früheren Eigentümer aufgeben, dem Bauern einen Beitrag zu den Bewirtschaftungskosten zu leisten.

(6) Die in den Absätzen 4, 5 vorgesehenen Beschlüsse des

Anerbengerichts unterliegen der sofortigen Beschwerde. Die hierauf ergehende Entscheidung des Erbhofgerichts kann nur zusammen mit dem die Eigentumsübertragung aussprechenden Beschluß angefochten werden.

9. Abschnitt

Gebühren und Auslagen

§ 99 Anwendbarkeit der Reichskostenordnung

DVO. I § 58 Für die Gebühren und Auslagen im Verfahren vor den Anerbenbehörden gelten, soweit nicht im Reichserbhofgesetz oder in den Durchführungsvorschriften etwas anderes bestimmt ist, die Vorschriften der Kostenordnung vom 25. November 1935 (Reichsgesetzbl. I S. 1371) entsprechend.

Geschäftswert

DVO. I § 49 Abs. 2 **§ 100** (1) Bei Verfahren über die in den §§ 10, 13, 15, 18, § 21 Abs. 3, § 25 Abs. 1 Nrn. 1, 2 des Gesetzes bezeichneten Angelegenheiten bestimmt sich der Geschäftswert nach § 24 der Kostenordnung; er darf jedoch nicht auf mehr als 3000 Reichsmark angenommen werden.

(2) Dasselbe gilt bei Verfahren

1. über die Genehmigung der Bestimmung eines Anerben,
2. über die Übertragung der Verwaltung und Nutznießung am Erbhof oder
3. über die Anordnung, Verlängerung oder Aufhebung der Wirtschaftsüberwachung oder Wirtschaftsführung (§§ 74 ff., §§ 77 ff. dieser Verordnung).

§ 101 Der Geschäftswert bestimmt sich

1. bei Verfahren über die Genehmigung
   a) einer Veräußerung,
   b) einer Belastung,
   c) eines Verpflichtungsgeschäfts, das eine Veräußerung oder Belastung zum Gegenstand hat,
   d) einer Verpachtung,

   nach der Hälfte des Wertes, der für die Gebührenberechnung im Falle der Beurkundung des Rechtsverhältnisses maßgebend ist, auf das sich das Verfahren bezieht;
2. bei Verfahren über die Genehmigung eines Übergabevertrags nach einem Viertel des Wertes des übergebenen Erbhofs (§ 18 Abs. 1 der Kostenordnung);

3. bei Verfahren
   a) über die Genehmigung der Erbhofteilung oder der Entziehung der Erbhofeigenschaft (§ 27 der Erbhofrechtsverordnung),
   b) bei Streitigkeiten über die Verteilung von Verbindlichkeiten (§ 22 Abs. 4 und 5, § 36 Abs. 3 des Gesetzes),
   c) bei Streitigkeiten über die Ansprüche von Versorgungsberechtigten,
   d) über die Auferlegung einer Versorgungsverpflichtung auf Grund des § 44 Abs. 5 der Erbhofrechtsverordnung

   nach den Vorschriften des § 24 Abs. 2 der Kostenordnung.

§ 102 Der Geschäftswert bestimmt sich
1. im Falle des § 22 Abs. 2 des Gesetzes nach dem Wert des angefallenen Erbhofs nach Abzug der Schulden;
2. im Falle des § 23 Abs. 2 Satz 1 des Gesetzes nach dem Wert des gewählten Erbhofs nach Abzug der Schulden;
3. bei Fristsetzungsverfahren (§ 23 Abs. 2 Satz 2 des Gesetzes) nach der Hälfte des Wertes des wertvollsten der noch zur Wahl stehenden Erbhöfe nach Abzug der Schulden;
4. bei der Ausschlagung des Erbhofanfalls (§ 22 Abs. 3, § 29 des Gesetzes) nach dem Wert des ausgeschlagenen Erbhofs nach Abzug der Schulden.

Gebührensätze

§ 103 (1) Die volle Gebühr wird erhoben für Verfahren, welche betreffen:
1. die Genehmigung der Veräußerung, Übergabe oder Belastung des Erbhofs, die Genehmigung eines hierauf gerichteten Verpflichtungsgeschäfts, die Genehmigung der Verpachtung oder Teilung des Erbhofs oder der Entziehung der Erbhofeigenschaft (§ 37 des Gesetzes, §§ 27, 30, 33 der Erbhofrechtsverordnung); DVO. I § 51 Abs. 1
2. die Genehmigung der Bestimmung eines Anerben oder die Übertragung der Verwaltung und Nutznießung am Erbhof;
3. die Entscheidung über Erbhofeigenschaft, Deutschblütigkeit oder Bauernfähigkeit (§ 10, § 13 Abs. 3, § 18 des Gesetzes); ergeht die Entscheidung im Zusammenhang mit dem Verfahren zur Anlegung oder Ergänzung der Erbhöferolle, so werden keine Gebühren erhoben (§ 52 Abs. 2 des Gesetzes);

4. die Entscheidung darüber, ob Ältesten- oder Jüngstenrecht Brauch ist (§ 21 Abs. 3 des Gesetzes) oder eine Entscheidung nach § 25 Abs. 1 Nrn. 1, 2 des Gesetzes.

(2) Die volle Gebühr wird ferner erhoben für den im § 56 Abs. 5 Satz 2 dieser Verordnung vorgesehenen Beschluß.

§ 104 Ein Viertel der vollen Gebühr wird erhoben:

1. für die Aufnahme der Erklärung zur Niederschrift der Geschäftsstelle in den Fällen des § 22 Abs. 2, § 23 Abs. 2 Satz 1 des Gesetzes;
2. für die Entgegennahme der Erklärung in den Fällen des § 22 Abs. 2, 3, § 23 Abs. 2 Satz 1, § 29 Abs. 2 des Gesetzes, und zwar gegebenenfalls neben der unter 1 vorgesehenen Gebühr;
3. für das Verfahren, betreffend die Fristsetzung im Falle des § 23 Abs. 2 Satz 2 des Gesetzes.

§ 105 (1) Für das Verfahren bei Streitigkeiten über die
DVO. I Verteilung von Verbindlichkeiten (§ 22 Abs. 4, 5, § 36 Abs. 3
§ 51 Abs. 3 des Gesetzes) oder über die Ansprüche von Versorgungsberechtigten werden folgende Gebühren erhoben:

1. ein Viertel der vollen Gebühr, wenn die Beteiligten in dem Verfahren vor dem Vorsitzenden oder vor dem Gericht den Streit durch Vergleich beenden oder vor dem Erlaß der Entscheidung auf diese durch Rücknahme des Antrags oder in sonstiger Weise verzichten;
2. die volle Gebühr, wenn in dem Verfahren vor dem Vorsitzenden oder vor dem Gericht eine dieses Verfahren abschließende Entscheidung ergeht;
3. eine weitere Gebühr in Höhe der Hälfte der vollen Gebühr für das Einspruchsverfahren vor dem Gericht einschließlich der das Verfahren abschließenden Entscheidung; kommt es im Einspruchsverfahren zu einem Vergleich oder wird der Einspruch zurückgenommen, so ermäßigt sich diese Gebühr auf ein Viertel der vollen Gebühr.

(2) Die Vorschriften des Absatzes 1 gelten entsprechend für das Verfahren über die Auferlegung einer Versorgungsverpflichtung auf Grund des § 44 Abs. 5 der Erbhofrechtsverordnung.

(3) Für das Auseinandersetzungsverfahren gemäß §§ 67 ff. dieser Verordnung wird das Dreifache der vollen Gebühr, berechnet nach dem Wert des Erbhofs, erhoben. Kostenschuld-

ner sind beide Ehegatten. Durch diese Gebühr wird auch die in den §§ 69, 72 vorgesehene Tätigkeit des Anerbengerichts abgegolten. Die Kosten der Grundbucheintragungen werden besonders erhoben; die Vorschriften des § 43 Abs. 1 Satz 3 der Erbhofrechtsverordnung bleiben unberührt. Wird der Antrag zurückgenommen oder erledigt sich das Verfahren auf andere Weise, bevor der Auseinandersetzungsvertrag genehmigt oder der Auseinandersetzungsbeschluß erlassen ist, so ermäßigt sich die Gebühr auf das Doppelte der vollen Gebühr. Erledigt sich das Verfahren vor Eintritt in die Verhandlung, so ermäßigt sich die Gebühr auf ein Viertel der vollen Gebühr.

§ 106 Gebühren im Beschwerderechtszug

(1) In dem Verfahren vor dem Erbhofgericht und dem Reichserbhofgericht gilt § 123 Abs. 1 der Kostenordnung entsprechend.

(2) Wird gegen die gemäß § 19 dieser Verordnung ergehende Vorentscheidung des Vorsitzenden des Beschwerdegerichts ohne Erfolg Einspruch eingelegt, so wird für das Einspruchsverfahren einschließlich der das Verfahren abschließenden Entscheidung eine weitere Gebühr in Höhe der Hälfte der vollen Gebühr erhoben. Wird der Einspruch zurückgenommen, so ermäßigt sich diese Gebühr auf ein Viertel der vollen Gebühr.

§ 107 Verteilung der Kosten in besonderen Fällen

(1) In dem Verfahren bei Streitigkeiten über die Verteilung von Verbindlichkeiten (§ 22 Abs. 4, 5, § 36 Abs. 3 des Gesetzes) und bei Streitigkeiten über die Ansprüche von Versorgungsberechtigten (§ 32 des Gesetzes, § 36 der Erbhofrechtsverordnung) sowie in anderen Fällen, in denen mehrere Personen an dem Verfahren beteiligt sind, entscheidet das Gericht nach billigem Ermessen darüber, wer die Kosten zu tragen hat oder wie die Kosten zu verteilen sind. DVO. I § 52 Abs. 3 S. 1

(2) Das Gericht kann hierbei bestimmen, daß auch die außerordentlichen Kosten ganz oder teilweise zu erstatten sind; die Vorschriften der §§ 103 bis 107 der Zivilprozeßordnung finden entsprechende Anwendung. DVO. I § 52 Abs. 3 S. 2

§ 108 Kosten in den Verfahren gegen einen schlecht wirtschaftenden oder bauernunfähigen Erbhofeigentümer

(1) Keine Gebühr wird erhoben für die Verfahren, die betreffen:

1. die Anordnung oder Verlängerung der Wirtschaftsüberwachung gemäß §§ 74 ff. dieser Verordnung,
2. die Anordnung oder Verlängerung der Wirtschaftsführung durch einen Treuhänder gemäß §§ 77 ff. dieser Verordnung,
3. die Einsetzung eines Nutzverwalters gemäß §§ 85 ff. dieser Verordnung,
4. die Übertragung des Eigentums am Erbhof gemäß §§ 95 ff. dieser Verordnung.

(2) Wird die Wirtschaftsüberwachung oder Wirtschaftsführung angeordnet oder verlängert, so trägt die Auslagen des Verfahrens der Bauer. Wird ein Nutzverwalter eingesetzt, so trägt die Auslagen des Verfahrens der Eigentümer, hilfsweise der Nutzverwalter. Wird das Eigentum am Erbhof übertragen, so trägt die Auslagen des Verfahrens der frühere Eigentümer, hilfsweise der neue Bauer.

(3) Für die Entscheidung über den Antrag des Bauern auf vorzeitige Aufhebung der Wirtschaftsüberwachung oder der Wirtschaftsführung (§ 76 Abs. 2, § 84 Abs. 2 dieser Verordnung) wird eine volle Gebühr, berechnet nach einem Geschäftswert von nicht mehr als 3000 Reichsmark, erhoben. Diese Gebühr und die Auslagen des Verfahrens trägt der Bauer.

(4) Auf die Kosten eines selbständigen Verfahrens über Streitigkeiten aus § 81 Abs. 4 bis 6, §§ 92, 98 dieser Verordnung finden die Vorschriften des § 101 Nr. 3c, § 105 Abs. 1, § 107 dieser Verordnung über die Kosten bei Streitigkeiten über die Ansprüche von Versorgungsberechtigten entsprechende Anwendung.

(5) Für das den Wechsel des Nutzverwalters betreffende Verfahren (§ 93 dieser Verordnung) wird keine Gebühr erhoben. Die Auslagen trägt im Falle des § 93 Abs. 1 der abgesetzte Nutzverwalter, im Falle des § 93 Abs. 2 der Eigentümer, in beiden Fällen hilfsweise der neue Nutzverwalter.

(6) Die Kosten des Beschwerdeverfahrens richten sich nach § 106 dieser Verordnung; die Kosten für das im § 82 Abs. 5

dieser Verordnung vorgesehene Ordnungsstrafverfahren richten sich nach § 110 der Kostenordnung.

§ 109 Kostenfreiheit für die Bauernführer

(1) Der Kreis-, Landes- oder Reichsbauernführer ist in keinem Falle zur Zahlung von Kosten verpflichtet. DVO. I § 52 Abs. 4

(2) Bei einem Verfahren, das auf einem Antrag oder einer Beschwerde des Kreis-, Landes- oder Reichsbauernführers beruht, entscheidet das Gericht nach billigem Ermessen darüber, ob den anderen am Verfahren Beteiligten die Kosten ganz oder teilweise aufzuerlegen sind. In den Fällen des § 15 Abs. 2, 3 des Gesetzes sowie bei dem Verfahren über die Anordnung, Verlängerung oder Aufhebung der Wirtschaftsüberwachung oder Wirtschaftsführung (§§ 74ff., §§ 77ff. dieser Verordnung) kann unter diesen Voraussetzungen eine Gebühr bis zur Höhe einer vollen Gebühr auferlegt werden. DVO. I § 52 Abs. 5

§ 110 Kostenfreiheit in besonderen Fällen

Das Gericht kann aus besonderen Gründen anordnen, daß von der Erhebung von Gerichtskosten ganz oder teilweise abgesehen wird. Diese Entscheidung kann nur zugleich mit der Entscheidung über die Hauptsache ergehen (§ 112). DVO. I § 52 Abs. 1 S. 2

§ 111 Fälligkeit. Vorschuß

(1) Gebühren und Auslagen werden erst fällig, wenn das Verfahren in dem Rechtszug beendet ist.

(2) Kostenvorschüsse werden nicht erhoben.

§ 112 Verfahren

(1) Über die Kosten ist zugleich mit der Entscheidung über die Hauptsache zu entscheiden. Die Anfechtung der Entscheidung über den Kostenpunkt ist unzulässig, wenn nicht gegen die Entscheidung in der Hauptsache ein Rechtsmittel eingelegt wird. DVO. I § 53 Abs. 1

(2) Den Geschäftswert setzt der Vorsitzende des Gerichts von Amts wegen fest. DVO. I § 53 Abs. 2

§ 113 Erinnerung

Über Erinnerungen des Kostenschuldners und der Reichskasse gegen den Ansatz von Gebühren und Auslagen entscheidet der Vorsitzende des Gerichts. Er entscheidet auch über Erinne- DVO. I § 54 rungen im Kostenfestsetzungsverfahren (§ 107 Abs. 2). Die Entscheidungen ergehen gebührenfrei.

§ 114 Beschwerde in Kostensachen

(1) Gegen die Entscheidung des Vorsitzenden des Anerben-
DVO. I gerichts über die Festsetzung des Geschäftswerts (§ 112 Abs. 2)
§ 55 Abs. 1 sowie über die Erinnerung (§ 113) findet, sofern der Beschwerdegegenstand den Betrag von 50 Reichsmark übersteigt, Beschwerde, im Kostenfestsetzungsverfahren (§ 107 Abs. 2) sofortige Beschwerde statt. Über die Beschwerde entscheidet das Erbhofgericht.

(2) Gegen die Entscheidung des Erbhofgerichts findet die weitere Beschwerde an das Reichserbhofgericht statt, sofern das Erbhofgericht sie wegen der grundsätzlichen Bedeutung der zur Entscheidung stehenden Frage zuläßt.

DVO. I (3) Gegen die Entscheidung des Vorsitzenden des Erbhof-
§ 55 Abs. 2 gerichts über den Wert des Gegenstandes sowie über die Erinnerung findet die Beschwerde an das Reichserbhofgericht statt, sofern der Vorsitzende des Erbhofgerichts sie wegen der grundsätzlichen Bedeutung der zur Entscheidung stehenden Frage zuläßt.

(4) Im übrigen finden die Vorschriften des § 13 der Kostenordnung entsprechende Anwendung.

§ 115 Mehrere Kostenschuldner

Soweit einem Beteiligten die Kosten durch gerichtliche Entscheidung auferlegt oder von ihm durch eine vor dem Gericht abgegebene oder ihm mitgeteilte Erklärung übernommen sind, soll die Haftung anderer Beteiligter nur geltend gemacht werden, wenn eine Zwangsvollstreckung in das bewegliche Vermögen des ersteren erfolglos geblieben ist oder aussichtslos erscheint.

§ 116 Gebühren der Rechtsanwälte

DVO. I (1) Im Verfahren vor den Anerbenbehörden finden die
§ 59 Abs. 1 für bürgerliche Rechtsstreitigkeiten geltenden Vorschriften der deutschen Gebührenordnung für Rechtsanwälte sinngemäß Anwendung. Volle Gebühr im Sinne jener Gebührenordnung ist die Gebühr des § 26 der Kostenordnung.

(2) Im Beschwerderechtszuge tritt an die Stelle der im § 41

der deutschen Gebührenordnung für Rechtsanwälte vorgesehenen Gebühr im Verfahren vor dem Erbhofgericht und vor dem Reichserbhofgericht die volle Gebühr.

(3) Die Gebühren bemessen sich nach dem für die Berechnung der Gerichtsgebühren maßgebenden Geschäftswert. Die Vorschriften des § 112 Abs. 2, § 114 dieser Verordnung finden entsprechende Anwendung.

§ 117 Gebühren des Notars in den Fällen der §§ 64, 65

(1) Für den Antrag (§ 64 dieser Verordnung) sowie für die Erledigung von Beanstandungen des Antrags kann der Notar keine Gebühren fordern. Ist es notwendig, mit einem Antrag einen das Sach- und Rechtsverhältnis entwickelnden Vortrag zu verbinden, und wird dessen Einreichung von der Partei verlangt, so erhält der Notar eine Gebühr in Höhe der Hälfte der im § 26 der Kostenordnung vom 25. November 1935 (Reichsgesetzbl. I S. 1371) bezeichneten vollen Gebühr. Unter Anträgen im Sinne dieses Absatzes sind auch Beschwerden zu verstehen. DVO. I § 10 Abs. 3

(2) Ist der Notar, der das Rechtsgeschäft beurkundet, beglaubigt oder entworfen hat, zugleich Rechtsanwalt, so kann er als Rechtsanwalt Gebühren nur dann fordern, wenn er in dem Verfahren kraft besonderen Auftrags als Rechtsanwalt tätig ist; auch in diesem Falle steht ihm für das Verfahren die Prozeßgebühr nicht zu. DVO. I § 10 Abs. 4

§ 118 Gebühren und Auslagen der Zeugen, Sachverständigen und Gerichtsvollzieher

(1) Für die Gebühren und Auslagen der Zeugen und Sachverständigen im Verfahren vor den Anerbenbehörden gelten die Vorschriften der deutschen Gebührenordnung für Zeugen und Sachverständige sinngemäß. DVO. II § 22 Abs. 1

(2) Für die Gebühren und Auslagen der Gerichtsvollzieher im Verfahren vor den Anerbenbehörden gelten die Vorschriften der deutschen Gebührenordnung für Gerichtsvollzieher sinngemäß. DVO. II § 22 Abs. 2

§ 119 Kostenrechtliche Behandlung der im § 13 der Erbhofrechtsverordnung vorgesehenen Urkunde

Für die Anwendung der Kostenvorschriften steht die im § 13 der Erbhofrechtsverordnung vorgesehene Urkunde, durch die ein Anerbe bestimmt oder die Verwaltung und Nutznießung angeordnet wird, einem vor einem Richter oder Notar in ordentlicher Form errichteten Testament gleich.

10. Abschnitt

Schlußvorschriften

§ 120 Inkrafttreten

(1) Diese Verordnung tritt mit dem Tage der Verkündung in Kraft.

(2) Mit dem gleichen Tage treten die Verordnung über die Entschädigung der bäuerlichen Beisitzer der Anerbenbehörden vom 24. Juli 1934 (Reichsgesetzbl. I S. 771) und die Verordnung über die Führung von Erbhofbüchern vom 4. Juni 1935 (Reichsgesetzbl. I S. 739) außer Kraft.

(3) Für die bei Inkrafttreten dieser Verordnung anhängigen Verfahren bleiben bis zur Beendigung des Rechtszuges, in dem die Sache sich befindet, die bisher geltenden kostenrechtlichen Vorschriften anwendbar.

Berlin, den 21. Dezember 1936.

Der Reichsminister der Justiz
Dr. Gürtner

Der Reichsminister für Ernährung und Landwirtschaft
R. Walther Darré

Anlage 1

(§ 27 Abs. 2, EHVfO.)

— *Titelseite des Umschlagbogens* —

Anerbengericht: ....

Erbhöferolle

für die Gemeinde ....

Noch Anlage 1

— *Rückseite der Titelseite* —

Verzeichnis der in diesem Band eingetragenen Erbhöfe

Gemeinde: ....

Name des Hofes	Erbe der Familie	Blatt-Nr. der Rolle	Name des Hofes	Erbe der Familie	Blatt-Nr. der Rolle

Noch Anlage 1
— *Einlageblatt* —

Gemeinde: *Buchhain*

Erbhöferolle Blatt *25*

Name des Erbhofs: *Niederhof* **Art:** *Abbaustelle*
im Erbe der Bauernfamilie: *Korn*
(auf dem Hofe urkundlich seit *1867* **).**

lfde. Nr.	Bis-herige lfde. Nr.	Zum Hofe gehören								Eintragung		Löschung		Bemerkungen
		Bezeichnung im Bestandsverzeichnis des Grundbuchs	eingetragen im Grundbuch				in einer Größe von							
			von	Bd.	Bl.	lfde. Nr.	ha	a	qm	Zur lfdn. Nr.		Zur lfdn. Nr.		
1	1a	2	3	4	5	5a	6	7	8	9		10		11
1		*Hofstelle, Abbaustelle Nr. 8*	*Buchhain*	*IV*	*87*	*3*	*4*	*3*	*16*	*1, 2, 3*	*eingetragen am 26. 2. 1934*			
2		*Acker im Mittelfelde*	*Buchhain*	*IV*	*89*	*7*	*15*	*2*	—		*Richter Führ*			
3		*Waldwiese*	*Buchhain*	*IV*	*90*	*2*	*1*	*32*	*05*					

Anlage 2
(§ 34 Abs. 4, EHVfO.)
— *Titelseite des Umschlagbogens* —

Gemeinde: ....

Kreis: ....

Gemeindeverzeichnis A
(Besitzungen bis zu 125 ha)

Das Verzeichnis besteht aus .... Einlageblättern (Aufzählung auf inliegendem ersten Blatt). Das Verzeichnis enthält sämtliche zur Ernährung einer Familie ausreichenden Besitzungen in unserer Gemeinde, die durch Land- oder Forstwirtschaft oder durch Wein-, Gemüse- oder Obstbau genutzt werden und nicht größer sind als 125 ha.

.................................., den.......................193......

....
Gemeindevorsteher

An
den Herrn Landrat
in..

Noch Anlage 2*)

Aufzählung der Einlageblätter

Lfde. Nr.	Name des Eigentümers	Lfde. Nr.	Name des Eigentümers
1	2	1	2
1		28	
2		29	
3		30	
4		31	
5		32	
6		33	
7		34	
8		35	
9		36	
10		37	
11		38	
12		39	
13		40	
14		41	
15		42	
16		43	
17		44	
18		45	
19		46	
20		47	
21		48	
22		49	
23		50	
24		51	
25		52	
26		53	
27		54	

*) Anmerkung: Diese Aufzählung ist das erste Blatt zum Umschlagbogen; sind mehr als 54 Höfe vorhanden, so ist ein neues Blatt einzulegen.

Noch Anlage 2
— Einlageblatt —

Gemeinde: *Buchhain* Einlageblatt Nr. ......

Kreis: *Seefeld*

Gemeindeverzeichnis A

(Besitzungen bis 125 ha)

Lfde. Nr.	Eigentümer: Zuname	Eigentümer: Vorname	Hof a) Name b) Art (Haus Nr.) c) Gesamtfläche in ha	Bestandteile: Wirtschaftsart	Bestandteile: Grundbuchblatt	Bestandteile: Größe in ha	Stellungnahme des Gemeindevorstehers a) Ist die Besitzung Erbhof? (Nötigenfalls kurze Begründung) b) Bemerkungen	Stellungnahme des Landrats	Bemerkungen des Anerbengerichts
1	2	3	4	5	6	7	8	9	10
1	*Korn*	*Peter*		*Hofstelle*	*Buchhain Bd. IV, Bl. 87*	*4*		*Einverstanden*	*Gerichtliches Verzeichnis Buchhain Nr. 6*
			a) Niederhof *b) Abbaustelle Nr. 8*	*Acker*	*ebenda Bl. 89*	*15*	*a) Ja* *b) Seit 1867 im Besitz der Familie K.*		*Erbhöferolle Buchhain Bl. 25*
			c) 20 ha	*Wiese*	*„ Bl. 90*	*1*			

Anerbengericht *Seefeld*

Anlage 3
(§ 35 Abs. 3, EHVfO.)
— Titelseite des Umschlagbogens —

Gerichtliches Verzeichnis

der in der Gemeinde *Buchhain* belegenen Höfe, deren Eintragung in die Erbhöferolle in Aussicht genommen ist

Für die Dauer eines Monats an die Gerichtstafel geheftet am *10. 1. 1934*

Dem Gemeindevorsteher in *Buchhain* zugestellt am *17. 1. 1934*

Hinweis

Jeder Eigentümer, der in dem Verzeichnisse zu Unrecht nicht eingetragen ist, kann beim Anerbengericht binnen zwei Wochen nach Beendigung des Aushangs an der Gerichtstafel Einspruch einlegen.

Noch Anlage 3

— *Rückseite der Titelseite* —

Aufzählung der Einlageblätter

Lfde. Nr.	Name des Eigentümers	Lfde. Nr.	Name des Eigentümers
1	2	1	2
1	....	28	....
2	....	29	....
3	....	30	....
4	....	31	....
5	....	32	....
6	....	33	....
7	....	34	....
8	....	35	....
9	....	36	....
10	....	37	....
11	....	38	....
12	....	39	....
13	....	40	....
14	....	41	....
15	....	42	....
16	....	43	....
17	....	44	....
18	....	45	....
19	....	46	....
20	....	47	....
21	....	48	....
22	....	49	....
23	....	50	....
24	....	51	....
25	....	52	....
26	....	53	....
27	....	54	....

Das gerichtliche Verzeichnis, enthaltend .... Einlageblätter, wird hiermit abgeschlossen.

Seefeld, den *10. Januar 1934.*

Der Vorsitzende des Anerbengerichts

Richter

Noch Anlage 3

— *Einlageblatt* —

Anerbengericht *Seefeld*

Gerichtliches

der Höfe, deren Eintragung in die

Gemeinde

Lfde. Nr.	Lfde. Nr. des Gemeindeverzeichnisses	Eigentümer		Hof a) Name b) Art c) Gesamtgröße in ha	Bestandteile				
		Familienname	Vorname		Wirtschaftsart	Grundbuchblatt	Größe		
							ha	a	qm
1	2	3	4	5	6	7	8	9	10
1	*1*	*Korn*	*Peter*	a) *Niederhof*	*Hofstelle*	*Buchhain Bd. IV Bl. 87*	*4*	*3*	*16*
				b) *Abbaustelle Nr. 8*	*Acker im Mittelfeld*	*ebenda Bl. 89*	*15*	*2*	—
				c) *20 ha*	*Waldwiese*	*ebenda Bl. 90*	*1*	*32*	*05*

Einlageblatt Nr. ....

Verzeichnis

Erbhöferolle in Aussicht genommen ist

Buchhain

Unterschrift des die Aufnahme anordnenden Vorsitzenden (mit Datum)	Einspruch ist eingelegt a) am b) von	Auf den Einspruch ist entschieden durch		Beschwerde beim Erbhofgericht ist eingelegt	Eingetragen in die Erbhöferolle von *Buchhain*		Bemerkungen
		Zurückweisung am	Stattgabe		Blatt	am	
11	12	13	14	15	16	17	18
Richter *9. 1. 34*	a) *20. 1. 34* b) *Eigentümer*	*10. 2. 34*	—	—	*25*	*26.2.34*	

Anlage 4
(§ 42 Abs. 2, EHVfO.)

Liste

der Höfe, die aus dem Gemeindeverzeichnis nicht in das gerichtliche Verzeichnis übernommen sind

Lfde. Nr.	Gemeindeverzeichnis		Sammelakten, Heft, Blatt	Name des Eigentümers	Auszugsweise Angabe der Gründe nach den zu den Akten gebrachten Gründen	Fristen zur Wiedervorlage sind notiert für den	Bemerkungen, insbesondere über etwa später erfolgte Eintragungen in die Erbhöferolle
	der Gemeinde	Nr.					
1	2	3	4	5	6	7	8

Anlage 5
(§ 43 Abs. 2, EHVfO.)

Gemeinde: .... Einlageblatt Nr. ....

Kreis: ....

Gemeindeverzeichnis B

(Besitzungen über 125 ha)

Lfde. Nr.	Eigentümer		Besitzung			
	Zuname	Vorname	Name	Art	Grundbuchblatt	Größe in ha
1	2	3	4	5	6	7

Anlage 6

(§ 44 Abs. 2 EHVfO.)

— Titelseite des Antragbogens —

Antrag

auf Zulassung einer Besitzung über 125 ha als Erbhof

gemäß § 5 des Reichserbhofgesetzes vom 29. September 1933 (Reichsgesetzblatt I S. 685)

und § 44 der Erbhofverfahrensordnung vom 21. Dezember 1936 (Reichsgesetzblatt I S. 1082)

Antragsteller: ....
(Zuname, Vorname, Stand)

in ....
(genaue Anschrift)

Anerbengericht in ....

Kreisbauernschaft des Kreises .... in ....

Landesbauernschaft .... in ....

Noch Anlage 6

— *Seite 2 des Antragbogens* —

Ich bitte *meine* unten näher bezeichnete Besitzung, die in der Gemeinde *Buchhain* Kreis *Seefeld* gelegen ist, als Erbhof zuzulassen.

Eigentümer Zuname Vorname	Besitzung a) Name b) Art c) Gesamtgröße in ha	Bestandteile der Besitzung: Wirtschaftsart der Grundstücke	Grundbuchblatt	Größe in ha	Steuerlicher Einheitswert in RM	Belastung	Persönliche Schulden des Eigentümers in RM	Angaben über sonstige Besitzungen des Antragstellers, und zwar Lage, Art und Größe
1	2	3	4	5	6	7	8	9
Schäfer, Paul	a) *Heidehof* b) *Vollhof* c) *210 ha*	*Hofstelle*	*Buchhain Bd. V Bl. 15*	*10*				
		Acker	*ebenda*	*50*				
			Bl. 20					
		Wiese	*Bl. 20*	*50*				
		Wald	*Bl. 20*	*100*				

Zur Begründung meines Antrags führe ich folgendes an*):

....

(Ort, Tag) (Unterschrift)**)

*) Falls der Raum nicht ausreicht, kann ein Blatt eingelegt werden.

**) Die Richtigkeit der Angaben ist an Eides Statt zu versichern (§ 44 Abs. 2, EHVfO.).

Noch Anlage 6

— *Seite 3 des Antragbogens* —

Stellungnahme***)

1. des Anerbengerichts
2. des Kreisbauernführers
3. des Landesbauernführers

***) Für längere Stellungnahme steht Seite 4 des Antragbogens zur Verfügung.

3. Auszug aus dem Gerichtsverfassungsgesetz.

§ 31. Das Amt eines Schöffen ist ein Ehrenamt. Es kann nur von Deutschen versehen werden.

§ 32. Unfähig zu dem Amte eines Schöffen sind:

1. Personen, welche die Befähigung infolge strafgerichtlicher Verurteilung verloren haben;
2. Personen, gegen welche das Hauptverfahren wegen eines Verbrechens oder Vergehens eröffnet ist, das die Aberkennung der bürgerlichen Ehrenrechte oder der Fähigkeit zur Bekleidung öffentlicher Ämter zur Folge haben kann;
3. Personen, welche infolge gerichtlicher Anordnung in der Verfügung über ihr Vermögen beschränkt sind.

§ 33. Zu dem Amte eines Schöffen sollen nicht berufen werden:

1. Personen, welche zur Zeit der Aufstellung der Urliste das dreißigste Lebensjahr noch nicht vollendet haben;
2. Personen, welche zur Zeit der Aufstellung der Urliste den Wohnsitz in der Gemeinde noch nicht zwei volle Jahre haben;
3. — — — —
4. Personen, welche wegen geistiger oder körperlicher Gebrechen zu dem Amte nicht geeignet sind.

§ 35. Die Berufung zum Amte eines Schöffen dürfen ablehnen:

1. Mitglieder des Reichstags, des Reichsrats, des Reichswirtschaftsrats, eines Landtags oder eines Staatsrats;

5. Personen, welche das fünfundsechzigste Lebensjahr zur Zeit der Aufstellung der Urliste vollendet haben oder es bis zum Ablauf der Wahlperiode (§ 42) vollenden würden.

§ 51. Die Beeidigung der Schöffen erfolgt bei ihrer ersten Dienstleistung in öffentlicher Sitzung. Sie gilt für die Dauer der Wahlperiode (§ 42).

Der Vorsitzende richtet an die zu Beeidigenden die Worte:

„Sie schwören bei Gott dem Allmächtigen und Allwissenden, die Pflichten eines Schöffen getreulich zu erfüllen und Ihre Stimme nach bestem Wissen und Gewissen abzugeben."

Die Schöffen leisten den Eid, indem jeder einzeln die Worte spricht:

„Ich schwöre es, so wahr mir Gott helfe."

Der Schwörende soll bei der Eidesleistung die rechte Hand erheben.

Ist ein Schöffe Mitglied einer Religionsgesellschaft, welcher das Gesetz den Gebrauch gewisser Beteuerungsformeln an Stelle des Eides gestattet, so wird die Abgabe einer Erklärung unter der Beteuerungsformel dieser Religionsgesellschaft der Eidesleistung gleichgeachtet.

Über die Beeidigung wird von der Geschäftsstelle ein Protokoll aufgenommen.

§ 52. Wenn die Unfähigkeit einer als Schöffe in die Schöffenliste aufgenommenen Person eintritt oder bekannt wird, so ist der Name derselben von der Liste zu streichen.

Ein Schöffe, bei dem nach seiner Aufnahme in die Schöffenliste andere Umstände eintreten oder bekannt werden, bei deren Vorhandensein eine Berufung zum Schöffenamte nicht erfolgen soll, ist zur Dienstleistung ferner nicht heranzuziehen.

Die Entscheidung erfolgt durch den Amtsrichter nach Anhörung der Staatsanwaltschaft und des beteiligten Schöffen.

Beschwerde findet nicht statt.

§ 53. Ablehnungsgründe sind nur zu berücksichtigen, wenn sie innerhalb einer Woche, nachdem der beteiligte Schöffe von seiner Einberufung in Kenntnis gesetzt worden ist, von demselben geltend gemacht werden. Sind sie später entstanden oder bekannt geworden, so ist die Frist erst von diesem Zeitpunkt zu berechnen.

Der Amtsrichter entscheidet über das Gesuch nach Anhörung der Staatsanwaltschaft. Beschwerde findet nicht statt.

§ 54. Der Amtsrichter kann einen Schöffen auf dessen Antrag wegen eingetretener Hinderungsgründe von der Dienstleistung an bestimmten Sitzungstagen entbinden.

Die Entbindung des Schöffen von der Dienstleistung kann davon abhängig gemacht werden, daß ein anderer für das Dienstjahr bestimmter Schöffe für ihn eintritt.

Der Antrag und die Bewilligung sind aktenkundig zu machen.

§ 55. Die Schöffen und die Vertrauenspersonen des Ausschusses erhalten eine angemessene Entschädigung für den ihnen durch ihre Dienstleistung entstehenden Verdienstausfall und den mit der Dienstleistung verbundenen Aufwand sowie Ersatz der

Fahrkosten. Ist durch die Dienstleistung eine Vertretung des zum Schöffen oder zur Vertrauensperson Berufenen notwendig geworden, so können die Kosten der Vertretung nach billigem Ermessen erstattet werden.

Die Höhe der Aufwandsentschädigung und der Fahrkosten sowie die Höchst- und Mindestgrenzen der Entschädigung für den Verdienstausfall bestimmt die Reichsregierung mit Zustimmung des Reichsrats durch allgemeine Anordnung.

Entschädigung und Fahrkosten werden nur auf Verlangen gewährt. Der Anspruch erlischt, wenn das Verlangen nicht binnen drei Monaten nach Beendigung der Dienstleistung bei dem Gerichte, bei dem die Dienstleistung stattgefunden hat, gestellt worden ist. Beschwerden über die Höhe der Entschädigung und der Fahrkosten werden im Aufsichtswege entschieden.

§ 56. Schöffen und Vertrauenspersonen des Ausschusses, welche ohne genügende Entschuldigung zu den Sitzungen nicht rechtzeitig sich einfinden oder ihren Obliegenheiten in anderer Weise sich entziehen, sind zu einer Ordnungsstrafe in Geld sowie in die verursachten Kosten zu verurteilen.

Die Verurteilung wird durch den Amtsrichter nach Anhörung der Staatsanwaltschaft ausgesprochen. Erfolgt nachträglich genügende Entschuldigung, so kann die Verurteilung ganz oder teilweise zurückgenommen werden. Gegen die Entscheidungen findet Beschwerde von seiten des Verurteilten nach den Vorschriften der Strafprozeßordnung statt.

§ 159. Wird das Ersuchen abgelehnt oder wird der Vorschrift des § 158 Abs. 2 zuwider dem Ersuchen stattgegeben, so entscheidet das Oberlandesgericht, zu dessen Bezirk das ersuchte Gericht gehört. Eine Anfechtung dieser Entscheidung findet nur statt, wenn sie die Rechtshilfe für unzulässig erklärt, und das ersuchende und das ersuchte Gericht den Bezirken verschiedener Oberlandesgerichte angehören. Über die Beschwerde entscheidet das Reichsgericht.

Die Entscheidungen erfolgen auf Antrag der Beteiligten oder des ersuchenden Gerichts ohne vorgängige mündliche Verhandlung.

§ 178. Das Gericht kann gegen Parteien, Beschuldigte, Zeugen, Sachverständige oder bei der Verhandlung nicht beteiligte Personen, welche sich in der Sitzung einer Ungebühr schuldig machen, vorbehaltlich der strafgerichtlichen Verfolgung, eine Ordnungsstrafe in Geld oder bis zu drei Tagen Haft festsetzen und sofort vollstrecken lassen.

§ 179. Die Vollstreckung der vorstehend bezeichneten Ordnungsstrafen hat der Vorsitzende unmittelbar zu veranlassen.

§ 180. Die in den §§ 176 bis 179 bezeichneten Befugnisse stehen auch einem einzelnen Richter bei der Vornahme von Amtshandlungen außerhalb der Sitzung zu.

§ 181. Ist in den Fällen der §§ 178 und 180 eine Ordnungsstrafe festgesetzt, so findet binnen der Frist von einer Woche nach der Bekanntmachung der Entscheidung Beschwerde statt, sofern die Entscheidung nicht von dem Reichsgericht oder einem Oberlandesgerichte getroffen ist.

Die Beschwerde hat in dem Falle des § 178 keine aufschiebende Wirkung, in den Fällen des § 180 aufschiebende Wirkung.

Über die Beschwerde entscheidet das Oberlandesgericht.

§ 182. Ist eine Ordnungsstrafe wegen Ungebühr festgesetzt, oder eine Person zur Haft abgeführt, oder eine bei der Verhandlung beteiligte Person entfernt worden, so ist der Beschluß des Gerichts und dessen Veranlassung in das Protokoll aufzunehmen.

§ 183. Wird eine strafbare Handlung in der Sitzung begangen, so hat das Gericht den Tatbestand festzustellen und der zuständigen Behörde das darüber aufgenommene Protokoll mitzuteilen. In geeigneten Fällen ist die vorläufige Festnahme des Täters zu verfügen.

4. Die VO. über die Entschädigung der Arbeitgeber- und der Arbeitnehmerbeisitzer der Arbeitsgerichtsbehörden vom 17. Februar 1932 RGBl. 74 in der Fassung der Verordnungen vom 28. Februar 1934 RGBl. I 173 und vom 22. März 1934 RGBl. I 258.

§ 1. Entschädigung für Verdienstausfall

Die Arbeitgeber- und die Arbeitnehmerbeisitzer der Arbeitsgerichtsbehörden erhalten für den ihnen aus der Wahrnehmung des Beisitzeramts erwachsenden Verdienstausfall eine Entschädigung. Diese beträgt für jede angefangene Stunde der durch die Amtstätigkeit versäumten Arbeitszeit wenigstens 20 Reichspfennig und höchstens 1,50 Reichsmark. Die Höhe der Entschädigung wird im Einzelfall unter Berücksichtigung der regelmäßigen Erwerbstätigkeit festgesetzt. Die Entschädigung wird für höchstens zehn Stunden für den Tag gewährt.

§ 2. Entschädigung für Aufwand

(1) Neben der Vergütung für den Verdienstausfall erhalten die Beisitzer für den mit ihrer Amtstätigkeit verbundenen Aufwand für jeden Sitzungstag eine Entschädigung.

(2) Die Entschädigung beträgt für die Beisitzer der Arbeitsgerichte und der Landesarbeitsgerichte

bei einer Sitzungsdauer bis zu vier Stunden 1 Reichsmark,
bei längerer Sitzungsdauer 3 Reichsmark.

(3) Beisitzer, die innerhalb der politischen Gemeinde des Sitzungsorts weder wohnen noch ihre Berufstätigkeit ausüben, erhalten außerdem eine weitere Entschädigung von 3 Reichsmark für den Sitzungstag und jeden weiteren Reisetag.

(4) Für Beisitzer des Reichsarbeitsgerichts, die innerhalb der politischen Gemeinde des Sitzungsorts wohnen, beträgt die Entschädigung 5 Reichsmark für den Sitzungstag. Auswärtige Beisitzer erhalten für den Sitzungstag und jeden Reisetag eine Entschädigung von 9 Reichsmark.

(5) Für die nicht mit einem Sitzungstage zusammenfallenden Tage des Antritts oder der Beendigung der Dienstreise wird die im Abs. 3 und Abs. 4 Satz 2 vorgesehene Entschädigung nicht gezahlt, wenn die Reise nach 18 Uhr angetreten oder die Rückreise nach dem Wohnort bis 6 Uhr beendet wird.

§ 3. Übernachtungsgeld

Wird durch die Wahrnehmung des Beisitzeramts eine auswärtige Übernachtung erforderlich, so wird außer der Entschädigung für Verdienstausfall nach § 1 und der Entschädigung für Aufwand nach § 2 ein Übernachtungsgeld gezahlt. Es beträgt:

a) für Beisitzer der Arbeitsgerichte und der Landesarbeitsgerichte 5 Reichsmark;
b) für die Beisitzer des Reichsarbeitsgerichts 6 Reichsmark.

§ 4. Fahrkosten

(1) Beisitzer der Arbeitsgerichtsbehörden, die innerhalb der politischen Gemeinde des Sitzungsorts weder wohnen noch ihre Berufstätigkeit ausüben, erhalten als Fahrkostenentschädigung

a) für Strecken, die mit öffentlichen, regelmäßig verkehrenden Beförderungsmitteln zurückgelegt sind oder hätten zurückgelegt werden können, die wirklich erwachsenen Auslagen einschließlich der Kosten für das Befördern des notwendigen persönlichen und dienstlichen Gepäcks, jedoch bei Benutzung von Eisenbahn oder Schiffen höchstens den Fahrpreis für die 2. Wagen- oder 1. Schiffsklasse. Daneben können Zuschläge erstattet werden:

für die Benutzung eines Eilzugs, wenn sie nach Lage der Verkehrsgelegenheiten, insbesondere zur Abkürzung der Gesamtdauer der Reise, zweckmäßig war;

für die Benutzung eines Schnellzugs, wenn dadurch die Reise und Abwesenheit vom Wohnort derart abgekürzt wurde, daß die Mehrkosten der Benutzung gegenüber den Kosten der Benutzung eines Eilzugs durch eine Minderausgabe an Entschädigung für Verdienstausfall, Aufwandsentschädigung und Uebernachtungsgeldern ausgeglichen werden;

b) für Wegstrecken, die nicht mit den unter a genannten Verkehrsmitteln zurückgelegt werden können, für je einen Kilometer (angefangene Kilometer werden als voll gerechnet) 10 Reichspfennig.

Ist der Beisitzer durch besondere Umstände genötigt, sich eines Fuhrwerkes zu bedienen, so sind die dadurch erwachsenen Unkosten in angemessenen Grenzen zu ersetzen. Dies gilt auch dann, wenn ein eigenes Fuhrwerk benutzt worden ist; in diesem Falle sind in der Regel zwei Drittel der ortsüblichen Kosten eines Mietfuhrwerks als ausreichende Entschädigung anzusehen.

(2) Kosten für Fahrten oder Wege innerhalb der politischen Gemeinden des Wohnorts und des Sitzungsortes werden nicht erstattet, es sei denn, daß sie die im § 2 Abs. 2 vorgesehene Aufwandsentschädigung übersteigen. In diesen Fällen werden die mehr erwachsenen Auslagen zusätzlich erstattet.

5. AV. d. RJM. über die Zuständigkeiten auf dem Gebiete der Anerbengerichtsbarkeit vom 27. April 1935 (Ia 6668). DJ. 1935, 654.

Auf Grund des § 4 Abs. 1 und des § 10 des Dritten Gesetzes zur Überleitung der Rechtspflege auf das Reich vom 24. Januar 1935 (RGBl. I S. 68) bestimme ich:

I. Die Errichtung und Aufhebung von Anerbengerichten und die Änderung ihrer Bezirke (§ 41 Abs. 1 des Reichserbhofgesetzes) sowie die in § 43 Abs. 1 des Reichserbhofgesetzes bezeichneten Anordnungen über die Bildung von Erbhofgerichten behalte ich mir vor.

II. Ich behalte mir weiter vor die Ernennung der Vorsitzenden der Anerbengerichte und ihrer ständigen Stellvertreter (§ 41 Abs. 3 REG.) sowie die Ernennung der Vorsitzenden und richterlichen Beisitzer bei den Erbhofgerichten (§ 43 Abs. 2 und Abs. 3 REG.).

1. Die Vorsitzenden der Anerbengerichte und ihre ständigen Stellvertreter sowie die Vorsitzenden und die richterlichen Beisitzer der Erbhofgerichte werden für die Dauer des Kalenderjahres ernannt; ihre Amtszeit verlängert sich jeweils für das folgende Kalenderjahr, wenn nicht bis zum 1. Dezember dem Präsidenten des Oberlandesgerichts, in dessen Bezirk das Anerbengericht seinen Sitz hat oder dem das Erbhofgericht angegliedert ist, eine anderweite Verfügung zugeht.

Dies gilt nicht für das Landeserbhofgericht in Celle.

2. Der ordentliche Vorsitzende und nach Möglichkeit auch der stellvertretende Vorsitzende des Anerbengerichts sollen dem Amtsgericht als Richter angehören, bei dem das Anerbengericht gebildet ist. Richter, die sich nicht uneingeschränkt für das Amt des Vorsitzenden des Anerbengerichts eignen, können hiernach an den nur mit einem oder mit zwei Richtern besetzten Amtsgerichten nicht angestellt werden. In den Besetzungsberichten über die Wiederbesetzung der Richterstellen an solchen Amtsgerichten sind daher nur Bewerber vorzuschlagen, die sich voll für das Amt des Vorsitzenden des Anerbengerichts eignen, die Eignung des vorgeschlagenen Bewerbers ist in dem Bericht näher zu erörtern. Bei Besetzungsberichten, die sich auf ein mit drei oder mehr Richtern besetztes Amtsgericht beziehen, ist anzugeben, ob bei dem Gericht genügend Richter zur Verfügung stehen, die den Vorsitz im Anerbengericht übernehmen können, oder ob der neu zu ernennende Richter zugleich zum ordentlichen oder zum stellvertretenden Vorsitzenden des Anerbengerichts bestellt werden und deshalb die Eignung für dieses Amt besitzen muß.

Entsprechendes gilt für die Besetzung von Richterstellen bei einem Oberlandesgericht, bei dem ein Erbhofgericht gebildet ist.

3. Wird ein Richter für die Ernennung zum Vorsitzenden oder stellvertretenden Vorsitzenden des Anerbengerichts oder zum Mitglied des Erbhofgerichts vorgeschlagen, so ist dem Vorschlag eine Erklärung des Richters beizufügen, in der er versichert, daß ihm trotz sorgfältiger Prüfung keine Umstände bekannt sind, die die Annahme rechtfertigen könnten, daß einer seiner oder seiner Ehefrau Vorfahren väterlicher- oder mütterlicherseits bis zurück zum 1. Januar 1800 jüdischen oder farbigen Blutes war oder zu irgendeiner Zeit der jüdischen Religion angehört hat.

III. Die Befugnis zur Ernennung der Anerbenrichter übertrage ich — auch in den Fällen des § 3 Abs. 2 der Ersten Durchführungsverordnung zum Reichserbhofgesetz vom 19. 10. 1933 (RGBl. I S. 749) — dem Präsidenten des Oberlandesgerichts, dem in Justizverwaltungssachen (Verordnung vom 18. 3. 1935 — RGBl. I S. 402 —) das Amtsgericht unterstellt ist, bei dem das Anerbengericht gebildet ist.

IV. Die Befugnis zur Ernennung der Erbhofrichter (§ 5 Abs. 2 und Abs. 3 der Ersten Durchführungsverordnung) übertrage ich dem Präsidenten des Oberlandesgerichts, bei dem das Erbhofgericht gebildet ist, für das Landeserbhofgericht in Celle dem Präsidenten dieses Gerichts.

Die Oberlandesgerichtspräsidenten und der Präsident des Landeserbhofgerichts haben vor der Ernennung zu prüfen, ob die gesetzlichen Voraussetzungen bei dem vorgeschlagenen Bauern erfüllt sind.

V. Hinsichtlich der Verwaltung und Dienstaufsicht gelten die Anerbengerichte als Teil des Amtsgerichts, die Erbhofgerichte als Teil des Oberlandesgerichts, bei dem sie gebildet sind.

Die Dienstaufsicht über das Landeserbhofgericht in Celle übt außer mir der Präsident des Landeserbhofgerichts aus.

VI. Entgegenstehende Rechts- und Verwaltungsvorschriften der Länder sind nicht mehr anzuwenden.

6. AV. d. RJM. über die Einführung des Erbhofrechts im Saarland vom 29. April 1935 (II a 3665), DJ. 655.

Auf Grund der §§ 41, 43, 51, 52 des Reichserbhofgesetzes vom 29. September 1933 (RGBl. I S. 685) bestimme ich:

1. Bei jedem Amtsgericht im Saarland wird für dessen Bezirk ein Anerbengericht gebildet. Die Bestimmung, daß für meh-

rere Amtsgerichtsbezirke nur ein Anerbengericht gebildet wird (§ 41 Abs. 1 des Reichserbhofgesetzes), behalte ich mir vor.

2. Das Erbhofgericht für das Saarland wird bei dem Oberlandesgericht in Köln (Senate in Saarlouis) gebildet.

3. Mit Wirkung vom 1. Mai 1935 treten im Saarland folgende Verwaltungsvorschriften in Kraft:

a) Gerichtliches Verzeichnis der für die Erbhöferolle in Aussicht genommenen Besitzungen. AV. d. Reichsmin. d. Just. vom 27. 2. 1934 (I f 311) — Dt. Just. S. 270 —,
b) Führung der Erbhöferolle. AV. d. Reichsmin. d. Just. vom 27. 2. 1934 (I f 579) — Dt. Just. S. 270 —,
c) Eintragung und Löschung des Erbhofvermerks im Grundbuch. AV. d. Reichsmin. d. Just. vom 3. 4. 1934 (I f 988) — Dt. Just. S. 434 —,
d) Bearbeitung der Anträge auf Zulassung einer Besitzung von mehr als 125 ha als Erbhof gemäß § 5 des Reichserbhofgesetzes. AV. d. Reichsmin. d. Just. vom 8. 5. 1934 (I f 1317) — Dt. Just. S. 628 —,
e) Berichterstattung über den Fortschritt der Arbeiten zur Anlegung der Erbhöferolle. AV. d. Reichsmin. d. Just. vom 12. 6. 1934 (I f 1566) — Dt. Just. S. 754, 789 —,
f) Statistische Angaben zum Reichserbhofgesetz. AV. d. Reichsmin. d. Just. vom 12. 3. 1934 (I f 761) — Dt. Just. S. 340 —.

4. Über den Fortschritt der Arbeiten zur Anlegung der Erbhöferolle (§ 3 Nr. 5) berichten die Anerbengerichte des Saarlandes erstmalig nach dem Stande vom 1. November 1935.

7. AV. d. RJM. betr. die Bearbeitung der Anträge auf Zulassung einer Besitzung von mehr als 125 ha als Erbhof gem. § 5 REG. vom 9. Mai 1934 (I f 1317) DJ. 628.

Nach § 5 des Reichserbhofgesetzes kann der Reichsminister für Ernährung und Landwirtschaft eine über 125 ha große Besitzung aus besonderen Gründen als Erbhof zulassen. Hierzu schreibt § 44 der Ersten Durchführungsverordnung vor, daß der Eigentümer den Zulassungsantrag beim Anerbengericht einzureichen, und daß das Anerbengericht den Antrag nach Vorprüfung mit seiner gutachtlichen Stellungnahme an den Kreisbauernführer weiterzugeben hat. Der Reichsminister für Ernährung und Landwirtschaft hat unter dem 1. 5. 1934 den Landes- und Kreisbauernführern Richtlinien zugehen lassen, nach denen sie diese Anträge bearbeiten sollen. Diese Richtlinien gebe ich nachstehend bekannt mit dem Ersuchen, daß auch die Anerbengerichte sie bei Bearbeitung der Anträge beachten.

Richtlinien des Reichsministers für Ernährung und Landwirtschaft für die Landes- und Kreisbauernführer vom 1. 5. 1934 für die Bearbeitung der Anträge auf Zulassung einer Besitzung von mehr als 125 ha als Erbhof gemäß § 5 des Reichserbhofgesetzes.

Über den Zulassungsantrag kann nur nach genauester Prüfung aller in Betracht zu ziehenden Umstände entschieden werden. Es müssen daher von mir an Hand des Antrages und der beigefügten Anlagen nebst der Stellungnahme der zuständigen Stellen die gesamten für die Entscheidung bedeutsamen Umstände geprüft werden können.

I.

In jedem Falle sind dem Antrag ein vollständiger Grundbuchauszug in beglaubigter Form und ein Lageplan der Gebäude und Ländereien (z. B. Meßtischblatt) beizufügen.

Ferner muß vom Antragsteller u. a. angegeben und nachgewiesen sowie von den übrigen Stellen an Hand geeigneter Unterlagen nachgeprüft werden:

1. die genaue grundbuchliche Bezeichnung der Grundstücke, die als zum Erbhof gehörig zugelassen werden sollen,
2. ob das Grundbuch mit den derzeitigen tatsächlichen und wirtschaftlichen Zuständen übereinstimmt, ob insbesondere abverkaufte Grundstücke im Grundbuch noch nicht umgeschrieben sind,
3. die Lage und Wirtschaftsart der Grundstücke im einzelnen,
   u. a. gesondert die nähere Bezeichnung und Größe der Gärten, Äcker, Wiesen, Weiden, des Waldes, Wassers und Öd-Unlandes,
4. die genauen Eigentumsverhältnisse hinsichtlich der Besitzung,
   (anzugeben ist insbesondere auch, ob es sich um ein Renten-, Ansiedlungs-, Fideikommiß-, Erbpacht-, Wald- oder Deichgut usw. handelt),
5. eine nähere Bezeichnung und Darstellung der Grundstücke

der Besitzung, die nicht (als zum Erbhof gehörig) zugelassen werden sollen, unter Angabe der Gründe (z. B. zwecks Verkaufs, Absiedlung, Umschreibung im Grundbuch usw.),

— diese Grundstücke sind in dem beigefügten Grundbuchauszug und auf dem Lageplan durch besondere Umrandung kenntlich zu machen, —

6. ob und welche Grundstücke mit dinglichen Nutzungsrechten Dritter belastet sind (mit welchen?),
7. ob, in welchem Umfange, seit wann und zu welchen Bedingungen Grundstücke verpachtet sind bzw. verpachtet waren (für welchen Zeitraum, zu welchem Pachtzins?),
8. a) ob und welche Vorwerke vorhanden sind (welcher Art?),
   b) ob und welche Grundstücke vom Vorwerk aus bewirtschaftet werden (von welchem und in welchem Umfange?),
   c) für welche Grundstücke insbesondere Vorwerke notwendig sind (vgl. § 3 Abs. 2 des Reichserbhofgesetzes),
9. die Zahl der in dem Betriebe beschäftigten Personen,
10. ob und welche Nebenbetriebe (Molkerei, Käserei, Brennerei, Brauerei usw.) vorhanden sind, deren Umfang, jährlicher Umsatz, Gewinn, Zahl der in diesem Betriebe beschäftigten Personen,
11. der letzte steuerliche Einheitswert der Besitzung (falls Teile des Betriebes gesondert eingeschätzt sind, diese Werte auch getrennt) unter Angabe des Bewertungsjahres,
12. ob und welche Grundstücke angepachtet sind (Lage, Größe, Höhe des Pachtzinses usw.),
13. ob und welche weiteren Grundstücke dem Eigentümer der Besitzung, dessen Ehegatten und Abkömmlingen im In- und Auslande gehören (grundbuchliche Bezeichnung, Lage, Wirtschaftsart, Wert, Höhe der Belastung usw.).

II.

Der Zulassungsantrag hat ebenso wie die Stellungnahme der zuständigen Stellen eine Äußerung zu allen für den Eigentümer in Anspruch genommenen Punkten des § 5 Abs. 2 und 3 des Reichserbhofgesetzes zu enthalten.

— Das Vorliegen einer bzw. mehrerer Voraussetzungen des § 5 des Reichserbhofgesetzes ist je nach den Umständen durch geeignete Unterlagen darzutun (z. B. bei § 5 Abs. 2

Nr. 4 des Reichserbhofgesetzes durch eine genaue Beschreibung der Werte unter Angabe des jetzigen Wertes, gegebenenfalls unter Beifügung von Abbildungen). —

III.

Es ist festzustellen:

ob der Eigentümer bereit ist,

Grundstücke, bejahendenfalls welche,
zu Siedlungs- oder ähnlichen Zwecken,
insbesondere zum Zwecke der Schuldentilgung,
in welchem Umfange und zu welchen Bedingungen

zur Verfügung zu stellen;

— grundbuchliche Bezeichnung, Größe, Wert, Lage, Wirtschaftsart, Belastungen usw. dieser Grundstücke ist anzugeben. Die Grundstücke sind auf dem beizufügenden Kartenblatt rot zu umranden.

IV.

Darzulegen ist ferner unter Beifügung geeigneter Unterlagen:

1. auf welche Art und Weise das Besitztum in seinem jetzigen Umfange entstanden ist, und zwar vom Jahre 1800 ab,

   ob z. B. durch Erbgang (wann, von wem, zu welchem Preis? usw.),

2. seit wann es im Eigentum des jetzigen Eigentümers steht, durch welchen Rechtsvorgang und unter welchen Bedingungen es von diesem erworben worden ist (ob z. B. durch Kauf, Erbgang usw.),

3. das Vermögen des Eigentümers, seines Ehegatten und seiner Abkömmlinge unter genauer Angabe der Vermögenswerte und Schulden,

   bei größeren Posten sind die Anschriften der Gläubiger und Schuldner und der Zeitpunkt der Entstehung der Verbindlichkeiten anzugeben, Bürgschaften sind selbst dann aufzuführen, wenn eine Inanspruchnahme unwahrscheinlich ist.

   Gefälligkeitsakzepte usw. sind selbstverständlich mit unter Schulden,

   Pensionen, Renten, Lebensversicherungen, Beteiligungen an Gesellschaften usw. unter Vermögenswerte aufzuführen,

4. die Gründe einer Verschuldung des Eigentümers, seines Ehegatten und der Abkömmlinge,
5. a) ob und wann für das Besitztum, dessen Zulassung als Erbhof nachgesucht wird, bzw. für andere landwirtschaftliche Betriebe des Eigentümers, seines Ehegatten oder seiner Abkömmlinge ein Entschuldungsverfahren beantragt oder abgelehnt ist oder zur Zeit schwebt,
   (Schuldenregelungsverfahren, landwirtschaftliches Vermittlungsverfahren, Osthilfeentschuldungsverfahren usw.),
   b) ob gegen den Eigentümer, dessen Ehegatten oder Abkömmlinge ein Zwangsversteigerungs- oder Zwangsverwaltungsverfahren schwebt oder geschwebt hat (wann?),
   c) ob gegen den Eigentümer, dessen Ehegatten oder Abkömmlinge ein sonstiges Zwangsvollstreckungsverfahren schwebt oder geschwebt hat
   (allgemeines Vollstreckungsverfahren, Offenbarungseidsverfahren, Konkursverfahren, Vergleichsverfahren usw.),
   zu 5a bis c:
   Die mit den in Frage kommenden Verfahren befaßten Stellen (Amtsgerichte, Landstellen, Entschuldungsstellen usw.) und die Aktenzeichen der betreffenden Verfahren sind anzugeben;
6. der Stand bzw. der Ausgang sämtlicher in Frage kommenden Verfahren (5a bis c),
7. ob und welcher Privatvergleich (Akkord) vom Antragsteller, von dessen Ehegatten oder Abkömmlingen getätigt worden ist.

V.

Die Bauernfähigkeit des Eigentümers ist im einzelnen darzulegen und einer besonders eingehenden Prüfung zu unterziehen.

An Hand genauer Unterlagen, Auskünfte usw. ist vor allem anzugeben und festzustellen:

1. die genaue Anschrift, der Beruf, Familienstand, das Geburtsdatum und der Geburtsort des Eigentümers, seines Ehegatten und seiner Abkömmlinge,
2. a) die deutsche Staatsangehörigkeit des Eigentümers,

b) die arische Abstammung des Eigentümers und seines Ehegatten,
die Abstammung ist bis auf die Vorfahren, die am 1. Januar 1800 gelebt haben, urkundlich zu belegen; die Urkunden sind beizufügen,
3. die Ehrbarkeit des Eigentümers und seines Ehegatten,
4. die Grundsätze, nach denen das Besitztum bewirtschaftet wird,
u. a. in welchen Händen die Betriebsleitung liegt (des Eigentümers, eines Verwalters usw.); ob und welcher Landberatungsstelle der Betrieb angeschlossen ist usw.,
5. wo sich der dauernde Wohnsitz des Eigentümers der Besitzung befindet,
6. die nach der gesetzlichen Anerbenordnung beim nächsten Erbfall in Frage kommenden Anerben nach Anschrift, Familienstand, Alter, Beruf und vor allem deren Bauernfähigkeit.

VI.

Die Angaben sind vom Antragsteller auf einem dem Antragsformulare beizufügenden Einlagebogen unter genauer Unterteilung wie vorstehend unter I bis V niederzulegen.

Ihre Richtigkeit ist vom Antragsteller an Eides Statt zu versichern (§ 44 Abs. 2 der 1. DVO. zum REG., § 156 StrGB.).

Die Angaben müssen daher in jedem Falle dem Anerbengericht gegenüber eingereicht werden.

VII.

Diese Richtlinien sollen keineswegs eine erschöpfende Darstellung der nachzuprüfenden Umstände sein.

Es ist vielmehr den zuständigen Stellen anheimgestellt, von sich aus gegebenenfalls weitere Ermittlungen anzustellen.

8. AV. d. RJM. betr. Gerichtliches Verzeichnis, Erbhöferolle und Erbhofvermerk vom 16. Januar 1937 (8330 II a[8] 98/37) DJ. 95.

An die Stelle

der AV. über die Führung der Erbhöferolle vom 27. 2. 1934 (Deutsche Justiz S. 270),

der AV. über das gerichtliche Verzeichnis der für die Erbhöferolle in Aussicht genommenen Besitzungen vom 27. 2. 1934 (Deutsche Justiz S. 270) und

der AV. über Eintragung und Löschung des Erbhofvermerks im Grundbuch vom 3. 4. 1934 (Deutsche Justiz S. 434) treten die folgenden Vorschriften:

I. Gerichtliches (Ergänzungs-) Verzeichnis.

§ 1 Allgemeines

(1) Nach § 41 Abs. 6 EHVfO. vom 21. 12. 1936 (RGBl. I S. 1082) hat der Vorsitzende des Anerbengerichts ein gerichtliches Ergänzungsverzeichnis der Besitzungen aufzustellen, die auf Grund des § 17 Abs. 2, § 18 Abs. 2 EHRV. Erbhöfe geworden sind. Bei der Aufstellung dieses Ergänzungsverzeichnisses ist von den ergänzenden Gemeindeverzeichnissen auszugehen, die von den Bürgermeistern für die einzelnen Gemeinden aufgestellt und von ihnen oder der unteren Verwaltungsbehörde bis zum 1. März 1937 oder 1. April 1937 dem Anerbengericht eingereicht werden (§ 41 Abs. 1—4 EHVfO.; vgl. auch AV. betreffend Aufstellung der Gemeindeverzeichnisse zur Ergänzung der Erbhöferolle vom 24. 12. 1936. 8330 — II. a 5237/36 — Deutsche Justiz 37 S. 22.)

(2) Der Vorsitzende des Anerbengerichts hat dafür Sorge zu tragen, daß das gerichtliche Ergänzungsverzeichnis alle in § 17 Abs. 2, § 18 Abs. 2 EHRV. bezeichneten, am 23. Dezember 1936 zu Erbhöfen gewordenen Besitzungen enthält und daß bei jeder Besitzung alle zugehörigen Grundstücke eingetragen werden. Zu diesem Zweck ist eine Nachprüfung der vorgelegten ergänzenden Gemeindeverzeichnisse auf Grund des beim Grundbuchamt geführten Eigentümerverzeichnisses erforderlich. Daneben kann auch eine Durchsicht der nach § 42 der Ersten Durchführungsverordnung geführten Liste der in die Rolle nicht aufgenommenen Besitzungen (in Verbindung mit den alten Gemeindeverzeichnissen) zweckmäßig sein. Weiterhin kommt eine Durchsicht der nach dem 1. 10. 1933 (im Saarland nach dem 1. 5. 1935) vorgenommenen Eintragungen in das Güterrechtsregister sowie in Einzelfällen die Heranziehung früher entstandener Vorgänge des Anerbengerichts (z. B. von Erbhofakten, in denen die Abveräußerung von Grundstücken an heiratende Kinder genehmigt ist) in Betracht.

§ 2 Form und Inhalt

(1) Für die Aufstellung des gerichtlichen Ergänzungsverzeichnisses sind amtliche Vordrucke zu verwenden, die den bei der Anlegung der Erbhöferolle benutzten Vordrucken entsprechen und von mir in den Einzelheiten der jetzigen Sachlage angepaßt worden sind.

(2) In dem Verzeichnis sind sämtliche zu den einzelnen Besitzungen gehörigen Grundstücke unter Angabe des Grundbuchblattes einzeln aufzuführen. In den Fällen, in denen die Besitzung aus ungewöhnlich zahlreichen Einzelgrundstücken besteht, kann die Aufzählung ausnahmsweise dadurch vereinfacht werden, daß Grundstücke gleicher Wirtschaftsart je zusammen und mit der Gesamtfläche aufgeführt werden. Die Vereinfachung kann auch durch eine Verweisung auf das Grundbuch herbeigeführt werden (z. B. „die im Grundbuch von .. Bd. .. Bl. .. unter Nr. .. bis .. eingetragenen Grundstücke"). Dieses vereinfachte Verfahren darf jedoch nur angewandt werden, wenn sich hieraus keine Unklarheiten ergeben.

§ 3 Aushang

Der in § 37, § 41 Abs. 6 S. 2 EHVfO. vorgesehene Aushang des gerichtlichen Ergänzungsverzeichnisses kann in der Weise vorgenommen werden, daß der Umschlagbogen, die Aufzählung der Einlageblätter und die Einlageblätter selbst an die Gerichtstafel geheftet werden. Das Verzeichnis kann aber auch in Heftform an der Gerichtstafel angebracht werden; es ist auch zulässig, nur den Umschlagbogen und die Liste der Einlageblätter an der Gerichtstafel zu befestigen und dabei bekanntzugeben, daß das Verzeichnis selbst in der Geschäftsstelle zu jedermanns Einsichtnahme aufliegt.

II. Erbhöferolle

§ 4 Äußere Einrichtung (§ 31 EHVfO.)

(1) Werden für eine Gemeinde mehrere Bände angelegt, so erhalten diese fortlaufende Nummern.

(2) Jedem Band ist ein Titelblatt vorzuheften, das auf der Rückseite ein Verzeichnis der in dem Band eingetragenen Erbhöfe enthält. Hierfür und für die Einlageblätter der Erbhöferolle sind die der Anlage 1 der Erbhofverfahrensordnung entsprechenden Vordrucke zu benutzen.

§ 5 Form der Eintragungen (§ 29 EHVfO.)

Die Eintragungen in die Erbhöferolle sind deutlich und ohne Abkürzungen zu schreiben; in der Erbhöferolle darf nichts radiert oder sonst unleserlich gemacht werden. Die Verwendung von Stempeln ist unzulässig.

§ 6 Eintragung des Familiennamens des Bauern

(1) Geht der Hof auf eine andere Familie über, so wird am Kopfe des Blattes der Erbhöferolle der Name der früheren Familie sowie die Jahreszahl ihrer Eigentumszeit rot unterstrichen und durch den Namen der neuen Familie und die neue Jahreszahl ersetzt. Am Rande ist der Tag dieser Eintragung zu vermerken (z. B. „Name X durch Y, Jahreszahl a durch b ersetzt am ....").

(2) Heiratet die ledige Bäuerin oder geht der Hof auf eine verheiratete Tochter des Bauern über, so kann der Hof immer noch (z. B. bei Kinderlosigkeit der Ehe) an einen Träger des Namens der früheren Familie zurückfallen. Er ist somit noch nicht endgültig aus dem Erbe der angestammten Familie ausgeschieden. Daher braucht in diesem Falle der Name der Familie noch nicht geändert zu werden. Geht der Hof jedoch auf ein Kind aus der Ehe der Bäuerin über, so befindet sich der Hof im Erbe einer anderen Familie. Daher ist jetzt der Name der neuen Familie in der in Abs. 1 vorgeschriebenen Weise einzutragen.

§ 7 Eintragung der Grundstücke (§ 27 EHVfO.)

(1) In der Erbhöferolle sind die Grundstücke des Erbhofs, soweit sie im Grundbuch als selbständige Grundstücke eingetragen sind, einzeln aufzuführen. Die oben in § 2 Abs. 2 für das gerichtliche Verzeichnis zugelassenen Vereinfachungen sind in der Erbhöferolle nicht zulässig.

(2) Die in § 4 EHRV. bezeichneten Anteile sind in die Erbhöferolle nur aufzunehmen, soweit es sich um Anteile an einem Grundstück handelt. Diese sind unter selbständiger laufender Nummer einzutragen. Die Größe des Anteils ist in Spalte 2 zu vermerken.

§ 8 Eintragung laufender Veränderungen

(1) Das Anerbengericht hat die Eintragungen in der Erbhöferolle gemäß den von den Grundbuchämtern eingehenden

Nachrichten über eintretende Veränderungen (§ 52 EHVfO.) zu berichtigen.

(2) Soweit es sich um bloße Änderungen der Bezeichnung oder der Wirtschaftsart handelt, ist die Berichtigung in der Weise vorzunehmen, daß die neue Angabe unter, über oder neben der rot zu unterstreichenden bisherigen Angabe in der dafür bestimmten Spalte eingetragen und die Berichtigung in Spalte 11 vermerkt wird.

(3) Sind im Grundbuch Grundstücke vereinigt oder ist ein Grundstück einem anderen als Bestandteil zugeschrieben worden, so sind die sich auf die beteiligten Grundstücke beziehenden Eintragungen der Erbhöferolle in den Spalten 1—8 rot zu unterstreichen. Das neue Grundstück ist unter einer neuen laufenden Nummer einzutragen. Neben dieser Nummer ist in Spalte 1a auf die bisherigen laufenden Nummern der beteiligten Grundstücke zu verweisen. Die Veränderung ist in Spalte 11 zu vermerken.

(4) Sind im Grundbuch bisherige Grundstücksteile als selbständige Grundstücke eingetragen worden, so sind die sich auf das bisherige Grundstück beziehenden Eintragungen der Erbhöferolle in den Spalten 1—8 rot zu unterstreichen. Die neuen Grundstücke sind unter neuen laufenden Nummern einzutragen. Neben den Nummern ist in Spalte 1a auf die laufende Nummer des bisherigen Grundstücks zu verweisen. Die Veränderung ist in Spalte 11 zu vermerken.

§ 9 Löschungen (§ 28 EHVfO.)

(1) Soll ein Grundstück in der Erbhöferolle gelöscht werden, so ist ein entsprechender Vermerk in Spalte 10 zu machen. Die auf das bisherige Grundstück bezüglichen Eintragungen in den Spalten 1—9 und 11 sind rot zu unterstreichen.

(2) Soll ein Teil eines in der Erbhöferolle eingetragenen Grundstücks vom Erbhof abgetrennt werden (z. B. bei Abveräußerung unselbständiger Grundstücksteile für Straßenbauzwecke usw.), so ist ein entsprechender Vermerk in der Spalte 10 zu machen. Die auf das bisherige Grundstück bezüglichen Eintragungen in den Spalten 1—9 und 11 sind rot zu unterstreichen. Der verbleibende Restbestand ist unter neuer fortlaufender Nummer einzutragen.

§ 10 Schließung des Blatts der Erbhöferolle

(1) In den Fällen des § 28 Abs. 1 und Abs. 3 Satz 2 EHVfO. ist das Blatt der Erbhöferolle zu schließen.

(2) Die Schließung geschieht in der Weise, daß
a) ein Schließungsvermerk in der Aufschrift eingetragen wird; in dem Vermerk ist der Grund der Schließung anzugeben;
b) sämtliche Seiten des Blattes, soweit sie ausgefüllt sind, rot durchkreuzt werden.

§ 11 Umschreibung eines Blatts der Erbhöferolle

(1) Bietet ein Blatt der Erbhöferolle für notwendige Neueintragungen keinen Raum oder ist es unübersichtlich geworden (z. B. nach der Darstellung der Ergebnisse eines Umlegungsverfahrens), so ist es umzuschreiben.

(2) Bei der Umschreibung ist das bisherige Blatt der Erbhöferolle zu schließen (§ 10 Abs. 2) und ein neues Blatt anzulegen, das mit der nächsten fortlaufenden Nummer der Blätter der Erbhöferolle für die betreffende Gemeinde zu versehen ist. In der Aufschrift ist auf das bisherige Blatt und im Schließungsvermerk des bisherigen Blatts auf die Nummer des neuen Blatts zu verweisen.

(3) In das neue Blatt sind nur die noch gültigen Eintragungen zu übernehmen, von den übrigen nur die laufenden Nummern der Eintragungen mit dem Vermerk „Gelöscht". Der zu übertragende Eintragungsvermerk aus Spalte 9 ist mit dem Zusatz „Umgeschrieben am ......" zu versehen und von dem Vorsitzenden des Anerbengerichts und dem Urkundsbeamten der Geschäftsstelle unter Angabe des Tages zu unterzeichnen.

§ 12 Benachrichtigung des Grundbuchamts (§ 50 EHVfO.)

Von den Eintragungen, Veränderungen, Löschungen, der Schließung oder der Umschreibung eines Blattes gibt das Anerbengericht dem Grundbuchamt, gegebenenfalls unter Beachtung des § 50 Abs. 1, 3 EHVfO. Nachricht.

III. Erbhofvermerk im Grundbuch (§ 53 REG., § 50 EHVfO.)

§ 13 Eintragung

(1) Der Erbhofvermerk ist in der Aufschrift des Grundbuchblatts (§ 5 der Grundbuchverfügung vom 8. 8. 1935 RMBl. S. 637) einzutragen.

(2) Soweit die Grundbuchblätter eine besondere Titelseite noch nicht aufweisen, ist der Vermerk im Kopf oder am oberen Rande der ersten Seite des Blattes einzutragen. In diesem Falle ist auf jeder Seite des zu dem Blatt gehörenden Grundstücksverzeichnisses am oberen Rande auf den Erbhofvermerk hinzuweisen.

(3) Der Erbhofvermerk lautet:

„Erbhof
eingetragen in der Erbhöferolle von ...... Bl. ....; auf Ersuchen des Anerbengerichts in ...... vom ...... hier vermerkt am ...."

(4) Der Vermerk ist von den für die Unterzeichnung von Grundbucheintragungen zuständigen Beamten (§ 2 der Verordnung zur Ausführung der Grundbuchordnung vom 8. 8. 1935, RGBl. I S. 1089) zu unterschreiben.

§ 14 Löschung

(1) Fällt die Erbhofeigenschaft aller auf einem Blatt eingetragenen Grundstücke weg, so ist über, unter oder neben der bisherigen Eintragung folgender Löschungsvermerk einzutragen:
„Auf Ersuchen des Anerbengerichts in ...... vom ...... ist der Erbhofvermerk gelöscht am ......"
(Unterschrift)

(2) Gleichzeitig sind der Erbhofvermerk und der oben in § 13 Abs. 2 Satz 2 erwähnte Hinweis mit roter Tinte zu unterstreichen.

(3) Werden nur einzelne Grundstücke vom Erbhof abgetrennt, so besteht die Löschung darin, daß diese Grundstücke auf ein anderes Blatt übertragen werden.

§ 15 Besondere Fälle

(1) Der Umstand, daß der Eigentümer noch nicht im Grundbuch eingetragen ist (etwa weil sich Eigentumsveränderungen von Todes wegen oder durch Ehevertrag außerhalb des Grundbuchs vollzogen haben), steht der Eintragung oder Löschung des Erbhofvermerks nicht entgegen.

(2) Gehören Miteigentumsanteile an einem Grundstück zum Erbhof (§ 4 EHRV.), so lautet der in der Aufschrift anzubringende Vermerk:

„Der Anteil des ...... gehört zu dem in der Erbhöferolle vom ...... Bl. ... eingetragenen Erbhof ......"

(3) Entspricht der in einem Grundbuchblatt ausgewiesene Bestand noch nicht der Fläche, auf die sich die Erbhofeigenschaft bezieht, so ist durch entsprechende Beschränkung des Erbhofvermerks kenntlich zu machen, welche Grundstücke oder Grundstücksteile in die Erbhöferolle eingetragen sind. In diesen Fällen ist darauf hinzuwirken, daß der in § 50 Abs. 5 EHVfO. vorgesehene Umstand, wonach auf dem Grundbuchblatt des Erbhofs nicht zu ihm gehörige Grundstücke nicht eingetragen sein sollen, möglichst bald hergestellt wird.

9. Auszug aus dem Gesetz über den vorläufigen Aufbau des Reichsnährstandes und Maßnahmen zur Markt- und Preisregelung für landwirtschaftliche Erzeugnisse vom 13. September 1933, RGBl. I, 626.

§ 1. (1) Der Reichsminister für Ernährung und Landwirtschaft wird ermächtigt, über den Aufbau des Standes der deutschen Landwirtschaft (Reichsnährstand) eine vorläufige Regelung zu treffen.

(2) Die deutsche Landwirtschaft im Sinne dieses Gesetzes umfaßt auch Forstwirtschaft, Gartenbau, Fischerei und Jagd; zum Reichsnährstand gehören auch die landwirtschaftlichen Genossenschaften, der Landhandel (Groß- und Kleinhandel) und die Be- und Verarbeiter landwirtschaftlicher Erzeugnisse.

§ 10. (1) Der Reichsminister für Ernährung und Landwirtschaft erläßt die zur Durchführung dieses Gesetzes erforderlichen Rechtsverordnungen und allgemeine Verwaltungsvorschriften. Er kann auch Vorschriften ergänzenden Inhalts erlassen.

(2) Er kann zur Durchführung der auf Grund der §§ 2 bis 4 erlassenen Anordnungen Bestimmungen über die Anwendung von polizeilichem Zwang nach Maßgabe der Landesgesetze treffen.

10. Auszug aus der 1. Verordnung über den vorläufigen Aufbau des Reichsnährstandes vom 8. Dezember 1933, RGBl. I, 1060.

§ 1. (1) Der Reichsnährstand ist die Vertretung der deutschen Bauernschaft, einschließlich der landwirtschaftlichen Genossenschaften, des Landhandels (Groß- und Kleinhandels) und der Be- und Verarbeiter landwirtschaftlicher Erzeugnisse.

(2) Der Reichsnährstand ist eine Selbstverwaltungskörperschaft des öffentlichen Rechts. Er hat bis zur anderweiten Regelung durch den Reichsbauernführer seinen Sitz in Berlin.

§ 5. Die Landwirtschaft im Sinne dieser Verordnung umfaßt die Bodenbewirtschaftung und die mit Bodennutzung verbundene Tierhaltung zur Gewinnung pflanzlicher und tierischer Erzeugnisse, insbesondere den Ackerbau, die Wiesen- und Weidewirtschaft, die Forstwirtschaft, den Gartenbau, den Weinbau, die Fischerei in den Binnen- und Küstengewässern, die Imkerei und die Jagd.

§ 10. (1) Der Reichsbauernführer ist der Führer und gesetzliche Vertreter des Reichsnährstandes. Er wird vom Reichskanzler ernannt.

(2) Der Reichsbauernführer ordnet die innere Gliederung des Reichsnährstandes.

(3) Der Reichsbauernführer kann seine Befugnisse auf nachgeordnete Stellen übertragen mit der Ermächtigung zur Weiterübertragung.

(4) Der Nachweis der Befugnis zur Vertretung wird durch ein mit dem Abdruck des Dienstsiegels versehenes Zeugnis des Reichsbauernführers geführt.

§ 11. Der Reichsnährstand gliedert sich örtlich in Landesbauernschaften, Kreisbauernschaften und nach Bedarf in Ortsbauernschaften. Führer der Landesbauernschaft ist der Landesbauernführer, Führer der Kreisbauernschaft ist der Kreisbauernführer, Führer der Ortsbauernschaft ist der Ortsbauernführer.

§ 15. Die Staatsaufsicht über den Reichsnährstand führt der Reichsminister für Ernährung und Landwirtschaft.

11. Auszug aus der Verordnung über die Kosten in Angelegenheiten der freiwilligen Gerichtsbarkeit und der Zwangsvollstreckung in das unbewegliche Vermögen (Kostenordnung) vom 25. November 1935, RGBl. I, 1371.

Erster Teil: Gerichtskosten

Erster Abschnitt

Allgemeine Bestimmungen

1. Geltungsbereich

§ 1

In den Angelegenheiten der freiwilligen Gerichtsbarkeit und der Zwangsvollstreckung in das unbewegliche Vermögen werden, soweit nicht reichsrechtlich ein anderes bestimmt ist, Kosten (Gebühren und Auslagen) nur nach Maßgabe dieser Verordnung erhoben.

2. Kostenschuldner

§ 2 Allgemeiner Grundsatz

Zur Zahlung der Kosten ist verpflichtet:

1. bei Geschäften, die nur auf Antrag vorzunehmen sind, jeder, der die Tätigkeit des Gerichts veranlaßt, bei der Beurkundung von Rechtsgeschäften insbesondere jeder Teil, dessen Erklärung beurkundet ist;
2. bei Geschäften, die von Amts wegen vorgenommen werden, derjenige, dessen Interesse wahrgenommen wird.

§ 3 Weitere Kostenschuldner

Kostenschuldner ist ferner:

1. derjenige, dem durch eine gerichtliche Entscheidung die Kosten auferlegt sind;
2. derjenige, der sie durch eine vor Gericht abgegebene oder dem Gericht mitgeteilte Erklärung übernommen hat;
3. derjenige, der nach den Vorschriften des bürgerlichen Rechts für die Kostenschuld eines anderen kraft Gesetzes haftet;
4. der Vollstreckungsschuldner für die notwendigen Kosten der Zwangsvollstreckung.

§ 4 Mehrere Kostenschuldner

(1) Mehrere Kostenschuldner haften als Gesamtschuldner. Sind an einer Beurkundung mehrere beteiligt und betreffen ihre Erklärungen verschiedene Gegenstände, so beschränkt sich die Haftung des einzelnen auf den Betrag, der entstanden wäre, wenn die übrigen Erklärungen nicht beurkundet worden wären.

(2) Sind durch besondere Anträge eines Beteiligten Mehrkosten entstanden, so fallen diese ihm allein zur Last.

§ 5 Haftung der Erben

Für die Kosten, die durch die Eröffnung einer Verfügung von Todes wegen, die Sicherung eines Nachlasses, die Errichtung eines Nachlaßinventars, eine Nachlaßpflegschaft, eine Nachlaßverwaltung oder eine Pflegschaft für einen Nacherben entstehen, haften nur die Erben, und zwar nach den Vorschriften des Bürgerlichen Gesetzbuchs über Nachlaßverbindlichkeiten. Das gleiche gilt für die Kosten, die durch die Entgegennahme von Erklärungen über die Annahme, Ablehnung oder Kündigung des Amtes als Testamentsvollstrecker entstehen.

4. Vorauszahlung und Sicherstellung

§ 7 Vorschüsse

(1) Bei Geschäften, die auf Antrag vorzunehmen sind, hat der zur Zahlung der Kosten Verpflichtete einen zur Deckung der Kosten hinreichenden Vorschuß zu zahlen. Bei Verrichtungen von Amts wegen kann ein Vorschuß nur zur Deckung der Auslagen erhoben werden. Auf die Verpflichtung zur Zahlung des Vorschusses finden die allgemeinen Bestimmungen über die Zahlungspflicht Anwendung.

(2) Bei Geschäften, die auf Antrag vorzunehmen sind, soll die Vornahme des Geschäfts davon abhängig gemacht werden, daß der Vorschuß gezahlt oder sichergestellt wird. Dies gilt nicht, wenn dem Antragsteller das Armenrecht bewilligt ist oder wenn ihm Gebührenfreiheit zusteht; es gilt ferner nicht, wenn glaubhaft gemacht ist, daß eine etwaige Verzögerung einem Beteiligten einen nicht oder nur schwer zu ersetzenden Schaden bringen würde, oder wenn aus einem anderen Grunde das Verlangen nach vorheriger Zahlung oder Sicherstellung der Kosten nicht angebracht erscheint, insbesondere wenn die Berichtigung des

Grundbuchs oder die Eintragung eines Widerspruchs beantragt wird.

(3) Über Erinnerungen gegen Anordnungen gemäß Abs. 2 wird im Aufsichtsweg entschieden.

5. Gebührenfreiheit

§ 10 Gebührenfreiheit des Reichs, der Länder und der Partei. Reichs- und landesrechtliche Befreiungsvorschriften

(1) Von der Zahlung der Gebühren sind befreit:

Das Reich und die Länder, die Nationalsozialistische Deutsche Arbeiterpartei samt ihren Gliederungen sowie die nach den Haushaltsplänen des Reichs und der Länder für Rechnung des Reichs oder eines Landes verwalteten öffentlichen Anstalten und Kassen.

(2) Die reichsrechtlichen Vorschriften, durch die für bestimmte Angelegenheiten oder bestimmte Personengruppen Gebührenfreiheit gewährt wird, bleiben unberührt. Im übrigen wird durch besondere Verordnung bestimmt werden, inwieweit für gewisse Angelegenheiten oder gewisse Personen Gebührenfreiheit zu gewähren ist. Bis zum Erlaß dieser Verordnung bleiben die einschlägigen landesrechtlichen Vorschriften in Kraft.

§ 11 Einschränkungen

(1) Die persönliche Gebührenfreiheit steht der Inanspruchnahme für die Gebühren nicht entgegen, wenn die Haftung auf der Vorschrift des § 3 Nr. 3 (Haftung nach bürgerlichem Recht) beruht, oder wenn der Kostenschuldner als Erbe nach § 5 oder als Anteilsberechtigter nach § 108 Abs. 6 für die Kosten haftet.

(2) Die Gebührenfreiheit entbindet, soweit nicht ein anderes bestimmt ist, nicht von der Verpflichtung zur Zahlung der Auslagen.

§ 12 Gebührenfreiheit für einzelne Gesamtschuldner

Wenn einzelnen von mehreren Gesamtschuldnern Gebührenfreiheit zusteht, so vermindert sich der Gesamtbetrag der Gebühren um den Betrag, den die befreiten Beteiligten an die Nichtbefreiten auf Grund gesetzlicher Vorschrift zu erstatten hätten.

6. Der Kostenanspruch

§ 13 Kostenansatz, Erinnerung, Beschwerde

(1) Die Kosten werden bei dem Gericht angesetzt, bei dem die Angelegenheit anhängig ist oder zuletzt anhängig war, auch wenn die Kosten bei einem ersuchten Gericht entstanden sind oder die Angelegenheit bei einem anderen Gericht anhängig war. Die Kosten eines Rechtsmittelverfahrens werden bei dem mit dem Rechtsmittel befaßten Gericht angesetzt.

(2) Über Einwendungen und Erinnerungen des Kostenschuldners und der Reichskasse gegen den Kostenansatz entscheidet das Gericht, bei dem die Kosten angesetzt sind. Die Entscheidung ergeht gebührenfrei. Die Entscheidung kann von dem Gericht, das sie getroffen hat, sowie von dem Gericht des höheren Rechtszugs von Amts wegen geändert werden.

(3) Gegen die Entscheidung findet die Beschwerde nach den Vorschriften der Zivilprozeßordnung statt, sofern der Beschwerdegegenstand 50 Reichsmark übersteigt. Die weitere Beschwerde ist nur statthaft, wenn das Beschwerdegericht sie wegen der grundsätzlichen Bedeutung der zur Entscheidung stehenden Frage zuläßt; die Vorschriften des § 568 Abs. 2 und 3 der Zivilprozeßordnung finden keine Anwendung. Die weitere Beschwerde kann nur darauf gestützt werden, daß die Entscheidung auf einer Verletzung des Gesetzes beruht; die Vorschriften der §§ 550 und 551 der Zivilprozeßordnung gelten entsprechend.

(4) Erinnerungen oder Beschwerden können in allen Fällen zur Niederschrift der Geschäftsstelle oder schriftlich ohne Mitwirkung eines Rechtsanwalts eingelegt werden. Die Kosten für die Beschwerde bestimmen sich nach den §§ 123, 138 bis 142.

(5) Der Kostenansatz kann auch im Verwaltungswege berichtigt werden, solange nicht eine gerichtliche Entscheidung getroffen ist.

§ 14 Nachforderung

Kosten können wegen unrichtigen Ansatzes nur nachgefordert werden, wenn der berichtigte Ansatz vor Ablauf des nächsten Kalenderjahrs nach endgültiger Erledigung der Angelegenheit dem Zahlungspflichtigen mitgeteilt ist. Ist innerhalb dieser Frist dem Zahlungspflichtigen davon Mitteilung gemacht, daß ein Wertermittlungsverfahren eingeleitet ist, so ist die Angelegenheit erst mit der Beendigung dieses Verfahrens endgültig erledigt.

§ 15 Nichterhebung von Kosten wegen unrichtiger Sachbehandlung

(1) Gebühren und Auslagen, die bei richtiger Behandlung der Sache nicht entstanden wären, werden nicht erhoben. Das gleiche gilt von Auslagen, die durch eine von Amts wegen veranlaßte Verlegung eines Termins oder Vertagung einer Verhandlung oder durch eine für begründet befundene Beschwerde entstanden sind. Bei Abweisung oder Zurücknahme eines Antrags kann Gebühren- und Auslagenfreiheit gewährt werden, wenn der Antrag auf nicht anzurechnender Unkenntnis der Verhältnisse oder auf Unwissenheit beruht.

(2) Die Entscheidung trifft das Gericht. Solange nicht das Gericht entschieden hat, können Anordnungen nach Abs. 1 im Verwaltungswege getroffen werden. Eine im Verwaltungswege getroffene Anordnung kann nur im Verwaltungswege geändert werden.

§ 16 Verjährung

(1) Ansprüche auf Zahlung von Kosten verjähren in vier Jahren nach Ablauf des Kalenderjahrs, in dem der Anspruch fällig geworden ist.

(2) Ansprüche auf Rückerstattung von Kosten verjähren in vier Jahren nach Ablauf des Kalenderjahrs, in dem der Anspruch entstanden ist.

(3) Auf die Verjährung finden die Vorschriften des Bürgerlichen Gesetzbuchs Anwendung. Im Fall des Absatzes 1 wird die Verjährung auch durch die Aufforderung zur Zahlung und durch eine dem Schuldner mitgeteilte Stundung unterbrochen; bei unbekanntem Aufenthalt des Zahlungspflichtigen genügt die Zustellung durch Aufgabe zur Post unter der letzten bekannten Anschrift des Kostenschuldners. Eine Unterbrechung der Verjährung tritt bei Kostenbeträgen unter 20 Reichsmark nicht ein.

7. Geschäftswert

§ 17 Grundsatz

(1) Die Gebühren werden nach dem Wert berechnet, den der Gegenstand des Geschäfts zur Zeit der Fälligkeit hat (Geschäftswert).

(2) Maßgebend ist der Hauptgegenstand des Geschäfts. Früchte, Nutzungen, Zinsen, Vertragsstrafen und Kosten werden nur berücksichtigt, wenn sie Gegenstand eines besonderen Geschäfts sind.

(3) Verbindlichkeiten, die auf dem Gegenstand lasten, werden bei Ermittlung des Geschäftswerts nicht abgezogen; dies gilt auch dann, wenn Gegenstand des Geschäfts ein Nachlaß oder eine sonstige Vermögensmasse ist.

(4) Bei der Berechnung des Geschäftswerts ist eine Goldmark einer Reichsmark gleichzusetzen.

§ 18 Sachen

(1) Bei der Bewertung von Grundbesitz ist regelmäßig der letzte Einheitswert maßgebend, der zur Zeit der Fälligkeit der Gebühr festgestellt ist. Das Gericht hat jedoch auf der Grundlage des Einheitswerts den Wert selbständig nach freiem Ermessen zu ermitteln, wenn der Gegenstand des gebührenpflichtigen Geschäfts vom Gegenstand der Einheitsbewertung wesentlich abweicht oder wenn der Wert infolge bestimmter Umstände, die nach dem Feststellungszeitpunkt des Einheitswerts eingetreten sind, sich wesentlich verändert hat.

(2) Im übrigen ist der Wert einer Sache der gemeine Wert. Er wird durch den Preis bestimmt, der im gewöhnlichen Geschäftsverkehr nach der Beschaffenheit der Sache unter Berücksichtigung aller den Preis beeinflussenden Umstände bei einer Veräußerung zu erzielen wäre; ungewöhnliche oder nur persönliche Verhältnisse bleiben außer Betracht.

§ 19 Kauf, Vorkaufs- und Wiederkaufsrecht

(1) Beim Kauf von Sachen ist der Kaufpreis maßgebend; der Wert der vorbehaltenen Nutzungen und der vom Käufer übernommenen oder ihm sonst infolge der Veräußerung obliegenden Leistungen wird hinzugerechnet. Ist der Kaufpreis niedriger als der Wert der Sache (§ 18), so ist dieser maßgebend; beim Kauf eines Grundstücks bleibt eine für Rechnung des Erwerbers vorgenommene Bebauung bei der Ermittlung des Wertes außer Betracht.

(2) Als Wert eines Vorkaufs- oder Wiederkaufsrechts ist in der Regel der halbe Wert der Sache anzunehmen.

§ 21 Pfandrechte und sonstige Sicherheiten, Rangänderungen

(1) Der Wert eines Pfandrechts oder der sonstigen Sicherstellung einer Forderung durch Bürgschaft, Sicherungsübereignung oder dgl. bestimmt sich nach dem Betrag der Forderung und, wenn der als Pfand oder zur Sicherung dienende Gegenstand einen geringeren Wert hat, nach diesem.

(2) Als Wert einer Hypothek oder Grundschuld gilt der Nennbetrag der Schuld, als Wert einer Rentenschuld der Nennbetrag der Ablösungssumme; ist der Wert des Grundstücks geringer, so ist dieser maßgebend. Für Eintragungen im Grundbuch gelten die besonderen Vorschriften des § 56 Abs. 4.

(3) Bei Einräumung des Vorrangs oder des gleichen Rangs ist der Wert des vortretenden Rechts, höchstens jedoch der Wert des zurücktretenden Rechts maßgebend. Die Vormerkung gemäß § 1179 des Bürgerlichen Gesetzbuchs zugunsten eines nach- oder gleichstehenden Berechtigten steht der Vorrangseinräumung gleich.

§ 22 Wiederkehrende Nutzungen oder Leistungen

(1) Der Wert des Rechts auf wiederkehrende oder dauernde Nutzungen oder Leistungen wird unter Zugrundelegung des einjährigen Bezugswerts nach Maßgabe folgender Vorschriften berechnet:

a) Der Wert von Nutzungen oder Leistungen, die auf bestimmte Zeit beschränkt sind, ist die Summe der einzelnen Jahreswerte, höchstens jedoch das Fünfundzwanzigfache des Jahreswerts; ist die Dauer des Rechts außerdem durch das Leben einer oder mehrerer Personen bedingt, so darf der nach Abs. 2 zu berechnende Wert nicht überschritten werden;

b) Bezugsrechte von unbeschränkter Dauer sind mit dem Fünfundzwanzigfachen, Nutzungen oder Leistungen von unbestimmter Dauer — vorbehaltlich der Bestimmungen im Abs. 2 — mit dem Zwölfeinhalbfachen des Jahreswerts zu bewerten.

(2) Ist die Nutzung oder Leistung auf die Lebensdauer einer Person beschränkt, so gilt als Geschäftswert bei einem Lebensalter

von	15	Jahren	oder weniger	. . .	der 22	fache Betrag,
über	15	„	bis zu 25	Jahren	„ 21	„ „ ,
„	25	„	„ „ 35	„	„ 20	„ „ ,
„	35	„	„ „ 45	„	„ 18	„ „ ,
„	45	„	„ „ 55	„	„ 15	„ „ ,
„	55	„	„ „ 65	„	„ 11	„ „ ,
„	65	„	„ „ 75	„	„ 7½	„ „ ,
„	75	„	„ „ 80	„	„ 5	„ „ ,
„	80	„	. . . .		„ 3	„ „

der einjährigen Nutzung oder Leistung. Hängt die Dauer der Nutzung oder Leistung von der Lebensdauer mehrerer Personen ab, so entscheidet, je nachdem ob das Recht mit dem Tode des zuerst oder des zuletzt Sterbenden erlischt, das Lebensalter des Ältesten oder des Jüngsten.

(3) Der Geschäftswert ist höchstens das Fünffache des einjährigen Bezugs, wenn das Recht dem Ehegatten oder einem früheren Ehegatten des Verpflichteten oder einer Person zusteht, die mit dem Verpflichteten in gerader Linie verwandt, verschwägert oder durch Annahme an Kindes Statt verbunden oder in der Seitenlinie bis zum dritten Grade verwandt oder bis zum zweiten Grade verschwägert ist, auch wenn die die Schwägerschaft begründende Ehe nicht mehr besteht.

(4) Der Geschäftswert des einem unehelichen Kinde gegen seinen Erzeuger zustehenden Unterhaltsrechts bestimmt sich nach dem Betrag des einjährigen Bezugs. Ist dieser Betrag in den einzelnen Jahren verschieden, so kommt der höchste Betrag zum Ansatz.

(5) Der einjährige Wert von Nutzungen wird zu 4 vom Hundert des Werts des Gegenstandes, der die Nutzungen gewährt, angenommen, sofern nicht ein anderer Wert festgestellt werden kann.

(6) Für die Berechnung des Geschäftswerts ist der Beginn des Bezugsrechts maßgebend. Bildet das Recht später den Gegenstand eines gebührenpflichtigen Geschäfts, so ist der spätere Zeitpunkt maßgebend. Steht im Zeitpunkt des Geschäfts der Beginn des Bezugsrechts noch nicht fest oder ist das Recht in anderer Weise bedingt, so ist der Geschäftswert nach den Umständen des Falles niedriger anzusetzen.

§ 24 Angelegenheiten ohne bestimmten Geschäftswert, nichtvermögensrechtliche Angelegenheiten

(1) Soweit in einer vermögensrechtlichen Angelegenheit der Wert sich aus den Vorschriften dieser Verordnung nicht ergibt und auch sonst nicht feststeht, ist er nach freiem Ermessen zu bestimmen; insbesondere ist bei Änderungen bestehender Rechte, sofern die Änderung nicht einen bestimmten Geldwert hat, sowie bei Verfügungsbeschränkungen der Wert nach freiem Ermessen festzusetzen.

(2) In Ermangelung genügender tatsächlicher Anhaltspunkte für eine Schätzung ist der Wert regelmäßig auf 3000 Reichsmark, ausnahmsweise niedriger oder höher, jedoch nicht unter 200 Reichsmark und nicht über eine Million Reichsmark anzunehmen.

(3) In nichtvermögensrechtlichen Angelegenheiten ist der Wert nach Abs. 2 zu bestimmen.

§ 25 Festsetzung des Geschäftswerts

(1) Das Gericht setzt den Geschäftswert durch Beschluß gebührenfrei fest, wenn ein Zahlungspflichtiger oder die Reichskasse dies beantragt oder es sonst angemessen erscheint. Die Festsetzung kann von dem Gericht, das sie getroffen hat, sowie von dem Gericht des höheren Rechtszugs auch von Amts wegen geändert werden.

(2) Das Gericht kann eine Beweisaufnahme, insbesondere die Begutachtung durch Sachverständige auf Antrag oder von Amts wegen anordnen. Die Kosten können ganz oder teilweise einem Beteiligten auferlegt werden, der durch Unterlassung der Wertangabe, durch unrichtige Angabe, unbegründetes Bestreiten oder unbegründete Beschwerde die Abschätzung veranlaßt hat.

(3) Gegen den Beschluß findet Beschwerde nach Maßgabe des § 13 Abs. 3 und 4 statt.

8. Gebührenstaffel, Nebengeschäfte

§ 26 Gebührenstaffel

(1) Die volle Gebühr beträgt bei einem Geschäftswert

1.	bis zu 50 Reichsmark einschließlich								2	M.
2.	von	mehr	als	50	bis	100	RM.	einschließl.	3	"
3.	"	"	"	100	"	200	"	"	4	"
4.	"	"	"	200	"	300	"	"	5	"
5.	"	"	"	300	"	500	"	"	6	"
6.	"	"	"	500	"	1000	"	"	8	"
7.	"	"	"	1000	"	1500	"	"	10	"
8.	"	"	"	1500	"	2000	"	"	12	"
9.	"	"	"	2000	"	2500	"	"	14	"
10.	"	"	"	2500	"	3000	"	"	16	"
11.	"	"	"	3000	"	3500	"	"	18	"
12.	"	"	"	3500	"	4000	"	"	20	"
13.	"	"	"	4000	"	5000	"	"	22	"
14.	"	"	"	5000	"	6000	"	"	24	"
15.	"	"	"	6000	"	7000	"	"	26	"
16.	"	"	"	7000	"	8000	"	"	28	"
17.	"	"	"	8000	"	9000	"	"	30	"
18.	"	"	"	9000	"	10000	"	"	32	"
19.	"	"	"	10000	"	12000	"	"	36	"
20.	"	"	"	12000	"	14000	"	"	40	"
21.	"	"	"	14000	"	16000	"	"	44	"
22.	"	"	"	16000	"	18000	"	"	48	"
23.	"	"	"	18000	"	20000	"	"	52	"
24.	"	"	"	20000	"	22000	"	"	56	"
25.	"	"	"	22000	"	24000	"	"	60	"
26.	"	"	"	24000	"	26000	"	"	64	"
27.	"	"	"	26000	"	28000	"	"	68	"
28.	"	"	"	28000	"	30000	"	"	72	"
29.	"	"	"	30000	"	35000	"	"	80	"
30.	"	"	"	35000	"	40000	"	"	88	"
31.	"	"	"	40000	"	50000	"	"	100	"
32.	"	"	"	50000	"	60000	"	"	112	"
33.	"	"	"	60000	"	70000	"	"	124	"
34.	"	"	"	70000	"	80000	"	"	136	"
35.	"	"	"	80000	"	90000	"	"	148	"
36.	"	"	"	90000	"	100000	"	"	160	".

(2) Die weiteren Wertklassen steigen um je 10000 Reichsmark und die Gebühren um je 12 Reichsmark.

(3) Der Mindestbetrag einer Gebühr ist 2 Reichsmark. Pfennigbeträge sind auf volle 10 Reichspfennig aufzurunden.

§ 27 Nebengeschäfte

Die für ein Geschäft bestimmte Gebühr umfaßt die gesamte auf das Geschäft verwendete Tätigkeit des Gerichts, einschließlich der Nebengeschäfte.

9. Einziehung der Kosten

§ 28

(1) Gerichtskosten können durch Verwendung von Marken entrichtet werden.

(2) Die Gerichtskosten werden im Wege des Verwaltungszwangs eingezogen. Für das Verfahren bleiben bis zu einer reichsrechtlichen Regelung des Verwaltungszwangs die landesrechtlichen Vorschriften maßgebend; jedoch ist, soweit es sich um natürliche Personen handelt, die Zwangsversteigerung von Gegenständen des unbeweglichen Vermögens wegen einer Kostenforderung weder gegen den ursprünglichen Schuldner noch gegen seinen Ehegatten oder seine Abkömmlinge oder gegen den Ehegatten eines Abkömmlings zulässig.

Zweiter Abschnitt

Gebühren in Angelegenheiten der freiwilligen Gerichtsbarkeit

1. Beurkundungen und ähnliche Geschäfte

§ 29 Einseitige Erklärungen und Verträge

(1) Für die Beurkundung einseitiger Erklärungen wird die volle Gebühr erhoben; unerheblich ist, ob die Erklärung von einer oder von mehreren Personen abgegeben wird.

(2) Für die Beurkundung von Verträgen wird das Doppelte der vollen Gebühr erhoben.

§ 38 Mehrere Erklärungen in einer Urkunde

(1) Werden in einer Verhandlung mehrere Erklärungen beurkundet, die denselben Gegenstand haben (z. B. der Kauf und die Auflassung, die Schulderklärung und die zur Hypothekenbestellung erforderlichen Erklärungen), so wird die Gebühr nur einmal von dem Wert dieses Gegenstandes nach dem höchsten in Betracht kommenden Gebührensatz berechnet. Dies gilt auch dann, wenn von mehreren Erklärungen die einen den ganzen Gegenstand, die anderen nur einen Teil davon betreffen (z. B.

das Schuldversprechen und die Bürgschaft für einen Teil der Schuld); unterliegen in diesem Fall die Erklärungen verschiedenen Gebührensätzen (z. B. die nachträgliche Auflassung — § 31 Abs. 1 Nr. 6 — und die einseitige Erklärung über die Abtretung eines Teils der Kaufpreisforderung), so werden die Gebühren gesondert berechnet, wenn dies für den Kostenschuldner günstiger ist.

(2) Haben die in einer Verhandlung beurkundeten Erklärungen einen verschiedenen Gegenstand, so gilt folgendes:

a) Unterliegen alle Erklärungen dem gleichen Gebührensatz, so wird dieser nur einmal nach den zusammengerechneten Werten berechnet.

b) Sind verschiedene Gebührensätze anzuwenden, so wird jede Gebühr für sich berechnet; soweit mehrere Erklärungen dem gleichen Gebührensatz unterliegen, werden die Werte zusammengerechnet; insgesamt darf in diesem Fall nicht mehr erhoben werden, als bei Zugrundelegung des höchsten der angewendeten Gebührensätze vom Gesamtwert zu erheben sein würde.

(3) Treffen Erklärungen, die sich auf eine Rangänderung beziehen, mit anderen Erklärungen in einer Urkunde zusammen, so gilt als Gegenstand der Rangänderung das vortretende oder das zurücktretende Recht, je nachdem es für den Kostenschuldner nach den vorstehenden Vorschriften günstiger ist. Die Vormerkung gemäß § 1179 des Bürgerlichen Gesetzbuchs zugunsten eines nach- oder gleichstehenden Berechtigten steht der Rangänderung gleich.

§ 40 Verfügungen von Todes wegen

(1) Für die Beurkundung eines Testaments wird die volle Gebühr, für die Beurkundung eines Erbvertrags das Doppelte der vollen Gebühr erhoben.

(2) Für die Beurkundung des Widerrufs einer letztwilligen Verfügung, der Aufhebung oder Anfechtung eines Erbvertrags sowie des Rücktritts von einem Erbvertrag wird die Hälfte der vollen Gebühr erhoben; ist die Anfechtung dem Nachlaßgericht gegenüber zu erklären, so gilt § 31 Abs. 2. Wird gleichzeitig eine neue Verfügung von Todes wegen beurkundet, so wird die Gebühr für den Widerruf oder die Aufhebung nur insoweit erhoben, als der Geschäftswert der neu errichteten Verfügung hinter dem der widerrufenen oder aufgehobenen Verfügung zurückbleibt.

(3) Wird ein Erbvertrag gleichzeitig mit einem Ehevertrag beurkundet, so gilt § 38.

(4) Wird über den ganzen Nachlaß oder einen Bruchteil davon verfügt, so ist der Gebührenberechnung der Wert des nach Abzug der Verbindlichkeiten verbleibenden reinen Vermögens oder der Wert des entsprechenden Bruchteils des reinen Vermögens zugrunde zu legen. Vermächtnisse, Pflichtteilsrechte und Auflagen werden nicht abgezogen.

(5) Der Berechnung der Gebühren sind in der Regel die Angaben des Verfügenden über den Geschäftswert zugrunde zu legen. Eine Nachforderung des deshalb zuwenig angesetzten Betrags wird durch § 14 nicht ausgeschlossen; die Verjährung des Anspruchs (§ 16) beginnt in diesem Fall erst mit dem Ablauf des Jahres, in dem die Verfügung eröffnet oder zurückgegeben ist.

§ 49 Beglaubigung von Abschriften

(1) Für die Beglaubigung von Abschriften wird, soweit nicht § 124 Anwendung findet, eine Gebühr von 20 Reichspfennig für jede angefangene Seite erhoben; ist die Schrift nicht in deutscher Sprache abgefaßt, so erhöht sich die Gebühr auf 30 Reichspfennig.

(2) Werden die Abschriften durch das Gericht hergestellt, so kommen die Schreibgebühren hinzu.

§ 110 Ordnungsstrafverfahren

(1) In einem Ordnungsstrafverfahren nach den §§ 132 bis 139, 159 des Gesetzes über die Angelegenheiten der freiwilligen Gerichtsbarkeit wird in jedem Rechtszug das Dreifache der vollen Gebühr erhoben:

1. für die Festsetzung der Ordnungsstrafe;
2. für die Verwerfung des Einspruchs.

(2) Die Gebühr wird nach dem festgesetzten oder angedrohten Betrag der Ordnungsstrafe berechnet; sie darf den Betrag der Ordnungsstrafe nicht übersteigen.

(3) Jede Wiederholung der Ordnungsstrafe gilt als ein besonderes Verfahren.

(4) Für die Androhung von Strafen werden Gebühren nicht erhoben.

(5) Die Vorschriften der Absätze 1 bis 4 gelten in anderen Fällen der Festsetzung von Ordnungsstrafen entsprechend. Sie

gelten auch für die Festsetzung von Ordnungsstrafen gegen Vormünder (Pfleger, Beistände). Sie gelten nicht für die Festsetzung von Ordnungsstrafen gegen Zeugen und Sachverständige.

§ 122 Zurückweisung und Zurücknahme von Anträgen

(1) Wird in Fällen, in denen das Gericht nur auf Antrag tätig wird, ein Antrag zurückgewiesen, so wird, soweit nicht ein anderes bestimmt ist, die Hälfte der vollen Gebühr, höchstens jedoch ein Betrag von 50 Reichsmark erhoben.

(2) Wird ein Antrag zurückgenommen, bevor über ihn eine Entscheidung ergangen ist oder die beantragte Handlung stattgefunden hat, so wird, soweit nicht ein anderes bestimmt ist, ein Viertel der vollen Gebühr, höchstens jedoch ein Betrag von 25 Reichsmark erhoben.

(3) Der für die beantragte Verhandlung oder Entscheidung bestimmte Gebührensatz darf nicht überschritten werden.

(4) Im Fall einer teilweisen Zurückweisung oder Zurücknahme ist die Gebühr nach dem Werte des zurückgewiesenen oder zurückgenommenen Teils, jedoch nur insoweit zu erheben, als die Gebühr für die Erledigung des ganzen Antrags die Gebühr für die teilweise Erledigung übersteigt.

§ 123 Beschwerden, Anrufung des Gerichts gegen Entscheidungen anderer Behörden oder Dienststellen

(1) Für das Verfahren über Beschwerden wird, soweit nicht ein anderes bestimmt ist, erhoben:

1. in den Fällen der Verwerfung oder Zurückweisung die Hälfte der vollen Gebühr;
2. in den Fällen der Zurücknahme ein Viertel der vollen Gebühr; betrifft die Zurücknahme nur einen Teil des Beschwerdegegenstands, so ist die Gebühr nur insoweit zu erheben, als sich die Beschwerdegebühr erhöht haben würde, wenn die Entscheidung auf den zurückgenommenen Teil erstreckt worden wäre.

Im übrigen ist das Beschwerdeverfahren gebührenfrei.

(2) Der Wert bestimmt sich in allen Fällen nach § 24 Abs. 2.

(3) Richtet sich die Beschwerde gegen eine Entscheidung des Vormundschaftsgerichts und ist sie von dem unter elterlicher Gewalt stehenden Kinde, dem Mündel oder dem Pflegebefohlenen oder im Interesse dieser Personen eingelegt, so ist sie in jedem Fall gebührenfrei.

(4) Soweit in den Fällen, wo Angelegenheiten der in diesem Abschnitt bezeichneten Art von anderen Behörden oder Stellen, insbesondere von Notaren, erledigt werden, eine Anrufung des Gerichts vorgesehen ist, steht diese hinsichtlich der Gebühren einer Beschwerde gleich. Dies gilt nicht bei Anträgen auf Änderung von Entscheidungen des ersuchten oder beauftragten Richters oder des Urkundsbeamten der Geschäftsstelle.

§ 124 Ausfertigungen und beglaubigte Abschriften

Soweit nicht ein anderes bestimmt ist, wird bei der Erteilung beglaubigter Abschriften der vom Gericht erlassenen Entscheidungen sowie der von ihm aufgenommenen oder in Urschrift in seiner dauernden Verwahrung befindlichen Urkunden neben Schreibgebühren eine Beglaubigungsgebühr nicht erhoben.

§ 127 Rechtskraftzeugnisse, Kostenfestsetzung

Für die Erteilung von Rechtskraftzeugnissen und für die gerichtliche Festsetzung der einem Beteiligten zu erstattenden Kosten werden Gebühren nicht erhoben.

Vierter Abschnitt

Auslagen

§ 138 Schreibgebühren

(1) Schreibgebühren werden, soweit nicht ein anderes bestimmt ist, erhoben:

1. für Ausfertigungen und Abschriften, die auf Antrag erteilt werden; bei Beurkundungen von Verträgen sind zwei Ausfertigungen oder Abschriften schreibgebührenfrei, bei sonstigen Beurkundungen ist eine Ausfertigung oder Abschrift schreibgebührenfrei;
2. für Ausfertigungen und Abschriften, die angefertigt werden müssen, weil zu den Akten gegebene Urkunden, von denen eine Abschrift zurückbehalten werden muß, zurückgefordert werden; in diesem Fall wird die bei den Akten zurückbehaltene Abschrift gebührenfrei beglaubigt;
3. für Ausfertigungen und Abschriften jeder Art in den Fällen der persönlichen und sachlichen Gebührenfreiheit (§ 10).

(2) Die Schreibgebühr beträgt für die Seite, die 28 Zeilen von durchschnittlich 15 Silben enthält, 25 Reichspfennig, auch

wenn die Herstellung auf mechanischem Wege stattgefunden hat. Jede angefangene Seite wird als voll gerechnet. Für Schriftstücke, die in fremder Sprache abgefaßt sind, für Schriftstücke in tabellarischer Form sowie für Verzeichnisse, Listen, Rechnungen, Zeichnungen und dergleichen kann die Schreibgebühr im Verwaltungsweg anderweit bestimmt werden. Aufwendungen für die besondere Ausstattung einer Urkunde (Verwendung besonderen Papiers und dgl.) sind in jedem Fall zu erheben.

§ 139 Sonstige bare Auslagen

(1) An baren Auslagen werden ferner erhoben:

1. Postgebühren:
   a) für die Übersendung auf Antrag erteilter Ausfertigungen und Abschriften,
   b) für Ladungen von Zeugen und Sachverständigen,
   c) für die Übersendung der Kostenrechnung;
2. Telegraphengebühren und die im Fernverkehr zu entrichtenden Fernsprechgebühren;
3. Kosten, die durch öffentliche Bekanntmachung entstehen;
4. Zeugen- und Sachverständigengebühren sowie die an Urkundszeugen gezahlten Vergütungen;
5. die bei Geschäften außerhalb der Gerichtsstelle den Gerichtspersonen auf Grund gesetzlicher Vorschriften gewährten Vergütungen (Reisekostenvergütung, Auslagenersatz) und die Kosten für Bereitstellung von Räumen;
6. die an andere Behörden oder Beamte oder an Rechtsanwälte für deren Tätigkeit zu zahlenden Beträge;
7. Rechnungsgebühren (§ 142);
8. die Kosten einer Beförderung von Personen sowie Beträge, die mittellosen Personen für die Reise zum Ort der Vernehmung oder Verhandlung und für die Rückreise gewährt werden;
9. die Kosten der Beförderung von Tieren und Sachen, der Verwahrung von Sachen, der Bewachung von Schiffen sowie der Verwahrung von Fütterung von Tieren;
10. die Haftkosten nach Maßgabe der für die Strafhaft geltenden Vorschriften.

(2) Ist an Beamte, an Rechtsanwälte, an Zeugen oder Sachverständige oder an mittellose Personen mehr als der endgültig festgesetzte Betrag, der als bare Auslage zu erheben ist, gezahlt,

so ist der zuviel gezahlte Betrag nach den Vorschriften über die Beitreibung von Gerichtskosten einzuziehen.

§ 140 Zustellungen

(1) Für die von Amts wegen bewirkten Zustellungen werden unbeschadet der Vorschrift des § 139 Abs. 1 Nr. 1b nur diejenigen baren Auslagen erhoben, die durch die Zustellung im Ausland oder bei der öffentlichen Zustellung durch Bekanntmachung in öffentlichen Blättern entstehen.

(2) Wird ein Zeuge oder Sachverständiger ohne Inanspruchnahme der Post geladen, so wird als Auslage der Betrag der Postgebühren erhoben, der entstanden sein würde, wenn unter Inanspruchnahme der Post geladen worden wäre.

§ 141 Vornahme mehrerer Geschäfte auf derselben Reise

Sind die im § 139 Abs. 1 Nr. 5 bezeichneten Aufwendungen durch mehrere Geschäfte veranlaßt, so werden sie auf die mehreren Geschäfte unter Berücksichtigung der Entfernungen und der auf die einzelnen Geschäfte verwendeten Zeit angemessen verteilt. Jeder Zahlungspflichtige haftet jedoch gegenüber der Staatskasse ohne Rücksicht auf diese Verteilung für die Auslagen, die bei gesonderter Erledigung des Geschäfts entstanden wären.

Zweiter Teil
Kosten der Notare

§ 146 Anträge und Beschwerden

(1) Ein Notar, der ein Rechtsgeschäft oder eine sonstige Erklärung beurkundet hat, erhält für Anträge, die er auf Grund der Urkunde in Grundbuch-, Register- und ähnlichen Angelegenheiten stellt, keine weitere Gebühr; das gleiche gilt für Anträge auf behördliche Genehmigung der in der Urkunde enthaltenen Erklärungen. Der Notar erhält ferner keine weitere Gebühr für die Erwirkung der Legalisation der eigenen Unterschrift sowie für die Erledigung von Beanstandungen, einschließlich des Beschwerdeverfahrens.

(2) Für Anträge und Beschwerden in anderen Fällen erhält der Notar die Hälfte der vollen Gebühr; das gleiche gilt in den Fällen des Absatzes 1, wenn es notwendig ist, den Antrag oder

die Beschwerde tatsächlich oder rechtlich näher zu begründen und die Partei dies verlangt.

Dritter Teil

Schlußbestimmungen

§ 161 Stempel

Unberührt bleiben die landesrechtlichen Vorschriften über das Verfahren bei der Erhebung und Einziehung von Stempeln.

§ 162 Gerichtstage, Sprechtage

Die zur Abhaltung eines Gerichtstags (auswärtigen Sprechtags) bestimmten Räumlichkeiten gelten als Gerichtsstelle im Sinne dieser Verordnung. Hält ein Notar außerhalb seiner Amtsstube regelmäßige Sprechtage ab, so gilt dieser Ort als Amtssitz im Sinne dieser Verordnung.

12. AV. d. RJM. vom 23. März 1937 (2344 — I a[5] 49) über das Verfahren der Gerichtsvollzieher bei Zwangsvollstreckungen gegen einen Bauern, DJ. 482.

1. Allgemeines.

(1) Das Reichserbhofgesetz vom 29. 9. 1933 (RGBl. I S. 685) — nachstehend als „Gesetz" bezeichnet — verfolgt das Ziel, das Bauerntum als Blutquelle des deutschen Volkes zu erhalten und die Bauernhöfe vor Ueberschuldung und Zersplitterung im Erbgang zu schützen. Es läßt daher Zwangsvollstreckungen gegen einen Bauern, d. h. den Eigentümer eines Erbhofs, nur in beschränktem Umfang und unter bestimmten Voraussetzungen zu.

(2) Erbhof ist kraft Gesetzes land- oder forstwirtschaftlich genutztes Grundeigentum, sofern es mindestens die Größe einer Ackernahrung hat und sich im Alleineigentum einer bauernfähigen Person oder eines bauernfähigen Ehepaars befindet. Besitzungen, die größer sind als 125 ha, können nur Erbhof sein, wenn der Reichsminister für Ernährung und Landwirtschaft von dem Erfordernis des § 3 des Gesetzes (ein Erbhof darf nicht größer sein als 125 ha) Befreiung erteilt hat. Auch Grundstücke, die durch Wein-, Gemüse- oder Obstbau genutzt werden, können Erbhof sein (§ 6).

(3) Nur der Eigentümer eines Erbhofs heißt Bauer; der

Eigentümer oder Besitzer anderen land- oder forstwirtschaftlich genutzten Grundeigentums heißt Landwirt (§ 11 des Gesetzes).

2. Vollstreckungsschutz.

Der Erbhof genießt einen über das sonst Übliche hinausgehenden Vollstreckungsschutz. Dem Gerichtsvollzieher sind daher im Erbhofrecht besondere Aufgaben zugeteilt, die er nur dann zu lösen vermag, wenn er sich mit den gesetzlichen Bestimmungen und ihrem Geiste durch sorgfältiges Eindringen vertraut gemacht hat. Eine zutreffende Anwendung des Gesetzes durch den Gerichtsvollzieher erspart den Parteien Mißhelligkeiten, Zeitverlust und Kosten und führt zu einer Entlastung der Gerichte. Im einzelnen ist folgendes zu beachten:

(1) Nach § 38 Abs. 1 des Gesetzes kann wegen einer Geldforderung in den Erbhof nicht vollstreckt werden. Zum Erbhof gehört neben dem Grundeigentum des Bauern das in seinem Eigentum stehende Zubehör (§§ 97, 98 BGB.). § 8 des Gesetzes erklärt insbesondere als Zubehör das auf dem Hofe für die Bewirtschaftung vorhandene Vieh, Wirtschafts- und Hausgerät einschließlich des Leinenzeugs und der Betten, den vorhandenen Dünger und die für die Bewirtschaftung dienenden Vorräte an landwirtschaftlichen Erzeugnissen, außerdem die auf den Hof bezüglichen Urkunden, Familienbriefe, Bilder mit Erinnerungswert, Geweihe und ähnliche auf den Hof und die darauf seßhafte Bauernfamilie bezügliche Erinnerungsstücke. § 9 des Gesetzes bestimmt darüber hinaus, daß zum Erbhof u. a. auch die Entschädigungssummen gehören, die aus den für den Hof und sein Zubehör abgeschlossenen Versicherungen ausgezahlt sind.

Ferner kann nach § 38 Abs. 2 des Gesetzes in die auf dem Erbhof gewonnenen landwirtschaftlichen Erzeugnisse wegen einer Geldforderung nicht vollstreckt werden; sie unterliegen jedoch im Rahmen der §§ 39, 59 des Gesetzes der Zwangsvollstreckung insoweit, als sie nicht zum Zubehör gehören und nicht zum Unterhalt des Bauern oder seiner Familie bis zur nächsten Ernte erforderlich sind.

Das übrige Vermögen des Bauern, z. B. Geld, Wertpapiere, Kostbarkeiten und Schmuckstücke, mit Ausnahme der Erinnerungsstücke, unterliegt nicht den Vollstreckungsbeschränkungen des Reichserbhofgesetzes.

(2) Hiernach sind Zwangsvollstreckungen gegen einen Bauern zulässig, wenn sie erfolgen

a) in das nicht zum Erbhof gehörige freie Vermögen unter Berücksichtigung der Bestimmungen des Zwangsvollstreckungsnotrechts,

b) in die Erbhoferzeugnisse, soweit sie nicht Zubehör sind, unter Berücksichtigung der §§ 38, 39 REG.,

c) zur Erwirkung der Herausgabe von Sachen oder Personen,

d) zur Beseitigung des Widerstandes, den der Schuldner gegen die Vornahme einer von ihm zu duldenden Handlung leistet,

e) zur Erzwingung des Offenbarungseides.

3. Verfahren des Gerichtsvollziehers.

(1) Erhält der Gerichtsvollzieher einen Auftrag, wegen einer Geldforderung die Zwangsvollstreckung zu betreiben, so hat er zunächst gewissenhaft die Frage zu prüfen, ob sich die Zwangsvollstreckung gegen einen Bauern, d. h. den Eigentümer eines Erbhofs, oder gegen einen nicht dem Bauernstande angehörigen Schulder richtet. Diese Prüfung wird ihm künftig dadurch erleichtert werden, daß der Schuldner nach § 313 Abs. 1 Nr. 1 ZPO. im Kopf des Urteils in der Regel als Bauer bezeichnet sein wird. Außerdem wird der Schuldner künftig in der Lage sein, die Erbhofeigenschaft seines Grundeigentums durch Vorlage der Nachricht über die Eintragung in die Erbhöferolle und der beglaubigten Abschrift des Blattes der Erbhöferolle nachzuweisen (vgl. § 52 des Gesetzes, § 30 EHVfO.). Bis die Erbhöferolle vollständig angelegt ist, wird jedoch die Prüfung und Entscheidung, ob das Grundeigentum eines Schuldners Erbhof und dieser selbst Bauer geworden ist, vielfach auf Schwierigkeiten stoßen. In solchen Fällen empfiehlt es sich für den Gerichtsvollzieher, auch festzustellen, ob das Anlegungs- oder Ergänzungsverfahren nach dem Gesetz oder der Erbhofverfahrensordnung bezüglich des Grundeigentums des Schuldners schwebt und ob der Schuldner durch Vorlage eines Auszuges nachweisen kann, daß er in das gerichtliche Verzeichnis oder das gerichtliche Ergänzungsverzeichnis der Erbhöfe aufgenommen ist (§§ 35, 36, 41 EHVfO.).

(2) a) Kommt der Gerichtsvollzieher zu dem Ergebnis, daß der Schuldner Bauer ist, so hat er die Zwangsvollstreckung in erster Reihe auf das freie bewegliche Vermögen des Schuldners

zu erstrecken. Findet der Gerichtsvollzieher größere Geldbeträge vor, die der Schuldner als erbhofzugehörige Entschädigungssummen aus Versicherungen bezeichnet, so empfiehlt es sich für den Gerichtsvollzieher, das Geld einstweilen zu pfänden, den Schuldner auf den Weg der Erinnerung zu verweisen (§§ 766, 732 Abs. 2 ZPO.) und mit der Auszahlung des Geldes an den Gläubiger einige Tage zu warten, bis der Schuldner eine einstweilige Anordnung des Vollstreckungsgerichts herbeigeführt haben könnte. Ist freies Vermögen nicht vorhanden, oder reicht es zur Befriedigung des Gläubigers nicht aus, so sind die auf dem Erbhof gewonnenen landwirtschaftlichen Erzeugnisse nur zu pfänden, soweit sie nicht zum Zubehör gehören und nicht zum Unterhalt des Bauern oder seiner Familie bis zur nächsten Ernte erforderlich sind.

b) Übersteigt die beizutreibende Forderung (öffentlichrechtliche oder privatrechtliche Geldforderung — §§ 39, 59 des Gesetzes —) ohne Zinsen und Kosten jedoch den Betrag von 150 RM., so darf die Zwangsvollstreckung in die landwirtschaftlichen Erzeugnisse nur beginnen, wenn der Gläubiger nachweist, daß er dem Kreisbauernführer einen Monat vorher 1. den Vollstreckungstitel sowie 2. die Erklärung hat zustellen lassen, daß er die Zwangsvollstreckung gegen den Bauern einzuleiten beabsichtige (§§ 39 Abs. 2, 59 des Gesetzes, § 41 EHRV.). Eine Zwangsvollstreckung im Auftrage des Gläubigers gegen einen Bauern ist in diesem Falle überhaupt unzulässig, wenn der Kreisbauernführer mit Ermächtigung des Reichsnährstandes dem Gläubiger gegenüber innerhalb der Frist von einem Monat schriftlich die Erklärung abgegeben hat, daß er die Schuld für den Reichsnährstand übernehme. Den Nachweis dafür, daß eine solche Erklärung des Kreisbauernführers nicht abgegeben worden ist, hat der Gerichtsvollzieher vor Beginn der Vollstreckung von dem Gläubiger nicht zu erfordern. Er wird vielmehr eine entsprechende Einwendung des Schuldners abzuwarten und den Schuldner gegebenenfalls auf den Weg der Erinnerung zu verweisen haben.

c) Hat der Kreisbauernführer nach § 39 Abs. 3 des Gesetzes die Schuld für den Reichsnährstand übernommen, so kann der Reichsnährstand, soweit er den Gläubiger befriedigt hat, aus dem Vollstreckungstitel gegen den Bauern unter Berücksichtigung der sich aus dem Reichserbhofgesetz ergebenden Vollstreckungsbeschränkungen vollstrecken (§ 39 Abs. 4 des Gesetzes).

d) Verlangt der Gläubiger mit der Behauptung, daß der Schuldner nicht Bauer sei, die Ausdehnung der Zwangsvollstreckung auf Gegenstände, die bei einem Bauern nicht gepfändet werden dürften, so hat der Gerichtsvollzieher dies abzulehnen und dem Gläubiger aufzugeben, eine Entscheidung des Anerbengerichts über die Erbhofeigenschaft herbeizuführen (§ 10 des Gesetzes, § 54 EHVfO.).

(3) Kommt der Gerichtsvollzieher zu dem Ergebnis, daß der Schuldner nicht Bauer ist, so hat er die Zwangsvollstreckung im Rahmen der allgemeinen Bestimmungen unter Berücksichtigung des Zwangsvollstreckungsnotrechts durchzuführen und dem Schuldner, der den Vollstreckungsschutz als Bauer in Anspruch nimmt, aber den entsprechenden Nachweis nicht führen kann, auf den Weg der Erinnerung zu verweisen (§§ 766, 732 Abs. 2 ZPO.) und ihm gleichzeitig anheimzugeben, eine Entscheidung des Anerbengerichts über die Erbhofeigenschaft herbeizuführen (§ 10 des Gesetzes).

(4) Bleibt es dem Gerichtsvollzieher auch nach gewissenhafter Prüfung zweifelhaft, ob der Schuldner Bauer ist, so wird es sich für ihn empfehlen, nach Abs. 2a zu verfahren und nötigenfalls dem Gläubiger aufzugeben, eine etwa erforderliche Zustellung an den Kreisbauernführer vorsorglich noch nachzuholen. Genügen diese Maßnahmen zur Befriedigung des Gläubigers nicht und verlangt dieser die Ausdehnung der Pfändung auf Gegenstände, die bei einem Bauern nicht gepfändet werden dürften, so hat der Gerichtsvollzieher dies abzulehnen und dem Gläubiger anheimzugeben, eine Entscheidung des Anerbengerichts über die Erbhofeigenschaft herbeizuführen (§ 10 des Gesetzes, § 54 EHVfO.).

4. Besondere Fälle.

(1) Die für die Vollstreckung einer Geldforderung von mehr als 150 RM. geltenden Bestimmungen des § 39 Abs. 2 bis 4 (§ 59) des Gesetzes finden keine Anwendung, wenn aus Ansprüchen, die gemäß § 1 des Gesetzes zur Sicherung der Düngemittel- und Saatgutversorgung vom 19. 11. 1936 (RGBl. I S. 939) durch ein gesetzliches Pfandrecht gesichert sind, in die dem Pfandrecht unterliegenden Gegenstände vollstreckt wird (§ 5 Abs. 3 des Ges. v. 19. 11. 1936).

(2) Ist ein Grundstück, das keine Erbhofeigenschaft hat, durch

eine Rechtshandlung, die der Anfechtung wegen Gläubigerbenachteiligung unterliegt, veräußert worden und macht der Anfechtungsbeklagte geltend, daß das Grundstück Erbhofeigenschaft erlangt habe, so kann in dem Anfechtungsrechtsstreit je nach Rechtslage ein Urteil ergehen, das den Beklagten zur Duldung der Zwangsvollstreckung in das Grundstück „unter Vorbehalt" oder „ohne Vorbehalt" des Vollstreckungsschutzes des § 38 des Gesetzes verurteilt (§ 39 EHRV.). Für das Verfahren des Gerichtsvollziehers ist in solchen Fällen die Urteilsformel, hilfsweise auch der Inhalt der Entscheidungsgründe maßgebend.

(3) Erwirbt nach dem Tode eines Bauern ein Nachlaßgläubiger an den Nutzungen des Erbhofs ein Pfändungspfandrecht, so hat dies abweichend von § 804 Abs. 3 ZPO. ohne Rücksicht auf die zeitliche Reihenfolge der Pfändungen den Vorrang vor dem Pfändungspfandrecht eines Gläubigers des Anerben, dessen Anspruch vor dem Erbfall begründet ist (§ 14 Abs. 2 EHRV.).

(4) Wird die Verwaltung und Nutznießung des Erbhofs einem Erbhofeigentümer entzogen und einem Nutzverwalter übertragen (§§ 85ff. EHVfO.), so haftet der Nutzverwalter mit den pfändbaren Nutzungen des Erbhofs für die bei der Einsetzung der Nutzverwaltung bestehenden Schulden des Eigentümers. Das für einen solchen Gläubiger begründete Pfändungspfandrecht an den Nutzungen des Erbhofs hat, abweichend vom § 804 Abs. 3 ZPO., den Vorrang vor dem Pfändungspfandrecht eines Gläubigers des Nutzverwalters, dessen Anspruch vor Einsetzung der Nutzverwaltung begründet ist (§ 90 Abs. 6 EHVfO.).

5. Umfang des Vollstreckungsschutzes.

Die Bestimmungen über den Vollstreckungsschutz bei der Zwangsvollstreckung gegen einen Bauern gelten auch für die Zwangsvollstreckung im Verwaltungszwangsverfahren und aus Entscheidungen der Anerbenbehörden.

6. Bekanntgabe der Bestimmungen.

Die Bestimmungen sind den Gerichtsvollziehern und sonstigen Vollstreckungsbeamten der Reichsjustizverwaltung alsbald bekanntzugeben.

13. AV. d. RJM. vom 25. März 1937 (3330 — II a⁸ 508) über die äußere Form der Entscheidungen der Anerbengerichte und der Erbhofgerichte, DJ. 526.

Die Gerichte sprechen Recht im Namen des Deutschen Volkes (Art. 1 des Ersten Gesetzes zur Überleitung der Rechtspflege auf das Reich vom 16. 2. 34, RGBl. I S. 91). Demgemäß werden die Urteile der Gerichte mit den Worten „Im Namen des Deutschen Volkes!" eingeleitet. Auch die Beschlüsse des Reichserbhofgerichts ergehen unter dieser Eingangsformel (vgl. § 4 Abs. 2 der Anweisung für den Geschäftsgang des Reichserbhofgerichts v. 2. 5. 1934, Dt. Just. S. 594). Einige andere Anerbenbehörden verfahren ebenso.

Da die Beschlüsse der Anerbenbehörden an Bedeutung gerichtlichen Urteilen gleichkommen und eine einheitliche Handhabung geboten ist, ordne ich an, daß auch die Entscheidungen der Anerbengerichte und Erbhofgerichte (§ 21 EHVfO.) mit der Eingangsformel „Im Namen des Deutschen Volkes" einzuleiten sind.

Bestände an Vordrucken, die mit dieser Eingangsformel noch nicht versehen sind, sind nach Ergänzung aufzubrauchen.

14. AV. d. RJM. v. 30. März 1937 (3330 — II a⁸ 940) über Steuervergünstigungen beim Übergang und bei der Neubildung von Erbhöfen, DJ. 528.

Der Reichsminister der Finanzen hat unter dem 17. März 1937 den nachstehenden Runderlaß über die auf § 55 REG. und § 42 EHRV. beruhenden Steuervergünstigungen beim Übergang und bei der Neubildung von Erbhöfen erlassen und im Reichssteuerblatt S. 446 veröffentlicht.

RdErl. des RdF. vom 17. März 1937 (S 4504 — 154 III/ S 3804 A — 37 III) — Reichssteuerbl. 446.

I. Allgemeines

(1) Die Vorschriften zur Durchführung und Ergänzung des Reichserbhofgesetzes, die bisher in den Durchführungsverordnungen vom 19. Oktober 1933, vom 19. Dezember 1933 und vom 27. April 1934 enthalten waren, sind in der Erbhofrechtsverordnung (EHRV.) vom 21. Dezember 1936 (Reichsgesetzbl. I

S. 1069) und in der Erbhofverfahrensordnung (EHVfO.) vom 21. Dezember 1936 (Reichsgesetzbl. I S. 1082) zusammengefaßt worden. Die Neuregelung ist am 23. Dezember 1936 in Kraft getreten. Die bisherigen Durchführungsverordnungen sind mit demselben Tag außer Kraft gesetzt worden.

(2) Die Steuervergünstigungen für den Übergang und für die Neubildung von Erbhöfen, die bisher im Reichserbhofgesetz (REG.) in den Durchführungsverordnungen zu diesem Gesetz und in meinen Runderlassen vom 22. Dezember 1934 S 4430 — 109 III/S 3804 A — 14 III (RStBl. 1934 S. 1696) und vom 8. November 1935 S 4430 — 139 III/S 3804 A — 29 III (RStBl. 1935 S. 1425) geregelt waren, sind zusammengefaßt und erweitert worden. Die neuen Bestimmungen über die Steuervergünstigungen ergeben sich aus § 42 EHRV. und den Abschnitten II ff. dieses Runderlasses.

(3) Die Steuervergünstigungen stellen sachliche Befreiungen dar, die sowohl dem Veräußerer als auch dem Erwerber zugute kommen. Sie beziehen sich selbstverständlich nur auf Erbhöfe im Sinne der reichsrechtlichen Erbhofgesetzgebung, nicht auf Besitzungen, die sich auf Grund landesrechtlicher Vorschriften nach Anerbenrecht vererben (vgl. § 60 Absatz 2 REG., § 46 EHRV.), ohne Erbhöfe zu sein.

(4) Darüber, ob eine Besitzung zur Zeit des Übergangs Erbhof ist oder in der Hand des Erwerbers Erbhof wird, entscheidet das Anerbengericht (§ 10 REG.). Es empfiehlt sich deshalb, beim Anerbengericht anzufragen, wenn Zweifel bestehen. In Zukunft wird ein Auszug aus der Erbhöferolle verlangt werden können. Zur Zeit wird die Erbhöferolle noch nicht überall fertig vorliegen.

(5) Zu beachten ist, daß auch Familienfideikommisse und früher fideikommissarisch gebundene Besitzungen, deren Eigentümer noch nach Art eines Vorerben beschränkt sind, Erbhöfe sein können (vgl. § 44 EHRV.). Auch auf den Übergang einer solchen Besitzung können daher die Voraussetzungen für eine Steuerbefreiung nach § 42 EHRV. zutreffen. Das gleiche gilt für Erbpachtgüter und Lehnbauerngüter, die nach § 45 EHRV. Erbhöfe sein können.

(6) Beim Übergang eines Erbhofes, insbesondere beim Übergang von Todes wegen, geht oft auch nicht zum Erbhof gehörendes Vermögen mit über. Selbstverständlich fällt

der Übergang dieses Vermögens nicht mit unter die Vergünstigungen des § 42 EHRV. Auf den Mitübergang solchen Vermögens wird daher bei Erbhofübergängen zu achten sein.

II. Steuerbegünstigte Fälle

Die Steuervergünstigungen gelten für die Erbschaftsteuer, die Grunderwerbsteuer einschließlich der Zuschläge, die Urkundensteuer und die Steuer der Gemeinden (Gemeindeverbände) vom Zubehör (Gewerbeanschaffungsteuer).

1. Übergang eines Erbhofs auf den Anerben

(1) Durch § 55 REG. und § 42 Absatz 1 Ziffer 1 EHRV. wird der Übergang des Erbhofs auf den Anerben befreit. Dabei macht es keinen Unterschied, ob der Hof im Wege der Erbfolge oder auf Grund eines Übergabevertrags auf den Anerben übergeht. Es ist auch ohne Bedeutung, ob der Anerbe kraft Gesetzes berufen oder vom Bauern auf Grund der Ermächtigung in § 25 REG., §§ 9 bis 10 EHRV. zulässigerweise zum Anerben bestimmt ist.

(2) Die Befreiung gilt auch für den Austausch eines Erbhofs auf Grund des § 22 Absätze 2, 3 REG. und für die Entziehung des Eigentums an einem Erbhof und die Übertragung auf die vom Reichsbauernführer vorgeschlagene bauernfähige Person auf Grund des § 15 Absätze 3, 4 REG. und der §§ 95 bis 98 EHVfO.

2. Übergang eines Erbhofs auf eine nicht anerbenberechtigte Person

(1) Durch § 42 Absatz 1 Ziffer 2 EHRV. wird der Übergang des Erbhofs auf eine nicht anerbenberechtigte Person befreit, wenn die Übertragung vom Anerbengericht gemäß § 37 REG. genehmigt ist und der Vertrag seinem sachlichen Inhalt nach einem Übergabevertrag entspricht. Diese Vorschrift stellt eine Erweiterung gegenüber dem bisherigen Recht dar.

(2) § 37 REG. sieht vor, daß der Bauer den Erbhof in Ausnahmefällen mit Genehmigung des Anerbengerichts an eine nicht anerbenberechtigte Person veräußern darf, obwohl

gesetzliche Anerbenberechtigte vorhanden sind. Eine Steuervergünstigung kommt bei einer solchen Veräußerung des Erbhofs an eine nicht anerbenberechtigte Person nur dann in Betracht, wenn der Veräußerungsvertrag seinem sachlichen Inhalt nach einem Übergabevertrag entspricht. Der Hofübernehmer kann mit dem Bauern verwandt oder verschwägert oder auch ein Familienfremder sein, der vom Bauern aus einem besonderen Grund wie ein anerbenberechtigtes Familienmitglied behandelt wird. Die Vergünstigung hängt nicht von der Person des Erwerbers, sondern nur davon ab, daß die Übernahmebestimmungen, unter denen der Hofübernehmer den Hof erhält, sich sachlich im Rahmen der Bestimmungen halten, die der Bauer in einem Übergabevertrag mit seinem gesetzlichen Anerben vereinbaren darf. Die Übernahmebestimmungen dürfen also für den Erwerber nicht wesentlich ungünstiger sein als die, die für den Fall der gesetzlichen Erbfolge vom Gesetzgeber vorgesehen sind.

(3) Der Bauer kann im Übergabevertrag ausreichenden Unterhalt (Altenteil) für sich und seinen Ehegatten ausbedingen. Er kann auch die Versorgung der übergangenen anerbenberechtigten Personen regeln. Der Altenteil und die Versorgungsregelung müssen sich aber grundsätzlich im Rahmen der Vorschriften der §§ 30, 31 REG. halten.

(4) Dem Grundgedanken des Übergabevertrags widerspricht es in der Regel, wenn ein Gutsabstandsgeld vereinbart wird. Das Gutsabstandsgeld kann ein verdeckter Kaufpreis sein. Die Vereinbarung eines Kaufpreises, sei es in offener oder verdeckter Form, ist mit dem Wesen des Übergabevertrags nicht in Einklang zu bringen. Für die Veräußerung eines Erbhofs unter Vereinbarung eines offenen oder verdeckten Kaufpreises ist die Steuer nach den allgemeinen Vorschriften zu entrichten, auch wenn die Veräußerung vom Anerbengericht genehmigt worden ist.

3. Übergang eines Ehegattenerbhofs.

(1) § 42 Absatz 1 Ziffer 3 EHRV. enthält Steuervergünstigungen für den Übergang eines Erbhofs, der im Eigentum mehrerer Personen steht, in das Alleineigentum einer bauernfähigen Person. Als Erbhöfe, die im Eigentum mehrerer Personen stehen, kommen nur in Betracht Besitzungen

a) im Gesamtgut einer ehelichen Gütergemeinschaft oder sonst im Miteigentum von Ehegatten (§§ 17, 23, 25 EHRV.) oder
b) zum Teil im Alleineigentum des einen Ehegatten und zum Teil im Alleineigentum des andern Ehegatten (§ 18 Absatz 1 Ziffer 1 EHRV.) oder
c) zum Teil im gemeinschaftlichen Eigentum beider Ehegatten und zum Teil im Alleineigentum eines oder jedes der Ehegatten (§ 18 Absatz 1 Ziffer 2 EHRV.) oder
d) im Gesamtgut einer fortgesetzten ehelichen Gütergemeinschaft (§ 24 EHRV.).

(2) Der Übergang eines solchen Erbhofs auf eine bauernfähige Person bleibt steuerfrei. Daß der Erwerber bereits Miteigentümer ist oder zu den anerbenberechtigten Personen des einen oder des andern Miteigentümers gehört, ist nicht erforderlich.

(3) Diese Regelung entspricht dem bisherigen Rechtszustand. Ihr Anwendungsgebiet ist aber durch § 17 Absätze 2 und 3 und § 18 Absätze 2 und 3 EHRV. erweitert worden. Besitzungen von Ehegatten waren bisher nur dann Erbhof, wenn sie am 1. Oktober 1933 (dem Tag des Inkrafttretens des Reichserbhofgesetzes) im Miteigentum von Ehegatten standen oder wenn sie am 21. Dezember 1933 (dem Tag des Inkrafttretens der Zweiten Durchführungsverordnung) zum Teil im Alleineigentum des Ehemanns und zum Teil im Alleineigentum der Ehefrau oder zum Teil im gemeinschaftlichen Eigentum und zum Teil im Alleineigentum der Ehegatten standen. Nach § 17 Absatz 2 und § 18 Absatz 2 EHRV. werden dagegen auch solche Besitzungen von Ehegatten, bei denen die Voraussetzungen für die Bildung eines Erbhofs erst nach dem bezeichneten Zeitpunkt erfüllt sind, mit dem Inkrafttreten der Erbhofrechtsverordnung Ehegattenerbhöfe. Nach § 17 Absatz 3 und § 18 Absatz 3 EHRV. werden Besitzungen von Ehegatten, bei denen künftig die Voraussetzungen für die Bildung eines Erbhofs erfüllt werden, mit dem Eintritt dieser Voraussetzungen Ehegattenerbhöfe.

(4) Wie bisher soll der Übergang des Anteils eines anteilsberechtigten Abkömmlings an einem zu einer fortgesetzten Gütergemeinschaft gehörenden Erbhof (oben zu d) beim Tod des Abkömmlings von der Erbschaftsteuer (§ 5 Absatz 2 ErbStG.) im Billigkeitsweg freibleiben.

4. Neubildung eines Erbhofs durch Übergang einer erbhoffähigen Besitzung oder durch Übergang von einzelnen Grundstücken

(1) Durch § 42 Absatz 1 Ziffer 4 EHRV. wird der Erwerb von Grundbesitz von der Steuer befreit, wenn durch den Erwerb ein neuer Erbhof gebildet wird. Die Vergünstigung gilt für den Erwerb eines land- und forstwirtschaftlichen Betriebs, wenn der Betrieb in der Hand des Erwerbers Erbhof wird. Die Regelung entspricht sachlich der bisher aus Billigkeitsgründen gewährten Vergünstigung. Es kommen hier z. B. die Fälle in Betracht, bei denen eine bauernfähige Person erbhoffähigen Grundbesitz von einer Personenmehrheit (Erbengemeinschaft, offenen Handelsgesellschaft usw.), einer juristischen Person, einem Nichtarier, einem Ausländer oder von einer entmündigten oder nicht ehrbaren Person (§§ 12 bis 15 REG.) erwirbt. Die Befreiung gilt aber auch für den Hinzuerwerb von einzelnen Grundstücken zu einem kleinen Betrieb, wenn die Besitzung durch diesen Hinzuerwerb unmittelbar Erbhofeigenschaft erlangt. Die Befreiung ist jetzt auch anwendbar, wenn Ehegatten Grundbesitz erwerben, vorausgesetzt, daß die Besitzung durch den Erwerb unmittelbar Erbhofeigenschaft erlangt (vgl. § 17 Absatz 3, § 18 Absatz 3 EHRV.).

(2) Die Steuerbefreiung kommt nicht in Betracht für den Hinzuerwerb von Grundbesitz zu einem bereits bestehenden Erbhof oder für den Austausch von Teilen eines Erbhofs mit Grundstücken eines anderen Besitzers (abgesehen von dem besonderen Fall des Austausches von Erbhöfen auf Grund des § 22 Absätze 2, 3 REG., s. oben bei II Ziffer 1 Absatz 2).

5. Neubildung eines Erbhofs durch Übergang einer über 125 ha großen Besitzung

(1) § 42 Absatz 1 Ziffer 5 EHRV. enthält eine Steuervergünstigung für den Übergang einer über 125 ha großen Besitzung in das Alleineigentum einer bauernfähigen Person oder in das Eigentum eines bauernfähigen Ehepaars, wenn innerhalb von drei Monaten seit dem Übergang der im § 5 REG. vorgesehene Antrag beim Anerbengericht eingereicht wird und die Besitzung nach Genehmigung des Antrags Erbhofeigenschaft erlangt.

(2) Die Befreiung ist nicht mehr davon abhängig, daß eine

nicht bauernfähige Person, eine juristische Person oder mehrere Personen Eigentümer der Besitzung waren. Der Übergang ist auch dann befreit, wenn die Besitzung von einer bauernfähigen Person an eine andere bauernfähige Person oder an bauernfähige Eheleute veräußert wird.

(3) Auf die in § 42 Absatz 2 EHRV. unter gewissen Voraussetzungen vorgesehene Möglichkeit eines Steuererlasses oder einer Steuererstattung in Fällen des § 42 Absatz 1 Ziffer 5 wird hingewiesen.

III. Besonderheiten für die Erbschaftsteuer

1. Übergang eines Erbhofs zusammen mit erbschaftsteuerpflichtigem Vermögen

(1) Fällt bei einem Erbhofübergang, der nach Abschnitt II steuerfrei bleibt, dem Erwerber zugleich noch anderes Vermögen zu (z. B. wenn er gemäß § 35 Absatz 2 REG. sonstigen Nachlaß miterbt), so ist der Wert des Erbhofs für die Frage, ob ein Freibetrag (§ 17b Absatz 1 ErbStG. n. F.), eine Besteuerungsgrenze (§ 17b Absatz 2 das.) oder eine Steuerstufe (§ 10 Absatz 1 das.) überschritten wird oder nicht, außer Betracht zu lassen.

Beispiel 1: Wert des steuerfrei übergehenden Erbhofs 50000 RM., sonstiger Erwerb 4000 RM. Diese 4000 RM. bleiben, wenn der Erwerber der Steuerklasse I oder II angehört, ebenfalls steuerfrei, da sie den Freibetrag für diese Steuerklassen nicht überschreiten und sind steuerpflichtig für einen Erwerber einer anderen Steuerklasse.

Beispiel 2: Wert des Erbhofs 50000 RM., sonstiger Erwerb 40000 RM. Ist der Erwerber ein Sohn des Bauern, so ist der Freibetrag von 30000 RM. nicht, auch nicht teilweise auf den Wert des steuerfrei übergehenden Erbhofs anzurechnen, sondern nur auf den Wert des sonstigen Erwerbs. Es sind daher nur (40000 — 30000 =) 10000 RM. zu versteuern, und zwar nach dem Steuersatz für 10000 RM.

(2) Auch bei der Zusammenrechnung nach § 13 ErbStG. sind Erwerbe von Erbhöfen unberücksichtigt zu lassen, die nach Abschnitt II dieses Erlasses oder nach den Richtlinien in den Runderlassen vom 22. Dezember 1934 und 8. November 1935 steuerfrei geblieben sind.

Beispiel 3: Ein Bauer hat 1935 seinem Sohn als Anerben den Hof mit Genehmigung des Anerbengerichts schenkweise überlassen. Der Übergang des Hofs war nach § 55 REG. steuerfrei geblieben. 1937 schenkt oder vererbt er dem Sohn 40000 RM. Kapitalvermögen. Bei der Versteuerung dieser 40000 RM. bleibt die frühere Erbhofschenkung außer Betracht. Nach Abzug des Freibetrags von 30000 RM. bleiben 10000 RM. zu versteuern.

Andererseits sind frühere Erwerbe von Grundbesitz, auf die keine der vorgenannten Steuerbefreiungen für erbhofrechtliche Erwerbe anzuwenden war (sei es, weil die Erwerbe vor dem 1. Oktober 1933, dem Inkrafttreten des Reichserbhofgesetzes, lagen, oder sei es, weil auf sie die Voraussetzungen für eine Steuerbefreiung nicht zutrafen), bei der Anwendung des § 13 ErbStG. auch dann mitzuberücksichtigen, wenn der früher übergangene Grundbesitz bei der Veranlagung des neuen Erwerbs Erbhof ist.

Beispiel 4: Ein Bauer hat 1931 seinen Hof schenkweise seinem Neffen überlassen. Er schenkt oder vererbt ihm 1937 noch 40000 RM. Kapitalvermögen. Der Neffe ist zur Zeit der zweiten Schenkung Bauer auf dem ihm früher geschenkten Hof. Die Schenkung von 1931 ist mit ihrem damaligen Wert bei der Versteuerung der zweiten Schenkung (40000 RM.) nach § 13 ErbStG. mitzuberücksichtigen.

Zu beachten ist aber, daß das Beispiel 4 auf Erwerber der Steuerklassen I und II nicht zutrifft, weil bei diesen eine Zusammenrechnung mit Erwerben, für die die Steuerschuld vor dem 1. 1. 1935 entstanden ist, durch Artikel II Absatz 2 des Gesetzes zur Änderung des Erbschaftsteuergesetzes vom 16. Oktober 1934 ausgeschlossen worden ist.

Beispiel 5: Hat der Bauer 1931 seinem Sohn den Hof geschenkt und ihm 1937 die 40000 RM. Kapitalvermögen geschenkt oder vererbt, so ist bei der Versteuerung des Erwerbs der 40000 RM. die frühere Gutsüberlassung unberücksichtigt zu lassen, da für sie die Steuerschuld vor dem 1. 1. 1935 entstanden ist und der Erwerber zur Steuerklasse I gehört. Es sind also nur (40000 — 30000 =) 10000 RM. zu versteuern.

(3) Schulden und Lasten, die in wirtschaftlicher Beziehung zum steuerfrei bleibenden Erbhof stehen, werden, soweit sie mit dem Erbhof auf den Anerben übergehen

und von diesem zu tragen sind (vgl. § 34 REG.), von dem übrigen (steuerpflichtigen) Erwerb nicht abgezogen (§ 23 Absatz 5 ErbStG.).

2. Anfälle an die weichenden Erben und andere Personen. Abfindungen u. dgl.

(1) Die in den §§ 30 und 31 REG. (vgl. auch § 36 EHRV.) vorgesehenen Versorgungsansprüche der Abkömmlinge, der Eltern und des Ehegatten des Erblassers bleiben, wenn sie im einzelnen Fall überhaupt der Erbschaftsteuer unterliegen, wie bisher mit der in dem folgenden Absatz 2 genannten Ausnahme im Billigkeitsweg steuerfrei. Das gleiche gilt für den Erwerb der Nutznießung in den Fällen des § 15 Absatz 2 REG., § 26 REG. in Verbindung mit § 11 Absatz 1 EHRV., § 21, § 22 Absatz 3, § 24 Absatz 6, § 25 Absatz 2 und § 44 Absatz 5 EHRV.

(2) Bei Erbhöfen von mehr als 125 ha Größe (§ 5 REG.) ist eine steuerliche Vergünstigung für den Erwerb von Versorgungsansprüchen und Nutzungsrechten der in Absatz 1 genannten Art im allgemeinen nicht gerechtfertigt. Hier bedarf es im einzelnen Fall der Prüfung, ob und inwieweit die gesamten Umstände, insbesondere die Vermögens- und Einkommensverhältnisse der Beteiligten, Anlaß zu Billigkeitsmaßnahmen geben. Die Heimatzuflucht nach § 30 Absatz 3 REG. ist jedoch in jedem Fall erbschaftsteuerlich unberücksichtigt zu lassen.

(3) Im Zusammenhang mit einer nach § 37 Absatz 2 REG. ausnahmsweise genehmigten Veräußerung des Erbhofs durch Rechtsgeschäft unter Lebenden können Zuwendungen, Abfindungen, Kaufpreisüberweisungen u. dgl. vorkommen, die nach § 3 Absatz 1 Nr. 2 oder Nr. 5 ErbStG. der Schenkungsteuer unterliegen. Soweit es sich hierbei lediglich um eine vertragliche Festlegung der Ansprüche handelt, die den Abkömmlingen, den Eltern oder dem Ehegatten des Veräußerers im Fall seines Todes nach den §§ 30, 31 REG. zugestanden hätten, sind die vorstehenden Absätze 1 und 2 sinngemäß anzuwenden. Darüber hinaus gewährte Abfindungen u. dgl. unterliegen den allgemeinen Vorschriften; entsprechend ist die Abfindung zu behandeln, die dem an sich berufenen Anerben im Fall seiner Ausschlagung des Erbhofanfalls (§ 29 REG.)

von dem an seine Stelle tretenden Anerben oder von einem anderen gewährt wird (§ 2 Absatz 2 Nr. 4 ErbStG.).

IV. Übergangsregelung

(1) Die erweiterten Steuerbefreiungen gelten vom 23. Dezember 1936 ab. Ich bin damit einverstanden, daß aus Billigkeitsgründen diese Befreiungen auch bei Steuerfällen aus der Zeit vor dem 23. Dezember 1936 gewährt werden, soweit die Steuer noch nicht rechtskräftig festgesetzt ist.

(2) Die Runderlasse vom 22. Dezember 1934 und vom 8. November 1935 werden damit gegenstandslos.

Gesetzesstellenverzeichnis.

(Die Zahlen bedeuten die Paragraphen und die Seiten.)

1. Reichserbhofgesetz.

2. Erbhofrechtsverordnung vom 21. 12. 1936, RGBl. I 1069.

3. Erbhofverfahrensordnung vom 21. 12. 1936, RGBl. I 1082.

10. Verordnung über die Ankündigung der Anordnungen und Festsetzungen des Reichsnährstandes vom 19. 12. 1934, RGBl. I 1272.

143.

11. Vierte Verordnung über den vorläufigen Aufbau des Reichsnährstandes vom 4. 2. 1935, RGBl. I 170.

143.

12. Verordnung über die Zusammenlegung der bisherigen Hauptabteilungen III und IV und den Aufbau der neuen Hauptabteilung III im Reichsnährstand vom 4. 2. 1935.

143.

13. Gesetz über Neubildung deutschen Bauerntums vom 14. 7. 1933, RGBl. I 517.

113, 189, 202, 205.

14. Bekanntmachung über den Verkehr mit landwirtschaftlichen Grundstücken vom 15. 3. 1918, RGBl. 123, in der Fassung des Gesetzes zur Änderung der Bekanntmachung über den Verkehr mit landwirtschaftlichen Grundstücken vom 26. 1. 1937, RGBl. I 32.

126, 128.

15. Gesetz über Schuldentilgung vom 30. 10. 1930, RGBl. I 467, in der Fassung des Gesetzes über Schuldentilgung und Kreditermächtigung vom 12. 5. 1932, RGBl. I 191.

§ 80: 128. | § 81: 128.

16. Entschuldungsverordnung vom 6. 2. 1932 RGBl. I 59.

130.

17. Richtlinien für die landwirtschaftliche Entschuldung im Osthilfegebiet vom 13. 5. 1932, RGBl. I 143.

130, 131.

18. Gesetz zur Regelung der landwirtschaftlichen Schuldverhältnisse vom 1. 6. 1933, RGBl. I 331, in der Fassung nach dem Gesetze über Zinsen für landwirtschaftliche Realkredite vom 31. 7. 1935, RGBl. I 1058, 1059.

126, 130, 131, 205, 207.

19. Sechste Durchführungsverordnung zum Schuldenregelungsgesetz vom 7. 7. 1934, RGBl. I 609.

130, 131.

20. Achte Durchführungsverordnung zum Schuldenregelungsgesetz vom 20. 6. 1936, RGBl. I 496.

130.

21. Osthilfegesetz vom 31. 3. 1931/6. 11. 1931, RGBl. I 117/665.

§ 22: 130. | § 23: 130.

22. Osthilfeabwicklungsverordnung vom 6. 2. 1932, RGBl. 59.

128, 130.

23. Gesetz zur Sicherung von Gräserkrediten vom 28. 3. 1934, RGBl. I 254.

139.

24. Drittes u. viertes Gesetz zur Sicherung von Gräserkrediten vom 11. 4. 1936, RGBl. I 365, bzw. vom 7. 4. 1937, RGBl. I 443.

139.

25. Gesetz zur Sicherung der Düngemittel- und Saatgutversorgung vom 19. 11. 1936, RGBl. I 939.

45, 139, 334.

26. Gesetz zur Versorgung mit Schädlingsbekämpfungsmitteln und Hopfenbindematerial vom 25. 4. 1933, RGBl. I 227.

45, 138.

27. Verordnung über die Veräußerung von Entschuldungsbetrieben vom 6. 1. 1937, RGBl. I 5.

128.

28. Gesetz über die anderweitige Festsetzung von Geldleistungen aus Altenteilsverträgen vom 18. 8. 1933, RGBl. I 815.

208.

29. Verordnung über Maßnahmen auf dem Gebiete der Zwangsvollstreckung vom 26. 5. 1933, RGBl. I 320, in der Fassung der Gesetze vom 22. 3. 1934 und vom 24. 10. 1934, RGBl. I 231/1070.

137.

30. Verordnung über die Führung von Erbhofbüchern vom 4. 6. 1935, RGBl. I 739.

183.

31. Reichssiedelungsgesetz vom 11. 8. 1919, RGBl. 1429, und Gesetz zur Ergänzung des Reichssiedelungsgesetzes vom 4. 1. 1935, RGBl. I 1.

127, 189, 202, 205, 207.

32. Gesetz über die Aufschließung von Wohnsiedelungsgebieten vom 22. 9. 1933, RGBl. I 659.

126, 206, 207.

33. Gesetz über die Entschädigung der Arbeitgeber- und der Arbeitnehmerbeisitzer der Arbeitsgerichtsbehörden vom 17. 2. 1932, RGBl. I 74, in der Fassung der Verordnung vom 28. 2. 1934, RGBl. I 173 und vom 22. 3. 1934, RGBl. I 258.

152, 182, 221, 294.

34. Gebührenordnung für Zeugen und Sachverständige in der Fassung der Bekanntmachung vom 21. 12. 1935 und der Notverordnung vom 6. 10. 1931, RGBl. 1925 I 471, 1931 I 563.

173, 277.

35. Gebührenordnung für Gerichtsvollzieher vom 14. 12. 1922, RGBl. I 917, in der Fassung vom 13. 12. 1923, RGBl. I 1189, der Verordnung vom 12. 12. 1924, RGBl. I 775, des Gesetzes vom 14. 7. 1928, RGBl. I 197, des Gesetzes vom 27. 10. 1933, Art. 7, RGBl. I 787, und der Notverordnungen vom 6. 10. 1931, RGBl. I 563, und vom 14. 6. 1932, RGBl. I 285.

173, 277.

36. Gebührenordnung für Rechtsanwälte in der Fassung der Bekanntmachung vom 5. 7. 1927, RGBl. I 162.

37. Gesetz über die Erstattung von Rechtsanwaltsgebühren in Armensachen vom 20. 12. 1928, RGBl. I 411, in Verbindung mit dem Gesetze vom 13. 12. 1935, RGBl. I 1469.

38. Bürgerliches Gesetzbuch.

47. Gesetz über Arbeitsvermittlung und Arbeitslosenversicherung vom 16. 7. 1927, RGBl. I 187.

§ 1: 68.

48. Gesetz zur Sicherung der Einheit von Partei und Staat vom 1. 12. 1933, RGBl. I 1016.

§ 1: 68.

49. Gesetz über die Errichtung eines Unternehmens „Reichsautobahnen" vom 27. 6. 1933, RGBl. II 509.

§ 1: 68.

50. Erste Durchführungsverordnung zum Reichskulturkammergesetz vom 22. 9. 1933, RGBl. I 661, und vom 1. 11. 1933, RGBl. I 797.

§ 1: 68.

51. Gesetz zur Überleitung der Rechtspflege auf das Reich vom 16. 2. 1934, RGBl. I 91.

148, 156.

52. Erste Verordnung über den vorläufigen Aufbau des deutschen Handwerks vom 15. 6. 1934, RGBl. I 493.

§ **23**: 68.

53. Gesetz über die Akademie für Deutsches Recht vom 11. 7. 1934, RGBl. I 605.

68.

54. Gesetz über die Rechtsverhältnisse der Reichsbeamten (Reichsbeamtengesetz) vom 31. 3. 1873, RGBl. 61.

§ 1a: 227, 229.
§§ 84—118: 225.

55. Reichszivilprozeßordnung.

§ **41**: 223.
§ **42**: 223.
§ **43**: 223.
§ **44**: 223.
§ **45**: 223.
§ **46**: 223.
§ **47**: 223.
§ **48**: 223.
§ **54**: 133.
§ **78**: 232.
§ **103**: 159, 169, 172, 175, 273.
§ **104**: 159, 169, 172, 175, 273.

56. Gesetz über die Angelegenheiten der freiwilligen Gerichtsbarkeit vom 17. 5. 1898, RGBl. 189.

57. Gerichtsverfassungsgesetz.

58. Zwangsversteigerungsgesetz.

59. Konkursordnung.

60. Rechtsanwaltsgebührenordnung.

61. Verordnung über die Kosten in Angelegenheiten der freiwilligen Gerichtsbarkeit und der Zwangsvollstreckung in das unbewegliche Vermögen (Kostenordnung) vom 25. 11. 1935, RGBl. I 1371.

62. Reichsstrafgesetzbuch.

63. Reichsstrafprozeßordnung.

64. Erbschaftssteuergesetz i. d. F. des Ges. vom 16. 10. 1934, RGBl. I 1056.

Sachverzeichnis.

(Die Zahlen bedeuten die Seiten)

C.

D.

G.

H.

J.

O.

P.

R.

T.

Z.

FSC
www.fsc.org
MIX
Papier | Fördert gute Waldnutzung
FSC® C083411

Kolibri 360 GmbH
Ferdinand-Jühlke-Straße 7
99095 Erfurt, Deutschland
produktsicherheit@kolibri360.de